I0885446

Bericl

(1) Best schaft in de der Gesells Rechtsgesch schenden U lassung ode nahmen, di Geschäftsjal Leistung un Vor- und N ist im Einze erfolgt ist, c ist.

(2) Der schaft zu en

(3) Am den Umstän vorgenomm geschäft ein getroffen oc benachteilig sind. Die Erl

(1)

Schrifttum

Albach Die Rechtsverhältnisse verbundener Unternehmen, NB 1966, 203; *Bachmann* Die Einmann-AG, NZG 2001, 961; *Bayer/Selentin* Related Party Transactions: Der neueste EU-Vorschlag im Kontext des deutschen Aktien- und Konzernrechts, NZG 2015, 7; *Bertram* Der Abhängigkeitsbericht der KGaA: Wer ist eigentlich abhängig und wer berichtet?, WPg 2009, 411; *Beuthien* Unternehmenskonzentration und Kleinaktionärsschutz, JuS 1970, 53; *Bode* Abhängigkeitsbericht und Kostenlast im einstufigen faktischen Konzern, AG 1995, 261; *Böttcher* Der Abhängigkeitsbericht im faktischen Konzern – kostspielig, unpraktikabel und wirkungslos?, FS Maier-Reimer, 2010, S 29; *Bundesministerium der Justiz* (Hrsg) Bericht über die Verhandlungen der Unternehmensrechtskommission, 1980; *Bungert/de Raet* Die Aktionärsrechterichtlinie im EU-Parlament: Die Auswirkungen der geplanten Regelungen zu Related Party Transactions auf das deutsche Konzernrecht, Der Konzern 2015, 289; *Decher* Das Konzernrecht der AktG: Bestand und Bewährung, ZHR 171 (2007), 126; *Döllerer* Der Abhängigkeitsbericht und seine Prüfung bei einem Vorstandswechsel, FS Semler, 1993, S 441; *Dornemann* Der Abhängigkeitsbericht, 1974; *Drygala* Europäisches Konzernrecht: Gruppeninteresse und Related Party Transactions, AG 2013, 198; *Ensslin* Bilanzierung von Ausgleichsforderungen und -verbindlichkeiten nach § 311 AktG – Abhängigkeitsverhältnis, DB 1968, 1190; *Fleischer* „Geheime Kommandosache“: Ist die Vertraulichkeit des Abhängigkeitsberichts (§ 312 AktG) noch zeitgemäß?, BB 2014, 835; *ders* Related Party Transactions bei börsennotierten Gesellschaften: Deutsches Aktien(konzern)recht und Europäische Reformvorschläge, BB 2014, 2691; *Flume* Der Referentenentwurf eines Aktiengesetzes, 1958; *ders* Die abhängige Aktiengesellschaft und die Aktienrechtsreform, DB 1959, 190; *ders* Die konzernrechtliche Gestaltung im Aktienrecht, in Forschungsstelle der Friedrich-Ebert-Stiftung, Zur großen Aktienrechtsreform, 1962, S 65; *ders* Ernst Geßler zum Gedächtnis, AG 1988, 85; *ders* Grundfragen der Aktienrechtsreform. Bemerkungen zu dem Regierungsentwurf eines Aktiengesetzes, 1960; *Forum Europaeum on Company Groups* Eckpunkte für einen Rechtsrahmen zur erleichterten Führung von grenzüberschreitenden Unternehmensgruppen in Europa, ZGR 2015, 507; *Friedl* Abhängigkeitsbericht und Nachteilsausgleich zwischen erfolgreicher Übernahme und Abschluss eines Beherrschungsvertrags, NZG 2005, 875; *Geßler* Der Schutz der abhängigen Gesellschaft, FS W Schmidt, 1959, S 247; *ders* Die Rechtsverhältnisse verbundener Unternehmen, NB 1966, 198; *Goerdeler* Geschäftsbericht, Konzerngeschäftsbericht und „Abhängigkeitsbericht“ aus der Sicht des Wirtschaftsprüfers, WPg 1966, 113; *Götz* Anfechtungsklage gegen Entlastungsbeschlüsse wegen unterlassener Aufstellung eines Abhängigkeitsberichts – OLG Düsseldorf NZG 2000, 314, JuS 2000, 1054; *ders* Der Abhängigkeitsbericht der 100 %igen Tochtergesellschaft, AG 2000, 498; *ders* Zeitliche Begrenzung der Verpflichtung zur Erstellung eines Abhängigkeitsberichts, NZG 2001, 68; *Großfeld* Aktiengesellschaft, Unternehmenskonzentration und Kleinaktionär, 1968; *Habersack* Staatliche und halbstaatliche Eingriffe in die Unternehmensführung, Gutachten E zum 69. Deutschen Juristentag 2012; *ders* Aktienkonzernrecht – Bestandsaufnahme und Perspektiven, AG 2016, 677; *Habersack/Verse* Zum Auskunftsrecht des Aktionärs im faktischen Konzern, AG 2003, 300; *Haesen* Der Abhängigkeitsbericht im faktischen Konzern, 1970; *Happ* (Hrsg) Konzern- und Umwandlungsrecht. Handbuch – Mustertexte – Kommentar, 2012; *Hoffmann-Becking* Referat zum 59. Deutschen Juristentag, Abteilung Wirtschaftsrecht, 1992, Band II, R 8; *Hommelhoff* Empfiehlt es sich, das Recht faktischer Unternehmensverbindungen – auch im Hinblick auf das Recht anderer EG-Staaten – neu zu regeln? Gutachten G zum 59. Deutschen Juristentag, 1992; *ders* Praktische Erfahrungen mit dem Abhängigkeitsbericht, ZHR 156 (1992), 295; *ders* Zum revidierten Vorschlag für eine EG-Konzernrichtlinie, FS Fleck, 1988, S 126; *Institut der Wirtschaftsprüfer (IDW)* Zur Aufstellung und Prüfung des Berichts über die Beziehungen zu verbundenen Unternehmen (Abhängigkeitsbericht) nach § 312 AktG, WPg 1992, 91; Ergänzung WPg 1998, 927; *Kakies* Der Schutz der Minderheitsaktionäre und Gläubiger im faktischen Konzern unter besonderer Berücksichtigung der Sonderprüfung nach § 315, 2002; *Kalss* Alternativen zum deutschen Aktienkonzernrecht, ZHR 171 (2007), 146; *Klusmann* Einzelfragen zu Inhalt und Gliederung des Abhängigkeitsberichtes nach § 312 AktG 1965, DB 1967, 1487; *Kommission Organisation im Verband der Hochschullehrer für Betriebswirtschaft* Stellungnahme zum Entwurf einer 5. EG-Richtlinie (Struktur der AG), DBW 47 (1987), 538; *Koppensteiner* Abhängige Aktiengesellschaften aus rechtspolitischer Sicht, FS Steindorff, 1990, S 79; *ders* „Faktischer Konzern" und Konzentration, ZGR 1973, 1; *Kronstein* Aktienrechtliche und wettbewerbsrechtliche Aspekte der Konzentration, FS Geßler, 1971, S 219; *Kropff* Außenseiterschutz in der faktisch abhängigen „kleinen Aktiengesellschaft", ZGR 1988, 558; *ders* Das Konzernrecht des Aktiengesetzes 1965, BB 1965, 1281; *ders* Die Beschlüsse des Aufsichtsrats zum Jahresabschluss und zum Abhängigkeitsbericht, ZGR 1994, 628; *Kupsch* Die Auswirkungen einer fehlenden Schlusserklärung nach § 312 Abs 3 AktG im Lagebericht auf den Bestätigungsvermerk des Abschlussprüfers, DB 1993, 493; *Küting* Der Abhängigkeitsbericht in der Wirtschaftspraxis, ZfB 1975, 473; *Mathern* Die Beurteilung von Rahmenverträgen zwischen Gesellschaften im Abhängigkeitsverhältnis auf Grund der §§ 311 ff AktG 1965, AG 1966, 380; *Maul* Der Abhängigkeitsbericht im künftigen Konzernrecht – Ein Vergleich zwischen der Regelung des Vorentwurfs zur 9. EG-Richtlinie und der des geltenden Aktienrechts, DB 1985, 1749; *Meier* Inhalt und Prüfung des Abhängigkeitsberichts, WPg 1968, 64; *Mertens* Abhängigkeitsbericht bei „Unternehmenseinheit" in der Handelsgesellschaft KGaA?, FS Claussen, 1997, S 297; *ders* Verpflichtung der Volkswagen AG, einen Bericht gemäß § 312 AktG über ihre Beziehungen zum Land Niedersachsen zu erstellen?, AG 1996, 241; *Mutter/Frick* Die „Sperrwirkung" des Abhängigkeitsberichts, AG-Report 2005, 270; *Petersen/Zwirner/Busch* Berichterstattungspflichten im Zusammenhang mit natürlichen Personen: nahe stehende Personen und Abhängigkeitsbericht, BB 2009, 1854; *Pöppel* Aktienrechtlicher Minderheitenschutz durch den „Abhängigkeitsbericht", 1972; *Priester* Abhängigkeitsbericht bei isoliertem Verlustdeckungsvertrag?, FS Schaumburg, 2009, S 1327; *Rasch* Aktuelle Probleme des Konzernrechts und der Konzerngesetzgebung, 1970; *ders* Gewinnabführungs- und Weisungsverträge im Referentenentwurf eines Aktiengesetzes, BB 1959, 165; *Rasner* Der Abhängigkeitsbericht des § 312 des Aktiengesetzes, BB 1966, 1043; *Rautmann* Probleme aus dem Recht der Unternehmensverträge im Referentenentwurf eines Aktiengesetzes, in Hengeler (Hrsg), Beiträge zur Aktienrechtsreform, 1959, S 159; *Reul* Die Pflicht zur Gleichbehandlung der Aktionäre bei privaten Kontrolltransaktionen, 1991; *Rhiel* Related-Party Transactions im deutschen und US-amerikanischen Recht der Aktiengesellschaft, 2015; *Richardt* Der aktienrechtliche Abhängigkeitsbericht unter ökonomischen Gesichtspunkten, 1974; *Schiessl* Abhängigkeitsbericht bei Beteiligungen der öffentlichen Hand – Besprechung des Beschlusses BGHZ 135, 107 – VW/Niedersachsen, ZGR 1998, 841; *Schlewing* Das deutsch-ausländische paritätische Gemeinschaftsunternehmen im Konzern- und Kartellrecht, 1973; *K Schmidt* Abhängigkeit und faktischer Konzern als Aufgaben der Rechtspolitik, JZ 1992, 856; *Seibt* Regulierung von Transaktionen mit nahestehenden Personen und Unternehmen durch den Vorschlag der Europäischen Kommission zur Revision der Aktionärsrechterichtlinie, in BDI/FBD (Hrsg), Erforderliche Harmonisierung oder unnötiger Systemumbruch?, 2014, S 6; *ders* Richtlinienvorschlag zur Weiterentwicklung des europäischen Corporate Governance-Rahmens, DB 2014, 1910; *Selzner* Related Party Transactions – Fortschritt oder Bedrohung?, ZIP 2015, 753; *Semler* Das Recht der verbundenen Unternehmen nach dem Regierungsentwurf eines Aktiengesetzes, WPg 1960, 485 (Teil 1), 514 (Teil 2), 552 (Teil 3); *ders* Die Aufgabe des Wirtschaftsprüfers nach dem Entwurf eines Konzernrechts, in Unternehmer und Wirtschaftsprüfer mit dem Blick in die Zukunft, Bericht über die Fachtagung des Instituts der Wirtschaftsprüfer am 4. und 5. Juni 1959, 1960, S 49; *Sparfeld* Der Abhängigkeitsbericht nach tschechischem und nach deutschem Recht, RIW 2002, 754; *Stehle* Abhängigkeitsbericht oder Beherrschungsvertrag?, AG 1966, 233; *Strieder* Der aktienrechtliche Abhängigkeitsbericht bei der kapitalistischen Kommanditgesellschaft auf Aktien, DB 2004, 799; *Strohn* Die Verfassung der Aktiengesellschaft im faktischen Konzern, 1977; *Studienkommission des Deutschen Juristentages* Untersuchungen zur Reform des Deutschen Konzernrechts, 1967; *Tröger* Related Party Transactions mit Blockaktionären im europäischen Gesellschaftsrecht, AG 2015, 53; *Uecker* Der Vorteils-Nachteilsausgleich beim Abhängigkeitsbericht, 1972; *Velte* Die Prüfung des Abhängigkeitsberichts durch Aufsichtsrat und Abschlussprüfer sowie ihre Berichterstattung, Der Konzern 2010, 49; *van Venrooy* Erfüllungsgeschäfte im Abhängigkeitsbericht der Aktiengesellschaft, DB 1980, 385; *E Vetter* Interessenkonflikte im Konzern – vergleichende Betrachtungen zum faktischen Konzern und zum Vertragskonzern, ZHR 171 (2007), 342; *J Vetter* 50 Jahre Aktienkonzernrecht, in Fleischer/Koch/Kropff/Lutter (Hrsg), 50 Jahre Aktiengesetz, 2016, S 231; *ders* Regelungsbedarf für Related Party Transactions?, ZHR 179 (2015), 273; *Walther* Erfahrungen mit dem Konzernrecht, ZGR 1974, 208; *Weimar* Wegfall des Abhängigkeitsberichts bei treuhandeigenen Gesellschaften?, DB 1992, 1969; *Werner* Der aktienrechtliche Abhängigkeitsbericht, 1979; *Wieland* Die Abbildung von Fremdeinfluß im Abhängigkeitsbericht: Eine ökonomische Betrachtung der Berichterstattung über faktische Abhängigkeitsverhältnisse, 1998; *Wiersch* Der Richtlinienentwurf zu Transaktionen mit nahestehenden Unternehmen und Personen – Sinnvolle Verstärkung des Minderheitenschutzes?, NZG 2014, 1131; *Wilcke* Der Schutz der außenstehenden Aktionäre durch den Abhängigkeitsbericht, 1971; *Winkhaus* Der Bericht des Vorstands einer AG über Beziehungen zu verbundenen Unternehmen, 1967; *Zöllner* Referat zum 59. Deutschen Juristentag, Abteilung Wirtschaftsrecht, 1992, Band II, R 35; *ders* Schutz der Aktionärsminderheit bei einfacher Konzernierung, FS Kropff, 1997, S 333.

I. Grundlagen

1. Regelungsgegenstand

1 § 312 schreibt für abhängige Gesellschaften einen besonderen „Bericht des Vorstands über Beziehungen zu verbundenen Unternehmen“[1] vor, für den sich die Kurzbezeichnung **„Abhängigkeitsbericht“**[2] eingebürgert hat.[3] Im Einzelnen verpflichtet Abs 1 S 1 den Vorstand der abhängigen Gesellschaft, diesen Bericht innerhalb der ersten drei Monate des

[1] Zur Begrifflichkeit Ausschußbericht bei *Kropff* S 412: „Gegen die Bezeichnung ‚Abhängigkeitsbericht‘ wurde eingewandt, daß sie das abhängige Unternehmen diskriminiere. Der Rechts- und der Wirtschaftsausschuß schlagen die Bezeichnung ‚Bericht über die Beziehungen zu verbundenen Unternehmen‘ vor.“

[2] BGHZ 124, 111, 113; *Adler/Düring/Schmaltz* § 312 Rdn 1; Emmerich/*Habersack* Aktien- und GmbH-Konzernrecht § 312 Rdn 1; *Förschle/Heinz* in BeckBilKomm § 289 HGB Rdn 200; KK-*Koppensteiner* § 312 Rdn 1; MK-*Altmeppen* § 312 Rdn 1; Wachter/*Rothley* § 312 Rdn 1; eingehend zur Herkunft des Begriffs und zur Begriffskritik *Goerdeler* WPg 1966, 113 mit Fn 3 und 126; s auch schon *Semler* WPg 1960, 552, 553 mit der Bemerkung, dass es sich bei dem sog Abhängigkeitsbericht materiell um einen „Unabhängigkeitsbericht“ handle.

[3] Vgl aus neuerer Zeit *Böttcher* FS Maier-Reimer, 2010, S 29, 30 mit Fn 5; *Goetz* AG 2000, 498; Hüffer/*Koch* § 312 Rdn 1; MK-*Altmeppen* § 312 Rdn 1; WP-Handbuch 2012, Band I, F Rdn 1286; schon früh *Rasner* BB 1966, 1043: „Die Praxis scheint sich aber weiterhin der prägnanteren und kürzeren Bezeichnung ‚Abhängigkeitsbericht‘ zu bedienen.“

Geschäftsjahrs aufzustellen. Abs 1 S 2 bis 4 geben den genauen Inhalt des Abhängigkeitsberichts vor. Gemäß Abs 2 muss der Bericht den Grundsätzen einer gewissenhaften und getreuen Rechenschaft entsprechen. Abs 3 verlangt von dem Vorstand eine sog Schlusserklärung zu etwaigen Nachteilen der abhängigen Gesellschaft, die in den Lagebericht aufzunehmen und damit zur Einsicht der Aktionäre auszulegen (§ 175 Abs 2 S 1) und anschließend bekanntzumachen (§ 325 Abs 1 S 3 HGB) ist. Nicht ausdrücklich geregelt, aber für die praktische Bedeutung der Vorschrift außerordentlich bedeutsam ist die Frage der Publizität bzw Vertraulichkeit des Abhängigkeitsberichts selbst (Rdn 10 ff).

2. Regelungszweck

Der Abhängigkeitsbericht nimmt eine **Schlüsselstellung** im Gesamtgefüge des konzernrechtlichen Schutzsystems ein.[4] Daher widmet ihm der Gesetzgeber nicht weniger als fünf Vorschriften (§§ 312 bis 316). Von der Wissenschaft vorgedacht (zur Entstehungsgeschichte vor § 311 Rdn 28 f)[5], zielt diese Neuerung des Aktiengesetzes von 1965[6] darauf ab, das Benachteiligungsverbot des § 311 Abs 1 durch ein System von Berichts- und Prüfungspflichten zu flankieren und abzusichern.[7] Ausweislich der Regierungsbegründung soll der Abhängigkeitsbericht außenstehende Aktionäre und Gläubiger der abhängigen Gesellschaft in die Lage versetzen, Ersatzansprüche gegen das herrschende Unternehmen zu verfolgen (§§ 317 Abs 4, 318 Abs 4 iVm § 309 Abs 4).[8] Hierfür muss vor allem ihre Informationsgrundlage verbessert werden.[9] Ohne zusätzliche Angaben zu den vielfältigen Verbundbeziehungen mögen sie zwar verdächtige Geschäfte vermuten, werden aber ihren Umfang und ihre Auswirkungen häufig nicht mit der für einen Rechtsstreit erforderlichen Sicherheit kennen[10]: „Der außenstehende Aktionär oder der Gläubiger tappt weitgehend im Dunkeln."[11] An dieser Stelle setzt die Pflicht zur Aufstellung eines Abhängigkeitsberichts ein, die **verschiedene Funktionen** erfüllt: 2

4 Ebenso *Böttcher* FS Maier-Reimer, 2010, S 29, 30 („zentrale Rolle"); Emmerich/*Habersack* Aktien- und GmbH-Konzernrecht § 312 Rdn 3 („Schlüsselrolle"); *Fleischer* BB 2014, 835; *Haesen* S 6 („zentrale Bedeutung"); NK-*Schatz/Schödel* § 312 Rdn 2 („wichtiger Baustein im Gesamtsystem der §§ 311–318"); *E Vetter* ZHR 171 (2007), 342, 362 f („besondere Bedeutung im Zusammenhang mit Interessenkonflikten im Konzern"); WP-Handbuch 2012, Band I, F Rdn 1284 („Eckpfeiler").

5 Grundlegend *Flume* Verhandlungen des 42. DJT, Band II, 1959, F 86; *ders* DB 1959, 190, 191; zustimmend *Geßler* FS W Schmidt, 1959, S 247, 254 f; rückblickend *Kropff* in Bayer/Habersack (Hrsg), Aktienrecht im Wandel, Band I, 2007, 15. Kap Rdn 570 ff.

6 Vgl *Goerdeler* WPg 1966, 113 („Novum"); *Haesen* S 4 f („völlig neu"); MK-*Altmeppen* § 312 Rdn 1 („Neuschöpfung des Aktiengesetzes 1965").

7 Vgl *Adler/Düring/Schmaltz* § 312 Rdn 1 („Normierung von Berichts- und Prüfungspflichten"); Küting/Weber/*Weber* § 312 Rdn 1.

8 Vgl Begr RegE bei *Kropff* S 410 f; BGHZ 135, 107, 109 f; OLG Frankfurt NZG 2015, 1357, 1361; OLG Braunschweig AG 1996, 271, 272; Emmerich/*Habersack* Aktien- und GmbH-Konzernrecht § 312 Rdn 2; *Fleischer* BB 2014, 835; Hölters/*Leuering/Goertz* § 312 Rdn 3; Hüffer/*Koch* § 312 Rdn 1; KK-*Koppensteiner* § 312 Rdn 2; MK-*Altmeppen* § 312 Rdn 6; Spindler/Stilz/*Müller* § 312 Rdn 2; Wachter/*Rothley* § 312 Rdn 1.

9 Vgl Emmerich/*Habersack* Aktien- und GmbH-Konzernrecht § 312 Rdn 2; *Förschle/Heinz* in BeckBilKomm § 289 HGB Rdn 203; Hölters/*Leuering/Goertz* § 312 Rdn 3; Hüffer/*Koch* § 312 Rdn 1.

10 So Begr RegE bei *Kropff* S 411.

11 Begr RegE bei *Kropff* S 411.

3 Zunächst sorgt § 312 für eine **vollständige Dokumentation der Geschäftsbeziehungen zu verbundenen Unternehmen**[12], die über den Regelungsbereich des § 311 hinausgeht[13]: Alle Rechtsgeschäfte, welche die abhängige Gesellschaft im vergangenen Geschäftsjahr mit dem herrschenden Unternehmen oder einem mit ihm verbundenen Unternehmen oder auf Veranlassung oder im Interesse dieser Unternehmen vorgenommen hat, und alle anderen Maßnahmen, die sie auf Veranlassung oder im Interesse dieser Unternehmen im vergangenen Geschäftsjahr getroffen oder unterlassen hat, sind nach § 312 Abs 1 S 2 in dem Abhängigkeitsbericht aufzuführen. Auf eine Nachteilszufügung iSd § 311 Abs 1 kommt es für die Berichtspflicht nicht an.[14] Vielmehr genügt es, dass überhaupt ein Bezug zum herrschenden oder einem mit diesem verbundenen Unternehmen vorliegt.[15] Dahinter steht die Erwägung, dass jedes verbundorientierte Verhalten nachteilsverdächtig ist und damit einer Überprüfung durch Abschlussprüfer und Aufsichtsrat unterworfen werden soll.[16]

4 Diese Dokumentationspflicht dient – ähnlich wie die handelsrechtliche Buchführungspflicht[17] – in einem ersten Schritt der **Selbstkontrolle des Vorstands** der abhängigen Gesellschaft[18]: Er soll sich selbst Rechenschaft über die Erfüllung seiner organschaftlichen Pflichten zum Schutz der abhängigen Gesellschaft ablegen.[19] Verstärkt wird diese Rechenschaftspflicht durch die verbindliche Schlusserklärung nach § 312 Abs 3: Sie gemahnt den Vorstand an seine Eigenverantwortlichkeit und seine Verpflichtung zur Wahrung des Gesellschaftsinteresses auch gegenüber dem herrschenden Unternehmen.[20] In der Literatur hat man diese testatähnliche Erklärung des Vorstands höchst anschaulich als „Griff an das Portepee"[21] beschrieben (näher unten Rdn 105).

5 Darüber hinaus bildet der Abhängigkeitsbericht die **Grundlage der Überprüfung der Verbundbeziehungen durch** den **Abschlussprüfer** (§ 313) **und** den **Aufsichtsrat** der abhängigen Gesellschaft (§ 314).[22] Ihnen soll die nachträgliche Kontrolle dadurch erleich-

---

12 Vgl *Adler/Düring/Schmaltz* § 312 Rdn 1; *Böttcher* FS Maier-Reimer, 2010, S 29, 30; Emmerich/*Habersack* Aktien- und GmbH-Konzernrecht § 312 Rdn 2; *Fleischer* BB 2014, 835; *Förschle/Heinz* in BeckBilKomm § 289 HGB Rdn 203; Grigoleit/*Grigoleit* § 312 Rdn 1; Heidel/*Walchner* § 312 Rdn 1; Hölters/*Leuering/Goertz* § 312 Rdn 3; MK-*Altmeppen* § 312 Rdn 3; Wachter/*Rothley* § 312 Rdn 1.

13 Vgl *Adler/Düring/Schmaltz* § 312 Rdn 1.

14 Vgl *Adler/Düring/Schmaltz* § 312 Rdn 1; *Fleischer* BB 2014, 835; *Förschle/Heinz* in BeckBilKomm § 289 HGB Rdn 202; Küting/Weber/*Weber* § 312 Rdn 1; *E Vetter* ZHR 171 (2007), 342, 363.

15 Vgl *Adler/Düring/Schmaltz* § 312 Rdn 1; *Fleischer* BB 2014, 835; *E Vetter* ZHR 171 (2007), 342, 363.

16 Vgl *Adler/Düring/Schmaltz* § 312 Rdn 1; s auch KK-*Koppensteiner* § 312 Rdn 1.

17 Dazu, dass die Buchführungspflicht in erster Linie der Selbstinformation des Kaufmanns dient, Spindler/Stilz/*Fleischer* § 91 Rdn 25 mwN.

18 Vgl *Döllerer* FS Semler, 1993, S 441, 443; *Fleischer* BB 2014, 835; *Förschle/Heinz* in BeckBilKomm § 289 HGB Rdn 203; Hüffer/*Koch* § 312 Rdn 1; *Studienkommission DJT* Rdn 410.

19 Vgl *Altmeppen* ZIP 1996, 693, 697; *Böttcher* FS Maier-Reimer, 2010, S 29, 31; *Fleischer* BB 2014, 835; *Förschle/Heinz* in BeckBilKomm § 289 HGB Rdn 203; Heidel/*Walchner* § 312 Rdn 1.

20 Vgl *Fleischer* BB 2014, 835, 836; *Förschle/Heinz* in BeckBilKomm § 289 HGB Rdn 203; MK-*Altmeppen* § 312 Rdn 4; MK-*Kropff*, 2. Aufl 2000, § 312 Rdn 4.

21 *Flume* DB 1959, 190, 191; übernommen von *Döllerer* FS Semler, 1993, S 441, 449; *Geßler* FS W Schmidt, 1959, S 247, 255; *ders* DB 1973, 48, 52; MK-*Altmeppen* § 312 Rdn 4; ironisierend *Schilling*, in Ulmer (Hrsg), Probleme des Konzernrechts, 1989, S 106, 108: „der Griff ans Portepee statt des Griffs ins Portemonnaie".

22 Vgl *Adler/Düring/Schmaltz* § 312 Rdn 2; *Fleischer* BB 2014, 835, 836; Grigoleit/*Grigoleit* § 312 Rdn 1; Henssler/Strohn/*Bödeker*

tert werden, dass nach § 312 Abs 1 S 3 bei den Rechtsgeschäften Leistung und Gegenleistung, bei den Maßnahmen die Gründe der Maßnahme und deren Vor- und Nachteile für die Gesellschaft anzugeben sind. Das zusammengefasste Prüfungsergebnis ist den Aktionären über den Bericht des Aufsichtsrats an die Hauptversammlung (§ 171 Abs 2) durch den Vorstand gemäß § 176 Abs 1 S 1 zugänglich zu machen.

Außenstehende Aktionäre und Gläubiger der abhängigen Gesellschaft haben aus Gründen der Vertraulichkeit zwar kein eigenes Einsichtsrecht in den Abhängigkeitsbericht (näher unten Rdn 10). Trotzdem **verbessert** dieser Bericht ihre **Unterrichtungsmöglichkeiten**[23]: Die Schlusserklärung des Vorstands zum Abhängigkeitsbericht ist in den Lagebericht aufzunehmen (§ 312 Abs 3 S 3); der Aufsichtsrat muss in seinem Bericht an die Hauptversammlung über das Ergebnis seiner Prüfung des Abhängigkeitsberichts berichten (§ 314 Abs 2 S 1) und dort zugleich einen vom Abschlussprüfer erteilten Bestätigungsvermerk aufnehmen bzw eine Versagung ausdrücklich mitteilen (§ 314 Abs 2 S 3). Ergeben sich hieraus Einwendungen, so kann jeder Aktionär eine Sonderprüfung beantragen (§ 315). Eine Abschrift des Sonderprüfungsberichts hat der Vorstand jedem Aktionär auf Verlangen zu erteilen (§ 145 Abs 6 S 4). Durch die Einreichung des Lageberichts und des Berichts des Aufsichtsrats beim Betreiber des Bundesanzeigers sind die hierin enthaltenen Grundinformationen auch den Gläubigern der abhängigen Gesellschaft zugänglich.[24] Insgesamt kann man daher von einer „**begrenzten Publizität**“[25], einer „eingeschränkten Publizität“[26] oder einer „**mittelbaren Kenntnisnahme**“[27] sprechen. 6

Weiterhin soll der Abhängigkeitsbericht **die Stellung des Tochtervorstands gegenüber dem herrschenden Unternehmen stärken**[28]: Die Ankündigung, einen bestimmten Vorgang in den Abhängigkeitsbericht aufnehmen zu müssen, erleichtert ihm den Widerstand gegen Pläne des herrschenden Unternehmens zum Nachteil der abhängigen Gesellschaft.[29] 7

Schließlich erblicken manche eine erwünschte Nebenwirkung des Abhängigkeitsberichts darin, dass die mit ihm verbundenen Risiken und Kosten eng verflochtene Unternehmen womöglich dazu veranlassen, die Berichtspflicht durch Abschluss eines Beherrschungs- oder Gewinnabführungsvertrages zu beenden.[30] 8

Insgesamt soll der Abhängigkeitsbericht also **Nachteilszufügungen** iSd § 311 Abs 1 **durch ein dichtes Netz von Berichts- und Prüfungspflichten** von vornherein **unterbinden oder** zumindest nachträglich **dokumentieren**, um so allfällige Schadensersatzansprüche vorzubereiten. 9

---

§ 312 Rdn 1; MK-*Altmeppen* § 312 Rdn 3; Schmidt/Lutter/*Vetter* § 312 Rdn 3.

23 So Begr RegE bei *Kropff* S 411.

24 Dazu auch MK-*Altmeppen* § 312 Rdn 7.

25 MK-*Altmeppen* § 312 Rdn 5.

26 Wachter/*Rothley* § 312 Rdn 2; ähnlich Küting/Weber/*Weber* § 312 Rdn 2 („stark eingeschränkte Publizität“).

27 Bürgers/Körber/*Fett* § 312 Rdn 3.

28 Vgl bereits *Flume* DB 1959, 190, 191; *ders* Grundfragen, S 45: „Die Institution des ‚Abhängigkeitsberichts‘ ist damit nicht nur eine Sicherung der abhängigen Gesellschaft, sondern auch eine Stärkung der Stellung ihrer Organe.“; aus neuerer Zeit OLG Frankfurt NZG 2015, 1357, 1361; *Adler/Düring/Schmaltz* § 312 Rdn 1a; *Fleischer* BB 2014, 835, 836; *Förschle/Heinz* in BeckBilKomm § 289 HGB Rdn 204; Heidel/*Walchner* § 312 Rdn 1; MK-*Altmeppen* § 312 Rdn 4; *E Vetter* ZHR 171 (2007), 342, 363; *Wiedemann* Die Unternehmensgruppe im Privatrecht, 1988, S 58.

29 Ankedotische Evidenz bei *Hommelhoff* ZHR 156 (1992), 295, 301; *E Vetter* ZHR 171 (2007), 342, 363; skeptisch hingegen KK-*Koppensteiner* § 312 Rdn 5.

30 Vgl MK-*Altmeppen* § 312 Rdn 6; WP-Handbuch 2012, Band I, F Rdn 1285; s auch *Hommelhoff* ZHR 156 (1992), 295, 313.

3. Offenlegung?

10 a) **Allgemeines.** Im Gegensatz zur Schlusserklärung des Vorstands und zum Bericht des Aufsichtsrats **muss** der **Abhängigkeitsbericht** selbst **nicht offengelegt werden.**[31] Er ist nur für den Abschlussprüfer und den Aufsichtsrat bestimmt.[32] Außenstehende Aktionäre und Gläubiger der abhängigen Gesellschaft können ihn dagegen nicht einsehen oder herausverlangen.[33] Dies gilt auch dann, wenn sie Ersatzansprüche der abhängigen Gesellschaft aus §§ 317 Abs 4, 318 Abs 4, 309 Abs 4 geltend machen.[34] Das herrschende Unternehmen hat ebenfalls keinen Anspruch auf Überlassung des Abhängigkeitsberichts[35]; es kann von dessen Inhalt allenfalls durch seine Vertreter im Aufsichtsrat der abhängigen Gesellschaft Kenntnis erlangen.[36] Für die Finanzbehörden ist der Abhängigkeitsbericht ebenso wenig zugänglich, weil er nicht von § 60 Abs 3 EStDV erfasst wird.[37] Auch die Satzung kann keine Offenlegung des Abhängigkeitsberichts vorsehen, da es sich insoweit um zwingendes Recht iSd § 23 Abs 5 handelt.[38]

11 Die Vertraulichkeit des Abhängigkeitsberichts beruht auf einer **bewussten Entscheidung des Reformgesetzgebers.** Zwar hatte der damalige Bundesjustizminister *Fritz Schäffer* ursprünglich vorgeschlagen, den Bericht den Minderheitsaktionären zugänglich zu machen.[39] Demgegenüber hat sich *Werner Flume*, der Vordenker des Abhängigkeitsberichts (vor § 311 Rdn 28 f), von Anfang an gegen dessen Publizität ausgesprochen[40]:

---

[31] Vgl Begr RegE bei *Kropff* S 411; OLG Frankfurt AG 2003, 335, 336; Bürgers/Körber/*Fett* § 312 Rdn 3; Emmerich/*Habersack* Aktien- und GmbH-Konzernrecht § 312 Rdn 4; *Förschle/Heinz* in BeckBilKomm § 289 HGB Rdn 375; Grigoleit/*Grigoleit* § 312 Rdn 31; Hölters/*Leuering/Goertz* § 312 Rdn 3; *Hüffer* § 312 Rdn 38; MK-*Altmeppen* § 312 Rdn 7; Schmidt/Lutter/*Vetter* § 312 Rdn 7; Spindler/Stilz/*Müller* § 312 Rdn 2.

[32] Vgl *Förschle/Heinz* in BeckBilKomm § 289 HGB Rdn 375; Emmerich/*Habersack* Aktien- und GmbH-Konzernrecht § 312 Rdn 4; MK-*Altmeppen* § 312 Rdn 7; Wachter/*Rothley* § 312 Rdn 2.

[33] Vgl Begr RegE bei *Kropff* S 411; *Fleischer* BB 2014, 835, 836; *Förschle/Heinz* in BeckBilKomm § 289 HGB Rdn 376; Hüffer/*Koch* § 312 Rdn 38; Schmidt/Lutter/*Vetter* § 312 Rdn 7.

[34] Vgl OLG Düsseldorf AG 1988, 275, 277; Bürgers/Körber/*Fett* § 312 Rdn 3; Emmerich/*Habersack* Aktien- und GmbH-Konzernrecht § 312 Rdn 4; *Förschle/Heinz* in BeckBilKomm § 289 HGB Rdn 376; Grigoleit/*Grigoleit* § 312 Rdn 31; Hölters/Leuering/*Goertz* § 312 Rdn 3; MK-*Altmeppen* § 312 Rdn 11; Schmidt/Lutter/*Vetter* § 312 Rdn 7; kritisch *Bachmann* NZG 2001, 961, 970 mit Fn 162 unter Berufung auf § 810 BGB.

[35] Vgl Emmerich/*Habersack* Aktien- und GmbH-Konzernrecht § 312 Rdn 4; *Fleischer* BB 2014, 835, 836; *Förschle/Heinz* in BeckBilKomm § 289 HGB Rdn 376; GK-*Würdinger* (Voraufl) § 312 Einl; Schmidt/Lutter/*Vetter* § 312 Rdn 7.

[36] Vgl Emmerich/*Habersack* Aktien- und GmbH-Konzernrecht § 312 Rdn 4; *Fleischer* BB 2014, 835, 836; GK-*Würdinger* (Voraufl) § 312 Einl.

[37] Vgl *Fleischer* BB 2014, 835, 836; *Förschle/Heinz* in BeckBilKomm § 289 HGB Rdn 377.

[38] Vgl Emmerich/*Habersack* Aktien- und GmbH-Konzernrecht § 312 Rdn 4; *Fleischer* BB 2014, 835, 836; *Förschle/Heinz* in BeckBilKomm § 289 HGB Rdn 375; Grigoleit/*Grigoleit* § 312 Rdn 31; MK-*Altmeppen* § 312 Rdn 11; Schmidt/Lutter/*Vetter* § 312 Rdn 7; Wachter/*Rothley* § 312 Rdn 2.

[39] Vgl *Schäffer* BB 1959, 1253, 1258: „Wenn ich von dieser Frage absehe, so scheint mir der Vorschlag Flumes jedenfalls, wenn der Bericht des Prüfers den Minderheitsaktionären zugänglich gemacht wird, durchaus sicherzustellen, daß die abhängige Gesellschaft nicht benachteiligt wird."

[40] Vgl *Flume* DB 1959, 190, 191: „Der Bundesjustizminister meint (a.a.O. S. 1258), der Vorschlag des Testats der Angemessenheit sei dahin zu ergänzen, daß der Bericht über das Abhängigkeitsverhältnis den Minderheitsaktionären zugänglich gemacht werden müsse. Wir folgen dem nicht."

Wenn der Bericht über das Abhängigkeitsverhältnis einen Sinn haben solle, so müsse er konkret sein und über das Abhängigkeitsverhältnis wirklich Auskunft geben. Dann aber sei er mit solchen Einzelheiten der Geschäftsführung erfüllt, dass man ihn nicht der Öffentlichkeit unterbreiten könne.[41] In der weiteren Reformdiskussion ist *Flumes* Standpunkt nicht mehr in Zweifel gezogen worden, obwohl man durchaus von weitergehenden Publizitätsanforderungen in anderen Rechtsordnungen wusste.[42] Die **Regierungsbegründung** wies sogar ausdrücklich darauf hin, dass man **außenstehenden Aktionären den Abhängigkeitsbericht nicht zugänglich machen** könne: „Er muß vertraulich bleiben, weil sonst nicht mit der erforderlichen Offenheit über Geschäfte berichtet würde, deren Bekanntwerden geeignet ist, der Gesellschaft einen Nachteil zuzufügen."[43]

b) **Ausnahmen.** Eine Ausnahme vom Grundsatz der Vertraulichkeit besteht zunächst 12
für den **Sonderprüfer iSd § 315**, da sich seine Prüfung nach § 145 Abs 1 und 2 auch auf den Inhalt des Abschlussberichts erstreckt.[44] Denkbar ist darüber hinaus ein Einsichtsrecht des Abschlussprüfers des herrschenden Unternehmens im Rahmen seines gesetzlichen Auskunftsrechts gegenüber Tochterunternehmen (§ 320 Abs 2 S 3 HGB);[45] praktische Bedeutung kann es zB dann erlangen, wenn nach der Schlusserklärung des Vorstands der abhängigen Gesellschaft nicht ausgeglichene Nachteile vorliegen, die eine Schadensersatzpflicht des herrschenden Unternehmens begründen.[46] Bei einer Insolvenz der abhängigen Gesellschaft kann zudem der **Insolvenzverwalter** über den Abhängigkeitsbericht verfügen.[47] Im Rahmen ihrer Aufgaben und Befugnisse nach § 69 S 2 InsO können ferner die Mitglieder des Gläubigerausschusses Einsicht in den Abhängigkeitsbericht verlangen.[48] Dagegen hat sich der Vorschlag, außenstehenden Aktionären nicht prüfungspflichtiger kleiner Aktiengesellschaften iSd § 267 Abs 1 HGB analog § 51a GmbHG ein erweitertes Einsichtsrecht in den Abhängigkeitsbericht zuzubilligen[49], bisher mit Recht nicht durchsetzen können.[50]

---

41 So *Flume* DB 1959, 190, 191; *ders* Die konzernrechtliche Gestaltung, S 65, 74: „Sie müssen bedenken, es ist der Versuch einer Lösung, die arcana imperii – die arcana bleiben müssen – doch einer Rechenschaft zu unterstellen."

42 Dazu etwa *Semler* WPg 1960, 552, 554: „Der ‚Abhängigkeitsbericht' ist nicht für die einzelnen Aktionäre oder gar die Öffentlichkeit bestimmt. Nur der Abschlußprüfer und der Aufsichtsrat erhalten von seinem Inhalt Kenntnis. Das US-amerikanische Recht kennt demgegenüber eine andere, sehr viel weitergehende Form der Publizität für Geschäfte mit Großaktionären. [...] Die Einsicht in diesen Bericht steht jedermann offen."

43 Begr RegE bei *Kropff* S 411.

44 Vgl Emmerich/*Habersack* Aktien- und GmbH-Konzernrecht § 312 Rdn 4; *Förschle/Heinz* in BeckBilKomm § 289 HGB Rdn 377.

45 Vgl *Förschle/Heinz* in BeckBilKomm § 289 HGB Rdn 377.

46 Vgl *Förschle/Heinz* in BeckBilKomm § 289 HGB Rdn 377.

47 Vgl Bürgers/Körber/*Fett* § 312 Rdn 3; Emmerich/*Habersack* Aktien- und GmbH-Konzernrecht § 312 Rdn 4; *Förschle/Heinz* in BeckBilKomm § 289 HGB Rdn 377; Grigoleit/*Grigoleit* § 312 Rdn 31; MK-*Altmeppen* § 312 Rdn 11; NK-*Schatz/Schödel* § 312 Rdn 58; *Schlewig* Gemeinschaftsunternehmen S 50 f; Schmidt/Lutter/*Vetter* § 312 Rdn 7; Spindler/Stilz/*Müller* § 312 Rdn 2.

48 Vgl Emmerich/*Habersack* Aktien- und GmbH-Konzernrecht § 312 Rdn 4; *Förschle/Heinz* in BeckBilKomm § 289 HGB Rdn 377; Grigoleit/*Grigoleit* § 312 Rdn 31; NK-*Schatz/Schödel* § 312 Rdn 58; Schmidt/Lutter/*Vetter* § 312 Rdn 7.

49 So *Kropff* ZGR 1988, 558, 568 ff; MK-*Altmeppen* § 312 Rdn 13 f.

50 Ablehnend auch *Förschle/Heinz* in BeckBilKomm § 289 HGB Rdn 376; Grigoleit/*Grigoleit* § 312 Rdn 31; Schmidt/Lutter/*Vetter* § 312 Rdn 8.

13 c) **Verhältnis zum Auskunftsrecht.** Das allgemeine **Auskunftsrecht des Aktionärs** (§ 131 AktG) wird nach zutreffender hM durch die Aufstellung eines Abhängigkeitsberichts **nicht verdrängt.**[51] Die vereinzelt gebliebene Gegenauffassung, nach der die Vertraulichkeit des Abhängigkeitsberichts durch ein Informationsrecht außenstehender Aktionäre in der Hauptversammlung nicht unterlaufen werden darf[52], geht fehl: Sie verkennt, dass die Vorschriften über den Abhängigkeitsbericht den Aktionärsschutz verbessern, nicht verschlechtern sollten (Rdn 2). Zudem kann der Vorstand die Auskunft über geheimhaltungsbedürftige Umstände nach Maßgabe des § 131 Abs 3 S 1 Nr 1 verweigern, so dass die Vertraulichkeit im Einzelfall durchaus gewahrt bleiben kann. In Ermangelung einer Sperrwirkung des § 312 kann ein Aktionär unter den weiteren Voraussetzungen des § 131 Abs 1 daher auch Auskunft über konzerninterne Vorgänge verlangen, die im Abhängigkeitsbericht enthalten sind.[53] Dies gilt etwa für Fragen nach Konzernumlagen[54], Konzernverrechnungspreisen[55] oder sonstigen Vertragsbedingungen bei wesentlichen Geschäften mit verbundenen Unternehmen[56], sofern sie nicht bereits nach IAS 24 (Rdn 25) offengelegt sind. Diese Pflicht zur Offenlegung von Beziehungen kapitalmarktorientierter Gesellschaften zu nahestehenden Personen bleibt durch § 312 ebenfalls unberührt.[57]

14 **Sonderfragen** stellen sich im Zusammenhang mit den **Nachauskunftsrechten aus § 131 Abs 4** und den Grenzen einer Nachauskunft kraft konzenrechtlicher Besonderheiten.[58]

d) **Reformvorschläge**

15 aa) **Meinungsstand.** Die Vertraulichkeit des Abhängigkeitsberichts hat schon früh rechtspolitische Kritik auf sich gezogen. Sie ist von prominenter Seite pointiert als „bedeutendste Fehlleistung des Gesetzgebers von 1965"[59] bezeichnet worden. Aufwind erhielten die kritischen Stimmen durch den Kommissionsentwurf der 9. gesellschaftsrechtlichen Richtlinie aus dem Jahre 1984[60], der für Tochterunternehmen einen den Aktionären zugänglichen Sonderbericht über die Beziehungen zur Muttergesellschaft im abgelaufenen Geschäftsjahr vorsah.[61] In den neunziger Jahren gewannen Vorschläge zur

51 Vgl OLG Düsseldorf AG 2002, 34, 36; OLG Stuttgart AG 2005, 94, 95 f; Bürgers/Körber/*Fett* § 312 Rdn 3; Emmerich/*Habersack* § 312 Rdn 5; *Förschle/Heinz* in BeckBil-Komm § 312 Rdn 376; Grigoleit/*Grigoleit* § 312 Rdn 32; *Habersack/Verse* AG 2003, 300, 303 ff; Henssler/Strohn/*Bödeker* § 312 Rdn 23; Hölters/*Leuering/Goertz* § 312 Rdn 4; Hüffer/*Koch* § 312 Rdn 39; KK-*Koppensteiner* § 312 Rdn 6; MK-*Altmeppen* § 312 Rdn 16; Schmidt/Lutter/*Vetter* § 312 Rdn 8; Spindler/Stilz/*Müller* § 312 Rdn 4; *Strohn* S 131 ff.

52 So KG NJW 1972, 2307, 2309 f; OLG Frankfurt AG 2003, 335, 336; *Mutter/Frick* AG-Report 2005, 270, 272; Wachter/*Rothley* § 312 Rdn 28.

53 Vgl Grigoleit/*Grigoleit* § 312 Rdn 31; *E Vetter* ZHR 171 (2007), 342, 366.

54 Vgl LG Frankfurt DB 1993, 2371; Grigoleit/*Grigoleit* § 312 Rdn 32; zum Vertragskonzern auch OLG Karlsruhe AG 1990, 82.

55 Vgl OLG Hamburg AG 1970, 372; OLG Stuttgart AG 2005, 94, 96; OLG Düsseldorf AG 1992, 34, 36.

56 Vgl *E Vetter* ZHR 171 (2007), 342, 366.

57 Vgl Hölters/*Leuering/Goertz* § 312 Rdn 5; Spindler/Stilz/*Müller* § 312 Rdn 4; s auch Küting/Weber/*Weber* § 312 Rdn 3 und 106.

58 Dazu etwa *Fleischer* ZGR 2009, 505, 537 ff mwN.

59 *Lutter* SAG 1976, 152, 159.

60 Abgedruckt etwa in ZGR 1985, 446.

61 Wörtlich hieß es in Art 7 Abs 5 des Entwurfs: „Der Sonderbericht mit dem Prüfungsvermerk muß jedem Aktionäre mindestens vom Tage der Absendung der Einladung zur Hauptversammlung, die über den Jahresabschluß und die Verwendung des Jahresergebnisses berät, oder vom Tage der

Veröffentlichung des Abhängigkeitsberichts weiter an Zulauf.[62] Nochmals stärker angeschwollen ist der **Chor der Reformstimmen**[63], seit kapitalmarktorientierte Gesellschaften mit Wirkung vom 1. Januar 2005 gemäß IAS 24 Angaben über Beziehungen und Geschäftsvorfälle zu nahe stehenden Unternehmen und Personen machen müssen (näher Rdn 25). Im April 2014 hat die **EU-Kommission** in ihrem Entwurf zur Änderung der Aktionärsrechterichtlinie darüber hinausgehende **Vorschläge zur Vorabinformation über *related party transactions*** unterbreitet.[64] Danach sollen börsennotierte Gesellschaften Geschäfte mit nahestehenden Unternehmen und Personen, die mehr als 1 % ihres Vermögens betreffen, zum Zeitpunkt ihres Abschlusses öffentlich bekanntmachen.[65] Dieser **Regelungsvorschlag zur präventiven Publizität** ist **hierzulande ganz überwiegend begrüßt**[66] und nur vereinzelt kritisiert[67] worden. Dabei hat man vielfach die Unterschiede zum geltenden System der bilanzrechtlichen *ex post*-Publizität und zur aktienrechtlichen Vertraulichkeit des Abhängigkeitsberichts hervorgehoben.[68] Zuletzt hat sich der **70. Deutsche Juristentag 2014 für** eine **Offenlegung des Abhängigkeitsberichts** ausgespochen.[69]

Im Einzelnen ist das **Spektrum der Reformvorschläge breit gefächert**: Manche Literaturstimmen haben sich schon vor den jüngsten Kommissionsvorschlägen (Rdn 15) dafür ausgesprochen, dass über konzerninterne Rechtsgeschäfte nicht erst *ex post* im Abhängigkeitsbericht, sondern schon *ex ante* im Rahmen eines neu einzurichtenden Kontrollsystems über *related party transactions* berichtet werden muss.[70] Andere befürworten eine nachträgliche Offenlegung des Abhängigkeitsberichts im Rahmen der Jahresabschlusspublizität, sofern an der Tochtergesellschaft Minderheitsaktionäre betei- 16

Bekanntmachung ihrer Einberufung an zur Verfügung stehen. Er ist zusammen mit dem Jahresabschluß und in gleicher Weise offenzulegen."; zustimmend *Immenga* RabelsZ 48 (1984), 48, 70; *Kirchner* Jhb NPÖ 3 (1984), 223, 244; kritisch *Hommelhoff* FS Fleck 1988, S 125, 134.

[62] Vgl in zeitlicher Reihenfolge *Koppensteiner* FS Steindorff, 1990, S 79, 90 f, 109; *Doralt* ZGR 1991, 252, 280 f; *Emmerich/Sonnenschein*, Konzernrecht, 5. Aufl 1993, § 21 II, S 412; *Krause* AG 1996, 209, 212; *Peltzer* AG 1997, 145, 151; *Schneider* FS Lutter, 2000, S 1193, 1197 f.

[63] Vgl Emmerich/*Habersack* Aktien- und GmbH-Konzernrecht § 312 Rdn 3; *Habersack* Gutachten E zum 69. DJT 2012, E 79, E 103; *Kalss* ZHR 171 (2007), 146, 196 f; NK-*Schatz/Schödel* § 312 Rdn 5; *E Vetter* ZHR 171 (2007), 342, 362 ff; nunmehr auch Hüffer/*Koch* § 312 Rdn 38: wohl auch Schmidt/Lutter/*J Vetter* § 312 Rdn 9; *J Vetter* in 50 Jahre Aktiengesetz S 231, 254; nur referierend *Hopt* ZHR 171 (2007), 199, 214.

[64] COM(2014) 213 final; näher dazu *Fleischer* BB 2014, 2691 ff.

[65] Art 9c Abs 1 S 1 AktR-RL-E; dazu *Fleischer* BB 2014, 2691, 2697; zu den jüngsten Kompromissvorschlägen der italienischen und lettischen Ratspräsidentschaft *J Vetter* ZHR 179 (2015) 273, 279 ff; zu den Änderungsvorschlägen im EU-Parlament *Bungert/de Raet* Der Konzern 2015, 289, 291 ff.

[66] Vgl *Bayer/Selentin* NZG 2015, 7, 11 f; *Drygala* AG 2013, 198, 207 f; *Fleischer* BB 2014, 2691, 2698; *Schneider* EuZW 2014, 641; *Selzner* ZIP 2015, 753, 761; *Wiersch* NZG 2014, 1131, 1136; *J Vetter* ZHR 179 (2015), 273, 313 ff.

[67] Vgl *Bungert/de Raet* Der Konzern 2015, 289, 294; *Seibt* DB 2014, 1910, 1915.

[68] Vgl *Bayer/Selentin* NZG 2015, 7, 12; *Fleischer* BB 2014, 2691, 2698; *J Vetter* ZHR 179 (2015), 273, 313 f.

[69] Vgl Beschlüsse der Abteilung Wirtschaftsrecht des 70. DJT 2014, Nr 15: „Die Haftungsdurchsetzung im Konzern sollte zugunsten von Minderheitsgesellschaftern erleichtert werden durch eine Pflicht zur Offenlegung des Abhängigkeitsberichts nach § 312 AktG […]."

[70] Vgl *Kalss* ZHR 171 (2007), 146, 197; ausführlicher für das österreichische Recht *dies* in Kalss/Schauer, Die Reform des Österreichischen Kapitalgesellschaftsrechts, 16. ÖJT, Band II/1, 2006, S 367 ff, 383 ff.

ligt sind[71], wollen die bilanzrechtliche *ex post*-Publizität gemäß §§ 285 Nr 21, 314 Abs 1 Nr 13 HGB ausweiten[72] oder werben nur bei börsennotierten Unternehmen für einen öffentlich zugänglichen Abhängigkeits- und Prüfungsbericht in „abgemagerter" Form.[73] Noch zurückhaltender hat die Regierungskommission Corporate Governance im Jahre 2001 vorgeschlagen, die Abhängigkeits- und Prüfungsberichte der letzten fünf Jahre lediglich bei einer Insolvenz der abhängigen Gesellschaft zu veröffentlichen.[74]

17 Zu allen Zeiten hat es freilich auch **Befürworter einer Vertraulichkeit** des Abhängigkeitsberichts gegeben. So hat die vom Bundesministerium der Justiz eingesetzte Unternehmensrechtskommission in ihrem Bericht von 1980 verschiedene Vorschläge für eine vollständige oder teilweise Offenlegung hin- und hergewendet, ohne sich zu einer Neuregelung entschließen zu können.[75] Gutachter und Referent des 59. Deutschen Juristentages 1992 haben die Maximalforderung nach einer zwingenden Publizität des Abhängigkeitsberichts ebenfalls zurückgewiesen und sich damit begnügt, einen gehaltvolleren „Unterbericht zur Abhängigkeitslage" innerhalb des Lageberichts zu empfehlen.[76] Vereinzelt wird zur Wahrung der Vertraulichkeit die Einschaltung eines Treuhänders ins Spiel gebracht.[77] Schließlich lehnen manche Kommentatoren einen Ausbau des konzernrechtlichen Transparenzregimes bis heute ab.[78]

18 bb) **Stellungnahme.** Ein absoluter Vorrang der Vertraulichkeit des Abhängigkeitsberichts lässt sich heute nicht mehr rechtsfertigen.[79] Gegen ihn sprechen insbesondere die **bilanzrechtlichen Publizitätsvorschriften** über Geschäfte mit nahe stehenden Unternehmen und Personen in IAS 24 und §§ 285 Nr 21, 314 Abs 1 Nr 13 HGB (dazu Rdn 25 ff). In die gleiche Richtung weist die Publizität von *related party transactions* in vielen ausländischen Aktienrechten, zB in den Vereinigten Staaten, Frankreich oder Italien.[80]

---

[71] Vgl *E Vetter* ZHR 171 (2007), 342, 367.

[72] Dies erwägend *Bungert/de Raet* Der Konzern 2015, 289, 294.

[73] Vgl *Doralt* ZGR 1991, 252, 280 f.

[74] Vgl *Baums* (Hrsg) Bericht der Regierungskommission Corporate Governance, 2001, Rdn 180 mit dem Zusatz: „Nicht die Zustimmung der Regierungskommission findet dagegen der Vorschlag, eine weitergehende Publizität des Abhängigkeitsberichts und des Prüfungsberichts gemäß § 313 Abs. 2 AktG vorzusehen."; dem beipflichtend *Decher* ZHR 171 (2007), 126, 138.

[75] Vgl BMJ (Hrsg) Bericht Unternehmensrechtskommission, 1980, Rdn 1445–1448.

[76] Vgl *Hommelhoff* Gutachten G für den 59. DJT 1992, G 57 ff; *Hoffmann-Becking* Referat für den 59. DJT 1992, R 8, R 19 f; gegen eine Offenlegung des Abhängigkeitsberichts auch *Hopt* 59. DJT 1992, Sitzungsbericht, R 63; *Kropff* 59. DJT 1992, Sitzungsbericht, R 76; für eine Erweiterung der Berichterstattung im Lagebericht und eine Eintragung der Abhängigkeit in das Handelsregister *Wieland* S 300; s auch *Kommission Organisation* DBW 1987, 538, 545 f.

[77] In diesem Sinne *Zöllner* FS Kropff, 1997, S 333, 339: Möglichkeit der Einsichtnahme durch einen von der Minderheit gewählten Treuhänder, dem bei Auferlegung einer grundsätzlichen Verschwiegenheitspflicht gestattet wird, die Aktionäre über die für sie relevante verbundrechtliche Lage zu informieren.

[78] Vgl bis zur 11. Aufl Hüffer/*Koch* § 312 Rdn 38; Spindler/Stilz/*Müller* § 312 Rdn 4; früher schon MK-*Kropff*, 2. Aufl 2000, § 312 Rdn 17; vorsichtiger aber *ders* FS Kastner, 1992, S 279, 289 mit Fn 50.

[79] Ausführlicher zu folgendem *Fleischer* BB 2014, 835, 837 ff; dem weitgehend folgend *Bayer/Selentin* NZG 2015, 7, 11 f; *Habersack* AG 2016, 691, 694 f; Hüffer/*Koch* § 312 Rdn 38; *Selzner* ZIP 2015, 753, 760; *J Vetter* ZHR 179 (2015), 273, 313 f.

[80] Zusammenfassend *Kraakman/Armour/Davies/Enriques/Hansmann/Hertig/Hopt/Kanda/Rock* The Anatomy of Corporate Law, 2. Aufl 2009, S 153 ff; Einzelnachweise bei *Fleischer* BB 2014, 835, 838 f.

Der Hinweis der Gegenansicht auf schützenswerte Geheimhaltungsinteressen der abhängigen Gesellschaft[81] vermag hieran nichts zu ändern. Ihm wird durch den beträchtlichen Überlappungsbereich von § 312 und IAS 24 bzw §§ 285 Nr 21, 314 Abs 1 Nr 13 HGB zu einem Gutteil die Argumentationsgrundlage entzogen: Soweit die Berichtsgegenstände des Abhängigkeitsberichts der Bilanzpublizität unterliegen, geht ein aktienkonzernrechtlicher Vertraulichkeitsschutz ins Leere. Auch an vielen anderen Stellen ist das Verhältnis von Informationsinteressen der Aktionäre und Geheimhaltungsinteressen des Unternehmens in jüngerer Zeit neu justiert worden.[82] Beispiele dafür bieten die enger geschnittenen und **passgenauen Schutzklauseln** in § 8 Abs 2 UmwG für den Verschmelzungsbericht, in § 293a Abs 2 AktG für den Bericht über den Unternehmensvertrag sowie in § 8 Abs 2 WpPG für den Emissionsprospekt. 19

Der zweite Einwand, dass die Bereitschaft des Tochtervorstands zur vollständigen Berichterstattung bei einer Offenlegung des Abhängigkeitsberichts sinken würde[83], greift ebenfalls zu kurz. Zunächst ist der befürchtete *chilling effect* in den ausländischen Aktienrechten, die eine zwingende Publizität von *related party transactions* kennen, bisher nicht eingetreten. Auch der europäische Bilanzgesetzgeber hat sich durch diese Überlegung nicht abhalten lassen, die Berichterstattung über *related party transactions* auszubauen.[84] Verbleibende Anreize des Vorstands zu unvollständiger Berichterstattung müssen durch wirkungsvolle Sanktionen minimiert werden. Hierfür mag sich auch eine entsprechende Ergänzung oder Klarstellung in den Strafvorschriften der §§ 331 Nr 1 HGB, 400 AktG empfehlen (dazu auch Rdn 118). 20

Für eine Offenlegung des Abhängigkeitsberichts spricht demgegenüber, dass sie die Wirksamkeit des aktienkonzernrechtlichen Kontrollsystems in dreierlei Hinsicht verbessern würde. Zum einen würden die Vorstandsmitglieder der abhängigen Gesellschaft zu größerer Sorgfalt beim Abschluss konzerninterner Rechtsgeschäfte angehalten[85]: Durch die Offenlegung der einzelnen Geschäfte steigt nämlich die Entdeckungswahrscheinlichkeit unausgewogener Transaktionen und mit ihr die **verhaltenssteuernde Wirkung der persönlichen Ehrenerklärung** („Griff an das Portepee").[86] Zum zweiten hätten außenstehende Aktionäre und Gesellschaftsgläubiger **bessere Anhaltspunkte für die Geltendmachung von Schadensersatzansprüchen**[87]: Dass gerade ihnen diese Informationen vor- 21

---

81 Vgl BMJ (Hrsg) Bericht Unternehmensrechtskommission, 1980, Rdn 1446; *Decher* ZHR 171 (2008), 126, 138; *Hoffmann-Becking* Referat für den 59. DJT 1992, R 8, R 20; Spindler/Stilz/*Müller* § 312 Rdn 4.

82 Monographisch *Petsch* Kapitalmarktrechtliche Informationspflichten versus Geheimhaltungsinteressen des Emittenten, 2012; außerdem die einzelnen Beiträge in dem Sammelband von *Schön* (Hrsg) Rechnungslegung und Wettbewerbsschutz im deutschen und europäischen Recht, 2009.

83 Vgl BMJ (Hrsg) Bericht Unternehmensrechtskommission, 1980, Rdn 1446; *Hoffmann-Becking* Referat für den 59. DJT 1992, R 8, R 19; *Hommelhoff* Gutachten G für den 59. DJT 1992, G 59; früh schon Begr RegE bei *Kropff* S 411, wonach der Abhängigkeitsbericht vertraulich bleiben müsse, weil sonst nicht mit der erforderlichen Offenheit über Geschäfte berichtet würde, deren Bekanntwerden geeignet sei, der Gesellschaft einen Nachteil zuzufügen.

84 Dazu *Lutter/Bayer/Schmidt* EuropUR § 10 Rdn 16 mwN.

85 In diese Richtung auch *E Vetter* ZHR 171 (2007), 362, 367 („fleet in being").

86 Vgl *Fleischer* BB 2014, 835, 839; ähnlich *Bayer/Selentin* NZG 2015, 7, 12; *Selzner* ZIP 2015, 753, 760.

87 Vgl *Fleischer* BB 2014, 835, 839; ähnlich *Bayer/Selentin* NZG 2015, 7, 12; *Selzner* ZIP 2015, 753, 760; *J Vetter* ZHR 179 (2015), 273, 314.

enthalten werden, ist häufig und wortreich beklagt worden[88] und hat dem überkommenen Berichtssystem den Vorwurf offenbarer Unschlüssigkeit eingebracht.[89] Zum dritten sähen sich Abschlussprüfer und Aufsichtsrat der abhängigen Gesellschaft, denen das Gesetz in §§ 313, 314 die Rolle als Sachwalter der Minderheitsinteressen zugewiesen hat[90], zu einer **gründlicheren Prüfung** des Abhängigkeitsberichts veranlasst[91]: Dass beide aufgrund ihrer Nähe zum herrschenden Unternehmen oft kein besonderes Interesse an einer eingehenden Beschäftigung mit diesem Bericht haben, ist ein offenes Geheimnis.[92] **Insgesamt verspricht** eine **Offenlegung des Abhängigkeitsberichts** daher **überwiegende Vorteile**. Sie fügt sich zudem nahtlos in die jüngeren Entwicklungen auf deutscher und europäischer Ebene zur Stärkung der Publizität ein und folgt der verbreiteten Einsicht, dass es im Aktien(konzern)recht keiner Verschärfung der Haftungsnormen, sondern einer Verbesserung der Haftungsdurchsetzung bedarf.[93]

22 Hinsichtlich der **Einzelausgestaltung** einer Offenlegungspflicht empfiehlt es sich nicht, den Abhängigkeitsbericht nur bei einer Insolvenz der abhängigen Gesellschaft zu veröffentlichen.[94] Dafür findet sich zwar eine gewisse Parallele in § 321a Abs 1 HGB zur Offenlegung des Prüfungsberichts im Insolvenzfall. Indes dient diese Vorschrift nicht zuvörderst dem Gläubiger- und Minderheitenschutz, sondern soll das Vertrauen in die Abschlussprüfung stärken, indem sie es dem Abschlussprüfer ermöglicht, Vorwürfe wegen mangelhafter Prüfung oder Berichterstattung durch Offenlegung des Prüfungsberichts zu entkräften.[95] Zudem wäre mit einer gesetzlich angeordneten Offenlegung des Abhängigkeitsberichts im Insolvenzfall kein rechter Fortschritt verbunden, weil der Insolvenzverwalter der abhängigen Gesellschaft schon nach geltendem Recht über den Abhängigkeitsbericht verfügen kann (Rdn 12). Ratsam ist allerdings eine **Schutzklausel für Betriebs- und Geschäftsgeheimnisse** nach dem Muster des § 131 Abs 3 S 1 Nr 1.[96] Zudem sollte der Vorstand in Anlehnung an §§ 293a Abs 2 S 2 AktG, 8 Abs 2 S 2 UmwG die Gründe darlegen müssen, aus denen er einzelne Rechtsgeschäfte oder Maß-

---

[88] Vgl etwa *Lutter* SAG 1976, 152, 159; ähnlich *Emmerich/Sonnenschein* KonzernR, 5. Aufl 1993, § 21 II, S 412.

[89] So *K Schmidt* JZ 1992, 856, 858.

[90] Dazu *Kropff* BB 1965, 1281, 1289; *Lutter* Information und Vertraulichkeit im Aufsichtsrat, 3. Aufl 2006, Rdn 85.

[91] Vgl *Fleischer* BB 2014, 835, 839; ebenso *Bayer/Selentin* NZG 2015, 7, 12; *Selzner* ZIP 2015, 753, 760; *J Vetter* ZHR 179 (2015), 273, 314; *Wieland* S 328.

[92] Vgl *E Vetter* ZHR 171 (2007), 362, 364 f; ähnlich 7. Hauptgutachten der Monopolkommission 1986/87, BT-Drucks 11/2677 S 299 Tz 842; *Habersack/Mayer* ZIP 1997, 2142, 2143 f; sehr früh schon *Großfeld* Aktiengesellschaft, Unternehmenskonzentration und Kleinaktionär, 1968, S 218 f.

[93] Allgemein dazu *Bachmann* Reform der Organhaftung? Materielles Haftungsrecht und seine Durchsetzung in privaten und öffentlichen Unternehmen, Gutachten für den 70. DJT 2014.

[94] So aber *Baums* (Hrsg) Bericht der Regierungskommission Corporate Governance, 2001, Rdn 180; dem beipflichtend *Decher* ZHR 171 (2007), 126, 138; zu den überwiegenden Gegenargumenten *Fleischer* BB 2014, 835, 840.

[95] Vgl Begr RegE BilReG, BT-Drucks 15/3419 S 43.

[96] Vgl *Fleischer* BB 2014, 835, 840; *ders* BB 2014, 2691, 2698; *Habersack* AG 2016, 691, 695; Hüffer/*Koch* § 312 Rdn 38; Schmidt/Lutter/*Vetter* § 311 Rdn 9; mit Nuancierungen im Einzelnen auch *Bayer/Selentin* NZG 2015, 7, 12; *J Vetter* ZHR 179 (2015), 273, 315; *Wiersch* NZG 2014, 1131, 1136; ähnlich *E Vetter* ZHR 171 (2007), 342, 367 f, der die Offenlegung aber nur zeitlich begrenzt hinausschieben will; ferner der Diskussionsbericht bei *Schürnbrand* ZHR 171 (2007), 241, 243.

nahmen nicht in den Abhängigkeitsbericht aufgenommen hat.[97] Erwägenswert ist darüber hinaus eine obligatorische Kontrolle der Ausübung dieser Schutzklausel durch den Abschlussprüfer.[98]

Nicht zu überzeugen vermag demgegenüber der Vorschlag, die **Offenlegung** des Abhängigkeitsberichts **auf börsennotierte Gesellschaften zu beschränken.**[99] Für ihn mag man zwar anführen, dass IAS 24 vor allem auf kapitalmarktorientierte Gesellschaften zugeschnitten ist (Rdn 25). Schon § 285 Nr 21 HGB kennt aber keine derartige Scheidelinie, sondern gewährt iVm § 288 Abs 1 und 2 HGB nur größenabhängige Erleichterungen (Rdn 28). Noch schwerer wiegt, dass der durch § 312 ermittelte Außenseiterschutz bei kapitalmarktfernen Gesellschaften wesentlich dringlicher ist als bei börsennotierten Gesellschaften mit ihrem dichteren Informationsumfeld. **Keine Zustimmung** verdient ferner der Gedanke, auf die Veröffentlichung des Abschlussberichts zu verzichten, wenn an der abhängigen Gesellschaft keine Minderheitsaktionäre beteiligt sind.[100] In diese Richtung weist zwar aus bilanzrechtlicher Sicht § 285 Nr 21 HGB mit seiner **Bereichsausnahme für 100-prozentige Tochtergesellschaften** (Rdn 29). Aus dem Blick gerät dabei allerdings, dass die §§ 311 ff AktG nicht nur die außenstehenden Aktionäre, sondern auch die Gläubiger der abhängigen Gesellschaft schützen. Aus diesem Grund hält die ganz hM daran fest, dass Einmann-Gesellschaften ebenfalls einen Abhängigkeitsbericht erstellen müssen (Rdn 37). Vorschläge, hiervon *de lege ferenda* abzurücken, haben bisher aus guten Gründen keine Mehrheit gefunden (Rdn 37). Dann aber leuchtet es nicht ein, bei der Veröffentlichung anders zu verfahren, zumal Gesellschaftsgläubiger nach § 318 Abs 4 iVm § 309 Abs 4 S 3 AktG ein eigenes Verfolgungsrecht besitzen.[101] **23**

4. Verwandte Berichtspflichten

Berichtspflichten über Geschäfte mit verbundenen Unternehmen finden sich nicht nur im Aktienkonzernrecht, sondern auch in bilanzrechtlichen Vorschriften über sog *related party transactions*. Im Gegensatz zu § 312 dienen sie allerdings nicht in erster Linie dem Außenseiterschutz im faktischen Konzern, sondern den Informationsinteressen der Jahresabschlussadressaten.[102] **24**

a) **IAS 24.** Hervorhebung verdient zunächst die Berichterstattung über Beziehungen zu nahe stehenden Unternehmen und Personen gemäß der IFRS-Verordnung[103], die kapitalmarktorientierte Unternehmen seit dem 1. Januar 2005 europaweit verpflichtet, ihren konsolidierten Abschluss nach IAS/IFRS zu erstellen.[104] *Sedes materiae* ist IAS 24, der sicherstellen soll, dass die Abschlussadressaten von **Beziehungen des berichtenden Unter-** **25**

[97] Vgl *Fleischer* BB 2014, 835, 840.

[98] Vgl *Fleischer* BB 2014, 835, 840; dies allgemein für das europäische Bilanzrecht vorschlagend *Schön*, in ders (Hrsg), Rechnungslegung und Wettbewerbsschutz im deutschen und europäischen Recht, 2009, S 563, 610.

[99] So aber *Doralt* ZGR 1991, 252, 280 f; ablehnend *Fleischer* BB 2014, 835, 841.

[100] So aber *E Vetter* ZHR 171 (2007), 342, 367; ferner *Kalss* ZHR 171 (2007), 146, 197.

[101] Vgl *Fleischer* BB 2014, 835, 841.

[102] Treffend *Wieland* S 104: „Die Rechnungslegung nach IAS 24 und nach § 312 AktG verfolgt unterschiedliche Funktionen: Die Informationsfunktion ist für den Abhängigkeitsbericht weniger Selbstzweck als vielmehr Voraussetzung für die Geltendmachung spezifisch aktienrechtlicher Ausgleichsansprüche. Demgegenüber dient die Berichterstattung nach IAS 24 der Unterrichtung interessierter Kreise und nicht der Einforderung eines Nachteilsausgleichs."

[103] VO (EG) Nr 1606/2002 vom 19.7.2002, ABlEG vom 11.9.2002, L 243/1.

[104] Näher *Lutter/Bayer/Schmidt* EuropUR, § 26 Rdn 3 ff.

nehmens zu nahe stehenden Unternehmen oder Personen Kenntnis erlangen, weil die Vermögens-, Finanz- und Ertragslage des berichtenden Unternehmens durch solche Beziehungen beeinflusst sein kann.[105] Hat es bei einem Unternehmen im fraglichen Zeitraum Geschäftsvorfälle mit nahe stehenden Unternehmen oder Personen gegeben, so muss es nach IAS 24.18 angeben, welcher Art seine Beziehungen zu diesen Unternehmen oder Personen sind, und die Abschlussadressaten über diejenigen Geschäftsvorfälle und ausstehenden Salden (einschließlich Verpflichtungen) informieren, die sie benötigen, um die möglichen Auswirkungen dieser Beziehung auf den Abschluss nachzuvollziehen. Unter einem Geschäftsvorfall versteht IAS 24.9 die Übertragung von Ressourcen, Dienstleistungen oder Verpflichtungen, unabhängig davon, ob dafür ein Entgelt in Rechnung gestellt wird. Beispiele von Geschäftsvorfällen, die anzugeben sind, enthält IAS 24.20.

26 IAS 24 ist ein **reiner Offenlegungsstandard.**[106] Er verlangt mithin keine Aussagen darüber, wie der Jahresabschluss ohne die Geschäftsvorfälle mit nahe stehenden Unternehmen und Personen ausgesehen hätte.[107] Ebenso wenig ist eine Stellungnahme zur Marktüblichkeit der Geschäftsbedingungen erforderlich. Die Angabe, dass Geschäftsvorfälle mit nahe stehenden Unternehmen und Personen unter den gleichen Bedingungen abgewickelt wurden wie solche mit unabhängigen Geschäftspartnern, ist nach IAS 24.23 nur zulässig, wenn dies nachgewiesen werden kann. Gleichartige Posten dürfen gemäß IAS 24.24 grundsätzlich zusammengefasst angegeben werden. Eine ausdrückliche Ausnahmeregelung für Geschäftsgeheimnisse sieht IAS 24 nicht vor.[108] Hieraus leiten manche Autoren ab, dass ein Verzicht auf Angaben wegen befürchteter Wettbewerbsnachteile unzulässig sei und gegebenenfalls sogar Geschäftsgeheimnisse offenbart werden müssten.[109] Andere verlangen unter Berufung auf den unionsrechtlichen Verhältnismäßigkeitsgrundsatz, die Informationsinteressen der Abschlussadressaten und die legitimen Geheimhaltungsinteressen der berichtspflichtigen Unternehmen in einen angemessenen Ausgleich zu bringen.[110]

27 **Verglichen mit § 312 AktG** weist die Berichtspflicht nach IAS 24 viele Gemeinsamkeiten auf. Es gibt aber auch **manche Unterschiede:** (a) Als *related party* gelten nach der Legaldefinition in IAS 24.9 nicht nur nahe stehende Unternehmen, sondern auch natürliche Personen; (b) die Berichtspflicht greift nicht erst bei Abhängigkeit, sondern bereits bei signifikantem Einfluss ein, also zB auch bei assoziierten Unternehmen; (c) berichtspflichtig ist nicht nur das abhängige, sondern auch das herrschende Unternehmen; (d) über unterlassene Geschäfte muss nicht berichtet werden.[111]

28 b) **§§ 285 Nr 21, 314 Abs 1 Nr 13 HGB.** Eine ähnliche Regelung findet sich seit dem Bilanzrechtsmodernisierungsgesetz (BilMoG) von 2009[112] auch im HGB-Bilanzrecht.

[105] So ausdrücklich IAS 24.1; dazu MK-BilR-*Hennrichs/Schubert* IAS 24 Rdn 1; *Senger/Prengel* in Beck'sches IFRS-Handbuch, 4. Aufl 2013, § 20 Rdn 1.

[106] Vgl MK-BilR-*Hennrichs/Schubert* IAS 24 Rdn 1.

[107] Vgl *Senger/Prengel* in Beck'sches IFRS-Handbuch, 4. Aufl 2013, § 20 Rdn 5.

[108] Allgemein zu fehlenden Schutzklauseln in IAS/IFRS *Eßbauer* in Schön (Hrsg), Rechnungslegung und Wettbewerbsschutz im deutschen und europäischen Recht, 2009, S 287, 317 ff.

[109] So *Adler/Düring/Schmaltz* Rechnungslegung nach internationalen Standards, 2002, Abschn 27 Rdn 15 und 105.

[110] So MK-BilR-*Hennrichs/Schubert* IAS 24 Rdn 20.

[111] Zu diesen Unterschieden *Lüdenbach* IFRS, 6. Aufl 2010, S 180 f.

[112] BGBl I, S 1102.

Gemäß § 285 Nr 21 HGB, der Art 43 Abs 1 Nr 7b der geänderten Bilanzrichtlinie[113] in nationales Recht umsetzt[114], sind im Anhang die wesentlichen, nicht zu marktüblichen Bedingungen zustande gekommenen Geschäfte mit nahestehenden Unternehmen und Personen anzugeben. Die Vorschrift bezweckt eine **Annäherung der Berichtspflichten an die IFRS** und einen **verbesserten Einblick in die Finanzlage des berichtspflichtigen Unternehmens.**[115] Sie gilt für alle großen Kapitalgesellschaften iSd § 267 Abs 3 HGB sowie für Kreditinstitute und Versicherungsunternehmen. Mittelgroße Aktiengesellschaften können die Angaben gemäß § 288 Abs 2 S 4 HGB auf Geschäfte beschränken, die direkt oder indirekt mit dem Hauptgesellschafter oder Mitgliedern des Geschäfts-, Aufsichts- oder Verwaltungsorgans abgeschlossen wurden. Eine Parallelregelung für den Konzernanhang findet sich in § 314 Abs 1 Nr 13 HGB.

Anzugeben sind „zumindest" die **nicht zu marktüblichen Bedingungen geschlossenen** **29**
Geschäfte.[116] Der Begriff des Geschäfts ist in einem weiten, funktionalen Sinn zu verstehen.[117] Zu seiner Auslegung kann man auf die Erläuterungen zu dem gleichlautenden Begriff in § 312 (Rdn 68) zurückgreifen.[118] Die Marktunüblichkeit ist durch einen Drittvergleich festzustellen, der Begriff der nahe stehenden Unternehmen und Personen iSv IAS 24 zu verstehen.[119] Im Einzelnen verlangt § 285 Nr 21 HGB Angaben zu der Art der Beziehung, dem Wert der Geschäfte sowie weitere Angaben, die für die Beurteilung der Finanzlage erforderlich sind. Eine Zusammenfassung nach Geschäftsarten ist zulässig, sofern die getrennte Angabe für die Beurteilung der Auswirkungen auf die Finanzlage nicht notwendig ist. Von der Berichtspflicht ausgenommen sind Geschäfte mit und zwischen Unternehmen, die mittel- oder unmittelbar in 100-prozentigem Anteilsbesitz des Mutterunternehmens stehen und in einen Konzernabschluss einbezogen sind. Hierdurch sollen hoch integrierte Konzerne mit umfangreichem internen Leistungsverkehr von der Angabepflicht entlastet werden.[120] Eine Schutzklausel für Geschäftsgeheimnisse ist nicht vorgesehen, wie sich aus einem Gegenschluss zu § 286 HGB ergibt.

Die Angaben nach § 285 Nr 21 HGB befreien nicht von der Pflicht zur Aufstellung **30**
eines Abhängigkeitsberichts nach § **312.**[121] Wiewohl sich die **Berichtsgegenstände** in vielerlei Hinsicht überschneiden[122], gibt es auch einzelne **Unterschiede:** (a) § 285 bezieht – wie IAS 24 – auch Geschäfte mit nahe stehenden natürlichen Personen ein; (b) er verlangt allerdings nur Angaben zu nicht marktüblichen Geschäften; (c) unterlassene Maßnahmen oder Rechtsgeschäfte sind nicht anzugeben.[123]

---

113 Änderungs-Richtlinie 2006/46/EG, ABlEU vom 16.8.2006, L 224/1.

114 Dazu Begr RegE BilMoG, BT-Drucks 16/10067 S 71.

115 Vgl Begr RegE BilMoG, BT-Drucks 16/10067 S 72; *Grottel* in BeckBilKomm § 285 HGB Rdn 360; MK-HGB-*Poelzig* § 285 Rdn 347.

116 Zur Möglichkeit, sämtliche Geschäfte mit nahe stehenden Unternehmen und Personen anzugeben, Begr RegE BilMoG, BT-Drucks 16/10067 S 72.

117 Vgl Begr RegE BilMoG, BT-Drucks 16/10067 S 72.

118 Vgl MK-HGB-*Poelzig* § 285 Rdn 362.

119 Vgl Begr RegE BilMoG, BT-Drucks 16/10067 S 72.

120 So Begr RegE BilMoG, BT-Drucks 16/10067 S 72.

121 Vgl MK-HGB-*Poelzig* § 285 Rdn 384.

122 Vgl MK-BilR-*Kessler* § 285 HGB Rdn 227: „Am nächsten kommt der Angabepflicht nach Nr. 21 die in § 312 AktG normierte Pflicht des Vorstands einer abhängigen […] Aktiengesellschaft, einen Bericht über die Beziehungen zu verbundenen Unternehmen aufzustellen."; ähnlich Küting/Weber/*Weber* § 312 Rdn 106.

123 Vgl Begr RegE BilMoG, BT-Drucks 16/10067 S 72; MK-HGB-*Poelzig* § 285 Rdn 365.

5. Rechtspolitische Würdigung

a) Gesamtbeurteilung

31 aa) **Meinungsstand.** Die Einschätzungen über die Leistungsfähigkeit des Abhängigkeitsberichts als konzernrechtlichem Schutzinstrument haben sich im Laufe der Zeit gewandelt. **Über viele Jahre überwogen skeptische Stimmen**, welche die §§ 311 ff im Allgemeinen und den Abhängigkeitsbericht im Besonderen als wenig wirkungsvoll ansahen.[124] Man sprach von einer „kostenintensiven Pflichtübung"[125] und monierte, dass „das gesetzliche System nicht schlüssig und deshalb wohl auch kaum funktionstüchtig"[126] sei. Die Gründe für die angebliche Ineffektivität erblickten die Kritiker neben der fehlenden Berichtspublizität (dazu bereits Rdn 15 ff) vor allem im Fehlen einer wirksamen Kontrollinstanz[127]: Die Abschlussprüfer als außenstehende Dritte könnten diese Funktion nur unzureichend ausfüllen, weil sie – wie der Aufsichtsrat der abhängigen Gesellschaft – vom Vertrauen des herrschenden Unternehmens abhängig seien[128] und sich wegen ihrer angestrebten Wiederbestellung in einem Interessenkonflikt befänden.[129] Zudem sähen sich die Prüfer bei der Nachteilsermittlung denselben Bewertungsproblemen ausgesetzt wie der Vorstand[130]: Ob eine vom herrschenden Unternehmen gewünschte Maßnahme überhaupt nachteilig sei, lasse sich oft weder feststellen noch quantifizieren, weil eine Konzerntochter schon nach kurzer Zeit nicht mehr mit einem unabhängigen Unternehmen verglichen werden könne.[131] Schließlich wird vereinzelt auch aus ökonomischer Sicht Fundamentalkritik an der Funktionsfähigkeit des Abhängigkeitsberichts geübt.[132]

32 Dagegen **dominieren in jüngerer Zeit positivere Einschätzungen**[133]: Das gesetzliche Berichtssystem „wird in der Praxis gelebt und auch akzeptiert"[134], habe sich „im Großen

---

[124] Vgl 7. Hauptgutachten der Monopolkommission 1986/87, BT-Drucks 11/2677 S 299 Tz 842; *Beuthien* JuS 1970, 53, 59 f; *Emmerich/Sonnenschein*, KonzernR, 5. Aufl 1993, § 21 II, S 412 f; *Götz* AG 2000, 498, 499; *Haesen* S 121 f; *Koppensteiner* ZGR 1973, 1, 11 ff; *Kronstein* FS Geßler, 1971, S 219, 221 f; *Lutter* SAG 1976, 152, 159 f; *Martens* DB 1970, 865; *Rasch* Aktuelle Probleme des Konzernrechts und der Konzerngesetzgebung, 1970, S 23 f; *Reul* S 280 ff; *Würdinger* DB 1973, 45, 48; s auch *Assmann* JZ 1986, 881, 886; *Teubner* FS Steindorff, 1990, S 268.

[125] *Lutter* SAG 1976, 152, 159; ähnlich *Reul* S 281: „lästige und kostenintensive, aber doch harm- und nutzlose Pflichtübung"; ferner *Würdinger* DB 1973, 45, 48: „Zu beseitigen ist ferner der in den §§ 312 ff. vorgesehene Abhängigkeitsbericht, da der zu seiner Erstellung erforderliche Aufwand an Mühe und Kosten in keinem Verhältnis steht zu seinem Erfolg."

[126] *Emmerich/Sonnenschein* KonzernR, 5. Aufl 1993, § 21 II, S 413.

[127] Vgl 7. Hauptgutachten der Monopolkommission 1986/87, BT-Drucks 11/2677 S 299 Tz 842; *Götz* AG 2000, 498, 499; *Koppensteiner* ZGR 1973, 1, 12; *Wieland* S 335.

[128] Vgl 7. Hauptgutachten der Monopolkommission 1986/87, BT-Drucks 11/2677 S 299 Tz 842; *Koppensteiner* ZGR 1973, 1, 11 f.

[129] Vgl *Großfeld* S 218 f; *Reul* S 281; *Sura* ZHR 145 (1981), 432, 441.

[130] Vgl 7. Hauptgutachten der Monopolkommission 1986/87, BT-Drucks 11/2677 S 299 Tz 842; *Lutter* SAG 1976, 152, 159; *Reul* S 280 f.

[131] Vgl 7. Hauptgutachten der Monopolkommission 1986/87, BT-Drucks 11/2677 S 299 Tz 842; *Lutter* SAG 1976, 152, 159; *Reul* S 280 f.

[132] Eingehend *Wieland* S 334 ff und passim mit einer langen Mängelliste und zahlreichen Verbesserungsvorschlägen.

[133] Vgl *Adler/Düring/Schmaltz* § 312 Rdn 1a; *Böttcher* FS Maier-Reimer, 2010, S 29, 30 ff; Emmerich/*Habersack* Aktien- und GmbH-Konzernrecht § 312 Rdn 3; *Hommelhoff* Gutachten G für den 59. DJT 1992, G 24 f; MK-*Altmeppen* § 312 Rdn 19; NK-*Schatz/Schödel* § 312 Rdn 6; Spindler/Stilz/*Müller* § 312 Rdn 3; WP-Handbuch 2012, Band I, F Rdn 1285.

[134] *Böttcher* FS Maier-Reimer, 2010, S 29, 30.

und Ganzen [...] bewährt“[135], sei „rechtspolitisch durchaus positiv [zu] bewerte[n]“[136] und „sollte gerade wegen seiner Präventivfunktion nicht unterschätzt werden“.[137] Vor allem die sog Vorfeldwirkung des Abhängigkeitsberichts, die das herrschende Unternehmen von vornherein von nachteiligen Einflussnahmen abhalte[138], wird sowohl in der aktienrechtlichen Literatur[139] als auch im Spezialschrifttum der Wirtschaftsprüfer[140] übereinstimmend hervorgehoben. Zur Bestätigung verweisen diese Stimmen insbesondere auf eine jüngere Umfrage unter erfahrenen Unternehmenspraktikern und Wirtschaftsprüfern[141]: Danach erfüllt das System der §§ 312 ff im Grundsatz seine Aufgabe, die Interessen der abhängigen Gesellschaft zu sichern.[142]

bb) Stellungnahme. Meines Erachtens ist weder ein uneingeschränkt negatives noch ein allzu euphorisches Gesamturteil gerechtfertigt.[143] Das von dem gesetzlichen Berichtssystem eine **gewisse Präventivwirkung** ausgeht, lässt sich kaum bestreiten.[144] Seriöse Unternehmensleitungen werden daher bei den fraglichen Rechtsgeschäften und Maßnahmen eine Grundvorsicht walten lassen.[145] Umgekehrt ist aber auch festzustellen, dass sich viele Abhängigkeitsberichte in einer Aufzählung konzerninterner Rechtsgeschäfte erschöpfen, während über veranlasste oder unterlassene Maßnahmen nur selten berichtet wird.[146] Über diesen Realbefund kann auch die als Standardreferenz genannte Umfrage unter Konzernpraktikern und Wirtschaftsprüfern[147] nicht hinwegtäuschen, die wegen ihrer geringen Teilnehmerzahl und des befragten Personenkreises nur begrenzt aussagekräftig ist.[148] Sie zeigt lediglich, dass sich die Praxis mit dem Instrument des Abhängig- 33

135 WP-Handbuch 2012, Band I, F Rdn 1285.

136 Spindler/Stilz/*Müller* § 312 Rdn 3.

137 Schmidt/Lutter/*Vetter* § 312 Rdn 5.

138 Dazu *Hommelhoff* ZHR 156 (1992), 295, 313.

139 Vgl Bürgers/Körber/*Fett* § 312 Rdn 2; Emmerich/*Habersack* Aktien- und GmbH-Konzernrecht § 312 Rdn 4; Henssler/Strohn/*Bödecker* § 312 Rdn 1; Hölters/*Leuering/Goertz* § 312 Rdn 3; MK-*Altmeppen* § 312 Rdn 19; NK-*Schatz/Schödel* § 312 Rdn 6; Schmidt/Lutter/*Vetter* § 312 Rdn 5; Spindler/Stilz/*Müller* § 312 Rdn 3; Wachter/*Rothley* § 312 Rdn 1; früh schon *Geßler* DB 1973, 48, 52: „Die von der Praxis gegen den Abhängigkeitsbericht vielfach erhobenen Bedenken dürften mehr den Zweck verfolgen, ihn zu Fall zu bringen. Die Rechtswissenschaft sollte sie deshalb nicht aufgreifen. Aus Kreisen der Wirtschaftsprüfer hört man jedenfalls mehr und mehr, welche gute Präventivwirkung der Abhängigkeitsbericht hat.“

140 Vgl *Adler/Düring/Schmaltz* § 312 Rdn 1a; *Förschle/Heinz* in BeckBilKomm § 289 Rdn 204; WP-Handbuch 2012, Band I, F Rdn 1285; s auch *Clemm* 59. DJT 1992, R 97: „Wir können heute durchaus sagen: Im Prinzip hat sich dieses Instrument (Abhängigkeitsbericht/Abhängigkeitsberichtsprüfung) bewährt; es ist eine gewisse Präventivwirkung eingetreten.“; ferner *HP Müller* 59. DJT 1992, Sitzungsbericht, R 99: „Der Berufsstand hat sich im Laufe der Zeit an das unmöglich Erschienene gewöhnt, diesen Bericht zu prüfen [...].“

141 Vgl *Hommelhoff* ZHR 156 (1992), 295; zu den Ergebnissen früherer Umfragen *Küting* ZfB 1975, 473; *Walther* ZGR 1974, 208.

142 So *Hommelhoff* ZHR 156 (1992), 295, 312.

143 Abgewogen auch *Hoffmann-Becking* Referat auf dem 59. DJT 1992, R 8, R 18: „Ich habe allerdings den Eindruck, daß nach der überzogenen Kritik, die lange Jahre im Schrifttum vorherrschte, nun im Kontrast ein etwas zu positives Bild gezeichnet wird.“

144 Dies einräumend von den Kritikern des Abhängigkeitsberichts auch *Emmerich/Sonnenschein* KonzernR, 5. Aufl 1993, § 21 II, S 413; *Reul* S 281 mit Fn 164 („Androhungsgeneralprävention“).

145 So auch *Rittner* ZGR 1990, 203, 214.

146 Vgl *Hoffmann-Becking* Referat auf dem 59. DJT 1992, R 8, R 19.

147 *Hommelhoff* ZHR 156 (1992), 295.

148 Kritik daran bei *Emmerich/Sonnenschein* KonzernR, 5. Aufl 1993, § 21 II, S 413; KK-*Koppensteiner* § 312 Rdn 5; ferner *Wieland* S 33: „Letztlich wurde also auf jene Personengruppen zurückgegriffen, die über

keitsberichts arrangiert hat.[149] Darüber, ob sein Inhalt und Umfang den gesetzlichen Vorgaben entsprechen, lässt sich nach wie vor nur mutmaßen.[150] Hier bedürfte es weiterer empirischer Forschung.

34 Insgesamt darf man von dem Abhängigkeitsbericht daher wohl **nicht mehr erwarten, als** dass er **eindeutig unangemessene Geschäftsvorfälle** von vornherein **unterbindet oder** jedenfalls nachträglich **ans Licht hebt.**[151] Ob dies zu wenig ist, hängt von der Verfügbarkeit überlegener Lösungsalternativen ab, die in der Tat schwierig zu finden sind.[152] Der Gesetzgeber stößt insoweit womöglich an die Grenzen seiner Regelungskraft.[153]

35 b) **Einzelfragen.** Die neuere Diskussion kreist vorwiegend um Einzelkorrekturen innerhalb des geltenden Berichts- und Prüfungssystems der §§ 312–316.[154] Einen wesentlichen Fortschritt verspräche vor allem die Offenlegung des Abhängigkeitsberichts (dazu bereits Rdn 15 ff). Darüber hinaus ist es ratsam, die **Berichtspflicht auf wesentliche Rechtsgeschäfte und Maßnahmen** zu **beschränken** (zur Rechtslage *de lege lata* Rdn 67)[155], wie dies auch neuere bilanzrechtliche Publizitätsvorschriften vorsehen, insbesondere §§ 285 Nr 21, 314 Abs 1 Nr 13 HGB (Rdn 29) und der allgemeine *materiality*-Vorbehalt in IAS 1.31.[156] Dass dadurch womöglich kleinere Schutzlücken entstehen[157], ist hinzuneh-

---

die ihnen zukommenden Berichts- und Prüfungspflichten Bestandteil des auf dem Prüfstand stehenden Haftungssystems sind. Inwiefern durch sie die Schutzwirkung des Systems für außenstehende Aktionäre und Gläubiger in zutreffender Weise beurteilt wird, muß bezweifelt werden […].“

149 Zutreffend *Böttcher* FS Maier-Reimer, 2010, S 29, 41.

150 Dies zugestehend auch *Böttcher* FS Maier-Reimer, 2010, S 29, 41; ferner *Zöllner* FS Kropff, 1997, S 334, 339: „Die praktische Schwierigkeit liegt hier in der Erkennbarkeit der Fakten. Wird der Abhängigkeitsbericht nicht ehrlich erstellt, kommt i.d.R. nur Spektakuläres trotzdem ans Licht.“; instruktiv zuletzt *Velte* Der Konzern 2010, 49 ff.

151 Nicht mehr versprach sich übrigens sein Vordenker *Werner Flume*; vgl *Flume* Referentenentwurf S 26: „Sicher werden manche Vorstände abhängiger Gesellschaften von sich aus nicht das Rückgrat haben, um unangemessene Geschäfte entgegen den Wünschen oder Weisungen des herrschenden Unternehmens abzulehnen. Der Vorstand der abhängigen Gesellschaft hat aber hinter sich seine Prokuristen und Abteilungsleiter, die auch um die Geschäfte wissen. Der Vorstand wird jedenfalls bei evidenter Unangemessenheit von Geschäftsvorfällen das Testat der Angemessenheit nicht erteilen können. […] Sie [= die Pflicht zum Testat der Angemessenheit] wird dazu führen, daß jedenfalls eindeutig unangemessene Geschäfte unterbleiben, und damit wäre schon viel, ja das Wesentliche erreicht.“

152 Dazu sehr früh bereits *Flume* Zur großen Aktienrechtsreform S 65, 74: „Es gibt – glaube ich – keine andere Möglichkeit, der faktischen Abhängigkeit Herr zu werden.“; rückblickend *ders* AG 1988, 85, 91: „Es ist bemerkenswert, daß in den Erörterungen der Unternehmensrechtskommission […] offenbar niemand eine Alternativlösung weder für den faktischen Konzern noch für den Fall der bloßen Abhängigkeit vorzuschlagen wußte.“

153 Rückblickend *Flume* AG 1988, 85, 91: „Man sollte daraus die Mahnung entnehmen, daß es für manche Tatbestände Grenzen für die Möglichkeiten einer rechtlichen Gestaltung von überzeugender Richtigkeit gibt.“

154 Detaillierte Vorschläge bei *Hommelhoff* Gutachten G für den 59. DJT 1992, G 83 ff; *Wieland* S 335 ff.

155 So auch *Hommelhoff* Gutachten G für den 59. DJT 1992, G 53 f und G 83; *Koppensteiner* FS Steindorff, 1990, S 89, 107; *Kropff* 59. DJT 1992, Sitzungsbericht, R 76.

156 Dazu MK-BilR-*Hennrichs/Schubert* IAS 24 Rdn 16 ff.

157 Dazu *Böttcher* FS Maier-Reimer, 2010, S 29, 39: „[…] diese Beurteilung würde in das Ermessen des Vorstands fallen, was im Hinblick auf den Schutzzweck des Abhängigkeitsberichts zu Schutzlücken führen könnte.“

men, weil der Abhängigkeitsbericht andererseits von Routinegeschäften entlastet würde und die wirklich wichtigen Vorgänge mehr Aufmerksamkeit erhielten. Dann bestünde nicht länger die Gefahr, dass das Relevante unter zu vielen nichtssagenden und irrelevanten Informationen untergeht. Unterstützung verdient ferner der Vorschlag, die Freistellung der kleinen AG von der obligatorischen Prüfung ihres Abhängigkeitsberichts durch einen Abschlussprüfer (§ 313 Rdn 16) zurückzunehmen.[158] In Anlehnung an IAS 24.25 ff[159] mag man auch daran denken, die Berichtspflicht der öffentlichen Hand als abhängiges Unternehmen (dazu Rdn 38 und 81 f) genauer zu spezifizieren und einzuschränken.[160] Dagegen erscheint es unter Gläubigerschutzgesichtspunkten nicht ratsam, 100 %ige Tochtergesellschaften in Anlehnung an § 285 Nr 21 HGB von der Berichtspflicht auszunehmen (dazu auch noch Rdn 37).[161] Auch die Zuweisung der Kosten für die Erstellung des Abhängigkeitsberichts an das herrschende Unternehmen[162] empfiehlt sich nicht. Weitere Verbesserungsvorschläge betreffen entweder Grund- oder Einzelfragen des Nachteilsausgleichs oder aber die Prüfung durch den Abschlussprüfer (näher § 313 Rdn 12 ff) oder den Aufsichtsrat (näher § 314 Rdn 5 ff).

II. Berichtspflicht (Abs 1 S 1)

1. Unabdingbarkeit der Berichtspflicht

Die Pflicht des Vorstands zur Aufstellung eines Abhängigkeitsberichts nach § 312 Abs 1 S 1 ist unabdingbar.[163] Sie kann weder durch die Satzung noch durch einstimmigen Hauptversammlungsbeschluss aufgehoben oder verändert werden.[164] Dies gilt auch für Fragen der Offenlegung des Abhängigkeitsberichts (näher Rdn 10). **36**

2. Voraussetzungen der Berichtspflicht

a) Berichtspflichtige Unternehmen

aa) AG. Als abhängige Gesellschaft iSd § 312 Abs 1 S 1 kommt wie schon bei § 311 zunächst die AG in Betracht.[165] Deren Anteilseignerstruktur ist ohne Belang. Insbesondere kommt es nicht auf das Vorhandensein außenstehender Aktionäre an[166], weil die **37**

[158] Vgl *Hommelhoff* Gutachten G für den 59. DJT 1992, G 54 f und G 84; zustimmend Beschlüsse 59. DJT 1992, Band II, R 191.

[159] Dazu *Lüdenbach* IFRS, 6. Aufl 2010, S 181; zu Besonderheiten bei Anhangangaben nach §§ 285 Nr 21, 314 Abs 1 Nr 13 HGB bei Unternehmen der öffentlichen Hand *Poullie* WPg 2010, 1058.

[160] In diese Richtung Bürgers/Körber/*Fett* § 312 Rdn 29: „Letztlich ist der Gesetzgeber aufgerufen, für die öffentlichen Hände ausgewogene Sonderregeln zu schaffen."

[161] Abw *Götz* AG 2000, 498, 500; wie hier *Bachmann* NZG 2001, 961, 970; Hüffer/*Koch* § 312 Rdn 3.

[162] Dafür *Wieland* S 335.

[163] Vgl *Adler/Düring/Schmaltz* § 312 Rdn 29; Emmerich/*Habersack* Aktien- und GmbH-Konzernrecht § 312 Rdn 1; *Förschle/Heinz* in BeckBilKomm § 289 HGB Rdn 215; Grigoleit/*Grigoleit* § 312 Rdn 1; Hölters/*Leuering/Goertz* § 312 Rdn 4; Küting/Weber/*Weber* § 312 Rdn 26.

[164] Vgl *Adler/Düring/Schmaltz* § 312 Rdn 29; Hölters/*Leuering/Goertz* § 312 Rdn 4; Küting/Weber/*Weber* § 312 Rdn 26.

[165] Vgl *Adler/Düring/Schmaltz* § 312 Rdn 24; *Förschle/Heinz* in BeckBilKomm § 289 HGB Rdn 210; Hüffer/*Koch* § 312 Rdn 5; Küting/Weber/*Weber* § 312 Rdn 4.

[166] Vgl Emmerich/*Habersack* Aktien- und GmbH-Konzernrecht § 312 Rdn 6; *Förschle/Heinz* in BeckBilKomm § 289 HGB Rdn 211; Hölters/*Leuering/Goertz* § 312 Rdn 6; Küting/Weber/*Weber* § 312 Rdn 26; Schmidt/Lutter/*Vetter* § 312 Rdn 9.

§§ 311 ff auch den Gesellschaftsgläubigern und der Stärkung der Stellung des Vorstands der abhängigen Gesellschaft dienen.[167] Daher besteht die Pflicht zur Berichterstattung nach einhelliger Ansicht **auch bei** einer **Ein-Personen-Gesellschaft.**[168] Rechtspolitische Kritik hieran, die eine Abschaffung der Berichtspflicht für die Ein-Personen-Gesellschaft fordert, da der Abhängigkeitsbericht für den Alleingesellschafter irrelevant sei und den Gläubigern faktisch nichts nütze[169], verdient keine Gefolgschaft[170]: Sie vernachlässigt den präventiven Charakter der Berichtspflicht (Rdn 2 und 32) und berücksichtigt nicht hinreichend, dass der Abhängigkeitsbericht etwa im Insolvenzfall durchaus wertvolle Hinweise für die Aufklärung des haftungsrelevanten Sachverhalts zu liefern vermag.[171] Wer die Kosten eines Abhängigkeitsberichts (Rdn 63) scheut, der kann entweder einen isolierten Gewinnabführungsvertrag abschließen[172] oder auf die Rechtsform der GmbH ausweichen[173], für die §§ 311 ff nicht gelten. Aus ähnlichen Gründen kann es keine Ausnahme von der Berichterstattungspflicht in jenen Fällen geben, in denen die Satzung eine „vollständige Interesseneinheit" zwischen herrschendem Unternehmen und abhängiger Gesellschaft herstellt.[174]

38 Die Rechtsform des herrschenden Unternehmens ist für die Berichtspflicht grundsätzlich ohne Belang, weil im Rahmen der §§ 311 ff der funktionale Unternehmensbegriff des § 15 gilt.[175] Infolgedessen muss ein Abhängigkeitsbericht auch dann erstellt werden, wenn die AG von einer natürlichen Person[176] oder einer Gebietskörperschaft[177] abhängig ist. Im zweiten Fall gelten allerdings Besonderheiten hinsichtlich des Berichtsinhalts (Rdn 81 f). Der Bericht ist auch dann zu erstatten, wenn das herrschende Unternehmen seinen Sitz im Ausland hat.[178] Eine Sonderregelung gilt für die – vormalige – Treuhandanstalt, auf die nach § 28a S 1 EGAktG die Vorschriften des Aktiengesetzes über herrschende Unternehmen nicht anwendbar sind. Entsprechendes gilt nach Verordnungsrecht[179] für ihre

[167] Vgl *Bachmann* NZG 2001, 961, 970; Hölters/*Leuering/Goertz* § 312 Rdn 6.

[168] Vgl Bürgers/Körber/*Fett* § 312 Rdn 4; Emmerich/*Habersack* Aktien- und GmbH-Konzernrecht § 312 Rdn 6; Grigoleit/*Grigoleit* § 312 Rdn 4; Hölters/*Leuering/Goertz* § 312 Rdn 6; Hüffer/*Koch* § 312 Rdn 3; KK-*Koppensteiner* § 312 Rdn 9; MK-*Altmeppen* § 312 Rdn 27; NK-*Schatz/Schödel* § 312 Rdn 8; Spindler/Stilz/*Müller* § 312 Rdn 6; Wachter/*Rothley* § 312 Rdn 3.

[169] IdS *Götz* AG 2000, 498, 500.

[170] Ebenso Hüffer/*Koch* § 312 Rdn 3.

[171] Überzeugend *Bachmann* NZG 2001, 961, 970; ähnlich KK-*Koppensteiner* § 312 Rdn 9.

[172] Vgl Grigoleit/*Grigoleit* § 312 Rdn 4; Hüffer/*Koch* § 312 Rdn 3.

[173] Vgl *Bachmann* NZG 2001, 961, 970.

[174] Vgl Emmerich/*Habersack* Aktien- und GmbH-Konzernrecht § 312 Rdn 6; Hölters/*Leuering/Goertz* § 312 Rdn 6; MK-*Altmeppen* § 312 Rdn 27; Spindler/Stilz/*Müller* § 312 Rdn 6; abw *Mertens* FS Claussen, 1997, S 297 ff; offen KK-*Koppensteiner* § 312 Rdn 10 mit Fn 34; s auch *Gonnella/Mikic* AG 1998, 508 ff.

[175] Vgl *Adler/Düring/Schmaltz* § 312 Rdn 13; Emmerich/*Habersack* Aktien- und GmbH-Konzernrecht § 312 Rdn 8; Hölters/*Leuering/Goertz* § 312 Rdn 7.

[176] Vgl Emmerich/*Habersack* Aktien- und GmbH-Konzernrecht § 312 Rdn 8; Hölters/*Leuering/Goertz* § 312 Rdn 7; Küting/Weber/*Weber* § 312 Rdn 9; Stellungnahme HFA 3/1991 WPg 1992, 91.

[177] Vgl Emmerich/*Habersack* Aktien- und GmbH-Konzernrecht § 312 Rdn 8; *Förschle/Heinz* in BeckBilKomm § 289 HGB Rdn 211; Grigoleit/*Grigoleit* § 312 Rdn 4; Hölters/*Leuering/Goertz* § 312 Rdn 7; Hüffer/*Koch* § 312 Rdn 3; Küting/Weber/*Weber* § 312 Rdn 9; Spindler/Stilz/*Müller* § 312 Rdn 5; IDW HFA 3/1991 WPg 1992, 91.

[178] Vgl Küting/Weber/*Weber* § 312 Rdn 9; IDW HFA 3/1991 WPg 1992, 91.

[179] § 1 VO vom 20.1.1994, BGBl I S 3913 (AusführungsVO zum Gesetz zur abschließenden Erfüllung der verbliebenen Aufgaben der Treuhandanstalt, BGBl I S 2062).

Nachfolgeorganisation, die Bundesanstalt für vereinigungsbedingte Sonderaufgaben, und deren Beteiligungsunternehmen. Schließlich entfällt die Berichtspflicht nach § 312 gemäß § 7d S 1 FMStBG für den Finanzmarktstabilisierungsfonds.[180]

In zeitlicher Hinsicht erstreckt sich die **Berichtspflicht** auf die gesamte Lebensphase der abhängigen AG (zu Veränderungen während des Geschäftsjahrs Rdn 46 ff) und besteht insbesondere **auch nach** deren **Auflösung** fort.[181] Nachteilige Rechtsgeschäfte und Maßnahmen im Interesse des herrschenden Unternehmens können nämlich auch im Rahmen der Abwicklung noch vorkommen.[182] Falls die abhängige Gesellschaft nach § 270 Abs 3 durch das Gericht von der Prüfung des Jahresabschlusses und des Lageberichts befreit ist, gilt diese Befreiung auch für die Prüfung des Abhängigkeitsberichts.[183] Bei Eröffnung des Insolvenzverfahrens (§ 15a InsO) entfällt die Berichtspflicht sowohl für das abgelaufene (Rumpf-)Geschäftsjahr bis zur Insolvenzeröffnung als auch für ein ggf mit Verfahrenseröffnung beginnendes neues Geschäftsjahr.[184] In diesem Fall besteht keine Besorgnis, dass Ausgleichs- oder Schadensersatzansprüche gegen das herrschende Unternehmen nicht geltend gemacht werden.[185] 39

bb) KGaA, SE. Neben der AG gilt § 312 nach heute ganz hM auch für die KGaA.[186] Frühe Gegenstimmen[187], die geltend machten, dass diese Vorschrift nur den Vorstand als Träger der Berichtspflicht nennt, vermochten sich mit Recht nicht durchzusetzen: Sie verkannten, dass § 311 Abs 1 die abhängige KGaA ausdrücklich in seinen Schutzbereich einbezieht; für den als Hilfsnorm konzipierten § 312 kann daher nichts anderes gelten. Ob Abhängigkeit vorliegt, beurteilt sich nach allgemeinen Grundsätzen, und zwar auch im Verhältnis zu einer Komplementär-GmbH, von der die KGaA keineswegs zwangsläufig abhängig ist.[188] Gesellschaftsintern obliegt die Berichtspflicht dem persönlich haftenden Gesellschafter der KGaA (Rdn 59). Ebenso hat eine abhängige SE einen Abhängigkeitsbericht nach § 312 zu erstatten.[189] 40

b) Abhängigkeit. Für die Frage der Abhängigkeit gelten im Rahmen des § 312 die allgemeinen Regeln. Wie bei § 311 kommt es also auf das Bestehen eines Abhängigkeits- 41

---

180 Vgl OLG Frankfurt NZG 2015, 1357, 1360 f; LG Frankfurt ZIP 2014, 322, 323 f; Schmidt/Lutter/*Vetter* § 312 Rdn 9.

181 Vgl *Adler/Düring/Schmaltz* § 312 Rdn 16; Emmerich/*Habersack* Aktien- und GmbH-Konzernrecht § 312 Rdn 6; *Geßler* NB 1966, 198; *Haesen* S 35; Hölters/*Leuering/Goertz* § 312 Rdn 6; KK-*Koppensteiner* § 312 Rdn 9; Küting/Weber/*Weber* § 312 Rdn 5; MK-*Altmeppen* § 312 Rdn 27; Schmidt/Lutter/*Vetter* § 312 Rdn 9; Spindler/Stilz/*Müller* § 312 Rdn 5.

182 Vgl *Geßler* NB 1966, 198; *Haesen* S 35.

183 Vgl *Förschle/Heinz* in BeckBilKomm § 289 HGB Rdn 256.

184 Vgl *Förschle/Heinz* in BeckBilKomm § 289 HGB Rdn 257.

185 Vgl *Adler/Düring/Schmaltz* § 312 Rdn 24; *Förschle/Heinz* in BeckBilKomm § 289 HGB Rdn 257.

186 Vgl *Adler/Düring/Schmaltz* § 312 Rdn 15; Bürgers/Körber/*Fett* § 312 Rdn 4; Emmerich/*Habersack* Aktien- und GmbH-Konzernrecht § 312 Rdn 10; *Förschle/Heinz* in BeckBilKomm § 289 HGB Rdn 210; *Geßler* NB 1966, 198; Grigoleit/*Grigoleit* § 312 Rdn 4; *Haesen* S 33 ff; Hölters/*Leuering/Goertz* § 312 Rdn 8; Hüffer/*Koch* § 312 Rdn 5; KK-*Koppensteiner* § 312 Rdn 10; Küting/Weber/*Weber* § 312 Rdn 4; MK-*Altmeppen* § 312 Rdn 23; Schmidt/Lutter/*Vetter* § 312 Rdn 10; Spindler/Stilz/*Müller* § 312 Rdn 7.

187 Vgl *Gail* WPg 1966, 425, 429; *Werner* NB 1967, 1, 12.

188 Vgl Emmerich/*Habersack* Aktien- und GmbH-Konzernrecht § 312 Rdn 10 mit Fn 24; Hüffer/*Koch* § 312 Rdn 5.

189 Vgl *Förschle/Heinz* in BeckBilKomm § 289 HGB Rdn 210; Hölters/*Leuering/Goertz* § 312 Rdn 9.

verhältnisses iSd § 17 an.[190] Die Berichtspflicht der abhängigen Gesellschaft besteht auch dann, wenn das Abhängigkeitsverhältnis zum herrschenden Unternehmen durch ein Konzernverhältnis iSd § 18 überlagert ist.[191]

42 aa) **Mehrfache Abhängigkeit.** Bei mehrfacher Abhängigkeit ist über die Beziehungen zu jedem herrschenden Unternehmen zu berichten.[192] Dies gilt grundsätzlich auch bei koordinierter Beherrschung durch ein Gemeinschaftsunternehmen.[193] Hier genügt allerdings ein einheitlicher Bericht, sofern dieser erkennen lässt, auf Veranlassung und im Interesse welches der gleichstufig herrschenden Unternehmen die berichtspflichtigen Vorgänge erfolgten.[194]

43 bb) **Mehrstufige Abhängigkeit.** Auch bei mehrstufiger Abhängigkeit ist für jedes Abhängigkeitsverhältnis grundsätzlich ein Bericht zu erstatten.[195] Beherrscht die M-AG also die T-AG und diese die E-AG, so hat die E-AG sowohl über ihre Beziehungen zur T-AG als auch über diejenigen zur M-AG zu berichten.[196] Unabhängig davon ist auch die T-AG über ihre Beziehungen zur M-AG berichtspflichtig.[197] Dabei können sich in den Abhängigkeitsberichten der E-AG und der T-AG einzelne berichtspflichtige Geschäfte decken.[198] Die Berichte der E-AG können allerdings in einem einheitlichen Bericht zusammengefasst werden, sofern dieser erkennen lässt, auf Veranlassung und im Interesse welches der herrschenden Unternehmen die berichtspflichtigen Vorgänge erfolgten.[199] Ohne eine solche Identifizierung würde der Abhängigkeitsbericht seinem Zweck, die Informationsgrundlage außenstehender Aktionäre für allfällige Schadensersatzansprüche zu verbessern (Rdn 6), nicht gerecht.[200]

44 Die Berichtspflicht entfällt allerdings für das nur mittelbar abhängige Unternehmen, wenn auf der untersten Stufe ein Beherrschungs- oder Gewinnabführungsvertrag abge-

---

190 Vgl *Adler/Düring/Schmaltz* § 312 Rdn 7; Hölters/*Leuering/Goertz* § 312 Rdn 10; Küting/Weber/*Weber* § 312 Rdn 7; Schmidt/Lutter/*Vetter* § 312 Rdn 9; Spindler/Stilz/*Müller* § 312 Rdn 5.

191 Vgl *Adler/Düring/Schmaltz* § 312 Rdn 8; Küting/Weber/*Weber* § 312 Rdn 8.

192 Vgl Emmerich/*Habersack* Aktien- und GmbH-Konzernrecht § 312 Rdn 9; Hölters/*Leuering/Goertz* § 312 Rdn 11; Hüffer/*Koch* § 312 Rdn 3; Spindler/Stilz/*Müller* § 312 Rdn 9.

193 Vgl KK-*Koppensteiner* § 312 Rdn 12; Küting/Weber/*Weber* § 312 Rdn 11; MK-*Altmeppen* § 312 Rdn 127.

194 Vgl *Adler/Düring/Schmaltz* § 312 Rdn 2; Emmerich/*Habersack* Aktien- und GmbH-Konzernrecht § 312 Rdn 9; Grigoleit/*Grigoleit* § 312 Rdn 4; *Haesen* S 54; Hölters/*Leuering/Goertz* § 312 Rdn 11; KK-*Koppensteiner* § 312 Rdn 12; Küting/Weber/*Weber* § 312 Rdn 11; *Lutter* NJW 1973, 113, 118; MK-*Altmeppen* § 312 Rdn 127; Schmidt/Lutter/*Vetter* § 312 Rdn 9; Spindler/Stilz/*Müller* § 312 Rdn 9; Wachter/*Rothley* § 312 Rdn 3; kritisch *Maul* NZG 2000, 470, 471.

195 Vgl Emmerich/*Habersack* Aktien- und GmbH-Konzernrecht § 312 Rdn 9; Grigoleit/*Grigoleit* § 312 Rdn 4; Hölters/*Leuering/Goertz* § 312 Rdn 12; Schmidt/Lutter/*Vetter* § 312 Rdn 9; Spindler/Stilz/*Müller* § 312 Rdn 8.

196 Vgl *Adler/Düring/Schmaltz* § 312 Rdn 9; KK-*Koppensteiner* § 312 Rdn 11.

197 Vgl IDW HFA 3/1991 WPg 1992, 91, 92; *Adler/Düring/Schmaltz* § 312 Rdn 10; KK-*Koppensteiner* § 312 Rdn 11.

198 Dazu und zu einer möglichen Inbezugnahme aus Vereinfachungsgründen *Adler/Düring/Schmaltz* § 312 Rdn 10; ferner MK-*Altmeppen* § 312 Rdn 129.

199 Vgl *Adler/Düring/Schmaltz* § 312 Rdn 9; Hölters/*Leuering/Goertz* § 312 Rdn 12; KK-*Koppensteiner* § 312 Rdn 11; Küting/Weber/*Weber* § 312 Rdn 10; MK-*Altmeppen* § 312 Rdn 129; Schmidt/Lutter/*Vetter* § 312 Rdn 9; Spindler/Stilz/*Müller* § 312 Rdn 8; Wachter/*Rothley* § 312 Rdn 3.

200 Vgl KK-*Koppensteiner* § 312 Rdn 11.

schlossen worden ist.[201] Daher braucht die E-AG im gerade gebildeten Beispiel keinen Abhängigkeitsbericht zu erstellen, wenn zwischen ihr und der T-AG ein solcher Vertrag besteht; dies gilt auch für ihre Beziehungen zur M-AG.[202] Besteht ein solcher Vertrag nur zwischen der M-AG und der T-AG, aber nicht mit der E-AG, so bleibt die E-AG berichtspflichtig.[203]

c) **Kein Beherrschungs- oder Gewinnabführungsvertrag, keine Eingliederung.** Nach § 312 Abs 1 S 1 entfällt die Berichtspflicht bei Bestehen eines Beherrschungsvertrages. Ebenso wenig braucht gemäß § 316 ein Abhängigkeitsbericht erstellt zu werden, wenn zwischen der abhängigen Gesellschaft und dem herrschenden Unternehmen ein Gewinnabführungsvertrag besteht. Außenstehende Aktionäre und Gesellschaftsgläubiger sind dann durch die mit dem Gewinnabführungsvertrag verbundenen Sicherungen (§§ 300–307) hinreichend geschützt.[204] Auf isolierte Verlustübernahmeverträge ist § 316 allerdings nicht analog anzuwenden, weil es sich nicht um einen Unternehmensvertrag iSd § 291 handelt.[205] Auch ein anderer Unternehmensvertrag iSd § 292, zB ein Betriebspacht- oder Betriebsüberlassungsvertrag, entbindet nicht von der Verpflichtung zur Aufstellung eines Abhängigkeitsberichts.[206] Gemäß § 323 Abs 1 S 3 entfällt die Berichtspflicht allerdings bei einer Eingliederung.[207] 45

d) Veränderungen während des Geschäftsjahrs

aa) **Allgemeines.** Ein Abhängigkeitsbericht ist grundsätzlich dann aufzustellen, wenn am Abschlussstichtag (Rdn 60) ein Abhängigkeitsverhältnis bestand.[208] Ohne Belang ist dabei, ob dieses Abhängigkeitsverhältnis während des gesamten Geschäftsjahrs bestanden hat oder erst im Laufe des Geschäftsjahrs begründet wurde.[209] Im zweiten Fall beschränkt sich die Berichtspflicht auf alle Rechtsgeschäfte und Maßnahmen seit dem Eintritt der Abhängigkeit.[210] 46

Ist ein unterjährig bestehendes Abhängigkeitsverhältnis vor dem Abschlussstichtag wieder entfallen, so muss nach zutreffender hM gleichwohl ein Abhängigkeitsbericht erstellt werden, um den Schutzzweck des § 312 nicht zu gefährden.[211] Eine bestimmte Mindestdauer des Abhängigkeitsverhältnisses ist nicht erforderlich.[212] Zu berichten ist 47

201 Vgl LG Frankfurt DB 1999, 271; *Förschle/Heinz* in BeckBilKomm § 289 HGB Rdn 212; MK-*Altmeppen* § 312 Rdn 26.

202 Vgl IDW HFA 3/1991 WPg 1992, 91, 92.

203 Vgl IDW HFA 3/1991 WPg 1992, 91, 92.

204 Vgl Begr RegE bei *Kropff* S 418.

205 Vgl *Adler/Düring/Schmaltz* § 312 Rdn 18; *Förschle/Heinz* in BeckBilKomm § 289 HGB Rdn 212; differenzierend *Priester* FS Schaumburg, 2009, 1327, 1335 f.

206 Vgl *Förschle/Heinz* in BeckBilKomm § 289 HGB Rdn 215; MK-*Altmeppen* § 312 Rdn 25.

207 Vgl Begr RegE bei *Kropff* S 427.

208 Vgl *Adler/Düring/Schmaltz* § 312 Rdn 23; *Förschle/Heinz* in BeckBilKomm § 289 HGB Rdn 245; Küting/Weber/*Weber* § 312 Rdn 19.

209 Vgl *Adler/Düring/Schmaltz* § 312 Rdn 23; Emmerich/*Habersack* Aktien- und GmbH-Konzernrecht § 312 Rdn 11; *Förschle/Heinz* in BeckBilKomm § 289 HGB Rdn 245; Hüffer/*Koch* § 312 Rdn 6; KK-*Koppensteiner* § 312 Rdn 14; Spindler/Stilz/*Müller* § 312 Rdn 11.

210 Vgl IDW HFA 3/1991 WPg 1992, 91, 92; Bürgers/Körber/*Fett* § 312 Rdn 5; Grigoleit/*Grigoleit* § 312 Rdn 5; Hüffer/*Koch* § 312 Rdn 6; KK-*Koppensteiner* § 312 Rdn 14; Küting/Weber/*Weber* § 312 Rdn 19; MK-*Altmeppen* § 312 Rdn 30; Schmidt/Lutter/*Vetter* § 312 Rdn 11; Spindler/Stilz/*Müller* § 312 Rdn 11.

211 Vgl *Adler/Düring/Schmaltz* § 312 Rdn 24; *Förschle/Heinz* in BeckBilKomm § 289 HGB Rdn 246; KK-*Koppensteiner* § 312 Rdn 14; Küting/Weber/*Weber* § 312 Rdn 21; MK-*Altmeppen* § 312 Rdn 31.

212 Vgl IDW HFA 3/1991 WPg 1992, 91; *Förschle/Heinz* in BeckBilKomm § 289 HGB Rdn 246.

jedoch nur über solche Rechtsgeschäfte und Maßnahmen, die in den Zeitraum der Abhängigkeit fallen.[213]

48 bb) **Wechsel der Herrschaftsmacht.** Ein unterjähriger Wechsel der Herrschaftsmacht lässt die Berichtspflicht der abhängigen Gesellschaft unberührt. Zu berichten ist sowohl über die Beziehungen zu dem alten als auch zu dem neuen herrschenden Unternehmen.[214] Hierbei genügt die Erstellung eines einheitlichen Berichts, sofern dieser erkennen lässt, auf Veranlassung und im Interesse welches Unternehmens die berichtspflichtigen Vorgänge erfolgten.[215] Unterschiedlich beurteilt wird, zu welchem Zeitpunkt das Abhängigkeitsverhältnis für die Zwecke der Berichterstattung übergeht. Hinsichtlich des bisherigen herrschenden Unternehmens entfällt die Berichtspflicht mit Abgabe der Beteiligung, da fortbestehende Loyalitätspflichten in aller Regel zu schwach sind, um eine nachwirkende Abhängigkeit und damit eine Einbeziehung in den Abhängigkeitsbericht zu rechtfertigen.[216] Hinsichtlich des neuen herrschenden Unternehmens stellt die hM grundsätzlich auf den Zeitpunkt des dinglichen Aktienerwerbs ab.[217] Eine Gegenmeinung hält bei dem Erwerb eines Mehrheitspakets eine vorwirkende Abhängigkeit für möglich[218], die spätestens mit dem Zeitpunkt des schuldrechtlichen Veräußerungsgeschäfts, gelegentlich sogar schon vorher beginnt. Folgerichtig befürwortet sie für eine Übergangszeit eine parallele Abhängigkeit gegenüber Veräußerer und Erwerber und damit auch eine erweiterte Berichtspflicht.[219] Die besseren Gründe sprechen für die hM, die nicht nur eine praktikable, sondern auch eine sachgerechte Grenzziehung ermöglicht, weil die mitgliedschaftsrechtliche Einflussmöglichkeit erst durch den dinglichen Aktienerwerb vermittelt wird.

49 cc) **Beherrschungs- oder Gewinnabführungsvertrag, Eingliederung.** Die Verpflichtung zur Aufstellung eines Abhängigkeitsberichts endet nach hM für das gesamte Geschäftsjahr, wenn ein Beherrschungsvertrag oder eine Eingliederung bis zum Abschlussstichtag der abhängigen Gesellschaft durch Eintragung in das Handelsregister wirksam geworden ist.[220]

---

213 Vgl IDW HFA 3/1991 WPg 1992, 91, 92; *Adler/Düring/Schmaltz* § 312 Rdn 24; Bürgers/Körber/*Fett* § 312 Rdn 5; Emmerich/*Habersack* Aktien- und GmbH-Konzernrecht § 312 Rdn 11; *Förschle/Heinz* in BeckBilKomm § 289 HGB Rdn 246; Grigoleit/*Grigoleit* § 312 Rdn 5; Hüffer/*Koch* § 312 Rdn 6; KK-*Koppensteiner* § 312 Rdn 14; MK-*Altmeppen* § 312 Rdn 31; Schmidt/Lutter/*Vetter* § 312 Rdn 13; Spindler/Stilz/*Müller* § 312 Rdn 11; Wachter/*Rothley* § 312 Rdn 4.

214 Vgl *Adler/Düring/Schmaltz* § 312 Rdn 24a; *Förschle/Heinz* in BeckBilKomm § 289 HGB Rdn 247; Küting/Weber/*Weber* § 312 Rdn 12.

215 Vgl *Adler/Düring/Schmaltz* § 312 Rdn 24a; *Förschle/Heinz* in BeckBilKomm § 289 HGB Rdn 247; Küting/Weber/*Weber* § 312 Rdn 12.

216 Vgl *Förschle/Heinz* in BeckBilKomm § 289 HGB Rdn 247; MK-*Altmeppen* § 312 Rdn 41.

217 Vgl *Förschle/Heinz* in BeckBilKomm § 289 HGB Rdn 247; *Fried* NZG 2005, 875, 876; im Rahmen des § 17 etwa OLG Düsseldorf AG 1994, 36, 37; *Emmerich*/Habersack Aktien- und GmbH-Konzernrecht § 17 Rdn 11; Hüffer/*Koch* § 17 Rdn 9; *Krieger* FS Semler, 1993, S 503, 507 ff.

218 Vgl etwa *Lutter* FS Steindorff, 1990, S 125, 133; *Noack* Gesellschaftervereinbarungen bei Kapitalgesellschaften, 1994, S 90; *M Weber* ZIP 1994, 678, 683 ff.

219 Vgl MK-*Bayer* § 17 Rdn 56 f; s auch MK-*Altmeppen* § 312 Rdn 38, der unter Berufung auf die Ungewissheit der Herrschaftsverhältnisse für eine Übergangszeit eine doppelte Berichterstattung verlangt.

220 Vgl *Adler/Düring/Schmaltz* § 312 Rdn 27; Emmerich/*Habersack* Aktien- und GmbH-Konzernrecht § 312 Rdn 12; *Förschle/Heinz* in BeckBilKomm § 289 HGB Rdn 248; *Fried* NZG 2005, 875, 877 f; Hölters/*Leuering/Goertz* § 312 Rdn 16; Hüffer/*Koch* § 312 Rdn 7; KK-*Koppensteiner* § 312 Rdn 18; Küting/Weber/*Weber* § 312 Rdn 24; MK-*Altmeppen* § 312 Rdn 47 f; Schmidt/

Zur Begründung wird angeführt, dass das herrschende Unternehmen gemäß §§ 302, 322 Abs 1, 324 Abs 3 auch für die vor Vertragsschluss bzw Eingliederung begründeten Verluste bzw Verbindlichkeiten einstehen muss.[221] Dem ist entgegen vereinzelter Kritik[222] zuzustimmen. Beim Abschluss eines isolierten Gewinnabführungsvertrages entfällt die Pflicht zur Aufstellung eines Abhängigkeitsberichts nur, wenn dem Vertrag Rückwirkung auf den Beginn des Geschäftsjahrs beigelegt wird.[223]

Endet ein Beherrschungs- oder Gewinnabführungsvertrag, zB wegen einer Kündigung aus wichtigem Grund (§ 297), vor dem Abschlussstichtag, so lebt die Pflicht der abhängigen Gesellschaft zur Aufstellung eines Abhängigkeitsberichts nach allgemeinen Grundsätzen (Rdn 46) wieder auf.[224] Gleiches gilt für das vorzeitige Ende einer Eingliederung (§ 327).[225] In beiden Fällen erstreckt sich die Berichtspflicht nur auf den Rumpfzeitraum nach Beendigung des Unternehmensvertrages oder der Eingliederung.[226] 50

dd) **Formwechsel.** Wechselt ein von § 312 nicht erfasstes abhängiges Unternehmen im laufenden Geschäftsjahr in die Rechtsform einer AG, KGaA oder SE, so muss es einen Abhängigkeitsbericht aufstellen.[227] Nach allgemeinen Regeln (Rdn 46) erstreckt sich die Berichtspflicht aber nur auf die Vorgänge nach Wirksamwerden des Formwechsels durch Eintragung in das Handelsregister (§ 202 UmwG).[228] Dagegen lässt ein Formwechsel zwischen AG, KGaA und SE in allen Richtungen die Berichtspflicht der abhängigen Gesellschaft für das gesamte Geschäftsjahr unberührt.[229] 51

Lutter/*Vetter* § 312 Rdn 14; Spindler/Stilz/*Müller* § 312 Rdn 12; Wachter/*Rothley* § 312 Rdn 4.

221 Vgl Emmerich/*Habersack* Aktien- und GmbH-Konzernrecht § 312 Rdn 12; *Förschle/Heinz* in BeckBilKomm § 289 HGB Rdn 248; Hölters/*Leuering/Goertz* § 312 Rdn 16; Hüffer/*Koch* § 312 Rdn 7; Spindler/Stilz/*Müller* § 312 Rdn 12; Wachter/*Rothley* § 312 Rdn 4.

222 Ablehnend *Haesen* S 65 f.

223 Vgl Emmerich/*Habersack* Aktien- und GmbH-Konzernrecht § 312 Rdn 12; *Förschle/Heinz* in BeckBilKomm § 289 HGB Rdn 249; Hölters/*Leuering/Goertz* § 312 Rdn 16.

224 Vgl *Adler/Düring/Schmaltz* § 312 Rdn 27; Emmerich/*Habersack* Aktien- und GmbH-Konzernrecht § 312 Rdn 12; *Förschle/Heinz* in BeckBilKomm § 289 HGB Rdn 250; Hölters/*Leuering/Goertz* § 312 Rdn 15; KK-*Koppensteiner* § 312 Rdn 19; Küting/Weber/*Weber* § 312 Rdn 25; MK-*Altmeppen* § 312 Rdn 49.

225 Vgl *Adler/Düring/Schmaltz* § 312 Rdn 28; Emmerich/*Habersack* Aktien- und GmbH-Konzernrecht § 312 Rdn 12; *Förschle/Heinz* in BeckBilKomm § 289 HGB Rdn 250; Hölters/*Leuering/Goertz* § 312 Rdn 15; KK-*Koppensteiner* § 312 Rdn 19; Küting/Weber/*Weber* § 312 Rdn 25.

226 Vgl Emmerich/*Habersack* Aktien- und GmbH-Konzernrecht § 312 Rdn 12; *Förschle/Heinz* in BeckBilKomm § 289 HGB Rdn 250; Hölters/*Leuering/Goertz* § 312 Rdn 15; KK-*Koppensteiner* § 312 Rdn 19; Küting/Weber/*Weber* § 312 Rdn 25; MK-*Altmeppen* § 312 Rdn 49.

227 Vgl *Adler/Düring/Schmaltz* § 312 Rdn 25; Emmerich/*Habersack* Aktien- und GmbH-Konzernrecht § 312 Rdn 11; *Förschle/Heinz* in BeckBilKomm § 289 HGB Rdn 251; KK-*Koppensteiner* § 312 Rdn 16; Küting/Weber/*Weber* § 312 Rdn 22; WP-Handbuch 2012, Band I, F Rdn 1301.

228 Vgl *Adler/Düring/Schmaltz* § 312 Rdn 25; Emmerich/*Habersack* Aktien- und GmbH-Konzernrecht § 312 Rdn 11; *Förschle/Heinz* in BeckBilKomm § 289 HGB Rdn 251; KK-*Koppensteiner* § 312 Rdn 16; Küting/Weber/*Weber* § 312 Rdn 22; Schmidt/Lutter/*Vetter* § 312 Rdn 15 mit Fn 21; Wachter/*Rothley* § 312 Rdn 4; WP-Handbuch 2012, Band I, F Rdn 1301; abw MK-*Altmeppen* § 312 Rdn 43, wonach der Bericht die Vorgänge des gesamten Geschäftsjahrs umfassen muss.

229 Vgl Emmerich/*Habersack* Aktien- und GmbH-Konzernrecht § 312 Rdn 11; *Förschle/Heinz* in BeckBilKomm § 289 HGB

52 Im umgekehrten Fall eines unterjährigen Formwechsels einer abhängigen AG, KGaA oder SE in eine andere Rechtsform entfällt die Berichtspflicht nach einer Ansicht für das gesamte Geschäftsjahr[230], während eine Gegenmeinung für eine zeitanteilige Berichtspflicht eintritt.[231] Der erstgenannten Ansicht ist beizutreten, weil zum Abschlussstichtag kein Vorstand mehr besteht und das weitere Verfahren der §§ 312–315 praktisch nicht mehr umgesetzt werden kann.[232] Außerdem sorgen die §§ 190 ff UmwG für einen hinreichenden Schutz von Anteilseignern und Gesellschaftsgläubigern.[233]

53 ee) **Verschmelzung.** Wird eine abhängige AG, KGaA oder SE im Laufe des Geschäftsjahrs auf eine Gesellschaft anderer Rechtsform verschmolzen, so entfällt mit ihrem Erlöschen mangels tauglichem Normadressaten auch die Berichtspflicht für das gesamte Geschäftsjahr.[234] Aktionäre und Gläubiger werden durch die Vorschriften des UmwG hinreichend geschützt. Bei einer Verschmelzung auf eine andere, nicht abhängige AG, KGaA oder SE muss der übernehmende Rechtsträger als Gesamtrechtsnachfolger grundsätzlich einen Abhängigkeitsbericht aufstellen und darin über berichtspflichtige Vorgänge bis zum Wirksamwerden der Verschmelzung berichten.[235] Anders liegt es nur bei einer Verschmelzung auf die herrschende AG, KGaA oder SE, bei der die Berichtspflicht für das gesamte Geschäftsjahr entfällt.[236]

54 Im umgekehrten Fall einer Verschmelzung auf die abhängige AG, KGaA oder SE erstreckt sich die Berichtspflicht ab deren Wirksamwerden durch Eintragung in das Handelsregister (§§ 20 Abs 1, 131 Abs 1 UmwG) auch auf Vorgänge, die das übertragene Vermögen betreffen.[237] Unterschiedlich beurteilt wird, ob sie bei der Wahl eines rückwirkenden Umwandlungsstichtags (§§ 5 Abs 1 Nr 6, 126 Abs 1 Nr 6 UmwG) auch frühere Vorgänge erfasst.[238]

55 e) **Negativbericht.** Liegen die soeben erläuterten Voraussetzungen für eine Berichtspflicht vor, so ist der Abhängigkeitsbericht auch dann aufzustellen, wenn in dem betreffenden Geschäftsjahr keine berichtspflichtigen Rechtsgeschäfte oder Maßnahmen zu verzeich-

---

Rdn 251; Hölters/*Leuering/Goertz* § 312 Rdn 14; Küting/Weber/*Weber* § 312 Rdn 22; MK-*Altmeppen* § 312 Rdn 42.

[230] Vgl *Adler/Düring/Schmaltz* § 312 Rdn 26; *Förschle/Heinz* in BeckBilKomm § 289 HGB Rdn 251; Grigoleit/*Grigoleit* § 312 Rdn 5; MK-*Altmeppen* § 312 Rdn 35; Schmidt/Lutter/*Vetter* § 312 Rdn 15; WP-Handbuch 2012, Band I, F Rdn 1301.

[231] Vgl Bürgers/Körber/*Fett* § 312 Rdn 5; Emmerich/*Habersack* Aktien- und GmbH-Konzernrecht § 312 Rdn 11; Hölters/*Leuering/Goertz* § 312 Rdn 14; Hüffer/*Koch* Rdn 6; KK-*Koppensteiner* § 312 Rdn 16; Küting/Weber/*Weber* § 312 Rdn 23; Wachter/*Rothley* § 312 Rdn 4.

[232] Vgl *Adler/Düring/Schmaltz* § 312 Rdn 26; MK-*Altmeppen* § 312 Rdn 45; Schmidt/Lutter/*Vetter* § 312 Rdn 15; WP-Handbuch 2012, Band I, F Rdn 1301.

[233] Vgl MK-*Altmeppen* § 312 Rdn 45; WP-Handbuch 2012, Band I, F Rdn 1301.

[234] Vgl *Förschle/Heinz* in BeckBilKomm § 289 HGB Rdn 254; MK-*Altmeppen* § 312 Rdn 46; Schmidt/Lutter/*Vetter* § 312 Rdn 16.

[235] Vgl *Förschle/Heinz* in BeckBilKomm § 289 HGB Rdn 254; MK-*Altmeppen* § 312 Rdn 46; Schmidt/Lutter/*Vetter* § 312 Rdn 16.

[236] Vgl *Förschle/Heinz* in BeckBilKomm § 289 HGB Rdn 254; Grigoleit/*Grigoleit* § 312 Rdn 5; Schmidt/Lutter/*Vetter* § 312 Rdn 16.

[237] Vgl *Adler/Düring/Schmaltz* § 312 Rdn 26a; *Förschle/Heinz* in BeckBilKomm § 289 HGB Rdn 253; Grigoleit/*Grigoleit* § 312 Rdn 5; WP-Handbuch 2012, Band I, F Rdn 1301.

[238] Ablehnend *Förschle/Heinz* in BeckBilKomm § 289 HGB Rdn 253; WP-Handbuch 2012, Band I, F Rdn 1301; befürwortend *Adler/Düring/Schmaltz* § 312 Rdn 26a; MK-*Altmeppen* § 312 Rdn 46.

nen waren.[239] Zu erstatten ist dann ein sog Negativbericht[240], der eine entsprechende Feststellung enthält. Er ist dann Gegenstand der nachfolgenden Prüfung durch Abschlussprüfer und Aufsichtsrat[241] und bildet ggf auch die Grundlage für eine Haftung von Vorstand und Aufsichtsrat nach § 318.[242]

3. Modalitäten der Berichtserstellung

a) **Zuständigkeit.** Nach § 312 Abs 1 S 1 trifft die Berichtspflicht den Vorstand einer abhängigen Gesellschaft. Angesprochen ist damit – wie in §§ 91 AktG, 242, 264 Abs 1 HGB – der **Vorstand als Gesamtorgan.**[243] Die Berichtspflicht fällt mit anderen Worten in die Gesamtverantwortung des Vorstands.[244] Verantwortlich sind daher sämtliche Vorstandsmitglieder[245] einschließlich der stellvertretenden[246], fehlerhaft bestellten und faktischen. Sie müssen über den Bericht Beschluss fassen[247] und ihn alle unterzeichnen, wie sich auch aus §§ 318 Abs 1, 407 Abs 1 S 1 ergibt.[248] Das Handeln einer vertretungsberechtigten Zahl von Vorstandsmitgliedern genügt nicht.[249] 56

[239] Vgl Ausschußbericht bei *Kropff* S 415; IDW HFA 3/1991 WPg 1992, 91, 92; Emmerich/*Habersack* Aktien- und GmbH-Konzernrecht § 312 Rdn 13; *Förschle/Heinz* in BeckBilKomm § 289 HGB Rdn 260; Hölters/*Leuering/Goertz* § 312 Rdn 17; Hüffer/*Koch* § 312 Rdn 8; Küting/Weber/*Weber* § 312 Rdn 63; Spindler/Stilz/*Müller* § 312 Rdn 13; Wachter/*Rothley* § 312 Rdn 4.

[240] Vgl IDW HFA 3/1991 WPg 1992, 91, 92; Bürgers/Körber/*Fett* § 312 Rdn 7; Emmerich/*Habersack* Aktien- und GmbH-Konzernrecht § 312 Rdn 13; *Förschle/Heinz* in BeckBilKomm § 289 HGB Rdn 260; Hölters/*Leuering/Goertz* § 312 Rdn 17; Hüffer/*Koch* § 312 Rdn 8; Spindler/Stilz/*Müller* § 312 Rdn 13.

[241] Vgl Bürgers/Körber/*Fett* § 312 Rdn 7; Emmerich/*Habersack* Aktien- und GmbH-Konzernrecht § 312 Rdn 13; *Förschle/Heinz* in BeckBilKomm § 289 HGB Rdn 260; Hölters/*Leuering/Goertz* § 312 Rdn 17; Spindler/Stilz/*Müller* § 312 Rdn 13.

[242] Vgl Emmerich/*Habersack* Aktien- und GmbH-Konzernrecht § 312 Rdn 13; Spindler/Stilz/*Müller* § 312 Rdn 13.

[243] Vgl Bürgers/Körber/*Fett* § 312 Rdn 8; *Döllerer* FS Semler, 1993, S 441, 451; Emmerich/*Habersack* Aktien- und GmbH-Konzernrecht § 312 Rdn 14; Hölters/*Leuering/Goertz* § 312 Rdn 18; Hüffer/*Koch* § 312 Rdn 2; MK-*Altmeppen* § 312 Rdn 51; Spindler/Stilz/*Müller* § 312 Rdn 14; IDW HFA 3/1991 WPg 1992, 91; Wachter/*Rothley* § 312 Rdn 5; WP-Handbuch 2012, Band I, F Rdn 1286 mit Fn 2262.

[244] Vgl *Adler/Düring/Schmaltz* § 312 Rdn 78; Emmerich/*Habersack* Aktien- und GmbH-Konzernrecht § 312 Rdn 14; *Förschle/Heinz* in BeckBilKomm § 289 HGB Rdn 220; Grigoleit/*Grigoleit* § 312 Rdn 3; Hölters/*Leuering/Goertz* § 312 Rdn 18; Hüffer/*Koch* § 312 Rdn 2; KK-*Koppensteiner* § 312 Rdn 28; Küting/Weber/*Weber* § 312 Rdn 78; NK-*Schatz/Schödel* § 312 Rdn 16; Schmidt/Lutter/*Vetter* § 312 Rdn 18.

[245] Vgl Bürgers/Körber/*Fett* § 312 Rdn 8; Emmerich/*Habersack* Aktien- und GmbH-Konzernrecht § 312 Rdn 14; Grigoleit/*Grigoleit* § 312 Rdn 3; Hölters/*Leuering/Goertz* § 312 Rdn 18; Schmidt/Lutter/*Vetter* § 312 Rdn 18.

[246] Vgl Emmerich/*Habersack* Aktien- und GmbH-Konzernrecht § 312 Rdn 14; Grigoleit/*Grigoleit* § 312 Rdn 3; Hölters/*Leuering/Goertz* § 312 Rdn 18; Hüffer/*Koch* § 312 Rdn 2; KK-*Koppensteiner* § 312 Rdn 28; Spindler/Stilz/*Müller* § 312 Rdn 14.

[247] Vgl KK-*Koppensteiner* § 312 Rdn 28.

[248] Vgl Emmerich/*Habersack* Aktien- und GmbH-Konzernrecht § 312 Rdn 14; Grigoleit/*Grigoleit* § 312 Rdn 3; Hölters/*Leuering/Goertz* § 312 Rdn 18; Hüffer/*Koch* § 312 Rdn 2; Küting/Weber/*Weber* § 312 Rdn 78.

[249] Vgl Grigoleit/*Grigoleit* § 312 Rdn 3; Hüffer/*Koch* § 312 Rdn 2; Schmidt/Lutter/*Vetter* § 312 Rdn 18.

57 Die Pflicht zur Erstattung des Abhängigkeitsberichts trifft nur die Vorstandsmitglieder, die im Zeitpunkt der Berichtserstellung amtieren.[250] Vorher ausgeschiedene Organmitglieder sind daher von dieser Aufgabe befreit.[251] Demgegenüber sind neu in den Vorstand eingetretene Mitglieder ausnahmslos zur Mitwirkung verpflichtet, selbst wenn sie ihr Amt erst nach Ablauf des Geschäftsjahrs angetreten haben.[252] Dies gilt auch bei einem vollständigen Vorstandswechsel.[253] Allerdings bedarf es dann eines entsprechenden Hinweises auf die eingeschränkten Erkenntnisquellen des neu zusammengesetzten Vorstands in der Schlusserklärung (näher Rdn 108).[254]

58 Die Aufstellung des Abhängigkeitsberichts gehört zu den **Leitungsaufgaben iSd § 76 Abs 1.**[255] Eine Delegation dieser Aufgabe an nachgeordnete Unternehmensangehörige oder außenstehende Dritte scheidet daher aus.[256] Insbesondere darf sie nicht an den Abschlussprüfer übertragen werden.[257] Gestattet und weithin üblich ist es aber, dass sich der Vorstand zu Vorbereitungszwecken der Hilfe anderer Personen bedient.[258] Für deren Auswahl, Einweisung und Überwachung haftet er nach allgemeinen Regeln.[259] Zudem

---

250 Vgl BGHZ 135, 107, 110; *Adler/Düring/Schmaltz* § 312 Rdn 78; Bürgers/Körber/*Fett* § 312 Rdn 8; Emmerich/*Habersack* Aktien- und GmbH-Konzernrecht § 312 Rdn 14; *Förschle/Heinz* in BeckBilKomm § 289 HGB Rdn 221; Grigoleit/*Grigoleit* § 312 Rdn 3; Hölters/*Leuering/Goertz* § 312 Rdn 19; KK-*Koppensteiner* § 312 Rdn 28; MK-*Altmeppen* § 312 Rdn 51; Schmidt/Lutter/*Vetter* § 312 Rdn 18; Spindler/Stilz/*Müller* § 312 Rdn 14.

251 Vgl BGHZ 135, 107, 110 f; Emmerich/*Habersack* Aktien- und GmbH-Konzernrecht § 312 Rdn 14; *Förschle/Heinz* in BeckBilKomm § 289 HGB Rdn 221; Hölters/*Leuering/Goertz* § 312 Rdn 19; MK-*Altmeppen* § 312 Rdn 51; Spindler/Stilz/*Müller* § 312 Rdn 14.

252 Vgl *Döllerer* FS Semler, 1993, S 441, 448; Emmerich/*Habersack* Aktien- und GmbH-Konzernrecht § 312 Rdn 14; *Förschle/Heinz* in BeckBilKomm § 289 HGB Rdn 221; Hölters/*Leuering/Goertz* § 312 Rdn 19; MK-*Altmeppen* § 312 Rdn 51; Spindler/Stilz/*Müller* § 312 Rdn 14.

253 Vgl *Döllerer* FS Semler, 1993, S 441, 448 ff; Emmerich/*Habersack* Aktien- und GmbH-Konzernrecht § 312 Rdn 14; Grigoleit/*Grigoleit* § 312 Rdn 3; Hölters/*Leuering/Goertz* § 312 Rdn 19; Hüffer/*Koch* § 312 Rdn 2; MK-*Altmeppen* § 312 Rdn 51; Schmidt/Lutter/*Vetter* § 312 Rdn 18; Spindler/Stilz/*Müller* § 312 Rdn 14.

254 Vgl *Döllerer* FS Semler, 1993, S 441, 449 ff; *Förschle/Heinz* in BeckBilKomm § 289 HGB Rdn 340.

255 Vgl Grigoleit/*Grigoleit* § 312 Rdn 3; Hüffer/*Koch* § 312 Rdn 2; KK-*Koppensteiner* § 312 Rdn 26 mit Fn 62; allgemein zu den Leitungsaufgaben *Fleischer* ZIP 2003, 1 ff.

256 Vgl Bürgers/Körber/*Fett* § 312 Rdn 8; Emmerich/*Habersack* Aktien- und GmbH-Konzernrecht § 312 Rdn 14; Grigoleit/*Grigoleit* § 312 Rdn 3; Hölters/*Leuering/Goertz* § 312 Rdn 18; Hüffer/*Koch* § 312 Rdn 2; MK-*Altmeppen* § 312 Rdn 51; pointiert *Hommelhoff* Gutachten G für den 59. DJT 1992, G 52: „Die Verantwortung hierfür kann und darf dem Tochter-Vorstand kein Unternehmens-Externer abnehmen."

257 Vgl IDW HFA 3/1991 WPg 1992, 91, 93: „Mit der Aufstellung des Abhängigkeitsberichts kann der Abschlußprüfer nicht betraut werden."; *Förschle/Heinz* in BeckBilKomm § 289 HGB Rdn 222; Hüffer/*Koch* § 312 Rdn 2; KK-*Koppensteiner* § 312 Rdn 27; ferner *Hommelhoff* Gutachten G für den 59. DJT 1992 mit zutreffender Kritik an dem Vorentwurf für eine EG-Konzernrechtsrichtlinie von 1974/75, der die Aufstellung des Berichts dem Abschlussprüfer übertragen wollte.

258 Vgl Bürgers/Körber/*Fett* § 312 Rdn 8; Emmerich/*Habersack* Aktien- und GmbH-Konzernrecht § 312 Rdn 14; *Förschle/Heinz* in BeckBilKomm § 289 HGB Rdn 222; Grigoleit/*Grigoleit* § 312 Rdn 3; Hölters/*Leuering/Goertz* § 312 Rdn 18; Hüffer/*Koch* § 312 Rdn 2; KK-*Koppensteiner* § 312 Rdn 27; MK-*Altmeppen* § 312 Rdn 51; allgemein dazu *Fleischer* ZIP 2003, 1, 7 ff.

259 Vgl *Förschle/Heinz* in BeckBilKomm § 289 HGB Rdn 222; KK-*Koppensteiner* § 312 Rdn 27.

obliegt ihm zwingend die selbständige und eigenverantwortliche Prüfung von Berichtsentwürfen auf ihre Wahrheit und Vollständigkeit.[260]

Bei der KGaA, auf die § 312 ebenfalls anwendbar ist (näher Rdn 40), trifft die Berichtspflicht den persönlich haftenden Gesellschafter.[261] Handelt es sich bei ihm um eine juristische Person, so ist der Bericht von deren gesetzlichen Vertretern aufzustellen.[262] Bei einer monistisch strukturierten SE müssen die geschäftsführenden Direktoren den Abhängigkeitsbericht aufstellen und unterzeichnen (§ 49 Abs 1 SEAG).[263] 59

b) **Frist.** Gemäß § 312 Abs 1 S 1 ist der Abhängigkeitsbericht in den ersten drei Monaten des – nachfolgenden – Geschäftsjahrs aufzustellen. Stichtag ist der Abschlussstichtag für den Jahresabschluss.[264] Das gilt auch dann, wenn es sich um ein Rumpfgeschäftsjahr handelt[265], selbst wenn die Gesellschaft erst neu gegründet wurde[266], nicht jedoch für sonstige Zwischenabschlüsse (zB vom Geschäftsjahr abweichende Schlussbilanz nach § 17 Abs 2 UmwG)[267]. Die Drei-Monats-Frist stammt ursprünglich aus dem durch das Bilanzrichtliniengesetz vom Dezember 1985[268] aufgehobenen § 148 AktG 1965, der sie allgemein für die Aufstellung des Jahresabschlusses vorgeschrieben hatte.[269] Sie ist später für den Jahresabschluss in bestimmten Fällen verlängert worden, ohne dass § 312 Abs 1 S 1 seinerseits angepasst wurde. Dies steht einer korrigierenden Auslegung aber nicht entgegen, weil das Verfahren zur Aufstellung und Prüfung des Abhängigkeitsberichts eng mit der Aufstellung und Prüfung des Jahresabschlusses verzahnt ist: Der Abhängigkeitsbericht ist gleichzeitig mit dem Jahresabschluss und dem Lagebericht dem Abschlussprüfer vorzulegen (§ 313 Abs 1 S 1) und die Schlusserklärung des Vorstands ist in den Lagebericht aufzunehmen (§ 312 Abs 3 S 3).[270] Wegen dieses engen Zusammenhangs zwischen Abhängigkeitsbericht und Jahresabschluss passt die ganz hM die Frist des § 312 Abs 1 S 1 an längere Spezialfristen für die Aufstellung des Jahresabschlusses an.[271] Bei kleinen Aktiengesellschaften iSd § 267 Abs 1 HGB ist es daher zulässig, den 60

260 Vgl KK-*Koppensteiner* § 312 Rdn 27.

261 Vgl OLG Stuttgart AG 2003, 527, 530; Bürgers/Körber/*Fett* Rdn 8; Emmerich/*Habersack* Aktien- und GmbH-Konzernrecht § 312 Rdn 10; Grigoleit/*Grigoleit* § 312 Rdn 4; Hölters/*Leuering/Goertz* § 312 Rdn 8; Hüffer/*Koch* Rdn 5; KK-*Koppensteiner* § 312 Rdn 26; MK-*Altmeppen* § 312 Rdn 51; Schmidt/Lutter/*Vetter* § 312 Rdn 10; Spindler/Stilz/*Müller* § 312 Rdn 15; Wachter/*Rothley* § 312 Rdn 5.

262 Vgl OLG Stuttgart AG 2003, 527, 530; Emmerich/*Habersack* Aktien- und GmbH-Konzernrecht § 312 Rdn 10; *Förschle/Heinz* in BeckBilKomm § 289 HGB Rdn 220; Hölters/*Leuering/Goertz* § 312 Rdn 8; KK-*Koppensteiner* § 312 Rdn 26; *Strieder* DB 2004, 799, 800; Wachter/*Rothley* § 312 Rdn 5.

263 Vgl *Förschle/Heinz* in BeckBilKomm § 289 HGB Rdn 220.

264 Vgl IDW HFA 3/1991 WPg 1992, 91, 92; Emmerich/*Habersack* Aktien- und GmbH-Konzernrecht § 312 Rdn 15; Grigoleit/*Grigoleit* § 312 Rdn 6; Hölters/*Leuering/Goertz* § 312 Rdn 59; Hüffer/*Koch* § 312 Rdn 9; Spindler/Stilz/*Müller* § 312 Rdn 16.

265 Vgl IDW HFA 3/1991 WPg 1992, 91, 92; WP-Handbuch 2012, Band I, F Rdn 1286.

266 Vgl *Förschle/Heinz* in BeckBilKomm § 289 HGB Rdn 223.

267 Vgl *Förschle/Heinz* in BeckBilKomm § 289 HGB Rdn 223.

268 BGBl I, 2355.

269 Wörtlich hieß es dort: „Der Vorstand hat in den ersten drei Monaten des Geschäftsjahrs für das vergangene Geschäftsjahr die Jahresbilanz und die Gewinn- und Verlustrechnung (Jahresabschluß) sowie den Geschäftsbericht aufzustellen und den Abschlußprüfern vorzulegen."

270 Näher WP-Handbuch 2012, Band I, F Rdn 1287.

271 Vgl *Adler/Düring/Schmaltz* § 312 Rdn 5; Bürgers/Körber/*Fett* § 312 Rdn 9; Emmerich/*Habersack* Aktien- und GmbH-Konzernrecht § 312 Rdn 15; *Förschle/Heinz* in BeckBilKomm § 289 HGB Rdn 223; Grigo-

Abhängigkeitsbericht zeitgleich mit dem Jahresabschluss innerhalb der auf sechs Monate verlängerten Frist des § 264 Abs 1 S 4 HGB aufzustellen.[272] Bei Versicherungsunternehmen steht entsprechend § 341a Abs 1 HGB ein Zeitrahmen von vier Monaten zur Verfügung, bei Rückversicherungen entsprechend § 341a Abs 5 HGB sogar eine Frist von zehn Monaten.[273]

61 c) **Form.** Ein ausdrückliches Formerfordernis für den Abhängigkeitsbericht sieht § 312 nicht vor. Aus den Gesamtumständen, insbesondere aus der Pflicht des Vorstands zur Abgabe einer Schlusserklärung (Rdn 105) und der Weiterleitungspflicht an den Aufsichtsrat (Rdn 62), folgt jedoch, dass der Bericht schriftlich zu erstatten ist.[274]

62 d) **Vorlage.** Ist der Jahresabschluss der Gesellschaft durch einen Abschlussprüfer zu prüfen, so ist nach § 313 Abs 1 S 1 gleichzeitig mit dem Jahresabschluss und dem Lagebericht auch der Abhängigkeitsbericht dem Abschlussprüfer zuzuleiten.[275] Gemäß § 314 Abs 1 S 1 hat der Vorstand den Abhängigkeitsbericht unverzüglich nach dessen Aufstellung dem Aufsichtsrat vorzulegen.[276] Dieser Bericht und, wenn der Jahresabschluss durch einen Abschlussprüfer zu prüfen ist, der Prüfungsbericht des Abschlussprüfers sind nach § 314 Abs 1 S 2 auch jedem Aufsichtsratsmitglied oder, wenn der Aufsichtsrat dies beschlossen hat, den Mitgliedern eines Ausschusses zu übermitteln.

63 e) **Kosten.** Die mit der Aufstellung und Prüfung des Abhängigkeitsberichts verbundenen Kosten **fallen** der **abhängigen Gesellschaft zur Last**: Sie trägt die Personal- und Sachkosten und erteilt den Prüfungsauftrag an den Abschlussprüfer.[277] Ob ihr hierfür ein Erstattungsanspruch gegen das herrschende Unternehmen zusteht, harrt noch einer abschließenden Klärung. Die hL lehnt dies mangels Rechtsgrundlage ab[278]; verschiedene Literaturstimmen befürworten dagegen einen Nachteilsausgleich entsprechend §§ 311,

---

leit/*Grigoleit* § 312 Rdn 6; Hölters/*Leuering/Goertz* § 312 Rdn 60; Hüffer/*Koch* Rdn 9; Küting/Weber/*Weber* § 312 Rdn 78; MK-*Altmeppen* § 312 Rdn 54; Schmidt/Lutter/*Vetter* § 312 Rdn 19; Spindler/Stilz/*Müller* § 312 Rdn 16.

272 Vgl *Adler/Düring/Schmaltz* § 312 Rdn 5; Bürgers/Körber/*Fett* § 312 Rdn 9; Emmerich/*Habersack* Aktien- und GmbH-Konzernrecht § 312 Rdn 15; Grigoleit/*Grigoleit* § 312 Rdn 6; Hölters/*Leuering/Goertz* § 312 Rdn 60; Hüffer/*Koch* Rdn 9; MK-*Altmeppen* § 312 Rdn 54; Schmidt/Lutter/*Vetter* § 312 Rdn 19; Spindler/Stilz/*Müller* § 312 Rdn 16; Wachter/*Rothley* § 312 Rdn 5.

273 Vgl Bürgers/Körber/*Fett* § 312 Rdn 9; Emmerich/*Habersack* Aktien- und GmbH-Konzernrecht § 312 Rdn 15; *Förschle/Heinz* in BeckBilKomm § 289 HGB Rdn 223; Grigoleit/*Grigoleit* § 312 Rdn 6; Hölters/*Leuering/Goertz* § 312 Rdn 60; Hüffer/*Koch* Rdn 9; MK-*Altmeppen* § 312 Rdn 54; Schmidt/Lutter/*Vetter* § 312 Rdn 19; Spindler/Stilz/*Müller* § 312 Rdn 16; Wachter/*Rothley* § 312 Rdn 5.

274 Vgl *Happ* in ders Konzern- und UmwandlungsR Muster 4.01 Rdn 10.1; WP-Handbuch 2012, Band I, F Rdn 1342.

275 Vgl Hölters/*Leuering/Goertz* § 312 Rdn 62; Spindler/Stilz/*Müller* § 312 Rdn 17; Wachter/*Rothley* § 312 Rdn 6.

276 Vgl Hölters/*Leuering/Goertz* § 312 Rdn 62; MK-*Altmeppen* § 312 Rdn 55; Spindler/Stilz/*Müller* § 312 Rdn 17; Wachter/*Rothley* § 312 Rdn 6.

277 Vgl *Bode* AG 1995, 261, 262; Bürgers/Körber/*Fett* § 312 Rdn 10; Emmerich/*Habersack* Aktien- und GmbH-Konzernrecht § 311 Rdn 17; Hüffer/*Koch* § 312 Rdn 40.

278 Vgl Bürgers/Körber/*Fett* § 312 Rdn 10; Emmerich/*Habersack* Aktien- und GmbH-Konzernrecht § 311 Rdn 14; Grigoleit/*Grigoleit* § 312 Rdn 7; Hölters/*Leuering/Goertz* § 312 Rdn 63; KK-*Koppensteiner* § 312 Rdn 29; MK-*Altmeppen* § 312 Rdn 56 f; NK-*Schatz/Schödel* § 312 Rdn 19; Schmidt/Lutter/*Vetter* § 312 Rdn 21; Spindler/Stilz/*Müller* § 312 Rdn 18; *Strieder* DB 2004, 799, 800; Wachter/*Rothley* § 312 Rdn 6.

317 AktG.[279] Die besseren Gründe sprechen für die hL: Für einen Erstattungsanspruch aus § 311 Abs 1 oder einen Schadensersatzanspruch aus § 317 Abs 1 S 1 fehlt es an einer Veranlassung durch das herrschende Unternehmen.[280] Aufwendungsersatzansprüche aus §§ 683 S 1, 670 BGB scheitern daran, dass die abhängige Gesellschaft die betreffenden Aufwendungen im eigenen Interesse vornimmt.[281] Schadensersatzansprüche aus einer Verletzung der mitgliedschaftlichen Treuepflicht scheiden aus, weil kein pflichtwidriges Verhalten des herrschenden Unternehmens vorliegt.[282] Für die entsprechende Anwendung der §§ 311, 317 fehlt eine Regelungslücke; bei den Kosten für die Aufstellung und Prüfung des Abhängigkeitsberichts handelt es sich vielmehr um passive Konzerneffekte[283], die nach den Vorstellungen des historischen Gesetzgebers nicht ausgleichsfähig sind.

III. Berichtsinhalt (Abs 1 S 2–4)

1. Allgemeines

a) **Kreis der berichtspflichtigen Vorgänge.** § 312 Abs 1 S 2 legt den Kreis der berichtspflichtigen Vorgänge fest und zieht ihn deutlich weiter als den Regelungsbereich des § 311: Im Interesse einer möglichst umfassenden Transparenz der Verbundbeziehungen kommt es auf eine Nachteilszufügung nicht an (dazu bereits Rdn 3). Erfasst wird vielmehr jedes verbundorientierte Verhalten der abhängigen Gesellschaft, das nachteilsverdächtig ist.[284] Eine solche Gefahr bejaht der Gesetzgeber bei drei Gruppen von Geschäften: (a) **Konzern-Rechtsgeschäfte** der abhängigen Gesellschaft mit dem herrschenden oder einem mit ihm verbundenen Unternehmen, (b) **sonstige Rechtsgeschäfte mit konzernfremden Unternehmen**, wenn sie auf Veranlassung oder im Interesse des herrschenden oder eines mit ihm verbundenen Unternehmens erfolgen, (c) **alle anderen Maßnahmen**, welche die abhängige Gesellschaft auf Veranlassung oder im Interesse der genannten Unternehmen getroffen oder unterlassen hat.[285] 64

b) **Verhältnis von Rechtsgeschäft und Maßnahme.** § 312 Abs 1 S 2 und 3 trennt zwischen Rechtsgeschäft und Maßnahme. Diese Unterscheidung ist nicht nur terminologischer Natur, sondern hat handfeste Folgen: Über Konzern-Rechtsgeschäfte ist stets zu berichten, gleichgültig, ob das herrschende Unternehmen sie beeinflusst hat, während sonstige Rechtsgeschäfte und alle anderen Maßnahmen nur dann berichtspflichtig sind, wenn sie auf Veranlassung oder im Interesse des herrschenden Unternehmens erfolgen.[286] Außer- 65

---

[279] Vgl *Bode* AG 1995, 261, 269 ff; *Hüffer* § 312 Rdn 40; aufgegeben bei Hüffer/*Koch* § 312 Rdn 40; *de lege ferenda* auch *Wieland* S 335.

[280] Vgl Emmerich/*Habersack* Aktien- und GmbH-Konzernrecht § 312 Rdn 17; Grigoleit/*Grigoleit* § 312 Rdn 7; Hölters/*Leuering/Goertz* § 312 Rdn 63; Spindler/Stilz/*Müller* § 312 Rdn 18.

[281] Vgl Hölters/*Leuering/Goertz* § 312 Rdn 63; MK-*Altmeppen* § 312 Rdn 56; Spindler/Stilz/*Müller* § 312 Rdn 18.

[282] Vgl Hölters/*Leuering/Goertz* § 312 Rdn 63.

[283] Vgl Emmerich/*Habersack* Aktien- und GmbH-Konzernrecht § 312 Rdn 17; Hölters/*Leuering/Goertz* § 312 Rdn 63; Spindler/Stilz/*Müller* § 312 Rdn 18; Wachter/*Rothley* § 312 Rdn 6.

[284] Vgl *Adler/Düring/Schmaltz* § 312 Rdn 1; Emmerich/*Habersack* Aktien- und GmbH-Konzernrecht § 312 Rdn 21; Hüffer/*Koch* § 312 Rdn 12; Spindler/Stilz/*Müller* § 312 Rdn 24.

[285] Zu dieser Gruppierung Begr RegE bei *Kropff* S 411.

[286] Vgl Begr RegE bei *Kropff* S 411; Emmerich/*Habersack* Aktien- und GmbH-Konzernrecht § 312 Rdn 22; *Förschle/Heinz* in Beck-BilKomm § 289 HGB Rdn 279; Hölters/

dem unterscheidet sich nach § 312 Abs 1 S 3 die Art der Berichterstattung über Rechtsgeschäfte und Maßnahmen.[287]

66 Nach allgM ist **Maßnahme der Oberbegriff** und Rechtsgeschäft eine besondere Art der Maßnahme.[288] Hieraus folgt, dass auch über unterlassene Rechtsgeschäfte zu berichten ist, obwohl das Gesetz nur von unterlassenen Maßnahmen spricht.[289] Außerdem sind auch bei Rechtsgeschäften die auf Maßnahmen bezogenen Einzelangaben in § 312 Abs 1 S 3 zu machen, wenn die Angabe von Leistung und Gegenleistung allein nicht ausreicht, um die Angemessenheit dieses Rechtsgeschäfts zu beurteilen.[290] Ein und derselbe Vorgang kann unterschiedlich eingeordnet werden, je nachdem, ob er in einen rechtsgeschäftlichen Zusammenhang eingebettet ist oder nicht: So ist zB die Aufgabe eines Marktes, welche die Gesetzesmaterialien als Musterbeispiel einer Maßnahme nennen[291], als Rechtsgeschäft anzusehen, wenn ihr eine vertragliche Verpflichtung zugrunde liegt.[292]

67 c) **Vollständigkeit oder Wesentlichkeit?** Ausweislich der Regierungsbegründung ist über alle vorgenannten Rechtsgeschäfte und Maßnahmen zu berichten: „Würde der Bericht auf die wesentlichen Rechtsgeschäfte und Maßnahmen beschränkt, so ergäbe er nicht das erforderliche vollständige Bild."[293] Dies kann zu einer Überfrachtung des Abhängigkeitsberichts mit unbedeutenden Einzelangaben führen. Inwieweit sich ein solches Ergebnis durch Gesetzesauslegung korrigieren lässt, ist noch nicht endgültig geklärt. Die Gesetzesmaterialien gestatten immerhin eine zusammenfassende Berichterstattung über gleichartige Geschäfte (Rdn 103)[294], wenn eine weitere Aufteilung keinen zusätzlichen Informationswert mehr hat und die Angemessenheitsprüfung möglich bleibt.[295] Darüber hinaus billigt die hL eine Ausnahme von der Berichtspflicht für solche Maßnahmen, die eindeutig und offensichtlich keine vermögensmäßigen Auswirkungen haben und die abhängige Gesellschaft nicht benachteiligen können (Rdn 86).[296] Noch weitergehender plädieren einzelne Literaturstimmen dafür, ein sinnentleertes Ausufern der Berichterstattung und eine Überfrachtung des Abhängigkeitsberichts mit unproblematischen Aussagen zu vermeiden, damit sein Informationsgehalt nicht verwässert

---

Leuering/Goertz § 312 Rdn 23; KK-*Koppensteiner* § 312 Rdn 35 und 40; Spindler/Stilz/*Müller* § 312 Rdn 25.

287 Vgl Emmerich/*Habersack* Aktien- und GmbH-Konzernrecht § 312 Rdn 22; Hölters/*Leuering/Goertz* § 312 Rdn 23; KK-*Koppensteiner* § 312 Rdn 35 und 40; Spindler/Stilz/*Müller* § 312 Rdn 25.

288 Vgl Emmerich/*Habersack* Aktien- und GmbH-Konzernrecht § 312 Rdn 22; *Förschle/Heinz* in BeckBilKomm § 289 HGB Rdn 279; KK-*Koppensteiner* § 312 Rdn 37; MK-*Altmeppen* § 312 Rdn 77; Schmidt/Lutter/*Vetter* § 312 Rdn 29; Spindler/Stilz/*Müller* § 312 Rdn 26.

289 Vgl *Adler/Düring/Schmaltz* § 312 Rdn 54; Bürgers/Körber/*Fett* § 312 Rdn 16; Hölters/*Leuering/Goertz* § 312 Rdn 23; KK-*Koppensteiner* § 312 Rdn 38; Schmidt/Lutter/*Vetter* § 312 Rdn 29; Spindler/Stilz/*Müller* § 312 Rdn 26.

290 Vgl Emmerich/*Habersack* Aktien- und GmbH-Konzernrecht § 312 Rdn 22; Hölters/*Leuering/Goertz* § 312 Rdn 23; Schmidt/Lutter/*Vetter* § 312 Rdn 29; Spindler/Stilz/*Müller* § 312 Rdn 26.

291 Vgl Begr RegE bei *Kropff* S 411.

292 Beispiel nach MK-*Altmeppen* § 312 Rdn 80.

293 Begr RegE bei *Kropff* S 411.

294 Vgl Begr RegE bei *Kropff* S 411.

295 Vgl OLG München AG 2003, 452, 453; *Adler/Düring/Schmaltz* § 312 Rdn 72; *Böttcher* FS Maier-Reimer, 2010, S 29, 33; Emmerich/*Habersack* Aktien- und GmbH-Konzernrecht § 312 Rdn 43; Hüffer/*Koch* § 312 Rdn 34; KK-*Koppensteiner* § 312 Rdn 69; Küting/Weber/*Weber* § 312 Rdn 67 und 69; IDW HFA 3/1991 WPg 1992, 91, 93; WP-Handbuch 2012, Band I, F Rdn 1326.

296 Dazu schon früh *Geßler* NB 1966, 198, 202: „Schon jetzt möchte ich jedoch meinen, dass jedenfalls bei in vermögens- und ertragsmäßiger Hinsicht belanglosen Tatbeständen von einer Berichterstattung abgesehen werden kann."

wird.[297] Hieraus ziehen sie an verschiedenen Einzelstellen konkrete Schlussfolgerungen (vgl etwa Rdn 77). Einen **allgemeinen *materiality*-Grundsatz** wird man ***de lege lata*** allerdings **nicht** in § 312 hineinlesen können, weil dies dem Gesetzeswortlaut („alle" Rechtsgeschäfte und „alle" anderen Maßnahmen) und dem Willen des historischen Gesetzgebers zuwiderliefe.[298] Gute Gründe sprechen jedoch dafür, dies *de lege ferenda* nach dem Vorbild der §§ 285 Nr 21, 314 Abs 1 Nr 13 HGB zu ändern (näher Rdn 35). Über Bagatellfälle kann nach hL zusammenfassend berichtet werden.[299] Eine **allgemeine Bagatellklausel**, nach der unwesentliche Geschäfte gänzlich unberücksichtigt bleiben können, lässt sich dem geltenden Recht dagegen **nicht** entnehmen.[300]

2. Berichtspflichtige Vorgänge (Abs 1 S 2)

a) Rechtsgeschäfte

aa) Begriff und Beispiele. Der Begriff des Rechtsgeschäfts iSd § 312 Abs 1 S 2 ist grundsätzlich im bürgerlichrechtlichen Sinne zu verstehen.[301] Erfasst werden mithin Tatbestände, die aus mindestens einer Willenserklärung bestehen und entweder allein oder in Verbindung mit anderen Tatbestandsmerkmalen eine Rechtsfolge deshalb herbeiführen, weil sie gewollt ist.[302] Das Paradebeispiel bildet der **gegenseitige (Austausch-) Vertrag**, bei dem gemäß § 312 Abs 1 S 3 Leistung und Gegenleistung anzugeben sind (vgl noch Rdn 92). Nach heute einhelliger Ansicht erfasst § 312 Abs 1 S 2 aber auch **einseitig verpflichtende Verträge** (zB Bürgschaft, Erlassvertrag oder Schenkung)[303] und **unvoll-** 68

[297] So die Leitlinie bei *Förschle/Heinz* in BeckBilKomm § 289 HGB Rdn 202; ganz ähnlich Schmidt/Lutter/*Vetter* § 312 Rdn 6; s auch Hüffer/*Koch* § 312 Rdn 34.

[298] Vgl *Adler/Düring/Schmaltz* § 312 Rdn 72; *Böttcher* FS Maier-Reimer, 2010, S 29, 33, 39; *Dornemann* S 118 f; Küting/Weber/*Weber* § 312 Rdn 69; *Rasner* BB 1966, 1043, 1045; *Wilcke* S 146; sehr früh schon *Geßler* NB 1966, 198, 201 f: „Im Gegensatz zu den amerikanischen Grundsätzen ordnungsmäßiger Buchführung kennen wir in Deutschland nicht den Grundsatz der ‚Materiality' als Grundsatz ordnungsmäßiger Buchführung. [...] Nach meiner Überzeugung sollten auch wir recht bald diesen Grundsatz bei der Prüfung des Jahresabschlusses übernehmen. Fraglich kann nur sein, ob man ihn auch auf die Aufstellung des Jahresabschlusses und auch auf die Berichtspflicht des Vorstands ausdehnen kann. Die Beurteilung, ob etwas nicht wesentlich und deshalb auch nicht berichtspflichtig ist, würde damit in das Ermessen des Berichtspflichtigen gelegt."

[299] Vgl Emmerich/*Habersack* Aktien- und GmbH-Konzernrecht § 312 Rdn 43; *Goerdeler* WPg 1966, 113, 124; Hölters/*Leuering/Goertz* § 312 Rdn 52; Hüffer/*Koch* § 312 Rdn 34; KK-*Koppensteiner* § 312 Rdn 69; Küting/Weber/*Weber* §312 Rdn 68; MK-*Altmeppen* § 312 Rdn 134; WP-Handbuch 2012, Band I, F Rdn 1326; enger *Böttcher* FS Maier-Reimer, 2010, S 29, 39, der eine zusammenfassende Berichterstattung nur bei gleichartigen Rechtsgeschäften oder Maßnahmen gestatten will.

[300] Vgl Küting/Weber/*Weber* § 312 Rdn 69; WP-Handbuch 2012, Band I, F Rdn 1326.

[301] Vgl *Adler/Düring/Schmaltz* § 312 Rdn 41; Bürgers/Körber/*Fett* § 312 Rdn 14; Emmerich/*Habersack* Aktien- und GmbH-Konzernrecht § 312 Rdn 23; *Förschle/Heinz* in BeckBilKomm § 289 HGB Rdn 290; Hölters/*Leuering/Goertz* § 312 Rdn 27; KK-*Koppensteiner* § 312 Rdn 42; Küting/Weber/*Weber* § 312 Rdn 63; Schmidt/Lutter/*Vetter* § 312 Rdn 30.

[302] Vgl Palandt/*Ellenberger* BGB, vor § 104 Rdn 2.

[303] Vgl *Adler/Düring/Schmaltz* § 312 Rdn 41; Bürgers/Körber/*Fett* § 312 Rdn 14; Emmerich/*Habersack* Aktien- und GmbH-Konzernrecht § 312 Rdn 25; *Förschle/Heinz* in BeckBilKomm § 289 HGB Rdn 290; Grigoleit/*Grigoleit* § 312 Rdn 11; Hölters/*Leuering/Goertz* § 312 Rdn 27; MK-*Altmeppen* § 312 Rdn 83; Spindler/Stilz/*Müller* § 312 Rdn 27.

kommen zweiseitige Verträge (zB unentgeltliche Geschäftsbesorgung oder Leihe)[304], weil diese für die abhängige Gesellschaft ebenso nachteilig sein können wie ein Austauschvertrag mit unangemessener Gegenleistung.[305] Aus § 312 Abs 1 S 3 folgt entgegen einer früheren Literaturansicht[306] nichts Gegenteiliges; der Gesetzgeber hat sich dort am Regelfall des Austauschvertrages orientiert, ohne die Berichtspflicht hierauf zu beschränken. Ebenso berichtspflichtig sind mehrseitige Verträge unter Einbeziehung Dritter, wenn an ihnen die abhängige Gesellschaft und das herrschende oder ein mit ihm verbundenes Unternehmen als Vertragspartner mitwirken.[307] Schließlich erstreckt sich die Berichtspflicht auch auf solche Erklärungen, die bei strenger rechtlicher Betrachtung auf keiner Seite eine Primärleistungspflicht auslösen, zB *letter of intent* oder weiche Patronatserklärung.[308]

69 Auf den bürgerlichrechtlichen Aktstyp kommt es nicht an.[309] Ebenso wenig beschränkt sich die Berichtspflicht auf Zuwendungsgeschäfte im engeren Sinne[310]; vielmehr sind auch solche **Verträge** berichtspflichtig, **die ein Tun oder Unterlassen zum Gegenstand haben**[311], zB ein Wettbewerbsverbot oder ein Verbot zur Belieferung konzernfremder Abnehmer. Bei Rahmen- oder Sukzessivlieferungsverträgen ist zunächst über den Vertragsabschluss selbst zu berichten[312], später auch über zusätzliche Konkretisierungen zunächst offen gebliebener Vertragsbedingungen[313], nicht jedoch über die bloße Erfüllung zu feststehenden Konditionen.[314] Bei Cash-Management-Verträgen müssen die wesentlichen Konstruktionselemente sowie die einzelnen Darlehensvergaben und -inanspruchnahmen angegeben werden.[315] Die Berichtspflicht erstreckt sich ferner auf Aufhebungsverträge und nachträgliche Änderungen schuldrechtlicher Verpflichtungsgeschäfte, sofern sie sich nicht in bloßen Nebensäch-

304 Vgl *Adler/Düring/Schmaltz* § 312 Rdn 41; Bürgers/Körber/*Fett* § 312 Rdn 14; Emmerich/*Habersack* Aktien- und GmbH-Konzernrecht § 312 Rdn 25; *Förschle/Heinz* in BeckBilKomm § 289 HGB Rdn 290; Hölters/Leuering/*Goertz* § 312 Rdn 27; Küting/Weber/*Weber* § 312 Rdn 40; Spindler/Stilz/*Müller* § 312 Rdn 27.

305 Vgl *Adler/Düring/Schmaltz* § 312 Rdn 41; *Haesen* S 73; Hüffer/*Koch* § 312 Rdn 13; KK-*Koppensteiner* § 312 Rdn 43.

306 Vgl *Meier* WPg 1968, 64, 65; *Rasner* BB 1966, 1043, 1044.

307 Vgl *Förschle/Heinz* in BeckBilKomm § 289 HGB Rdn 291.

308 Vgl MK-*Altmeppen* § 312 Rdn 83.

309 Vgl Emmerich/*Habersack* Aktien- und GmbH-Konzernrecht § 312 Rdn 25; *Förschle/Heinz* in BeckBilKomm § 289 HGB Rdn 292.

310 Vgl *Adler/Düring/Schmaltz* § 312 Rdn 41a; Emmerich/*Habersack* Aktien- und GmbH-Konzernrecht § 312 Rdn 25; *Förschle/Heinz* in BeckBilKomm § 289 HGB Rdn 292; *Haesen* S 74; Hölters/*Leuering/Goertz* § 312 Rdn 28; Hüffer/*Koch* § 312 Rdn 13; KK-*Koppensteiner* § 312 Rdn 44; Küting/Weber/*Weber* § 312 Rdn 41; Spindler/Stilz/*Müller* § 312 Rdn 28.

311 Vgl Emmerich/*Habersack* Aktien- und GmbH-Konzernrecht § 312 Rdn 25; *Förschle/Heinz* in BeckBilKomm § 289 HGB Rdn 291; Hölters/*Leuering/Goertz* § 312 Rdn 28; *Haesen* S 74; Hüffer/*Koch* § 312 Rdn 13; Küting/Weber/*Weber* § 312 Rdn 42; Spindler/Stilz/*Müller* § 312 Rdn 28.

312 Vgl Emmerich/*Habersack* Aktien- und GmbH-Konzernrecht § 312 Rdn 25; *Förschle/Heinz* in BeckBilKomm § 289 HGB Rdn 291; Hölters/*Leuering/Goertz* § 312 Rdn 28; Hüffer/*Koch* § 312 Rdn 14; MK-*Altmeppen* § 312 Rdn 88; Spindler/Stilz/*Müller* § 312 Rdn 27; WP-Handbuch 2012, Band I, F Rdn 1324.

313 Vgl Emmerich/*Habersack* Aktien- und GmbH-Konzernrecht § 312 Rdn 25; *Förschle/Heinz* in BeckBilKomm § 289 HGB Rdn 291; Hölters/*Leuering/Goertz* § 312 Rdn 27; Hüffer/*Koch* § 312 Rdn 14; MK-*Altmeppen* § 312 Rdn 88; Spindler/Stilz/*Müller* § 312 Rdn 28; WP-Handbuch 2012, Band I, F Rdn 1324.

314 Vgl WP-Handbuch 2012, Band I, F Rdn 1324.

315 Vgl *Förschle/Heinz* in BeckBilKomm § 289 HGB Rdn 292; Schmidt/Lutter/*Vetter* § 312 Rdn 32.

lichkeiten erschöpfen.[316] So muss eine längerfristige Stundung des Kaufpreises angegeben werden, nicht aber eine Verschiebung des Leistungszeitpunkts um wenige Tage.[317]

Darüber hinaus fallen unter § 312 Abs 1 S 2 auch **einseitige Rechtsgeschäfte**[318], **70** namentlich Gestaltungserklärungen der abhängigen Gesellschaft, wie etwa Anfechtung, Kündigung oder Aufrechnung.[319] Gleiches gilt für einseitige Prozesshandlungen, zB Klagerücknahme, Anerkenntnis oder Geständnis. Der hiergegen denkbare Einwand, Gestaltungserklärungen seien kein Rechtsgeschäft „mit" dem herrschenden Unternehmen, dringt angesichts des Schutzzwecks der Vorschrift nicht durch: Dass sie negative Auswirkungen auf die abhängige Gesellschaft haben können (Beispiel: Kündigung eines vorteilhaften Vertrages), lässt sich kaum bestreiten.[320] Sie stattdessen unter den Begriff der Maßnahme zu subsumieren[321], überzeugt nicht, weil ihre Berichtspflicht dann von dem wenig rechtssicheren Tatbestandsmerkmal „auf Veranlassung" bzw „im Interesse" des herrschenden Unternehmens abhinge.[322] Richtigerweise gilt die Berichtspflicht auch bei einseitigen Willenserklärungen der abhängigen Gesellschaft gegenüber einem unbestimmten Personenkreis (zB Übernahme- oder Abfindungsangebote), wenn hierzu auch verbundene Unternehmen gehören.[323] Bei Gestaltungserklärungen des herrschenden Unternehmens besteht dagegen keine Berichtspflicht, weil die abhängige Gesellschaft selbst keine eigene Willenserklärung abgibt und damit auch kein Rechtsgeschäft „vornimmt", wie es § 312 Abs 1 S 2 verlangt.[324]

Schließlich fallen auch **Gesellschafterbeschlüsse**, die von der abhängigen Gesellschaft **71** und dem herrschenden Unternehmen gemeinsam gefasst wurden, zB in der Hauptversammlung einer Enkelgesellschaft, unter den Begriff des Rechtsgeschäfts.[325] Kein berichtspflichtiges Geschäft ist dagegen die Stimmabgabe des herrschenden Unternehmens in der Hauptversammlung der abhängigen Gesellschaft.[326]

---

316 Vgl *Adler/Düring/Schmaltz* § 312 Rdn 59; *Förschle/Heinz* in BeckBilKomm § 289 HGB Rdn 291; WP-Handbuch 2012, Band I, F Rdn 1324.

317 Vgl WP-Handbuch 2012, Band I, F Rdn 1324.

318 Vgl Bürgers/Körber/*Fett* § 312 Rdn 14; Emmerich/*Habersack* Aktien- und GmbH-Konzernrecht § 312 Rdn 23; Hölters/*Leuering/Goertz* § 312 Rdn 28; Hüffer/*Koch* § 312 Rdn 13.

319 Vgl *Adler/Düring/Schmaltz* § 312 Rdn 41a; Bürgers/Körber/*Fett* § 312 Rdn 14; Emmerich/*Habersack* Aktien- und GmbH-Konzernrecht § 312 Rdn 23; *Förschle/Heinz* in BeckBilKomm § 289 HGB Rdn 293; Heidel/*Walchner* § 312 Rdn 14; Hölters/*Leuering/Goertz* § 312 Rdn 28; Hüffer/*Koch* § 312 Rdn 13; MK-*Altmeppen* § 312 Rdn 84; Schmidt/Lutter/*Vetter* § 312 Rdn 30; Spindler/Stilz/*Müller* § 312 Rdn 27; abw *Meier* WPg 1968, 64, 65; *Rasner* BB 1966, 1043, 1044.

320 Vgl Hüffer/*Koch* § 312 Rdn 13; KK-*Koppensteiner* § 312 Rdn 45.

321 Vgl *Werner* NB 1967, 1, 10.

322 Wie hier *Adler/Düring/Schmaltz* § 312 Rdn 41a; Emmerich/*Habersack* Aktien- und GmbH-Konzernrecht § 312 Rdn 23; *Förschle/Heinz* in BeckBilKomm § 289 HGB Rdn 293; KK-*Koppensteiner* § 312 Rdn 45.

323 Wie hier Emmerich/*Habersack* Aktien- und GmbH-Konzernrecht § 312 Rdn 23; abw KK-*Koppensteiner* § 312 Rdn 45; MK-*Altmeppen* § 312 Rdn 85, wonach hierüber ggf als Maßnahme berichtet werden soll; ferner Wachter/*Rothley* § 312 Rdn 10.

324 Vgl Emmerich/*Habersack* Aktien- und GmbH-Konzernrecht § 312 Rdn 27; *Förschle/Heinz* in BeckBilKomm § 289 HGB Rdn 280; Grigoleit/*Grigoleit* § 312 Rdn 12; *Haesen* S 71; Hüffer/*Koch* § 312 Rdn 15; Spindler/Stilz/*Müller* § 312 Rdn 29.

325 Vgl Emmerich/*Habersack* Aktien- und GmbH-Konzernrecht § 312 Rdn 24; *Förschle/Heinz* in BeckBilKomm § 289 HGB Rdn 296; Hölters/*Leuering/Goertz* § 312 Rdn 29; KK-*Koppensteiner* § 312 Rdn 46; Schmidt/Lutter/*Vetter* § 312 Rdn 30.

326 Vgl Emmerich/*Habersack* Aktien- und GmbH-Konzernrecht § 312 Rdn 24; *Förschle/Heinz* in BeckBilKomm § 289 HGB

72 Den Rechtsgeschäften gleichgestellt sind im Rahmen des § 312 **rechtsgeschäftsähnliche Handlungen.**[327]

73 bb) **Negativabgrenzung. Bloße Erfüllungsgeschäfte** sind nach ganz hM nicht berichtspflichtig, weil eine etwaige Benachteiligung hier schon in dem zugrunde liegenden Verpflichtungsgeschäft angelegt ist.[328] Dies gilt auch bei mangelhafter Vorsorge gegen nachteilige spätere Entwicklungen (zB durch Preisanpassungsklausel); hierin liegt ggf bereits ein Mangel des Verpflichtungsgeschäfts.[329] Anders verhält es nur ausnahmsweise bei nicht ordnungsgemäßer oder nicht vollständiger Erfüllung der Leistungsverpflichtung durch das herrschende Unternehmen, die unter dem Gesichtspunkt einer unterlassenen Maßnahme mitteilungspflichtig sein können.[330] Ferner müssen rechtsgrundlose Verfügungsgeschäfte angegeben werden.[331]

74 Außerdem sollen **bloße Angebote** als Bestandteil eines mehrseitigen Rechtsgeschäfts nach hM vor ihrer Annahme nicht berichtspflichtig sein.[332] Wird das Angebot angenommen, soll über den abgeschlossenen Vertrag als Rechtsgeschäft berichtet werden.[333] Dieser Standpunkt sollte überdacht werden, da die Abgabe eines bindenden Angebots für die abhängige Gesellschaft sehr wohl nachteilig sein kann und Angebote im Einzelfall einen eigenen Wert haben (zB Optionsprämie bei Einräumung einer Option).[334] Sinnvoll kann eine gesonderte Berichtspflicht über das Angebot insbesondere dann sein, wenn es vor Ablauf des Geschäftsjahrs noch nicht angenommen wurde (vgl Rdn 89).

75 Erwogen wird eine Einschränkung der Berichtspflicht auch für Rechtsgeschäfte, die ein abhängiges Unternehmen zwar im eigenen Namen, aber für fremde Rechnung durchführt, zB aufgrund eines Treuhand- oder unechten Betriebsführungsvertrages.[335] Zur Begründung heißt es, in diesem Fall seien alle etwaigen Nachteile vom Vertragspartner zu

---

Rdn 296; Hölters/*Leuering/Goertz* § 312 Rdn 29; Schmidt/Lutter/*Vetter* § 312 Rdn 30 mit Fn 44.

[327] Vgl Emmerich/*Habersack* Aktien- und GmbH-Konzernrecht § 312 Rdn 23; Hölters/*Leuering/Goertz* § 312 Rdn 28; für eine bedenkenswerte Ausnahme bei geschäftsähnlichen Handlungen, deren Vornahme für die abhängige Gesellschaft nicht nachteilig wirken kann, zB Mahnungen oder Fristsetzungen an verbundene Unternehmen, *Haesen* S 75.

[328] Vgl *Adler/Düring/Schmaltz* § 312 Rdn 58; Bürgers/Körber/*Fett* § 312 Rdn 15; Emmerich/*Habersack* Aktien- und GmbH-Konzernrecht § 312 Rdn 26; Grigoleit/*Grigoleit* § 312 Rdn 11; Hölters/*Leuering/Goertz* § 312 Rdn 28; Hüffer/*Koch* § 312 Rdn 14; Schmidt/Lutter/*Vetter* § 312 Rdn 33; Spindler/Stilz/*Müller* § 312 Rdn 28; abw *van Venroooy* DB 1980, 385 ff.

[329] Vgl Hüffer/*Koch* § 312 Rdn 14; MK-*Altmeppen* § 312 Rdn 87.

[330] Vgl Emmerich/*Habersack* Aktien-und GmbH-Konzernrecht § 312 Rdn 26; *Förschle/Heinz* in BeckBilKomm § 289 HGB Rdn 294; Schmidt/Lutter/*Vetter* § 312 Rdn 33.

[331] Vgl *Adler/Düring/Schmaltz* § 312 Rdn 62; Emmerich/*Habersack* Aktien- und GmbH-Konzernrecht § 312 Rdn 26; *Förschle/Heinz* in BeckBilKomm § 312 Rdn 294; Spindler/Stilz/*Müller* § 312 Rdn 28; s auch GK-*Würdinger* (Voraufl) § 312 Rdn 3: „Andererseits umfaßt der Begriff Rechtsgeschäft auch dingliche Geschäfte, wie z.B. die Bestellung von Hypotheken zur Sicherung von Verbindlichkeiten des herrschenden Unternehmens oder die Bestellung eines Nießbrauchs oder einer Grunddienstbarkeit zugunsten des herrschenden Unternehmens."

[332] Vgl Bürgers/Körber/*Fett* § 312 Rdn 15; Emmerich/*Habersack* Aktien- und GmbH-Konzernrecht § 312 Rdn 23.

[333] Vgl Emmerich/*Habersack* Aktien- und GmbH-Konzernrecht § 312 Rdn 23.

[334] Wie hier Schmidt/Lutter/*Vetter* § 312 Rdn 31.

[335] Vgl *Förschle/Heinz* in BeckBilKomm § 289 HGB Rdn 295; WP-Handbuch 2012, Band I, F Rdn 1321.

tragen, für dessen Rechnung gehandelt wird; anders sei es nur, wenn der Freistellungsanspruch der abhängigen Gesellschaft wirtschaftlich nicht vollwertig sei.[336] Die besseren Gründe sprechen indes gegen eine Bereichsausnahme für Geschäfte mit fremder Rechnung[337]; andernfalls könnte § 312 durch Treuhandkonstruktionen allzu leicht umgangen werden.

cc) **Verbundbezug.** Berichtspflichtig sind nach § 312 Abs 1 S 2 nur solche Rechtsgeschäfte der abhängigen Gesellschaft, die einen Verbundbezug aufweisen. Dabei kann es sich um Konzerngeschäfte mit dem herrschenden oder einem mit ihm verbundenen Unternehmen (Rdn 77) oder um Drittgeschäfte auf Veranlassung oder im Interesse eines dieser Unternehmen (Rdn 78) handeln. Diese gesetzliche Aufzählung ist abschließend.[338] Rechtsgeschäfte der abhängigen Gesellschaft mit einem Unternehmen, das nur mit ihm und nicht mit dem herrschenden Unternehmen verbunden ist, sind daher nur dann berichtspflichtig, wenn sie auf Veranlassung oder im Interesse des herrschenden Unternehmens vorgenommen wurden.[339] 76

(1) **Konzerngeschäfte mit dem herrschenden oder einem mit ihm verbundenen Unternehmen.** Die erste Gruppe berichtspflichtiger Geschäfte betrifft sog „Konzern-Rechtsgeschäfte".[340] Sie sind als potentiell nachteilsverdächtige Geschäfte unabhängig davon anzugeben, ob sie auf Veranlassung oder im Interesse des herrschenden Unternehmens erfolgten.[341] Ob ein Unternehmensverbund vorliegt, beurteilt sich nach § 15, nicht nach § 271 Abs 2 HGB.[342] Zu den mit dem herrschenden Unternehmen verbundenen Unternehmen iSd § 312 Abs 1 S 2 zählen neben den Schwestergesellschaften auch die Tochtergesellschaften der abhängigen Gesellschaft.[343] Daher ist grundsätzlich auch über Rechtsgeschäfte zwischen Tochter- und Enkelgesellschaft zu berichten.[344] Um eine Überfrachtung des Abhängigkeitsberichts mit unkritischen Vorgängen zu vermeiden, wird teils eine teleologische Reduktion der Berichterstattungspflicht auf solche Geschäfte mit Enkelgesellschaften befürwortet, die auf Veranlassung oder im Interesse des herrschenden oder eines mit diesem verbundenen Unternehmens erfolgten.[345] Ähnliche Überlegungen wer- 77

---

336 Vgl *Förschle/Heinz* in BeckBilKomm § 289 HGB Rdn 295.

337 Wie hier KK-*Koppensteiner* § 289 HGB Rdn 67.

338 Vgl Emmerich/*Habersack* Aktien- und GmbH-Konzernrecht § 312 Rdn 29; Hölters/*Leuering/Goertz* § 312 Rdn 33; Spindler/Stilz/*Müller* § 312 Rdn 34.

339 Vgl Emmerich/*Habersack* Aktien- und GmbH-Konzernrecht § 312 Rdn 29; *Haesen* S 30; Hölters/*Leuering/Goertz* § 312 Rdn 33; Hüffer/*Koch* § 312 Rdn 19; KK-*Koppensteiner* § 312 Rdn 55; MK-*Altmeppen* § 312 Rdn 101; Spindler/Stilz/*Müller* § 312 Rdn 34.

340 Begr RegE bei *Kropff* S 411.

341 Vgl Begr RegE bei *Kropff* S 411; *Adler/Düring/Schmaltz* § 312 Rdn 38; Bürgers/Körber/*Fett* § 312 Rdn 20; MK-*Altmeppen* § 312 Rdn 98; Schmidt/Lutter/*Vetter* § 312 Rdn 34.

342 Vgl Bürgers/Körber/*Fett* § 312 Rdn 20; Emmerich/*Habersack* Aktien- und GmbH-Konzernrecht § 312 Rdn 30; Grigoleit/*Grigoleit* § 312 Rdn 14; Hüffer/*Koch* § 312 Rdn 18; Küting/Weber/*Weber* § 312 Rdn 31; MK-*Altmeppen* § 312 Rdn 98; Schmidt/Lutter/*Vetter* § 312 Rdn 34; Spindler/Stilz/*Müller* § 312 Rdn 35; *Ulmer* FS Goerdeler, 1987, S 623, 637 f.

343 Vgl Bürgers/Körber/*Fett* § 312 Rdn 20; MK-*Altmeppen* § 312 Rdn 99; Schmidt/Lutter/*Vetter* § 312 Rdn 34; Spindler/Stilz/*Müller* § 312 Rdn 35.

344 Vgl Emmerich/*Habersack* Aktien- und GmbH-Konzernrecht § 312 Rdn 30; *Förschle/Heinz* in BeckBilKomm § 289 HGB Rdn 275; KK-*Koppensteiner* § 312 Rdn 56; MK-*Altmeppen* § 312 Rdn 99; Schmidt/Lutter/*Vetter* § 312 Rdn 34; Spindler/Stilz/*Müller* § 312 Rdn 35; WP-Handbuch 2012, Band I, F Rdn 1314.

345 Vgl *Förschle/Heinz* in BeckBilKomm § 289 HGB Rdn 283; *Götz* AG 2000, 498, 502;

den im Fall einer 100%igen Beteiligung der abhängigen Gesellschaft an ihrer eigenen Tochtergesellschaft, der Enkelgesellschaft, angestellt.[346]

78 (2) **Drittgeschäfte auf Veranlassung oder im Interesse dieser Unternehmen.** Über alle anderen Rechtsgeschäfte der abhängigen Gesellschaft, also Drittgeschäfte mit konzernfremden Unternehmen, ist nach § 312 Abs 1 S 2 nur dann zu berichten, wenn sie auf Veranlassung oder im Interesse des herrschenden Unternehmens oder eines mit diesem verbundenen Unternehmens eingegangen worden sind.[347]

79 Der **Begriff der Veranlassung** entspricht grundsätzlich demjenigen in § 311 Abs 1.[348] Dies schließt nach hL Veranlassungen durch Hauptversammlungsbeschlüsse ein.[349] Jede wenigstens mitursächliche Einflussnahme genügt.[350] Die Veranlassung wird widerlegbar vermutet, wenn Vorstandsmitglieder oder leitende Angestellte des herrschenden Unternehmens dieses im Aufsichtsrat der abhängigen Gesellschaft repräsentieren.[351] Nicht pauschal übertragbar ist dagegen die im Rahmen des § 311 diskutierte unwiderlegbare Veranlassungsvermutung bei Vorstandsdoppelmandaten.[352]

80 **Im Interesse des herrschenden oder eines mit ihm verbundenen** Unternehmens liegt ein Rechtsgeschäft, wenn es ihm Vorteile bringt oder Nachteile von ihm abwendet.[353] Unterschiedlich beurteilt wird, wie dies zu ermitteln ist: Teils stellt man auf die objektive Interessenlage ab[354], teils fordert man eine subjektive Begünstigungsabsicht der abhängigen Gesellschaft.[355] Den Vorzug verdient die im Vordringen begriffene Vereinigungslösung, die in beiden Fällen eine Berichtspflicht annimmt.[356] Diese Berichtspflicht besteht auch dann, wenn das Geschäft zugleich im wohlverstandenen Interesse

---

Schmidt/Lutter/*Vetter* § 312 Rdn 34; nur referierend Grigoleit/*Grigoleit* § 312 Rdn 14 mit Fn 43.

346 Vgl *Förschle/Heinz* in BeckBilKomm § 289 HGB Rdn 283; Schmidt/Lutter/*Vetter* § 312 Rdn 34; WP-Handbuch 2012, Band I, F Rdn 1315; nur referierend Grigoleit/*Grigoleit* § 312 Rdn 14 mit Fn 43.

347 Vgl Begr RegE bei *Kropff* S 411.

348 Vgl *Adler/Düring/Schmaltz* § 312 Rdn 45; Bürgers/Körber/*Fett* § 312 Rdn 21; Emmerich/*Habersack* Aktien- und GmbH-Konzernrecht § 312 Rdn 31; Grigoleit/*Grigoleit* § 312 Rdn 15; Hölters/*Leuering/Goertz* § 312 Rdn 35; Hüffer/*Koch* § 312 Rdn 20; MK-*Altmeppen* § 312 Rdn 103; Schmidt/Lutter/*Vetter* § 312 Rdn 38; Spindler/Stilz/*Müller* § 312 Rdn 36.

349 Vgl *Adler/Düring/Schmaltz* § 312 Rdn 45; Hölters/*Leuering/Goertz* § 312 Rdn 35; Hüffer/*Koch* § 312 Rdn 20; Schmidt/Lutter/*Vetter* § 312 Rdn 38; Spindler/Stilz/*Müller* § 312 Rdn 36; abw MK-*Altmeppen* § 312 Rdn 111 f; WP-Handbuch 2012, Band I, F Rdn 313.

350 Vgl *Förschle/Heinz* in BeckBilKomm § 289 HGB Rdn 311; Hölters/*Leuering/Goertz* § 312 Rdn 35; Hüffer/*Koch* § 312 Rdn 20.

351 Vgl *Förschle/Heinz* in BeckBilKomm § 289 HGB Rdn 312; Hölters/*Leuering/Goertz* § 312 Rdn 35; *Hüffer* § 312 Rdn 20; abw Hüffer/*Koch* § 312 Rdn 20: Anscheinsbeweis.

352 Vgl *Förschle/Heinz* in BeckBilKomm § 289 HGB Rdn 312; Grigoleit/*Grigoleit* § 312 Rdn 15; Hölters/*Leuering/Goertz* § 312 Rdn 35; Hüffer/*Koch* § 312 Rdn 20; KK-*Koppensteiner* § 312 Rdn 54.

353 Vgl *Adler/Düring/Schmaltz* § 312 Rdn 47; *Förschle/Heinz* in BeckBilKomm § 289 HGB Rdn 314; WP-Handbuch 2012, Band I, F Rdn 1337.

354 So etwa KK-*Koppensteiner* § 312 Rdn 50; *E Vetter* ZHR 171 (2007), 342, 363.

355 So etwa *Adler/Düring/Schmaltz* § 312 Rdn 47; IDW HFA 3/1991 WPg 1992, 91, 93.

356 Vgl Emmerich/*Habersack* Aktien- und GmbH-Konzernrecht § 312 Rdn 31; Hölters/*Leuering/Goertz* § 312 Rdn 36; Hüffer/*Koch* § 312 Rdn 21; Spindler/Stilz/*Müller* § 312 Rdn 36.

der abhängigen Gesellschaft liegt.[357] Andernfalls würde man die Berichtspflicht entgegen der gesetzgeberischen Grundkonzeption (Rdn 3) auf nachteilige Rechtsgeschäfte beschränken.[358]

(3) **Besonderheiten bei Unternehmen der öffentlichen Hand.** Bei Unternehmen der öffentlichen Hand hat die Rechtsprechung eine Beschränkung der Berichtspflicht „auf das nach dem Zweck der Vorschrift tatsächlich Erforderliche"[359] angedeutet, um eine Überfrachtung des Abhängigkeitsberichts zu verhindern. Die hL pflichtet dem im Grundsatz bei und bejaht eine Berichtspflicht nur dann, wenn nach den Gesamtumständen begründete Zweifel bestehen, ob der Vorstand einer unabhängigen Gesellschaft unter Beachtung des Pflichtenstandards des § 93 Abs 1 das Geschäft auch vorgenommen hätte.[360] Für von der öffentlichen Hand *veranlasste* Rechtsgeschäfte oder Maßnahmen soll dies allerdings nicht gelten; über sie ist umfassend zu berichten.[361] **81**

Eine weitere von der Rechtsprechung erwogene, aber bislang nicht allgemein anerkannte Einschränkung setzt bei der Abgrenzung des Verbundkreises ein.[362] Vorgeschlagen wird etwa, unter verbundenen Unternehmen der öffentlichen Hand nur solche zu verstehen, die sich erwerbswirtschaftlich betätigen[363], oder umgekehrt zumindest jene Anstalten auszuklammern, die ausschließlich der Wirtschaftsförderung dienen.[364] Andere Stimmen lehnen derartige Einschränkungen grundsätzlich ab.[365] Sie fügen gelegentlich hinzu, dass in diesem Bereich häufig der Hinweis genüge, die Rechtsgeschäfte seien zu den allgemein geltenden Gebühren und Tarifen abgewickelt worden.[366] Die Einzeldarstellung könne sich dann auf größere, nach Konditionen oder Preis ungewöhnliche Geschäfte konzentrieren.[367] **82**

b) Andere Maßnahmen

aa) **Begriff und Beispiele.** Ausweislich der Gesetzesmaterialien ist der **Begriff der anderen Maßnahmen** iSd § 312 Abs 1 S 2 **„umfassend"**.[368] Unter ihn fällt grundsätzlich jedes Handeln, das sich, ohne rechtsgeschäftlichen Charakter zu haben, auf die Vermö- **83**

---

[357] Vgl Emmerich/*Habersack* Aktien- und GmbH-Konzernrecht § 312 Rdn 31; Spindler/Stilz/*Müller* § 312 Rdn 36; abw *Adler/Düring/Schmaltz* § 312 Rdn 49; MK-*Altmeppen* § 312 Rdn 110, die eine Berichtspflicht nur dann bejahen, wenn das Interesse des herrschenden Unternehmens überwog.

[358] Vgl Emmerich/*Habersack* Aktien- und GmbH-Konzernrecht § 312 Rdn 31.

[359] BGHZ 69, 334, 343.

[360] Vgl *Adler/Düring/Schmaltz* § 312 Rdn 51; Emmerich/*Habersack* Aktien- und GmbH-Konzernrecht § 312 Rdn 32; Hölters/*Leuering/Goertz* § 312 Rdn 37; Hüffer/*Koch* § 312 Rdn 22; KK-*Koppensteiner* § 312 Rdn 52; *Schiessl* ZGR 1998, 871, 880 f; Schmidt/Lutter/*Vetter* § 312 Rdn 46; Spindler/Stilz/*Müller* § 312 Rdn 37; abw Bürgers/Körber/*Fett* § 312 Rdn 28.

[361] Vgl Bürgers/Körber/*Fett* § 312 Rdn 28; Emmerich/*Habersack* Aktien- und GmbH-Konzernrecht § 312 Rdn 32; Hüffer/*Koch* § 312 Rdn 20; KK-*Koppensteiner* § 312 Rdn 52; *Schiessl* ZGR 1998, 871, 879 f; Schmidt/Lutter/*Vetter* § 312 Rdn 46.

[362] Vgl BGHZ 69, 334, 345.

[363] So KK-*Koppensteiner* § 312 Rdn 58.

[364] So MK-*Altmeppen* § 312 Rdn 125.

[365] So Bürgers/Körber/*Fett* § 312 Rdn 29; Emmerich/*Habersack* Aktien- und GmbH-Konzernrecht § 312 Rdn 30.

[366] Vgl *Adler/Düring/Schmaltz* § 312 Rdn 73; Küting/Weber/*Weber* § 312 Rdn 70; MK-*Altmeppen* § 312 Rdn 125; s auch Schmidt/Lutter/*Vetter* § 312 Rdn 46: „pauschalierende Erläuterungen im Bericht"; relativierend KK-*Koppensteiner* § 312 Rdn 70.

[367] Vgl *Adler/Düring/Schmaltz* § 312 Rdn 73; *Kropff* ZHR 144 (1980), 74, 96; Küting/Weber/*Weber* § 312 Rdn 70.

[368] Begr RegE bei *Kropff* S 411.

gens- oder Ertragslage der abhängigen Gesellschaft auswirken kann.[369] Dazu zählen sowohl unternehmensinterne als auch unternehmensexterne Vorgänge.[370] In Betracht kommen vor allem Maßnahmen, welche die Herstellung, den Vertrieb, die Finanzierung, die Organisation, den Personalsektor oder die Investitionen der Gesellschaft betreffen.[371] Als Beispiele werden genannt: Entscheidungen über die Aufnahme, Änderung oder Einstellung einer Produktion, die Stilllegung, Verlagerung oder Neueröffnung von Betriebsteilen oder Standorten, Entscheidungen über Finanzierungs-, Vertriebs- oder Werbemaßnahmen sowie FuE-Vorhaben, Einkaufs- und Investitionsentscheidungen, Maßnahmen zur unternehmensinternen Umorganisation sowie die Erschließung oder Aufgabe von Märkten.[372]

84 Der Gesetzeswortlaut bezieht ausdrücklich auch **Unterlassungen** ein.[373] Hierunter versteht die hL ein bewusst passives Verhalten.[374] Einbezogen werden sowohl tatsächliche Unterlassungen als auch unterlassene Rechtsgeschäfte.[375] Beispiele bilden der Verzicht auf ein bestimmtes Investitionsprogramm, die Nichtgeltendmachung fälliger Ansprüche oder der Verzicht auf die rechtlich mögliche Kündigung eines langfristigen Vertrages.[376]

85 Ebenso fallen **Personalmaßnahmen** grundsätzlich unter den Maßnahmebegriff.[377] Sie gehen allerdings regelmäßig mit dem Abschluss eines Dienst- oder Aufhebungsvertrages einher und werden daher ggf schon als berichtspflichtiges Rechtsgeschäft erfasst.[378] Darüber hinaus empfiehlt die hL eine zurückhaltende Berichterstattung über Personalmaßnahmen: Sie soll sich bei Besetzungen im nachgeordneten Personalbereich auf Maßnahmen beschränken, die mit den Pflichten eines ordentlichen und gewissenhaften Geschäftsleiters einer unabhängigen Gesellschaft nicht vereinbar wären.[379] Entsprechendes soll für die Wahl von Aufsichtsratsmitgliedern durch die vom herrschenden Unternehmen dominierte Hauptversammlung der abhängigen Gesellschaft gelten.[380]

---

[369] Vgl *Adler/Düring/Schmaltz* § 312 Rdn 42; Bürgers/Körber/*Fett* § 312 Rdn 17; Emmerich/*Habersack* Aktien- und GmbH-Konzernrecht § 312 Rdn 34; *Förschle/Heinz* in BeckBilKomm § 289 HGB Rdn 305; Grigoleit/*Grigoleit* § 312 Rdn 13; Hölters/*Leuering/Goertz* § 312 Rdn 38; Hüffer/*Koch* § 312 Rdn 23; Schmidt/Lutter/*Vetter* § 312 Rdn 35; Spindler/Stilz/*Müller* § 312 Rdn 39; WP-Handbuch 2012, Band I, F Rdn 1328.

[370] Vgl Bürgers/Körber/*Fett* § 312 Rdn 17; MK-*Altmeppen* § 312 Rdn 89.

[371] So die Umschreibung in WP-Handbuch 2012, Band I, F Rdn 1329.

[372] So die Liste bei *Förschle/Heinz* in BeckBilKomm § 289 HGB Rdn 305; ähnliche Aufzählung bei *Adler/Düring/Schmaltz* § 312 Rdn 43; IDW HFA 3/1991 WPg 1992, 91, 92; ferner Bürgers/Körber/*Fett* § 312 Rdn 17; Emmerich/*Habersack* Aktien- und GmbH-Konzernrecht § 312 Rdn 34; Hölters/*Leuering/Goertz* § 312 Rdn 38; Spindler/Stilz/*Müller* § 312 Rdn 39; WP-Handbuch 2012, Band I, F Rdn 1329.

[373] Vgl *Adler/Düring/Schmaltz* § 312 Rdn 43; *Förschle/Heinz* in BeckBilKomm § 289 HGB Rdn 306; Hüffer/*Koch* § 312 Rdn 23; MK-*Altmeppen* § 312 Rdn 92 ff; Schmidt/Lutter/*Vetter* § 312 Rdn 36; Stellungnahme HFA 3/1991 WPg 1992, 91, 92; Spindler/Stilz/*Müller* § 312 Rdn 40.

[374] Vgl *Adler/Düring/Schmaltz* § 312 Rdn 53; KK-*Koppensteiner* § 312 Rdn 49; Küting/Weber/*Weber* § 312 Rdn 52.

[375] Zur Einordnung unterlassener Rechtsgeschäfte als unterlassene Maßnahmen *Adler/Düring/Schmaltz* § 312 Rdn 54; *Haesen* S 83; Hüffer/*Koch* § 312 Rdn 16; KK-*Koppensteiner* § 312 Rdn 49; Küting/Weber/*Weber* § 312 Rdn 45; MK-*Altmeppen* § 312 Rdn 95.

[376] Vgl *Adler/Düring/Schmaltz* § 312 Rdn 54; KK-*Koppensteiner* § 312 Rdn 49.

[377] Vgl Emmerich/*Habersack* Aktien- und GmbH-Konzernrecht § 312 Rdn 34.

[378] Vgl Emmerich/*Habersack* Aktien- und GmbH-Konzernrecht § 312 Rdn 34.

[379] Vgl *Förschle/Heinz* in BeckBilKomm § 289 HGB Rdn 307; Hölters/*Leuering/Goertz* § 312 Rdn 39; MK-*Altmeppen* § 312 Rdn 91; Schmidt/Lutter/*Vetter* § 312 Rdn 36.

[380] Vgl *Förschle/Heinz* in BeckBilKomm § 289 HGB Rdn 307.

bb) Negativabgrenzung. Eine Ausnahme von der Berichtspflicht besteht nach hL für solche Maßnahmen, die eindeutig und **offensichtlich keine vermögensmäßigen Auswirkungen** haben und die abhängige Gesellschaft nicht benachteiligen können.[381] Dem ist zur Vermeidung überbordender Abhängigkeitsberichte beizupflichten, doch empfiehlt sich eine strenge Handhabung der qualifizierenden Kriterien. Als Beispiele werden der Erlass interner Geschäftsordnungen und vom Aufsichtsrat genehmigte Prokurenerteilungen genannt.[382] **86**

Ebenfalls nicht mitteilungspflichtig sind sog **passive Konzerneffekte**, die sich für die abhängige Gesellschaft allein aufgrund ihrer Einbeziehung in den Unternehmensverbund ergeben.[383] Sie werden von der hL nicht als ausgleichspflichtige Nachteile angesehen, so dass sich auch eine gesonderte Berichterstattung über sie im Anhängigkeitsbericht erübrigt. **87**

cc) **Auf Veranlassung oder im Interesse verbundener Unternehmen.** Über Maßnahmen ist nach § 312 Abs 1 S 2 nur zu berichten, wenn die abhängige Gesellschaft sie auf Veranlassung oder im Interesse des herrschenden Unternehmens oder eines mit diesem verbundenen Unternehmens getroffen oder unterlassen hat. Insoweit kann auf die Erläuterungen zu den Rechtsgeschäften auf Veranlassung oder im Interesse verbundener Unternehmen verwiesen werden (Rdn 78 ff). **88**

3. Berichtszeitraum

In zeitlicher Hinsicht erstreckt sich die Berichtspflicht gemäß § 312 Abs 1 S 2 auf Rechtsgeschäfte und Maßnahmen **im vergangenen Geschäftsjahr.** Das entspricht dem bilanzrechtlichen Grundsatz periodengerechter Berichterstattung.[384] Bei Rechtsgeschäften ist nach ganz hM der Zeitpunkt des Zustandekommens maßgeblich. Bei Verträgen kommt es mithin auf den Vertragsschluss[385], nicht auf den Erfüllungszeitpunkt an, bei einseitigen Rechtsgeschäften auf die Abgabe der Willenserklärung durch die abhängige Gesellschaft.[386] Dem ist mit der Maßgabe beizupflichten, dass bei der Abgabe eines bindenden Angebots durch die abhängige Gesellschaft vor Geschäftsjahresende bereits über dieses Angebot zu berichten ist.[387] Wird das Angebot im folgenden Geschäftsjahr angenommen, so ist in diesem Jahr über den Vertrag selbst zu berichten.[388] Ohne Belang ist, ob und wann die Vornahme eines Rechtsgeschäfts Buchungs- oder Bilanzierungspflichten auslöst.[389] **89**

---

381 Vgl *Förschle/Heinz* in BeckBilKomm § 289 HGB Rdn 307; Grigoleit/*Grigoleit* § 312 Rdn 13; Hölters/*Leuering/Goertz* § 312 Rdn 39; MK-*Altmeppen* § 312 Rdn 90; Schmidt/Lutter/*Vetter* § 312 Rdn 36; abw KK-*Koppensteiner* § 312 Rdn 47.

382 Vgl *Förschle/Heinz* in BeckBilKomm § 289 HGB Rdn 307.

383 Vgl *Förschle/Heinz* in BeckBilKomm § 289 HGB Rdn 308; Grigoleit/*Grigoleit* § 312 Rdn 13; WP-Handbuch 2012, Band I, F Rdn 1338.

384 Vgl Hüffer/*Koch* § 312 Rdn 17; Spindler/Stilz/*Müller* § 312 Rdn 38.

385 Vgl Bürgers/Körber/*Fett* § 312 Rdn 23; Emmerich/*Habersack* Aktien- und GmbH-Konzernrecht § 312 Rdn 33; Hölters/*Leuering/Goertz* § 312 Rdn 32; Spindler/Stilz/*Müller* § 312 Rdn 38.

386 Vgl Bürgers/Körber/*Fett* § 312 Rdn 23; Emmerich/*Habersack* Aktien- und GmbH-Konzernrecht § 312 Rdn 33.

387 Wie hier MK-*Altmeppen* § 312 Rdn 113 mit Fn 146; Schmidt/Lutter/*Vetter* § 312 Rdn 41; abw die hL, etwa Hölters/*Leuering/Goertz* § 312 Rdn 32; Hüffer/*Koch* § 312 Rdn 17; KK-*Koppensteiner* § 312 Rdn 65; Spindler/Stilz/*Müller* § 312 Rdn 38.

388 Vgl Schmidt/Lutter/*Vetter* § 312 Rdn 41.

389 Vgl *Adler/Düring/Schmaltz* § 312 Rdn 55; Bürgers/Körber/*Fett* § 312 Rdn 23; Emmerich/*Habersack* Aktien- und GmbH-Konzernrecht § 312 Rdn 33; *Förschle/Heinz* in BeckBilKomm § 289 HGB Rdn 284; Grigo-

Bei unterlassenen Rechtsgeschäften ist auf den Zeitpunkt abzustellen, in dem ein ordentlicher und gewissenhafter Geschäftsleiter einer unabhängigen Gesellschaft gehandelt hätte.[390] Entfaltet ein Rechtsgeschäft in den Folgejahren noch wirtschaftliche Nachwirkungen, so muss hierüber nicht mehr gesondert berichtet werden.[391] Anders liegt es nur dann, wenn sich aus dem Erfüllungsgeschäft zusätzliche, neue Nachteile ergeben.[392]

90 Bei Maßnahmen kommt es auf den Zeitpunkt der Entscheidung des zuständigen Gesellschaftsorgans an.[393] Über die Ausführung selbst muss nur dann berichtet werden, wenn sie von der Ausgangsentscheidung abweicht.[394] Fehlt ein solcher Vorstands- und/oder Aufsichtsratsbeschluss, so ist auf die erste Ausführungshandlung abzustellen.[395] Bei Unterlassungen ist der Zeitpunkt maßgeblich, in dem ein ordentlicher und gewissenhafter Geschäftsleiter einer unabhängigen Gesellschaft gehandelt hätte.[396]

91 Stellt der Vorstand zu einem späteren Zeitpunkt fest, dass er einzelne berichtspflichtige Vorgänge übersehen hat, so kann er sein Versäumnis nach Abschluss des Berichtsverfahrens nicht mehr beheben.[397] Nach hL lässt sich auch aus § 312 Abs 1 S 2 keine Pflicht ableiten, die fehlenden Angaben im Abhängigkeitsbericht des folgenden Geschäftsjahrs nachzuholen.[398] Jedoch soll sich eine solche Berichtspflicht aus §§ 76 Abs 1, 93 Abs 1 S 1 ergeben.[399] Dem Ergebnis ist zuzustimmen; dogmatisch spricht allerdings vieles dafür, die Pflicht zur nachträglichen Berichterstattung bereits aus § 312 Abs 2 herzuleiten.[400]

---

leit/*Grigoleit* § 312 Rdn 17; Hüffer/*Koch* § 312 Rdn 17; Küting/Weber/*Weber* § 312 Rdn 55; MK-*Altmeppen* § 312 Rdn 113; Spindler/Stilz/*Müller* § 312 Rdn 38.

[390] Vgl Bürgers/Körber/*Fett* § 312 Rdn 23; Emmerich/*Habersack* Aktien- und GmbH-Konzernrecht § 312 Rdn 33; *Förschle/Heinz* in BeckBilKomm § 289 HGB Rdn 284; KK-*Koppensteiner* § 312 Rdn 65; MK-*Altmeppen* § 312 Rdn 113; Spindler/Stilz/*Müller* § 312 Rdn 38.

[391] Vgl Emmerich/*Habersack* Aktien- und GmbH-Konzernrecht § 312 Rdn 33; *Förschle/Heinz* in BeckBilKomm § 289 HGB Rdn 284; MK-*Altmeppen* § 312 Rdn 113; Spindler/Stilz/*Müller* § 312 Rdn 38.

[392] Vgl Emmerich/*Habersack* Aktien- und GmbH-Konzernrecht § 312 Rdn 33.

[393] Vgl *Adler/Düring/Schmaltz* § 312 Rdn 56; Bürgers/Körber/*Fett* § 312 Rdn 23; *Förschle/Heinz* in BeckBilKomm § 289 HGB Rdn 284; Grigoleit/*Grigoleit* § 312 Rdn 18; Hölters/*Leuering/Goertz* § 312 Rdn 41; Hüffer/*Koch* § 312 Rdn 25; Küting/Weber/*Weber* § 312 Rdn 56; MK-*Altmeppen* § 312 Rdn 113; Schmidt/Lutter/*Vetter* § 312 Rdn 42; Spindler/Stilz/*Müller* § 312 Rdn 40.

[394] Vgl Hölters/*Leuering/Goertz* § 312 Rdn 41; Grigoleit/*Grigoleit* § 312 Rdn 18; Hüffer/*Koch* § 312 Rdn 25; Schmidt/Lutter/*Vetter* § 312 Rdn 43; Spindler/Stilz/*Müller* § 312 Rdn 40.

[395] Vgl Bürgers/Körber/*Fett* § 312 Rdn 23; *Förschle/Heinz* in BeckBilKomm § 312 Rdn 284; Grigoleit/*Grigoleit* § 312 Rdn 18; Hölters/*Leuering/Goertz* § 312 Rdn 41; Hüffer/*Koch* § 312 Rdn 25; MK-*Altmeppen* § 312 Rdn 113; Schmidt/Lutter/*Vetter* § 312 Rdn 42.

[396] Vgl *Förschle/Heinz* in BeckBilKomm § 289 HGB Rdn 284; Hölters/*Leuering/Goertz* § 312 Rdn 42; Hüffer/*Koch* § 312 Rdn 25; Spindler/Stilz/*Müller* § 312 Rdn 40; terminologische Kritik hieran bei Grigoleit/*Grigoleit* § 312 Rdn 18, der – ohne sachliche Differenz – auf den Zeitpunkt abstellt, zu dem eine konkrete Maßnahme hätte vorgenommen werden können.

[397] Vgl *Adler/Düring/Schmaltz* § 312 Rdn 57; *Förschle/Heinz* in BeckBilKomm § 289 HGB Rdn 285; Hüffer/*Koch* § 312 Rdn 17.

[398] Vgl *Adler/Düring/Schmaltz* § 312 Rdn 57; *Förschle/Heinz* in BeckBilKomm § 289 HGB Rdn 285; Hüffer/*Koch* § 312 Rdn 17; Schmidt/Lutter/*Vetter* § 312 Rdn 45.

[399] Vgl Bürgers/Körber/*Fett* § 312 Rdn 23; Hüffer/*Koch* § 312 Rdn 17; Schmidt/Lutter/*Vetter* § 312 Rdn 45; Spindler/Stilz/*Müller* § 312 Rdn 38; abw *Adler/Düring/Schmaltz* § 312 Rdn 57 („denkbar") und *Förschle/Heinz* in BeckBilKomm § 289 HGB Rdn 285 („kann"), die keine Pflicht *stricto sensu* anzunehmen scheinen.

[400] So auch MK-*Altmeppen* § 312 Rdn 114; s ferner Grigoleit/*Grigoleit* § 312 Rdn 19,

4. Einzelangaben (Abs 1 S 3 und 4)

a) **Rechtsgeschäfte.** Hinsichtlich der berichtspflichtigen Rechtgeschäfte sind nach § 312 Abs 1 S 3 Leistung und Gegenleistung anzugeben. Ausweislich der Gesetzesbegründung muss der Abhängigkeitsbericht dabei „ins Einzelne gehen", um es Abschlussprüfer und Aufsichtsrat zu ermöglichen, die Angemessenheit aller Geschäfte nachzuprüfen.[401] Infolgedessen müssen **alle angemessenheitsbestimmenden und beurteilungsrelevanten Umstände** angegeben und nach Möglichkeit beziffert werden.[402] In Bezug auf die Leistung sind dies namentlich deren Art, Umfang, Menge, Qualität und Vorkosten[403] sowie ggf besondere Leistungsmodalitäten, zB ungewöhnliche Lieferfristen oder atypische Garantieleistungen.[404] Hinsichtlich des Preises gilt dies insbesondere für dessen Höhe, besondere Zahlungsmodalitäten, zB Anzahlungen, Zahlungsziele, Zinskonditionen, sowie unübliche Rabatte oder Nachlässe.[405] In kritischen Fällen (zB Abweichung vom Listenpreis) hat der Vorstand überdies detailliert darzulegen, warum Leistung und Gegenleistung nach seiner Auffassung in einem angemessenen Verhältnis stehen.[406] Gründe hierfür können sich etwa aus der Konkurrenzsituation, der langfristigen Unternehmensstrategie oder aktuellen Marktentwicklungen ergeben.[407] Hält der Vorstand ein Rechtsgeschäft für nachteilig, so muss er auch das angeben und erläutern.[408] 92

Bei einseitig verpflichtenden und unvollkommen zweiseitig verpflichtenden Verträgen ist zunächst anzugeben, dass es an einer Gegenleistung fehlt.[409] Darüber hinaus muss der Vorstand im Einzelnen darlegen, dass und warum er das Geschäft gleichwohl als angemessen erachtet.[410] Bei Gestaltungserklärungen hat er die Gründe hierfür zu erläutern.[411] 93

---

wonach sich die Berichtspflicht „nach dem Schutzzweck des § 312" darin fortsetzt, dass die Angaben im nächstmöglichen Bericht nachgeholt werden müssen.

401 So Begr RegE bei *Kropff* S 411; aus dem Schrifttum auch Emmerich/*Habersack* Aktien- und GmbH-Konzernrecht § 312 Rdn 37; Grigoleit/*Grigoleit* § 312 Rdn 21; *Haesen* S 97; MK-*Altmeppen* § 312 Rdn 115; Schmidt/Lutter/*Vetter* § 312 Rdn 48.

402 Vgl *Förschle/Heinz* in BeckBilKomm § 289 HGB Rdn 297; Küting/Weber/*Weber* § 312 Rdn 64 und 65.

403 Vgl Emmerich/*Habersack* Aktien- und GmbH-Konzernrecht § 312 Rdn 37; *Förschle/Heinz* in BeckBilKomm § 289 HGB Rdn 297; MK-*Altmeppen* § 312 Rdn 115; Schmidt/Lutter/*Vetter* § 312 Rdn 48; Spindler/Stilz/*Müller* § 312 Rdn 41.

404 Vgl *Förschle/Heinz* in BeckBilKomm § 289 HGB Rdn 297.

405 Vgl Emmerich/*Habersack* Aktien- und GmbH-Konzernrecht § 312 Rdn 37; *Förschle/Heinz* in BeckBilKomm § 289 HGB Rdn 297; MK-*Altmeppen* § 312 Rdn 115; Schmidt/Lutter/*Vetter* § 312 Rdn 48.

406 Vgl Emmerich/*Habersack* Aktien- und GmbH-Konzernrecht § 312 Rdn 37; *Förschle/Heinz* in BeckBilKomm § 289 HGB Rdn 297; MK-*Altmeppen* § 312 Rdn 116; Schmidt/Lutter/*Vetter* § 312 Rdn 48; Spindler/Stilz/*Müller* § 312 Rdn 41.

407 Vgl *Förschle/Heinz* in BeckBilKomm § 289 HGB Rdn 297; MK-*Altmeppen* § 312 Rdn 116.

408 Vgl Emmerich/*Habersack* Aktien- und GmbH-Konzernrecht § 312 Rdn 37; *Förschle/Heinz* in BeckBilKomm § 289 HGB Rdn 297; KK-*Koppensteiner* § 312 Rdn 73; Spindler/Stilz/*Müller* § 312 Rdn 41.

409 Vgl Bürgers/Körber/*Fett* § 312 Rdn 25; Emmerich/*Habersack* Aktien- und GmbH-Konzernrecht § 312 Rdn 37; *Förschle/Heinz* in BeckBilKomm § 289 HGB Rdn 298; KK-*Koppensteiner* § 312 Rdn 73; Spindler/Stilz/*Müller* § 312 Rdn 41.

410 Vgl Emmerich/*Habersack* Aktien- und GmbH-Konzernrecht § 312 Rdn 37; *Förschle/Heinz* in BeckBilKomm § 289 HGB Rdn 298; Spindler/Stilz/*Müller* § 312 Rdn 41.

411 Vgl Bürgers/Körber/*Fett* § 312 Rdn 25; Emmerich/*Habersack* Aktien- und GmbH-Konzernrecht § 312 Rdn 37; *Förschle/Heinz* in BeckBilKomm § 289 HGB Rdn 298; KK-*Koppensteiner* § 312 Rdn 73; MK-*Altmeppen* § 312 Rdn 117; Schmidt/Lutter/*Vetter* § 312 Rdn 48; Spindler/Stilz/*Müller* § 312 Rdn 41.

Nachteilige Auswirkungen, die sich beziffern lassen (zB Kündigung eines gewinnbringenden Vertrages), sind ebenfalls mitteilungspflichtig.[412]

94 b) **Maßnahmen.** Bei den Maßnahmen sind nach § 312 Abs 1 S 3 die **Gründe** und deren Vorteile und Nachteile für die Gesellschaft anzugeben. Die anzugebenden Gründe beziehen sich auf die **unternehmerische Motivation** aus Sicht des Vorstands der abhängigen Gesellschaft, nicht aus der des herrschenden Unternehmens.[413] Zu nennen sind die **wesentlichen Gesichtspunkte**, die ihn dazu bewogen haben, die betreffende Maßnahme vorzunehmen.[414] Dabei geht der Gesetzgeber offensichtlich davon aus, dass sich diese Gründe einem außenstehenden Dritten nicht in gleicher Weise erschließen wie jene zur Vornahme eines Rechtsgeschäfts, über die nicht gesondert zu berichten ist.[415] Der erforderliche Detaillierungsgrad der Erläuterung steigt, wenn sich die Vor- und Nachteile einer Maßnahme nicht beziffern lassen oder wenn Zweifel an der Angemessenheit des Ausgleichs bestehen.[416] Keinesfalls genügt der Hinweis auf die Veranlassung oder das Interesse des herrschenden Unternehmens, weil dies bereits Voraussetzung für die Aufnahme in den Abhängigkeitsbericht ist.[417]

95 Die Angaben zu den Vor- und Nachteilen einer Maßnahme korrespondieren mit denen zur Leistung und Gegenleistung von Rechtsgeschäften.[418] Als **Vorteile** sind dabei alle mit der Maßnahme unmittelbar in Zusammenhang stehenden wirtschaftlichen Begünstigungen der abhängigen Gesellschaft anzusehen[419], nicht dagegen der Ausgleich iSd § 312 Abs 1 S 4, Abs 3 S 2, der für die nachteilige Maßnahme zu gewähren ist.[420] Zu denken ist etwa an Produktivitätssteigerungen, Kosteneinsparungen oder Abnahmegarantien für die Erzeugnisse einer neuen Anlage.[421] Als **Nachteile** kommen alle Beeinträchtigungen der Vermögens-, Finanz- oder Ertragslage der abhängigen Gesellschaft in Betracht.[422] Dabei besagt der Nachteilsbegriff iSd § 312 Abs 1 S 3 noch nichts über den Gesamtcharakter der Maßnahme und ist deshalb nicht deckungsgleich mit dem Nachteilsbegriff in § 311.[423] Für die Beurteilung einer Maßnahme kommt es jeweils auf die zu

---

412 Vgl *Förschle/Heinz* in BeckBilKomm § 289 HGB Rdn 298; Grigoleit/*Grigoleit* § 312 Rdn 21.

413 Vgl Emmerich/*Habersack* Aktien- und GmbH-Konzernrecht § 312 Rdn 39; Grigoleit/*Grigoleit* § 312 Rdn 22; Hölters/*Leuering/Goertz* § 312 Rdn 46; Hüffer/*Koch* § 312 Rdn 29; Spindler/Stilz/*Müller* § 312 Rdn 43; kritisch KK-*Koppensteiner* § 312 Rdn 74, wonach der Mitteilung der Gründe keine „selbständige normative Bedeutung" zukommt.

414 Vgl *Adler/Düring/Schmaltz* § 312 Rdn 75; Bürgers/Körber/*Fett* § 312 Rdn 26; *Förschle/Heinz* in BeckBilKomm § 289 HGB Rdn 316; KK-*Koppensteiner* § 312 Rdn 74.

415 Vgl *Adler/Düring/Schmaltz* § 312 Rdn 75; Küting/Weber/*Weber* § 312 Rdn 73.

416 Vgl *Förschle/Heinz* in BeckBilKomm § 289 HGB Rdn 316.

417 Vgl *Adler/Düring/Schmaltz* § 312 Rdn 75; *Förschle/Heinz* in BeckBilKomm § 289 HGB Rdn 316; KK-*Koppensteiner* § 312 Rdn 74; Küting/Weber/*Weber* § 312 Rdn 73.

418 Vgl *Förschle/Heinz* in BeckBilKomm § 289 HGB Rdn 317; Grigoleit/*Grigoleit* § 312 Rdn 22; *Haesen* S 98 f; Hüffer/*Koch* § 312 Rdn 29; KK-*Koppensteiner* § 312 Rdn 75.

419 Vgl *Adler/Düring/Schmaltz* § 312 Rdn 74; *Förschle/Heinz* in BeckBilKomm § 289 HGB Rdn 317.

420 Vgl *Adler/Düring/Schmaltz* § 312 Rdn 74; *Förschle/Heinz* in BeckBilKomm § 289 HGB Rdn 317.

421 Vgl Bürgers/Körber/*Fett* § 312 Rdn 26; MK-*Altmeppen* § 312 Rdn 120.

422 Vgl *Förschle/Heinz* in BeckBilKomm § 289 HGB Rdn 317.

423 Vgl Emmerich/*Habersack* Aktien- und GmbH-Konzernrecht § 312 Rdn 39; *Förschle/Heinz* in BeckBilKomm § 289 HGB Rdn 317; Hölters/*Leuering/Goertz* § 312 Rdn 46.

erwartende Entwicklung im Zeitpunkt der Vorstandsentscheidung an.[424] Sollten dessen Prognosen später nicht eintreffen, so ist auch dies anzugeben und zu erläutern.[425] Um Abschlussprüfer und Aufsichtsrat in die Lage zu versetzen, die Maßnahmen selbst zu beurteilen, sind Vor- und Nachteile jeweils gesondert (= unsaldiert) aufzuführen[426] und nach Möglichkeit zu beziffern.[427] Zahlenangaben bleiben auch dann erforderlich, wenn eine Maßnahme nur Vorteile für die Gesellschaft bringt.[428] Ist eine zahlenmäßige Bewertung nicht möglich, so müssen Vor- und Nachteile besonders ausführlich beschrieben werden.[429] Insgesamt sind die Anforderungen an die Ausführlichkeit der Berichterstattung bei Maßnahmen noch um einige Pegelstriche strenger als bei Rechtsgeschäften, weil sich ihre wirtschaftliche Bedeutung aus den Aufzeichnungen der Buchhaltung oft nur unvollständig ersehen lässt.[430]

c) **Ausgleich von Nachteilen.** Schließlich verlangt § 312 Abs 1 S 4 auch Einzelangaben über den Nachteilsausgleich. Von praktischer Bedeutung ist dies allerdings nur in den Fällen eines gestreckten Nachteilsausgleichs nach § 311 Abs 2.[431] Dann muss auch die Schlusserklärung des Vorstands nach § 312 Abs 3 S 2 entsprechend erweitert werden. Wurde der abhängigen Gesellschaft dagegen bereits mit Vornahme des Rechtsgeschäfts oder Durchführung der Maßnahme ein Ausgleich gewährt, so fehlt es von vornherein an einem Nachteil iSd § 311 Abs 1.[432] **96**

Ist über einen Nachteilsausgleich zu berichten, so muss zunächst angegeben werden, ob der Nachteil tatsächlich oder durch Begründung eines Rechtsanspruchs ausgeglichen wurde.[433] Erforderlich sind **detaillierte Angaben des gewährten Ausgleichs** („im Einzelnen").[434] Dabei sind Nachteil und Vorteil nach Möglichkeit zu beziffern, um Ab- **97**

[424] Vgl *Adler/Düring/Schmaltz* § 312 Rdn 74; Emmerich/*Habersack* Aktien- und GmbH-Konzernrecht § 312 Rdn 39; *Förschle/Heinz* in BeckBilKomm § 289 HGB Rdn 317; Hölters/*Leuering/Goertz* § 312 Rdn 46; Hüffer/*Koch* § 312 Rdn 29; MK-*Altmeppen* § 312 Rdn 119; Schmidt/Lutter/*Vetter* § 312 Rdn 49.

[425] Vgl Emmerich/*Habersack* Aktien- und GmbH-Konzernrecht § 312 Rdn 39; *Förschle/Heinz* in BeckBilKomm § 289 HGB Rdn 317; Hölters/*Leuering/Goertz* § 312 Rdn 46; MK-*Altmeppen* § 312 Rdn 119; Schmidt/Lutter/*Vetter* § 312 Rdn 49.

[426] Vgl *Adler/Düring/Schmaltz* § 312 Rdn 74; Emmerich/*Habersack* Aktien-und GmbH-Konzernrecht § 312 Rdn 39; Hölters/*Leuering/Goertz* § 312 Rdn 46; Hüffer/*Koch* § 312 Rdn 29.

[427] Vgl *Adler/Düring/Schmaltz* § 312 Rdn 74; Emmerich/*Habersack* Aktien- und GmbH-Konzernrecht § 312 Rdn 39; Hölters/*Leuering/Goertz* § 312 Rdn 46; Hüffer/*Koch* § 312 Rdn 29; KK-*Koppensteiner* § 312 Rdn 75; Küting/Weber/*Weber* § 312 Rdn 71; Schmidt/Lutter/*Vetter* § 312 Rdn 49.

[428] Vgl *Adler/Düring/Schmaltz* § 312 Rdn 74.

[429] Vgl Bürgers/Körber/*Fett* § 312 Rdn 26; *Förschle/Heinz* in BeckBilKomm § 289 HGB Rdn 317; Grigoleit/*Grigoleit* § 312 Rdn 22; Hüffer/*Koch* § 312 Rdn 29; KK-*Koppensteiner* § 312 Rdn 75.

[430] Vgl *Adler/Düring/Schmaltz* § 312 Rdn 74; *Haesen* S 97 f; Küting/Weber/*Weber* § 312 Rdn 72; MK-*Altmeppen* § 312 Rdn 118.

[431] Vgl *Adler/Düring/Schmaltz* § 312 Rdn 77; *Förschle/Heinz* in BeckBilKomm § 289 HGB Rdn 325; Küting/Weber/*Weber* § 312 Rdn 75; MK-*Altmeppen* § 312 Rdn 121.

[432] Vgl *Adler/Düring/Schmaltz* § 312 Rdn 77; *Förschle/Heinz* in BeckBilKomm § 289 HGB Rdn 325; Hüffer/*Koch* § 311 Rdn 30; MK-*Altmeppen* § 312 Rdn 121.

[433] Vgl *Adler/Düring/Schmaltz* § 312 Rdn 77; Emmerich/*Habersack* Aktien- und GmbH-Konzernrecht § 312 Rdn 40; *Förschle/Heinz* in BeckBilKomm § 289 HGB Rdn 326; Grigoleit/*Grigoleit* § 312 Rdn 23; Hölters/*Leuering/Goertz* § 312 Rdn 47; MK-*Altmeppen* § 312 Rdn 122; Schmidt/Lutter/*Vetter* § 312 Rdn 50; Spindler/Stilz/*Müller* § 312 Rdn 44.

[434] Vgl Grigoleit/*Grigoleit* § 312 Rdn 23; Küting/Weber/*Weber* § 312 Rdn 76.

schlussprüfer und Aufsichtsrat eine genauere Prüfung zu ermöglichen.[435] Sonst ist auf andere Weise darzutun, dass und warum der Vorteil geeignet ist, den Nachteil auszugleichen.[436]

IV. Berichtsgrundsätze (Abs 2)

1. Gewissenhafte und getreue Rechenschaft

98 Der Abhängigkeitsbericht hat nach § 312 Abs 2 den Grundsätzen einer gewissenhaften und getreuen Rechenschaft zu entsprechen. Diese generalklauselartige Vorgabe, die sich auch in §§ 90 Abs 4 S 1, 131 Abs 2 S 1 findet, ist im Hinblick auf den Regelungszweck der Berichtspflicht, Abschlussprüfern und Aufsichtsrat ein zutreffendes Bild der Geschäftsbeziehungen zu verbundenen Unternehmen zu vermitteln, in griffigere Einzelanforderungen zu übersetzen.[437] Danach muss der Bericht **wahr, vollständig, klar und übersichtlich** sein (näher sogleich Rdn 99 ff). Gelegentlich können diese Leitlinien in Konflikt zueinander geraten[438]; ein latentes Spannungsverhältnis besteht namentlich zwischen dem Grundsatz der Vollständigkeit und dem der Klarheit und Übersichtlichkeit.

2. Einzelanforderungen

99 a) **Wahrheit.** Aus dem Wahrheitsgebot folgt, dass der Vorstand nach bestem Wissen zu berichten hat.[439] Die berichtspflichtigen Vorgänge müssen zutreffend dargestellt werden. Zudem gilt ein strenges Irreführungsverbot[440], das über einen bloß formalen Rechtsgehorsam hinausgeht und ggf zusätzliche Erläuterungen verlangt (vgl auch § 264 Abs 2 S 2 HGB). Außerdem dürfen relevante Angaben nicht verschwiegen werden.[441] Geheimhaltungsinteressen oder -pflichten rechtfertigen keine unwahren oder unvollständigen Angaben[442], zumal die Vertraulichkeit durch den beschränkten Adressatenkreis und die fehlende Berichtspublizität gewahrt ist.[443]

---

435 Vgl Emmerich/*Habersack* Aktien- und GmbH-Konzernrecht § 312 Rdn 40; *Förschle/Heinz* in BeckBilKomm § 289 HGB Rdn 326; Grigoleit/*Grigoleit* § 312 Rdn 23; Hölters/*Leuering/Goertz* § 312 Rdn 47; KK-*Koppensteiner* § 312 Rdn 77; MK-*Altmeppen* § 312 Rdn 122; Schmidt/Lutter/*Vetter* § 312 Rdn 50; Spindler/Stilz/*Müller* § 312 Rdn 44.

436 Vgl *Förschle/Heinz* in BeckBilKomm § 289 HGB Rdn 326; KK-*Koppensteiner* § 312 Rdn 77.

437 Vgl *Adler/Düring/Schmaltz* § 312 Rdn 82; *Förschle/Heinz* in BeckBilKomm § 289 HGB Rdn 261; Hüffer/*Koch* § 312 Rdn 31; MK-*Altmeppen* § 312 Rdn 132; Spindler/Stilz/*Müller* § 312 Rdn 45; Wachter/*Rothley* § 312 Rdn 22.

438 So auch Emmerich/*Habersack* Aktien- und GmbH-Konzernrecht § 312 Rdn 41.

439 Vgl *Förschle/Heinz* in BeckBilKomm § 289 HGB Rdn 262; Schmidt/Lutter/*Vetter* § 312 Rdn 52; Spindler/Stilz/*Müller* § 312 Rdn 46.

440 Vgl *Förschle/Heinz* in BeckBilKomm § 289 HGB Rdn 262; Grigoleit/*Grigoleit* § 312 Rdn 25; Hölters/*Leuering/Goertz* § 312 Rdn 49; Schmidt/Lutter/*Vetter* § 312 Rdn 52.

441 Vgl *Förschle/Heinz* in BeckBilKomm § 289 HGB Rdn 262; MK-*Altmeppen* § 312 Rdn 133.

442 Vgl Grigoleit/*Grigoleit* § 312 Rdn 25; Schmidt/Lutter/*Vetter* § 312 Rdn 52.

443 Dazu auch *Adler/Düring/Schmaltz* § 312 Rdn 86; *Förschle/Heinz* in BeckBilKomm § 289 HGB Rdn 262; MK-*Altmeppen* § 312 Rdn 133.

b) Vollständigkeit

aa) Allgemeines. Das Gebot der Vollständigkeit verlangt, dass alle berichtspflichtigen Vorgänge in den Abhängigkeitsbericht aufgenommen werden.[444] Sämtliche Angaben müssen zudem aus sich heraus verständlich[445] und anhand der Aufzeichnungen der Gesellschaft nachprüfbar[446] sein. Daher ist ein Verweis auf andere Unterlagen nur ausnahmsweise statthaft, wenn diese eindeutig bezeichnet werden und Abschlussprüfer sowie Aufsichtsrat bereits zur Verfügung stehen.[447] Eigene Beschaffungslasten des Aufsichtsrats sind abzulehnen.[448] Mit dem Vollständigkeitsgebot unvereinbar ist außerdem eine Beschränkung der Berichterstattung auf wesentliche Vorgänge[449]; über Unwesentliches kann aber im Interesse der Klarheit zusammenfassend berichtet werden (s auch Rdn 103).[450] **100**

bb) Organisations- und Dokumentationspflicht. Zur Erfüllung des Vollständigkeitsgebots muss der Vorstand die erforderlichen organisatorischen Vorkehrungen im Unternehmen treffen.[451] Hierzu gehören in erster Linie Anweisungen und Verfahrensrichtlinien zur zeitnahen Erfassung aller berichtspflichtigen Vorgänge in einem **geeigneten Meldesystem.**[452] Bei umfangreicheren Geschäftsbeziehungen zu verbundenen Unternehmen wird es regelmäßig zweckmäßig sein, eine **zentrale Erfassungsstelle** in der Verwaltung der abhängigen Gesellschaft einzurichten.[453] Die bestehende Buchführung genügt als Grundlage für die Berichterstattung schon deshalb nicht, weil der Kreis berichtspflichtiger Vorgänge über buchungspflichtige Geschäftsvorfälle hinausgeht.[454] Besonderer Aufmerksamkeit bedarf die vollständige Erfassung von Maßnahmen.[455] Geeignete Informations- **101**

---

[444] Vgl Bürgers/Körber/*Fett* § 312 Rdn 32; *Förschle/Heinz* in BeckBilKomm § 289 HGB Rdn 263; Hölters/*Leuering/Goertz* § 312 Rdn 50; MK-*Altmeppen* § 312 Rdn 134.

[445] Vgl Emmerich/*Habersack* Aktien- und GmbH-Konzernrecht § 312 Rdn 42; *Förschle/Heinz* in BeckBilKomm § 289 HGB Rdn 263; Henssler/Strohn/*Bödeker* § 312 Rdn 18; MK-*Altmeppen* § 312 Rdn 34; Spindler/Stilz/*Müller* § 312 Rdn 46.

[446] Vgl Emmerich/*Habersack* Aktien- und GmbH-Konzernrecht § 312 Rdn 42; Hölters/*Leuering/Goertz* § 312 Rdn 51; Hüffer/*Koch* § 312 Rdn 32.

[447] Vgl Emmerich/*Habersack* Aktien- und GmbH-Konzernrecht § 312 Rdn 42; *Förschle/Heinz* in BeckBilKomm § 289 HGB Rdn 263; KK-*Koppensteiner* § 312 Rdn 23; MK-*Altmeppen* § 312 Rdn 134.

[448] Vgl KK-*Koppensteiner* § 312 Rdn 23; MK-*Altmeppen* § 312 Rdn 134; abw *Goerdeler* WPg 1966, 125.

[449] Vgl *Förschle/Heinz* in BeckBilKomm § 289 HGB Rdn 263; MK-*Altmeppen* § 312 Rdn 134.

[450] Vgl OLG München AG 2003, 452, 453; LG München I AG 2002, 452, 453; *Förschle/Heinz* in BeckBilKomm § 289 HGB Rdn 263; MK-*Altmeppen* § 312 Rdn 134.

[451] Vgl *Adler/Düring/Schmaltz* § 312 Rdn 85; Emmerich/*Habersack* Aktien- und GmbH-Konzernrecht § 312 Rdn 42; *Förschle/Heinz* in BeckBilKomm § 289 HGB Rdn 264; Grigoleit/*Grigoleit* § 312 Rdn 27; *Haesen* S 66 f; Hüffer/*Koch* § 312 Rdn 32; Küting/Weber/*Weber* § 312 Rdn 86; Schmidt/Lutter/*Vetter* § 312 Rdn 54; Spindler/Stilz/*Müller* § 312 Rdn 46.

[452] Vgl *Adler/Düring/Schmaltz* § 312 Rdn 97; *Förschle/Heinz* in BeckBilKomm § 289 HGB Rdn 264.

[453] Vgl *Adler/Düring/Schmaltz* § 312 Rdn 97; *Förschle/Heinz* in BeckBilKomm § 289 HGB Rdn 265; Hölters/*Leuering/Goertz* § 312 Rdn 51; Hüffer/*Koch* § 312 Rdn 32; eingehend zur Installierung eines formalisierten Kontroll- und Dokumentationsprozesses und zur Etablierung einer Clearingstelle Schmidt/Lutter/*Vetter* § 312 Rdn 59 ff.

[454] Vgl *Förschle/Heinz* in BeckBilKomm § 289 HGB Rdn 265; Hüffer/*Koch* § 312 Rdn 32.

[455] Vgl *Förschle/Heinz* in BeckBilKomm § 289 HGB Rdn 265; MK-*Altmeppen* § 312 Rdn 135.

quellen sind hier die Protokolle der Vorstands- und Aufsichtsratssitzungen.[456] Für die vollständige Erfassung der Rechtsgeschäfte mit verbundenen Unternehmen kann sich die Einrichtung eines Vertragskatasters empfehlen.[457]

102 c) **Klarheit und Übersichtlichkeit.** Das Zwillingsgebot der Klarheit und Übersichtlichkeit soll die Informationsaufnahme erleichtern. Es betrifft in erster Linie die Art und Weise der Darstellung. Geboten ist eine möglichst übersichtliche Gliederung[458], der jedenfalls bei komplizierteren Verhältnissen eine Verbundübersicht oder ein Konzernschaubild voranzustellen ist.[459] Dabei sind das herrschende Unternehmen und die mit ihm verbundenen Unternehmen namentlich aufzuführen[460], sofern dies zur Beurteilung einzelner Geschäftsvorfälle nötig ist.[461] Ob dem Vorstand der abhängigen Gesellschaft insoweit ein Auskunftsrecht gegen das herrschende Unternehmen zusteht, wird unterschiedlich beurteilt.[462] In der Praxis dürfte diese Frage keine große Rolle spielen, da nach § 313 Abs 1 S 3 und 4 jedenfalls ein Auskunftsrecht des Abschlussprüfers besteht und das herrschende Unternehmen die erbetene Auskunft daher regelmäßig erteilen wird.[463] Im Einzelfall kann es zweckmäßig oder sogar angezeigt sein, eine weitere Übersicht über die Einbettung der abhängigen Gesellschaft in den gruppeninternen Arbeitsteilungs- und Wertschöpfungsprozess anzufertigen.[464] Zur Berichtsklarheit gehört es im Hinblick auf die Prüfungspflicht des Abschlussprüfers nach § 313 Abs 1 S 2 Nr 1 ferner, zwischen tatsächlichen Angaben und Bewertungen zu trennen.[465] Außerdem darf sich der Abhängigkeitsbericht weder in Allgemeinplätzen erschöpfen noch hinter floskelhaften Redewendungen verstecken.[466] Verlangt wird vielmehr eine ungeschminkte Berichterstattung.

---

[456] Vgl *Förschle/Heinz* in BeckBilKomm § 289 HGB Rdn 265; MK-*Altmeppen* § 312 Rdn 135.

[457] Vgl *Förschle/Heinz* in BeckBilKomm § 289 HGB Rdn 265; Schmidt/Lutter/*Vetter* § 312 Rdn 54.

[458] Vgl *Adler/Düring/Schmaltz* § 312 Rdn 84; Emmerich/*Habersack* Aktien- und GmbH-Konzernrecht § 312 Rdn 43; *Förschle/Heinz* in BeckBilKomm § 289 HGB Rdn 267; Grigoleit/*Grigoleit* § 312 Rdn 26; Spindler/Stilz/*Müller* § 312 Rdn 47.

[459] Vgl *Adler/Düring/Schmaltz* § 312 Rdn 81; Emmerich/*Habersack* Aktien- und GmbH-Konzernrecht § 312 Rdn 43; *Förschle/Heinz* in BeckBilKomm § 289 HGB Rdn 266; Grigoleit/*Grigoleit* § 312 Rdn 26; Hölters/*Leuering/Goertz* § 312 Rdn 52; Hüffer/*Koch* § 312 Rdn 33; Spindler/Stilz/*Müller* § 312 Rdn 47.

[460] Vgl IDW HFA 3/1991 WPg 1992, 91, 92; Bürgers/Körber/*Fett* § 312 Rdn 33; Emmerich/*Habersack* Aktien- und GmbH-Konzernrecht § 312 Rdn 43; *Förschle/Heinz* in BeckBilKomm § 289 HGB Rdn 266; MK-*Altmeppen* § 312 Rdn 137; ferner Hüffer/*Koch* § 312 Rdn 33 mit dem weiteren Hinweis, dass sich dies auch aus dem Vollständigkeitsgebot ergibt; ebenso Heidel/*Walchner* § 312 Rdn 31.

[461] Zu dieser Einschränkung *Adler/Düring/Schmaltz* § 312 Rdn 81; MK-*Altmeppen* § 312 Rdn 137.

[462] Bejahend etwa MK-*Altmeppen* § 312 Rdn 137; *Schubert* BFuP 1966, 171; wohl auch *Mertens* ZGR 1984, 542, 553; verneinend etwa *Adler/Düring/Schmaltz* § 312 Rdn 99; *Förschle/Heinz* in BeckBilKomm § 289 HGB Rdn 266; *Haesen* S 70; KK-*Koppensteiner* § 312 Rdn 60; *Klusmann* DB 1967, 1487.

[463] Ebenso *Adler/Düring/Schmaltz* § 312 Rdn 99; KK-*Koppensteiner* § 312 Rdn 60; MK-*Altmeppen* § 312 Rdn 137.

[464] Vgl *Förschle/Heinz* in BeckBilKomm § 289 HGB Rdn 266; Hölters/*Leuering/Goertz* § 312 Rdn 52; MK-*Altmeppen* § 312 Rdn 138; Schmidt/Lutter/*Vetter* § 312 Rdn 55.

[465] Vgl Hölters/*Leuering/Goertz* § 312 Rdn 52; Schmidt/Lutter/*Vetter* § 312 Rdn 57; Wachter/*Rothley* § 312 Rdn 22.

[466] Vgl *Förschle/Heinz* in BeckBilKomm § 289 HGB Rdn 268.

Aus Gründen der Übersichtlichkeit sind einer tief gestaffelten Einzelaufgliederung gelegentlich Grenzen gezogen: Zulässig und ggf auch geboten ist eine zusammenfassende Berichterstattung oder Gruppenbildung insbesondere dann, wenn gleichartige Rechtsgeschäfte in großer Zahl vorgekommen sind.[467] Gleiches gilt für andere Rechtsgeschäfte oder Maßnahmen, sofern ihre weitere Aufgliederung keinen zusätzlichen Informationswert hätte.[468] Schließlich darf auch über Bagatellfälle zusammenfassend berichtet werden.[469] 103

3. Aufbau und Struktur eines Abhängigkeitsberichts

Aufbau und Struktur des Abhängigkeitsberichts liegen bei Beachtung der erläuterten Berichtsgrundsätze im Ermessen des Vorstands.[470] Je nach den Umständen des Einzelfalls empfiehlt sich eine Gliederung nach Rechtsgeschäften und Maßnahmen, dem zeitlichen Ablauf oder anderen Kriterien.[471] **In der kautelarjuristischen Literatur** wird **folgende Gliederung** vorgeschlagen: (1) Darstellung des Abhängigkeitsverhältnisses, (2) Darstellung der im Bericht zu berücksichtigenden verbundenen Unternehmen, (3) Rechtsgeschäfte und Maßnahmen mit verbundenen Unternehmen, (4) Rechtsgeschäfte und Maßnahmen mit Dritten auf Veranlassung oder im Interesse von verbundenen Unternehmen, (5) andere Maßnahmen auf Veranlassung oder im Interesse von verbundenen Unternehmen, (6) Schlusserklärung des Vorstands.[472] 104

V. Schlusserklärung (Abs 3)

1. Zweck

Am Schluss des Abhängigkeitsberichts hat der Vorstand gemäß § 312 Abs 3 S 1 und 2 eine zusammenfassende Erklärung über die Angemessenheit aller Rechtsgeschäfte und Maßnahmen abzugeben. Ausweislich der Gesetzesmaterialien ist diese Erklärungspflicht eine ständige Mahnung an den Vorstand, die Interessen seiner Gesellschaft auch gegenüber dem herrschenden Unternehmen zu wahren.[473] Außerdem soll sie es ihm erleichtern, einem unangemessenen Verlangen des herrschenden Unternehmens zu widerstehen.[474] 105

467 Vgl OLG München AG 2003, 452, 453; Emmerich/*Habersack* Aktien- und GmbH-Konzernrecht § 312 Rdn 43; *Förschle/Heinz* in BeckBilKomm § 289 HGB Rdn 267; Grigoleit/*Grigoleit* § 312 Rdn 26; Henssler/Strohn/*Bödeker* § 312 Rdn 19.

468 Vgl IDW HFA 3/91 WPg 1992, 91, 93; Emmerich/*Habersack* Aktien- und GmbH-Konzernrecht § 312 Rdn 43; *Förschle/Heinz* in BeckBilKomm § 289 HGB Rdn 267; Spindler/Stilz/*Müller* § 312 Rdn 47; Wachter/*Rothley* § 312 Rdn 22.

469 Vgl IDW HFA 3/91 WPg 1992, 91, 93; Emmerich/*Habersack* Aktien- und GmbH-Konzernrecht § 312 Rdn 43; *Förschle/Heinz* in BeckBilKomm § 289 HGB Rdn 267; Grigoleit/*Grigoleit* § 312 Rdn 26; Spindler/Stilz/*Müller* § 312 Rdn 47.

470 Vgl *Adler/Düring/Schmaltz* § 312 Rdn 82; Küting/Weber/*Weber* § 312 Rdn 83; MK-*Altmeppen* § 312 Rdn 132.

471 Vgl Grigoleit/*Grigoleit* § 312 Rdn 26.

472 Vgl das Muster von *Happ* in ders, Konzern- und Unwandlungsrecht, Muster 4.01.

473 Vgl Begr RegE bei *Kropff* S 412; aus dem Schrifttum auch Emmerich/*Habersack* Aktien- und GmbH-Konzernrecht § 312 Rdn 44; *Förschle/Heinz* in BeckBilKomm § 289 HGB Rdn 337; Hölters/*Leuering/Goertz* § 312 Rdn 53; Hüffer/*Koch* § 312 Rdn 35; KK-*Koppensteiner* § 312 Rdn 78; MK-*Altmeppen* § 312 Rdn 140; Spindler/Stilz/*Müller* § 312 Rdn 48.

474 Vgl Begr RegE bei *Kropff* S 412; aus dem Schrifttum auch Emmerich/*Habersack* Aktien- und GmbH-Konzernrecht § 312 Rdn 44; *Förschle/Heinz* in BeckBilKomm

Anders ausgedrückt verfolgt die sog Schlusserklärung also eine **Appell- und Warnfunktion** und zielt so darauf ab, die präventive Wirkung des Abhängigkeitsberichts (dazu Rdn 4 und 32) zu verstärken.[475] Sie ähnelt damit funktionell dem Bilanzeid, den der Vorstand einer börsennotierten Gesellschaft gemäß § 264 Abs 2 S 5 HGB bei Unterzeichnung des Jahresabschlusses ablegen muss.[476] Ihr *spiritus rector*, *Werner Flume*, hat sie anschaulich mit einem „Griff an das Portepee"[477] verglichen, dem sich die Vorstandsmitglieder nicht entziehen könnten, ohne ihr Gesicht zu verlieren (dazu auch vor § 311 Rdn 28).[478] Inwieweit diese verhaltenssteuernde Wirkung kraft persönlicher Ehrenerklärung tatsächlich eintritt[479], ist wenig untersucht und wohl auch schwierig zu messen.[480] In der Reformdiskussion vor 1965 gingen die Mutmaßungen darüber auseinander[481]; neuere Stellungnahmen fehlen.

2. Inhalt (Abs 3 S 1 und 2)

106 Der Inhalt der Schlusserklärung wird durch § 312 Abs 3 S 1 und 2 **vorstrukturiert**. Danach muss der Vorstand zunächst eine zusammenfassende Erklärung dazu abgeben, ob die Gesellschaft bei jedem Rechtsgeschäft eine angemessene Gegenleistung erhielt und bei nicht rechtsgeschäftlichen Maßnahmen nicht benachteiligt wurde (S 1). Wurde die Gesellschaft benachteiligt, so hat er außerdem zu erklären, ob die Nachteile ausgeglichen worden sind (S 2).

107 S 1 Alt 1 ist auf gegenseitige Verträge zugeschnitten; bei anderen Rechtsgeschäften muss die Angemessenheitsprüfung anhand anderer Maßstäbe vorgenommen und die Schlusserklärung entsprechend angepasst werden.[482] Im Rahmen von S 1 Alt 1 und 2 sind auch nachteilige, aber nicht ausgleichspflichtige Handlungen oder Unterlassungen

---

§ 289 HGB Rdn 337; Hölters/*Leuering/Goertz* § 312 Rdn 53; Hüffer/*Koch* § 312 Rdn 35; KK-*Koppensteiner* § 312 Rdn 78; Spindler/Stilz/*Müller* § 312 Rdn 48.

475 Zur präventiven Wirkung auch Emmerich/*Habersack* Aktien- und GmbH-Konzernrecht § 312 Rdn 44; *Förschle/Heinz* in BeckBilKomm § 289 HGB Rdn 337; Grigoleit/*Grigoleit* § 312 Rdn 28; Hüffer/*Koch* § 312 Rdn 35; MK-*Altmeppen* § 312 Rdn 140; Spindler/Stilz/*Müller* § 312 Rdn 48.

476 Näher dazu *Fleischer* ZIP 2007, 97, 106: „Die gesetzliche Neuregelung verfolgt vier Funktionen: Vertrauensbildungs-, Signal-, Appell- und Abschreckungsfunktion."

477 *Flume* DB 1959, 190, 191.

478 So *Flume* DB 1959, 190, 191 mit dem Zusatz: „Es ist etwas anderes, ob man nur in Befolgung einer Abhängigkeit zum Nachteil einer Gesellschaft handelt, oder ob man Rechenschaft zu legen hat und noch testieren muß, daß man nur entsprechend den Interessen der Gesellschaft gehandelt hat."

479 Für eine frühe Einschätzung *Flume* Referentenentwurf, S 26: „Sicher werden manche Vorstände abhängiger Gesellschaften von sich aus nicht das Rückgrat haben, um unangemessene Geschäfte entgegen den Wünschen oder Weisungen des herrschenden Unternehmens abzulehnen. Der Vorstand der abhängigen Gesellschaft hat aber hinter sich seine Prokuristen und Abteilungsleiter, die auch um die Geschäfte wissen. Der Vorstand wird jedenfalls bei evidenter Unangemessenheit von Geschäftsvorfällen das Testat der Angemessenheit nicht erteilen können."; ferner *Haesen* S 101.

480 Zu vergleichbaren Messproblemen bei der Verhaltenssteuerung des Bilanzeides *Fleischer* ZIP 2007, 97, 105.

481 Für eine positive Einschätzung *Geßler* FS W Schmidt, 1959, S 247, 255; deutlich kritischer *Rautmann* S 159, 195: „Aber gerade Gesellschaften, die die Interessen von Minderheitsaktionären und Gläubigern nicht in ausreichender Form beachten, wird der ‚Griff an das Portepee' auch nicht dazu bestimmen, den Bericht so zu erstatten, wie er der Wirklichkeit entspricht."

482 Vgl Emmerich/*Habersack* Aktien- und GmbH-Konzernrecht § 312 Rdn 45; KK-*Koppensteiner* § 312 Rdn 82; s auch Schmidt/Lutter/*Vetter* § 312 Rdn 65.

berichtspflichtig, zB weil es an einer Veranlassung durch das herrschende Unternehmen fehlte.[483] Der Vorstand wird (und muss) dann in seiner Schlusserklärung auf das Fehlen einer Ausgleichspflicht hinweisen.[484] Werden ausgleichspflichtige Nachteile nicht ausgeglichen, so sind nach Sinn und Zweck des § 312 auch das Geschäft und der Nachteil anzugeben, um den Informationsstand von außenstehenden Aktionären und Gläubigern zu verbessern.[485] Besonderer Aufmerksamkeit bedürfen insoweit nachteilige Vorgänge, die mangels Quantifizierbarkeit des Nachteils von vornherein keinem Ausgleich zugänglich sind.[486] Ob ein Hinweis auf die Nachteiligkeit eines Rechtsgeschäfts oder einer Maßnahme auch dann erforderlich ist, wenn dieser Nachteil bereits vor Jahresende ausgeglichen wurde, wird unterschiedlich beurteilt.[487] Der Telos der Vorschrift spricht für eine extensivere Erklärungspflicht. Haben keine berichtspflichtigen Rechtsgeschäfte oder Maßnahmen vorgelegen, so ist auch das in der Schlusserklärung anzugeben (dazu auch Rdn 55).[488]

Eine **bestimmte Erklärungsformel** sieht § 312 Abs 3 S 1 – im Gegensatz zum Abschlussprüfertestat nach § 313 Abs 3 – **nicht** vor.[489] Damit erhält der Vorstand den erforderlichen Spielraum, um auf Sondersituationen einzugehen.[490] Von Belang ist dies nicht nur bei einer Negativerklärung (Rdn 55) und bei nicht ausgleichspflichtigen Nachteilen (Rdn 87), sondern auch und vor allem bei einem Wechsel aller Vorstandsmitglieder nach Durchführung der berichtspflichtigen Vorgänge oder gar erst nach Abschluss des Geschäftsjahrs.[491] Zur Vermeidung einer Irreführung bedarf es in solchen Fällen einer einschränkenden Formulierung, die auf den Kenntnisstand des neuen Vorstands Bezug nimmt.[492] Wechseln nur einzelne Vorstandsmitglieder, so relativiert sich das Problem **108**

---

483 Vgl *Adler/Düring/Schmaltz* § 312 Rdn 89; *Förschle/Heinz* in BeckBilKomm § 289 HGB Rdn 338; KK-*Koppensteiner* § 312 Rdn 85; MK-*Altmeppen* § 312 Rdn 144.

484 Vgl KK-*Koppensteiner* § 312 Rdn 85; MK-*Altmeppen* § 312 Rdn 144; Formulierungsvorschlag bei *Adler/Düring/Schmaltz* § 312 Rdn 93: „[...] mit der Einschränkung, daß sich aus bestimmten berichtspflichtigen Geschäften und Maßnahmen Nachteile für die Gesellschaft ergeben haben; ein Ausgleich ist nicht erfolgt, da eine Ausgleichspflicht nach § 311 AktG nicht besteht."

485 Vgl *Förschle/Heinz* in BeckBilKomm § 289 HGB Rdn 338; Spindler/Stilz/*Müller* § 312 Rdn 49.

486 Vgl Emmerich/*Habersack* Aktien- und GmbH-Konzernrecht § 312 Rdn 45; Hölters/*Leuering/Goertz* § 312 Rdn 54; Wachter/*Rothley* § 312 Rdn 24.

487 Bejahend Schmidt/Lutter/*Vetter* § 312 Rdn 66; verneinend *Förschle/Heinz* in BeckBilKomm § 289 HGB Rdn 338.

488 Vgl Hüffer/*Koch* § 312 Rdn 35; MK-*Altmeppen* § 312 Rdn 142; Formulierungsvorschlag bei *Adler/Düring/Schmaltz* § 312 Rdn 94: „Berichtspflichtige Vorgänge haben im Geschäftsjahr nicht vorgelegen."; geringfügig variierend *Förschle/Heinz* in BeckBilKomm § 289 HGB Rdn 341.

489 Vgl Emmerich/*Habersack* Aktien- und GmbH-Konzernrecht § 312 Rdn 45; *Förschle/Heinz* in BeckBilKomm § 289 HGB Rdn 338; Hölters/*Leuering/Goertz* § 312 Rdn 54; Hüffer/*Koch* § 312 Rdn 35; Spindler/Stilz/*Müller* § 312 Rdn 49.

490 Vgl Emmerich/*Habersack* Aktien- und GmbH-Konzernrecht § 312 Rdn 45; *Förschle/Heinz* in BeckBilKomm § 289 HGB Rdn 338; Hölters/*Leuering/Goertz* § 312 Rdn 54; Schmidt/Lutter/*Vetter* § 312 Rdn 65; Spindler/Stilz/*Müller* § 312 Rdn 49.

491 Vgl *Döllerer* FS Semler, 1993, S 441, 447 ff; *Förschle/Heinz* in BeckBilKomm § 289 HGB Rdn 340; Hüffer/*Koch* § 312 Rdn 35; KK-*Koppensteiner* § 312 Rdn 81; MK-*Altmeppen* § 312 Rdn 148 ff.

492 Vgl *Förschle/Heinz* in BeckBilKomm § 289 HGB Rdn 340; MK-*Altmeppen* § 312 Rdn 148; Formulierungsvorschlag bei *Döllerer* FS Semler, 1993, S 441, 451: „Ob die Gesellschaft nach den Umständen, die dem damaligen Vorstand in dem Zeitpunkt bekannt waren, in dem das Rechtsgeschäft vorgenommen oder die Maßnahme getroffen oder unterlassen wurde, bei jedem

wegen der Gesamtverantwortung des Vorstands (Rdn 56) und der Regeln zur Wissenszurechnung (Rdn 112).[493] Auch hier wird für das neue Vorstandsmitglied aber ein entsprechender Hinweis in der Schlusserklärung gefordert.[494]

109 Für eine **Schlusserklärung** nach § 312 Abs 3 S 1, wie sie in der Praxis nahezu ausnahmslos vorkommt[495], wird **in der kautelarjuristischen Literatur folgende Formulierung** vorgeschlagen: „Wir erklären, dass die Gesellschaft bei den im Bericht über die Beziehungen zu verbundenen Unternehmen aufgeführten Rechtsgeschäften und anderen Maßnahmen im Geschäftsjahr nach den Umständen, die uns in dem Zeitpunkt bekannt waren, in dem die Rechtsgeschäfte vorgenommen oder die Maßnahmen getroffen oder unterlassen wurden, jeweils eine angemessene Gegenleistung erhalten hat und dadurch, dass die Maßnahmen getroffen oder unterlassen wurden, nicht benachteiligt worden ist."[496]

3. Maßgeblicher Zeitpunkt

110 Für die Beurteilung durch den Vorstand ist gemäß § 312 Abs 3 S 1 der Zeitpunkt maßgeblich, in dem das Rechtsgeschäft vorgenommen oder die Maßnahme getroffen oder unterlassen wurde. Auf diese Einschränkung ist in der Schlusserklärung hinzuweisen.[497] Nach dem Gesetzeswortlaut kommt es für die Beurteilung allein auf die Umstände an, die dem Vorstand zu diesem Zeitpunkt „bekannt waren". Die hL belässt es hierbei.[498] Sie beruft sich dafür neben dem Wortlaut auf die Entstehungsgeschichte der Norm[499] und die Erwägung, der Vorstand solle zu keiner Selbstbezichtigung gezwungen werden.[500] Eine Gegenansicht hält den Vorstand auch dann für berichtspflichtig, wenn ihm die Benachteiligung ursprünglich zwar nicht bekannt war, aber bei gebotener Sorgfalt hätte bekannt sein müssen und von ihm nachträglich entdeckt wurde.[501] Sie stützt sich auf den Sinn und Zweck der §§ 311 ff[502] und bemüht methodisch teils ein Redaktionsversehen[503], teils eine teleologische Extension[504].

Rechtsgeschäft eine angemessene Gegenleistung erhielt und dadurch, daß die Maßnahme getroffen oder unterlassen wurde, nicht benachteiligt wurde, können wir nicht erklären. Denn wir wissen nicht, welche Umstände dem damaligen Vorstand bekannt waren."

493 Vgl *Döllerer* FS Semler, 1993, S 441, 451.

494 Vgl *Döllerer* FS Semler, 1993, S 441, 453 ff; abw wohl *Förschle/Heinz* in BeckBilKomm § 289 HGB Rdn 340.

495 Dazu MK-*Altmeppen* § 312 Rdn 143.

496 *Happ* in ders, Konzern- und Unwandlungsrecht, Muster 4.01, unter V; geringfügig variierend *Förschle/Heinz* in BeckBilKomm § 289 HGB Rdn 341.

497 Vgl Emmerich/*Habersack* Aktien- und GmbH-Konzernrecht § 312 Rdn 45; Spindler/Stilz/*Müller* § 312 Rdn 50; Wachter/*Rothley* § 312 Rdn 25.

498 Vgl *Adler/Düring/Schmaltz* § 312 Rdn 91; Bürgers/Körber/*Fett* § 312 Rdn 34; *Döllerer* FS Semler, 1993, S 441, 444 f; Emmerich/*Habersack* Aktien- und GmbH-Konzernrecht § 312 Rdn 46; *Förschle/Heinz* in BeckBilKomm § 289 HGB Rdn 339; *Haesen* S 102; Hölters/*Leuering/Goertz* § 312 Rdn 55; Hüffer/*Koch* § 312 Rdn 36; Schmidt/Lutter/*Vetter* § 312 Rdn 67; Spindler/Stilz/*Müller* § 312 Rdn 50; Wachter/*Rothley* § 312 Rdn 25; WP-Handbuch 2012, Band I, F Rdn 1341.

499 Vgl Bürgers/Körber/*Fett* § 312 Rdn 34; Emmerich/*Habersack* Aktien- und GmbH-Konzernrecht § 312 Rdn 46; Hölters/*Leuering/Goertz* § 312 Rdn 55.

500 Vgl Bürgers/Körber/*Fett* § 312 Rdn 34; *Döllerer* FS Semler, 1993, S 441, 444 f; *Förschle/Heinz* in BeckBilKomm § 289 HGB Rdn 339; *Haesen* S 102; Schmidt/Lutter/*Vetter* § 312 Rdn 67.

501 Vgl Grigoleit/*Grigoleit* § 312 Rdn 28; KK-*Koppensteiner* § 312 Rdn 80; MK-*Altmeppen* § 312 Rdn 146; NK-*Schatz/Schödel* § 312 Rdn 55.

502 Vgl MK-*Altmeppen* § 312 Rdn 146.

503 So KK-*Koppensteiner* § 312 Rdn 80.

504 So Grigoleit/*Grigoleit* § 312 Rdn 28; NK-*Schatz/Schödel* § 312 Rdn 55.

Richtigerweise liegt kein Redaktionsversehen vor. Vielmehr ist die Fassung „bekannt waren" bewusst gewählt[505] und in der Reformdiskussion vor 1965 auch so verstanden worden.[506] Sie unter Berufung auf den Sinn und Zweck der §§ 311 ff zu korrigieren, erscheint methodisch zwar nicht gänzlich ausgeschlossen[507], geriete aber in Konflikt mit herrschenden Grundsätzen des Organhaftungsrechts: Nach ganz überwiegender Ansicht sind Vorstandsmitglieder nicht verpflichtet, sich selbst zu beschuldigen und auf möglicherweise gegen sie bestehende Schadensersatzansprüche hinzuweisen.[508] Daher sollte es auch im Rahmen des § 312 Abs 3 S 1 bei der Lesart der hL bleiben[509], die im Übrigen noch darauf verweisen kann, dass diese Vorschrift im Gegensatz zu § 317 Abs 2 nicht auf den ordentlichen und gewissenhaften Geschäftsleiter, sondern auf den tatsächlich amtierenden Vorstand abstellt. Hiervon unberührt bleibt die Verpflichtung der Vorstandsmitglieder, erkanntes eigenes Fehlverhalten in Zukunft abzustellen und Folgeschäden von der Gesellschaft abzuwenden.[510] 111

Bekannt sind dem Vorstand nach allgemeinen Regeln zur Wissenszurechnung alle Umstände, von denen auch nur ein Vorstandsmitglied Kenntnis erlangt hat.[511] Relevant wird dies nicht nur, aber auch bei einem Wechsel eines Vorstandsmitglieds (Rdn 57, 108).[512] 112

4. Vorstandsinterne Meinungsverschiedenheiten

Die Schlusserklärung ist gemäß § 312 Abs 3 S 1 durch den Vorstand als Gesamtorgan abzugeben (s zur Berichtsaufstellung auch Rdn 56). Nicht erörtert wird bislang, welche Auswirkungen vorstandsinterne Meinungsverschiedenheiten auf die Abgabe der Schlusserklärung haben. Im Rahmen des § 245 HGB ist ganz überwiegend anerkannt, dass ein- 113

---

505 Dazu MK-*Kropff*, 2. Aufl 2000, § 311 Rdn 146 mit Fn 284.

506 Die Schlüsselstelle stammt von *Semler* WPg 1960, 552, 553: „Es ist ohne Bedeutung, ob der Vorstand später andere Erkenntnisse gewonnen hat. Für die Berichterstattung (nicht für die Haftung) ist es auch gleichgültig, ob der Vorstand sich mit diesen Kenntnissen, die er bei Vornahme des Rechtsgeschäfts bzw. der Maßnahme hatte, begnügen durfte: Es kommt allein auf die Kenntnisse an, die der Vorstand hatte, nicht auf die Kenntnisse, die er bei Anwendung der Sorgfalt eines ordentlichen und gewissenhaften Geschäftsleiters zugrunde legen mußte."

507 Hochverdichtet MK-*Altmeppen* § 311 Rdn 145 mit Fn 188: „Den heutigen Rechtsanwender bindet dieser Irrtum der Ministerialbürokratie nicht."; allgemein zu Reichweite und Grenzen der subjektiven Theorie der Gesetzesauslegung *Fleischer* in ders (Hrsg), Mysterium „Gesetzesmaterialien", 2013, S 2, 5 ff.

508 Eingehend zuletzt *Grunewald* NZG 2013, 841, 843 ff; Spindler/Stilz/*Fleischer* § 84 Rdn 82a; beide mwN; aus der Rechtsprechung OLG Düsseldorf WM 2000, 1393 (GmbH); s auch OLG Köln NZG 2000, 1137 (GmbH); BGH NZG 2008, 909, 910 (GmbH).

509 Eindringlich *Döllerer* FS Semler, 1993, S 441, 444 f: „Dem Gesetzgeber erschien es zumutbar, den Vorstand zu verpflichten, sein tatsächliches Wissen zu offenbaren und der Schlußerklärung zugrunde zu legen. Dagegen erschien es dem Gesetzgeber nicht zumutbar und auch nicht notwendig, den Vorstand zu verpflichten, ein rechtliches Unwerturteil über sich abzugeben. Dieses Unwerturteil mögen andere fällen, der Abschlußprüfer in seinem Prüfungsbericht, der Aufsichtsrat, u. U. die Sonderprüfer oder das Gericht."

510 Allgemein dazu *Grunewald* NZG 2013, 841, 843, 846; s auch MK-*Altmeppen* § 312 Rdn 146, der von dem „primären Ziel" spricht, den Pflichtenverstoß noch zu korrigieren.

511 AllgM, vgl etwa *Döllerer* FS Semler, 1993, S 441, 451; *Förschle/Heinz* in BeckBilKomm § 289 HGB Rdn 340; Grigoleit/*Grigoleit* § 312 Rdn 28; MK-*Altmeppen* § 312 Rdn 148; Schmidt/Lutter/*Vetter* § 312 Rdn 68.

512 Vgl *Döllerer* FS Semler, 1993, S 441, 451.

zelne Vorstandsmitglieder den Jahresabschluss auch dann unterzeichnen müssen, wenn sie mit seinem Inhalt nicht einverstanden sind.[513] Dies lässt sich auf § 312 Abs 3 nicht übertragen, wenn man in der Schlusserklärung eine persönliche Ehrenerklärung jedes Vorstandsmitglieds erblickt (vgl Rdn 105). Das Mehrheitsprinzip des § 77 Abs 1 S 2 muss dann im Hinblick auf Sinn und Zweck der Schlusserklärung zurücktreten. Hiervon unberührt bleiben verbandsinterne Einwirkungspflichten des überstimmten Vorstandsmitglieds, um eine gesetzeskonforme Schlusserklärung zu veranlassen.[514]

5. Aufnahme in den Lagebericht (Abs 3 S 3)

114 Gemäß § 312 Abs 3 S 3 ist die Schlusserklärung in den nach §§ 264 Abs 1, 289 HGB aufzustellenden Lagebericht aufzunehmen. Hierdurch wird sie nicht nur den Aktionären (Auslegungspflicht nach § 175 Abs 2 S 1), sondern allen interessierten Dritten bekannt (Offenlegungspflicht nach § 325 Abs 1 S 1 Nr 1 und Abs 2 HGB).[515] Außerdem erfahren auch die leitenden Angestellten der Gesellschaft, die selbst die Geschäfte kennen und deren Angemessenheit beurteilen können, von der Schlusserklärung.[516] Hiervon erhofft sich der Gesetzgeber eine weitere Stärkung der Bereitschaft des Vorstands zur getreuen und gewissenhaften Rechenschaftslegung.[517] Wo genau die Schlusserklärung im Lagebericht ihren Platz findet, ist gesetzlich nicht vorgeschrieben.[518]

115 Kleine Kapitalgesellschaften iSd § 267 Abs 1 HGB, die nach § 264 Abs 1 S 4 HGB keinen Lagebericht aufzustellen brauchen, müssen die Schlusserklärung nach hL in den Anhang aufnehmen.[519] Die von einer vereinzelten Gegenmeinung vermisste Regelungslücke[520] liegt vor, weil außenstehenden Aktionären ohne Publizität der Schlusserklärung die Möglichkeit zur Beantragung einer Sonderprüfung nach § 315 S 1 Nr 1 genommen würde. Aus dem gleichen Grund müssen abhängige Gesellschaften, die unter Inanspruchnahme der Befreiungen des § 264 Abs 3 HGB auf die Aufstellung eines Lageberichts verzichten, die Schlusserklärung in den Anhang aufnehmen.[521] Stellen sie im Rahmen dieser Befreiungen auch keinen Anhang auf, so ist die Schlusserklärung unter dem Jahresabschluss anzugeben und mit diesem zu veröffentlichen.[522] Das Gleiche gilt für Kleinstkapitalgesellschaften iSd § 267a Abs 1 HGB, soweit diese nach § 264 Abs 1 S 5 HGB keinen Anhang aufstellen.

---

[513] So etwa *Adler/Düring/Schmaltz* § 245 HGB Rdn 12; *Winkeljohann/Schellhorn* in BeckBilKomm § 245 HGB Rdn 2; kritisch aber MK-BilR-*Kleindiek* § 245 HGB Rdn 12.

[514] Allgemein zu den Pflichten überstimmter Vorstandsmitglieder *Fleischer* BB 2004, 2645 ff.

[515] Vgl Begr RegE bei *Kropff* S 412; Bürgers/Körber/*Fett* § 312 Rdn 36; Emmerich/*Habersack* Aktien- und GmbH-Konzernrecht § 312 Rdn 47; Hölters/*Leuering/Goertz* § 312 Rdn 56; Hüffer/*Koch* § 312 Rdn 37; Schmidt/Lutter/*Vetter* § 312 Rdn 69; Spindler/Stilz/*Müller* § 312 Rdn 51.

[516] Vgl Begr RegE bei *Kropff* S 412; zuvor schon *Flume* Referentenentwurf, S 26.

[517] Vgl Berg RegE bei *Kropff* S 412; zuvor schon *Flume* Referentenentwurf, S 26.

[518] Vgl *Förschle/Heinz* in BeckBilKomm § 289 HGB Rdn 343; KK-*Koppensteiner* § 312 Rdn 342.

[519] Vg *Adler/Düring/Schmaltz* § 312 Rdn 88; Emmerich/*Habersack* Aktien- und GmbH-Konzernrecht § 312 Rdn 47; Hölters/*Leuering/Goertz* § 312 Rdn 56; KK-*Koppensteiner* § 312 Rdn 87; MK-*Altmeppen* § 312 Rdn 152; Schmidt/Lutter/*Vetter* § 312 Rdn 70; Spindler/Stilz/*Müller* § 312 Rdn 51; Wachter/*Rothley* § 312 Rdn 26.

[520] Vgl *Krieger* in MünchHdb AG § 69 Rdn 105.

[521] Vgl *Förschle/Heinz* in BeckBilKomm § 289 HGB Rdn 343.

[522] Vgl *Förschle/Heinz* in BeckBilKomm § 289 HGB Rdn 343; KK-*Koppensteiner* § 312 Rdn 87; MK-*Altmeppen* § 312 Rdn 152; Schmidt/Lutter/*Vetter* § 313 Rdn 70; Spindler/Stilz/*Müller* § 312 Rdn 51; Wachter/*Rothley* § 312 Rdn 26.

VI. Rechtsfolgen fehlender oder fehlerhafter Berichterstattung

1. Zwangsgeld

Vorstandsmitglieder, die ihre Pflicht zur Aufstellung eines Abhängigkeitsberichts nicht befolgen, sind hierzu vom Registergericht gemäß § 407 Abs 1 durch Festsetzung von Zwangsgeld anzuhalten. Bei der KGaA (Rdn 40) treten die persönlich haftenden Gesellschafter an die Stelle der Vorstandsmitglieder (§ 408 S 2). Nach zutreffender hM entfällt die Möglichkeit zur Androhung von Zwangsgeld nicht bereits mit der Feststellung des Jahresabschlusses.[523] Andernfalls läge es weitgehend in der Hand von Vorstand und Aufsichtsrat, durch eine kurzfristige Feststellung des Jahresabschlusses nach Ende des Geschäftsjahres die Notwendigkeit der Aufstellung eines Abhängigkeitsberichts zu umgehen.[524] Die Gegenmeinung[525] würde § 312 Abs 1 zudem seiner Präventivwirkung entkleiden[526] und seine Zielsetzung durchkreuzen, außenstehenden Aktionären durch Verbesserung ihrer Beweislage die Durchsetzung von Schadensersatzansprüchen aus §§ 317 f zu erleichtern (Rdn 6).[527] Richtigerweise besteht die Verpflichtung, einen Abhängigkeitsbericht zu erstellen, daher bis zum Ablauf der fünfjährigen Verjährungsfrist der §§ 317 Abs 4, 318 Abs 4 und 309 Abs 5, um erforderlichenfalls die Bestellung eines Sonderprüfers erreichen zu können.[528] 116

Lehnt das Registergericht die Festsetzung eines Zwangsgeldes ab, so kann jeder Aktionär dies im Wege der Beschwerde und Rechtsbeschwerde (§§ 59, 70 FamFG) überprüfen lassen.[529] Als beeinträchtigtes Recht iSd § 59 FamFG ist die Befugnis anzusehen, nach § 315 Abs 1 die Bestellung eines Sonderprüfers zu beantragen.[530] Gesellschaftsgläubigern dürfte das Beschwerderecht nur (aber immerhin) dann zustehen, wenn sie nach §§ 317 Abs 4, 318 Abs 4 iVm § 309 Abs 4 S 3 Ersatzansprüche geltend machen können.[531] 117

---

[523] Vgl BGHZ 135, 107 Leitsatz b; Emmerich/*Habersack* Aktien- und GmbH-Konzernrecht § 312 Rdn 18; Hüffer/*Koch* § 312 Rdn 10; KK-*Koppensteiner* § 312 Rdn 32; MK-*Altmeppen* § 312 Rdn 71; *Schiessl* ZGR 1998, 871, 875 f; Schmidt/Lutter/*Vetter* § 312 Rdn 20; Spindler/Stilz/*Müller* § 312 Rdn 20.

[524] Vgl BGHZ 135, 107, 112.

[525] Vgl AG Bremen DB 1976, 1760; *Adler/Düring/Schmaltz* § 312 Rdn 103; *Mertens* AG 1996, 241, 247 ff; s auch OLG Köln AG 1978, 171, 172.

[526] Vgl BGHZ 135, 107, 112.

[527] Vgl BGHZ 135, 107, 111 f.

[528] Vgl BGHZ 135, 107, 112 f; Bürgers/Körber/*Fett* § 312 Rdn 11; Emmerich/*Habersack* Aktien- und GmbH-Konzernrecht § 312 Rdn 18; *Förschle/Heinz* in BeckBilKomm § 289 HGB Rdn 391; Hölters/*Leuering/Goertz* § 312 Rdn 64; Hüffer/*Koch* § 312 Rdn 10; MK-*Altmeppen* § 311 Rdn 71; *Schiessl* ZGR 1998, 871, 876; Schmidt/Lutter/*Vetter* § 312 Rdn 20; Spindler/Stilz/*Müller* § 312 Rdn 20; Wachter/*Rothley* § 312 Rdn 27; abw *Götz* NZG 2001, 68, 69 f, der die Sechsmonatsfrist des § 256 Abs 6 analog heranzieht; dies überzeugt nicht, weil Belange der Rechtssicherheit durch eine nachträgliche Aufstellung des Abhängigkeitsberichts nicht beeinträchtigt werden.

[529] Vgl BGHZ 135, 107, 109 f; Emmerich/*Habersack* Aktien- und GmbH-Konzernrecht § 312 Rdn 18; Grigoleit/*Grigoleit* § 312 Rdn 8; Hölters/*Leuering/Goertz* § 312 Rdn 64; MK-*Altmeppen* § 312 Rdn 73; Schmidt/Lutter/*Vetter* § 312 Rdn 22.

[530] Vgl BGHZ 135, 107, 109; MK-*Altmeppen* § 312 Rdn 73; Schmidt/Lutter/*Vetter* § 312 Rdn 22.

[531] Ähnlich Grigoleit/*Grigoleit* § 312 Rdn 8; zurückhaltender Schmidt/Lutter/*Vetter* § 312 Rdn 23: jedenfalls dann kein Beschwerderecht, wenn die Voraussetzungen zur selbständigen Geltendmachung eines Schadensersatzanspruchs nicht vorliegen; s auch MK-*Altmeppen* § 312 Rdn 73; abw Hölters/*Leuering/Goertz* § 312 Rdn 64.

2. Sonstige Rechtsfolgen

118 **Vorstandsmitglieder**, die ihrer Berichtspflicht nicht ordnungsgemäß nachkommen, machen sich unter den weiteren Voraussetzungen der §§ 93, 318 Abs 1, 3 und 4 **schadensersatzpflichtig.**[532] Dies gilt sowohl für nicht aufgestellte wie für unrichtige oder unvollständige Abhängigkeitsberichte.[533] Ob auch eine **Strafbarkeit** nach § 400 Abs 1 in Betracht kommt, **wird unterschiedlich beurteilt.**[534] Zum Teil hält man schon § 331 Nr 1 HGB für einschlägig.[535] Der Gesetzgeber sollte bei geeigneter Gelegenheit klarstellen, dass die Abgabe einer unrichtigen Schlusserklärung strafbewehrt ist. Wurde der Vorstand trotz Nichterstellung eines Abhängigkeitsberichts entlastet, so kann ein Aktionär den Entlastungsbeschluss gemäß § 243 Abs 1 anfechten.[536] Dies gilt auch dann, wenn ihm noch die Möglichkeit offensteht, beim Registergericht die Festsetzung eines Zwangsgeldes anzuregen.[537]

119 Der **Aufsichtsrat** hat in seinem Bericht an die Hauptversammlung gemäß § 171 Abs 2 auf einen fehlenden oder unzulänglichen Abschlussbericht hinzuweisen.[538] Sonst trifft auch ihn eine **Schadensersatzhaftung** nach §§ 116, 93, 318 Abs 2.[539] Wird der Abhängigkeitsbericht im Prüfbericht des Aufsichtsrats nicht erwähnt, so führt das zur Anfechtbarkeit seiner Entlastung.[540] Nimmt er entgegen § 314 Abs 2 S 3 den Bestätigungsvermerk

[532] Vgl *Adler/Düring/Schmaltz* § 312 Rdn 103; Bürgers/Körber/*Fett* § 312 Rdn 12; Emmerich/*Habersack* Aktien-und GmbH-Konzernrecht § 312 Rdn 19; Hölters/*Leuering/Goertz* § 312 Rdn 65; Hüffer/*Koch* § 312 Rdn 10; KK-*Koppensteiner* § 312 Rdn 31; MK-*Altmeppen* § 312 Rdn 76; Spindler/Stilz/*Müller* § 312 Rdn 21; Wachter/*Rothley* § 312 Rdn 27.

[533] Vgl *Adler/Düring/Schmaltz* § 312 Rdn 103; Bürgers/Körber/*Fett* § 312 Rdn 12; Hüffer/*Koch* § 312 Rdn 10; Spindler/Stilz/*Müller* § 312 Rdn 21.

[534] Bejahend *Adler/Düring/Schmaltz* § 312 Rdn 103; *Hommelhoff* ZHR 156 (1992), 295, 302; Küting/Weber/*Weber* § 312 Rdn 102; zurückhaltend KK-*Koppensteiner* § 312 Rdn 31.

[535] So *Hommelhoff* Gutachten G für den 59. DJT 1992, G 17.

[536] Vgl BGHZ 62, 193, 194 f; OLG Stuttgart AG 2003, 527, 530 ff; OLG Düsseldorf AG 2003, 365, 366; OLG Düsseldorf AG 2003, 36, 37; OLG Frankfurt AG 2001, 53 f; OLG Karlsruhe AG 2000, 78, 79 f; LG Karlsruhe AG 2001, 204, 205; Bürgers/Körber/*Fett* § 312 Rdn 13; Emmerich/*Habersack* Aktien- und GmbH-Konzernrecht § 312 Rdn 20; Grigoleit/*Grigoleit* § 312 Rdn 8; Hüffer/*Koch* § 312 Rdn 10; KK-*Koppensteiner* § 312 Rdn 30; MK-*Altmeppen* § 312 Rdn 74; Schmidt/Lutter/*Vetter* § 312 Rdn 25. Offen OLG Hamm AG 2001, 146, 147 für den Fall, dass sich der geforderte Abhängigkeitsbericht in einem Negativattest erschöpft hätte. Abw OLG München ZIP 1992, 327, 335 f; OLG München AG 2003, 452, 453, wonach die Entlastung im Ermessen der Hauptversammlung steht.

[537] Vgl OLG Düsseldorf AG 2000, 365: „Das gerichtliche Erzwingungsverfahren und die Anfechtungsklage haben unterschiedliche Ziele und ungleiches Gewicht für den Aktionär."; aus dem Schrifttum Bürgers/Körber/*Fett* § 312 Rdn 13; Emmerich/*Habersack* Aktien- und GmbH-Konzernrecht § 312 Rdn 20; Schmidt/Lutter/*Vetter* § 312 Rdn 25.

[538] Vgl *Adler/Düring/Schmaltz* § 312 Rdn 105; Bürgers/Körber/*Fett* § 312 Rdn 12; Emmerich/*Habersack* § 312 Rdn 19; *Förschle/Heinz* in BeckBilKomm § 289 HGB Rdn 392; Hölters/*Leuering/Goertz* § 312 Rdn 66; Hüffer/*Koch* § 312 Rdn 10; Küting/Weber/*Weber* § 312 Rdn 104; Schmidt/Lutter/*Vetter* § 312 Rdn 24; Wachter/*Rothley* § 312 Rdn 27.

[539] Vgl Bürgers/Körber/*Fett* § 312 Rdn 12; *Förschle/Heinz* in BeckBilKomm § 289 HGB Rdn 392; Wachter/*Rothley* § 312 Rdn 27.

[540] Vgl OLG Stuttgart AG 527, 530; generell für Verstöße des Aufsichtsrats gegen die §§ 312 ff auch OLG Düsseldorf AG 2003, 36, 37.

des Abschlussprüfers über Beziehungen zu verbundenen Unternehmen nicht in seinen Bericht an die Hauptversammlung auf, so kann der Hauptversammlungsbeschluss über seine Entlastung ebenfalls angefochten werden.[541]

Der **Abschlussprüfer** hat in seinem Bericht über die Prüfung des Abhängigkeitsberichts gemäß § 313 Abs 2 S 2 auf etwaige Unvollständigkeiten einzugehen. Sind Einwendungen zu erheben oder ist der Bericht unvollständig, so hat er seinen **Bestätigungsvermerk** nach § 313 Abs 4 **einzuschränken oder zu versagen.**[542] Darüber hinaus können Verstöße gegen die Berichtspflicht nach § 312 auch Folgen für den Bestätigungsvermerk des Abschlussprüfers zum Jahresabschluss haben, weil die Schlusserklärung Bestandteil des Lageberichts ist (Rdn 114) und sich die Beurteilung des Prüfungsergebnisses nach § 322 Abs 6 HGB auch darauf erstreckt, ob der Lagebericht ein zutreffendes Bild des Unternehmens oder des Konzerns vermittelt. Fehlen Abhängigkeitsbericht oder Schlusserklärung des Vorstands, so hat der Abschlussprüfer seinen Bestätigungsvermerk zum Jahresabschluss gemäß § 322 Abs 4 HGB einzuschränken.[543] Noch weitergehender halten einzelne Literaturstimmen eine Einschränkung des Testats auch bei wesentlichen Mängeln der Berichterstattung für geboten.[544] Eine Versagung des Bestätigungsvermerks wird im Allgemeinen nicht in Betracht kommen.[545] **120**

Das Fehlen eines Abhängigkeitsberichts oder Mängel der Berichterstattung führen grundsätzlich nicht zur Nichtigkeit des Jahresabschlusses.[546] Dies ergibt sich daraus, dass der Abhängigkeitsbericht nach der gesetzlichen Regelung kein Bestandteil des Jahresabschlusses ist.[547] Er wird es auch nicht dadurch, dass die Schlusserklärung des Vorstands nach § 312 Abs 3 S 3 in den Lagebericht aufgenommen werden muss (Rdn 114). Denn auch der Lagebericht gehört nicht zum Inhalt des Jahresabschlusses, sondern bildet einen eigenständigen Teil der Rechnungslegung (arg § 264 Abs 1 S 3 HGB).[548] Denkbar ist jedoch, dass eine unterbliebene, aber gebotene Aktivierung eines Anspruchs auf Nachteilsausgleich (§ 311) oder Schadensersatz (§§ 317, 318) im Einzelfall die Nichtigkeit des Jahresabschlusses wegen vorsätzlicher Unterbewertung nach § 256 Abs 5 S 1 Nr 2 begründet.[549] **121**

---

541 Vgl LG München DB 2006, 94; *Förschle/Heinz* in BeckBilKomm § 289 HGB Rdn 392.

542 Vgl *Adler/Düring/Schmaltz* § 312 Rdn 104; Emmerich/*Habersack* Aktien- und GmbH-Konzernrecht § 312 Rdn 19; *Förschle/Heinz* in BecklBilKomm § 289 HGB Rdn 393; MK-*Altmeppen* § 312 Rdn 76; Schmidt/Lutter/*Vetter* § 312 Rdn 24; Spindler/Stilz/*Müller* § 312 Rdn 21.

543 Vgl *Förschle/Heinz* in BeckBilKomm § 289 HGB Rdn 393; Grigoleit/*Grigoleit* § 312 Rdn 8; Hölters/*Leuering/Goertz* § 312 Rdn 67; *Kupsch* DB 1993, 493 ff; Wachter/*Rothley* § 312 Rdn 27; für einen Formulierungsvorschlag Küting/Weber/*Weber* § 312 Rdn 103: „Der Lagebericht steht im Einklang mit dem Jahresabschluss mit der Einschränkung, dass er die erforderliche Schlusserklärung des Vorstands gem. § 312 Abs. 3 AktG nicht enthält."

544 So Spindler/Stilz/*Müller* § 312 Rdn 21 für den Fall, dass wesentliche Benachteiligungen in dem Abhängigkeitsbericht verschwiegen werden, so dass die Abschlusserklärung des Vorstands objektiv nicht den Tatsachen entspreche; ferner Hölters/*Leuering/Goertz* § 312 Rdn 67.

545 Vgl Küting/Weber/*Weber* § 312 Rdn 103.

546 Vgl OLG Köln AG 1993, 86, 87; *Adler/Düring/Schmaltz* § 312 Rdn 103a; Emmerich/*Habersack* Aktien- und GmbH-Konzernrecht § 312 Rdn 20; *Förschle/Heinz* in BeckBilKomm § 289 HGB Rdn 394; Grigoleit/*Grigoleit* § 312 Rdn 8; Hüffer/*Koch* § 312 Rdn 37.

547 Vgl BGHZ 124, 111, 121.

548 Vgl BGHZ 124, 111, 122.

549 Vgl BGHZ 124, 111, 119; Emmerich/*Habersack* Aktien- und GmbH-Konzernrecht § 312 Rdn 20; *Förschle/Heinz* in BeckBilKomm § 289 HGB Rdn 394; Wachter/*Rothley* § 312 Rdn 27.

Stellt ausnahmsweise die Hauptversammlung den Jahresabschluss fest, so kann das Fehlen von Abhängigkeitsbericht oder Schlusserklärung die Anfechtbarkeit des Feststellungsbeschlusses zur Folge haben.[550]

§ 313 AktG
Prüfung durch den Abschlussprüfer

(1) Ist der Jahresabschluss durch einen Abschlussprüfer zu prüfen, so ist gleichzeitig mit dem Jahresabschluss und dem Lagebericht auch der Bericht über die Beziehungen zu verbundenen Unternehmen dem Abschlussprüfer vorzulegen. Er hat zu prüfen, ob

1. die tatsächlichen Angaben des Berichts richtig sind,
2. bei den im Bericht aufgeführten Rechtsgeschäften nach den Umständen, die im Zeitpunkt ihrer Vornahme bekannt waren, die Leistung der Gesellschaft nicht unangemessen hoch war; soweit sie dies war, ob die Nachteile ausgeglichen worden sind,
3. bei den im Bericht aufgeführten Maßnahmen keine Umstände für eine wesentlich andere Beurteilung als durch den Vorstand sprechen.

§ 320 Abs 1 Satz 2 und Abs 2 Satz 1 und 2 des Handelsgesetzbuchs gilt sinngemäß. Die Rechte nach dieser Vorschrift hat der Abschlussprüfer auch gegenüber einem Konzernunternehmen sowie gegenüber einem abhängigen oder herrschenden Unternehmen.

(2) Der Abschlussprüfer hat über das Ergebnis der Prüfung schriftlich zu berichten. Stellt er bei der Prüfung des Jahresabschlusses, des Lageberichts und des Berichts über die Beziehungen zu verbundenen Unternehmen fest, dass dieser Bericht unvollständig ist, so hat er auch hierüber zu berichten. Der Abschlussprüfer hat seinen Bericht zu unterzeichnen und dem Aufsichtsrat vorzulegen; dem Vorstand ist vor der Zuleitung Gelegenheit zur Stellungnahme zu geben.

(3) Sind nach dem abschließenden Ergebnis der Prüfung keine Einwendungen zu erheben, so hat der Abschlussprüfer dies durch folgenden Vermerk zum Bericht über die Beziehungen zu verbundenen Unternehmen zu bestätigen:

Nach meiner/unserer pflichtgemäßen Prüfung und Beurteilung bestätige ich/bestätigen wir, dass

1. die tatsächlichen Angaben des Berichts richtig sind,
2. bei den im Bericht aufgeführten Rechtsgeschäften die Leistung der Gesellschaft nicht unangemessen hoch war oder Nachteile ausgeglichen worden sind,
3. bei den im Bericht aufgeführten Maßnahmen keine Umstände für eine wesentlich andere Beurteilung als die durch den Vorstand sprechen.

Führt der Bericht kein Rechtsgeschäft auf, so ist Nummer 2, führt er keine Maßnahme auf, so ist Nummer 3 des Vermerks fortzulassen. Hat der Abschlussprüfer bei keinem im Bericht aufgeführten Rechtsgeschäft festgestellt, dass die Leistung der Gesellschaft unangemessen hoch war, so ist Nummer 2 des Vermerks auf diese Bestätigung zu beschränken.

(4) Sind Einwendungen zu erheben oder hat der Abschlussprüfer festgestellt, dass der Bericht über die Beziehungen zu verbundenen Unternehmen unvollständig ist, so hat er die Bestätigung einzuschränken oder zu versagen. Hat der Vorstand selbst erklärt, dass

---

[550] Vgl *Förschle/Heinz* in BeckBilKomm § 289 HGB Rdn 394; MK-*Altmeppen* § 312 Rdn 74.

die Gesellschaft durch bestimmte Rechtsgeschäfte oder Maßnahmen benachteiligt worden ist, ohne dass die Nachteile ausgeglichen worden sind, so ist dies in dem Vermerk anzugeben und der Vermerk auf die übrigen Rechtgeschäfte oder Maßnahmen zu beschränken.

(5) Der Abschlussprüfer hat den Bestätigungsvermerk mit Angabe von Ort und Tag zu unterzeichnen. Der Bestätigungsvermerk ist auch in den Prüfungsbericht aufzunehmen.

Übersicht

Schrifttum

Baums (Hrsg) Bericht der Regierungskommission Corporate Governance, 2001; *Böttcher* Der Abhängigkeitsbericht im faktischen Konzern – kostspielig, unpraktikabel und wirkungslos?, FS Maier-Reimer, 2010, S 29; *Bundesministerium der Justiz* (Hrsg) Bericht über die Verhandlungen der Unternehmensrechtskommission, 1980; *Doralt* Zur Entwicklung eines österreichischen Konzernrechts, ZGR 1991, 252; *Flume* Der Referentenentwurf eines Aktiengesetzes, 1958; *ders* Die abhängige Aktiengesellschaft und die Aktienrechtsreform, DB 1959, 190; *Forster* Neue Pflichten des Abschlußprüfers nach dem Aktiengesetz von 1965, WPg 1965, 585; *Geßler* Der Schutz der abhängigen Gesellschaft, FS W Schmidt, 1959, S 247; *ders* Probleme des neuen Konzernrechts, DB 1965, 1691; *Goerdeler* Geschäftsbericht, Konzerngeschäftsbericht und „Abhängigkeitsbericht" aus der Sicht des Wirtschaftsprüfers, WPg 1966, 113; *Greiffenhagen* Gefahrenlagen für Wirtschaftsprüfer und Aufsichtsräte, insbesondere aus dem Risikofeld Abhängigkeitsbericht, FS Ludewig, 1996, S 303; *Großfeld* Aktiengesellschaft, Unternehmenskonzentration und Kleinaktionär, 1968; *Habersack* Alte und neue Ungereimtheiten im Rahmen der §§ 311 ff AktG, FS Peltzer, 2001, S 139; *Haesen* Der Abhängigkeitsbericht im faktischen Konzern, 1970; *Hoffmann-Becking* Referat zum 59. Deutschen Juristentag, Abteilung Wirtschaftsrecht, 1992, Band II, R 8; *Hommelhoff* Empfiehlt es sich, das Recht faktischer Unternehmensverbindungen – auch im Hinblick auf das Recht anderer EG-Staaten – neu zu regeln? Gutachten G zum 59. Deutschen Juristentag, 1992; *ders* Praktische Erfahrungen mit dem Abhängigkeitsbericht, ZHR 156 (1992), 295; *Institut der Wirtschaftsprüfer* (IDW) Wirtschaftsprüfung im neuen Aktienrecht, Bericht über die Fachtagung des Instituts der Wirtschaftsprüfer in Deutschland eV am 29. und 30. September 1966 in Frankfurt/M, 1966; *dass* Zur Aufstellung und Prüfung des Berichts über die Beziehungen zu verbundenen Unternehmen (Abhängigkeitsbericht) nach § 312 AktG, WPg 1992, 91; Ergänzung WPg 1998, 927; *dass* WP-Handbuch, 14. Aufl, Band I, 2012; *Karoli* Die Stellung des Abschlußprüfers nach dem künftigen Aktienrecht, WPg 1964, 394; *Koppensteiner* Abhängige Aktiengesellschaften aus rechtspolitischer Sicht, FS Steindorff, 1990, S 79; *ders* „Faktischer Konzern" und Konzentration, ZGR 1973, 1; *Kropff* Aktiengesetz. Textausgabe mit Begründung des Regierungsentwurfs, 1965; *ders* Außenseiterschutz in der faktisch abhängigen „kleinen" Aktiengesellschaft, ZGR 1988, 558; *ders* Das Konzernrecht des Aktiengesetzes 1965, BB 1965, 1281; *ders* Der außenstehende Aktionär im Konzern nach dem Referentenentwurf eines Aktiengesetzes, Das Wertpapier 1958, 674; *ders* Konzerneingangskontrolle bei der qualifiziert konzerngebundenen Aktiengesellschaft, FS Goerdeler, 1987, S 259; *ders* Reformbestrebungen im Nachkriegsdeutschland und die Aktienrechtsreform von 1965, in Bayer/Habersack (Hrsg), Aktienrecht im Wandel, Band I, 2007, 16. Kapitel, S 670; *Meier* Der Abhängigkeitsbericht unter betriebswirtschaftlichen Gesichtspunkten, in IDW (Hrsg), Wirtschaftsprüfung im neuen Aktienrecht, Bericht über die Fachtagung des Instituts der Wirtschaftsprüfer in Deutschland eV am 29. und 30. September 1966 in Frankfurt/M, 1966, S 83; *ders* Inhalt und Prüfung des Abhängigkeitsberichts, WPg 1968, 94; *Pohle* Konzernrecht – insbesondere Konzernabschluß – im Entwurf eines Aktiengesetzes, AG 1960, 311; *Rasch* Gewinnabführungs- und Weisungsverträge im Referentenentwurf eines Aktiengesetzes, DB 1959, 165; *Rautmann* Probleme aus dem Recht der Unternehmensverträge im Referentenentwurf eines Aktiengesetzes, in Hengeler (Hrsg), Beiträge zur Aktienrechtsreform, 1959, S 159; *Reul* Die Pflicht zur Gleichbehandlung der Aktionäre bei privaten Kontrolltransaktionen, 1991; *Rhiel Related-Party Transactions* im deutschen und US-amerikanischen Recht der Aktiengesellschaft, 2015; *Schäffer* Die Aktienrechtsreform und ihre Probleme, BB 1958, 1253; *ders* Selbstfinanzierung und Konzernrecht, AG 1959, 57; *Schwarz* Die Rechenschaftslegung der Aktiengesellschaft unter neuen Aspekten, in Entwicklungstendenzen im Handels- und Steuerrecht, 1964, S 31; *Schupp* Das Recht des faktischen Konzerns in der Sicht der großen Aktienrechtsreform, JR 1961, 4; *Semler* Das Recht der verbundenen Unternehmen nach dem Regierungsentwurf eines Aktiengesetzes, WPg 1960, 552; *ders* Die Aufgaben des Wirtschaftsprüfers nach dem Entwurf eines Konzernrechts, in IDW (Hrsg), Unternehmer und Wirtschaftsprüfer mit dem Blick in die Zukunft, Bericht über die Fachtagung des Instituts der Wirtschaftsprüfer am 4. und 5. Juni 1959 in Stuttgart, 1960, S 49; *Studienkommission des Deutschen Juristentages* Untersuchungen zur Reform des Konzernrechts, 1967; *Sura* Die Behandlung des Fremdeinflusses in Unternehmensverbindungen, ZHR 145 (1981), 432; *Velte* Die Prüfung des Abhängigkeitsberichts durch Aufsichtsrat und Abschlussprüfer sowie ihre Berichterstattung, Der Konzern 2010, 49; *Walther* Zum Recht der verbundenen Unternehmen nach dem Regierungsentwurf eines Aktiengesetzes, AG 1961, 85; *Wieland* Die Abbildung von Fremdeinfluß im Abhängigkeitsbericht: Eine ökonomische Betrachtung der Berichterstattung über faktische Abhängigkeitsverhältnisse, 1998; *Wollert* Der Abhängigkeitsbericht nach dem Aktiengesetz 1965, DB 1966, 1281.

I. Grundlagen

1. Regelungsgegenstand

1 § 313 schreibt die Prüfung des Abhängigkeitsberichts durch den Abschlussprüfer vor. Abs 1 S 1 verknüpft den Anwendungsbereich dieser aktienkonzernrechtlichen Pflichtprüfung mit jenem der Jahresabschlussprüfung. Abs 1 S 2 bestimmt den Prüfungsgegenstand, Abs 1 S 3 und 4 Einzelheiten des Prüfungsverfahrens. Gemäß Abs 2 obliegt dem Abschlussprüfer eine Berichtspflicht über das Ergebnis seiner Prüfung. Abs 3 und 4 handeln von der Erteilung, Einschränkung oder Versagung des Bestätigungsvermerks durch den Abschlussprüfer. Abs 5 S 2 ordnet dessen Aufnahme in den Prüfungsbericht an.

2. Regelungszweck

2 Die Prüfung des Abhängigkeitsberichts durch den Abschlussprüfer bildet ein Kernelement im Schutzsystem der §§ 312 ff.[1] Sie soll sicherstellen, dass der Abhängigkeitsbe-

[1] Betonung der besonderen Bedeutung dieser Prüfung auch bei *Böttcher* FS Maier-Reimer, 2010, S 29, 34; *Habersack* FS Peltzer, 2001, S 139, 143 („Schlüsselrolle"); *Haesen* S 121; *Kropff* BB 1965, 1281, 1289 („die wesentlichste Rolle"); MK-*Altmeppen* § 313 Rdn 7

richt nicht nur durch den Aufsichtsrat (§ 314), sondern auch durch einen **sachkundigen und unabhängigen Dritten** überprüft wird.[2] Dies erschien dem Gesetzgeber gleich aus zwei Gründen geboten: Zum einen zweifelte er daran, dass die Aufsichtsratsmitglieder den erforderlichen Sachverstand für eine Angemessenheitsprüfung der verbundinternen Geschäfte und Maßnahmen besitzen[3]; zum anderen befürchtete er, dass der Aufsichtsrat bei seiner Prüfung in eigener Sache urteilt, wenn und weil er überwiegend mit Vertretern des herrschenden Unternehmens besetzt ist.[4]

Die sachverständige und neutrale Kontrolle des Abhängigkeitsberichts dient verschiedenen Zwecken. Zum einen soll sie eine **präventive Wirkung** entfalten[5]: Vorstandsmitglieder, die um eine Kontrolle durch den Abschlussprüfer wissen, werden bei konzerninternen Vorgängen von vornherein eine größere Sorgfalt an den Tag legen, um spätere Diskussionen mit dem Abschlussprüfer zu vermeiden.[6] Zum zweiten soll die Kontrolle durch den Abschlussprüfer die anschließende **Prüfung durch den Aufsichtsrat vorbereiten** und erleichtern[7]: Dieser erhält mit dem Prüfungsbericht des Abschlussprüfers eine aussagekräftige Informationsgrundlage für seine eigene Prüfung gemäß § 314. Zum dritten bildet das Prüfungsergebnis des Abschlussprüfers den **Anknüpfungspunkt für die begrenzte Publizität des Abhängigkeitsberichts** (§ 312 Rdn 6)[8]: Gemäß § 314 Abs 2 S 2 und 3 hat der Aufsichtsrat in seinem Bericht an die Hauptversammlung über das Ergebnis der Prüfung des Abhängigkeitsberichts durch den Abschlussprüfer zu berichten und dort auch den Bestätigungsvermerk aufzunehmen bzw eine Versagung des Bestätigungsvermerks ausdrücklich mitzuteilen. 3

3. Normentstehung und -entwicklung

a) Entstehungsgeschichte. Der Vordenker des Abhängigkeitsberichts, *Werner Flume* (vor § 311 Rdn 28), hielt dessen Überprüfung durch sachkundige Dritte von vornherein 4

(„unverzichtbares Element des Außenseiterschutzes"); Spindler/Stilz/*Müller* § 313 Rdn 3 („unentbehrlicher Eckpfeiler").

2 Vgl Begr RegE bei *Kropff* S 413; Grigoleit/*Grigoleit* § 313 Rdn 1; Hüffer/*Koch* § 313 Rdn 1; KK-*Koppensteiner* § 313 Rdn 3; ferner *Velte* Der Konzern 2010, 49: „Gatekeeper-Funktion".

3 So Begr RegE bei *Kropff* S 413; aus dem Schrifttum *Adler/Düring/Schmaltz* § 313 Rdn 1; Emmerich/*Habersack* Aktien- und GmbH-Konzernrecht § 313 Rdn 2; *Haesen* S 121; Spindler/Stilz/*Müller* § 313 Rdn 2.

4 So Begr RegE bei *Kropff* S 413; aus dem Schrifttum *Adler/Düring/Schmaltz* § 313 Rdn 1; Emmerich/*Habersack* Aktien- und GmbH-Konzernrecht § 313 Rdn 2; *Haesen* S 121; Hüffer/*Koch* § 313 Rdn 1; Küting/Weber/*Weber* § 313 Rdn 1; NK-*Schatz/Schödel* § 313 Rdn 1; Spindler/Stilz/*Müller* § 313 Rdn 2.

5 Vgl Emmerich/*Habersack* Aktien- und GmbH-Konzernrecht § 313 Rdn 2; Hölters/*Leuering/Goertz* § 313 Rdn 5; Hüffer/*Koch* § 313 Rdn 1; MK-*Altmeppen* § 313 Rdn 2; *Rhiel* S 78, 82; Schmidt/Lutter/*Vetter* § 313 Rdn 1; Spindler/Stilz/*Müller* § 313 Rdn 2; Wachter/*Rothley* § 313 Rdn 1; prägnant Grigoleit/*Grigoleit* § 313 Rdn 1: „Je gründlicher die Prüfung, desto stärker ist der Präventionseffekt."

6 Vgl MK-*Altmeppen* § 313 Rdn 2; zustimmend Hölters/*Leuering/Goertz* § 313 Rdn 2; Spindler/Stilz/*Müller* § 313 Rdn 2.

7 Vgl *Böttcher* FS Maier-Reimer, 2010, S 29, 35; Emmerich/*Habersack* Aktien- und GmbH-Konzernrecht § 313 Rdn 2; Grigoleit/*Grigoleit* § 313 Rdn 1; Henssler/Strohn/*Bödeker* § 313 Rdn 1; Hölters/*Leuering/Goertz* § 313 Rdn 2; Hüffer/*Koch* § 313 Rdn 1; MK-*Altmeppen* § 313 Rdn 3; Schmidt/Lutter/*Vetter* § 313 Rdn 1.

8 Vgl Emmerich/*Habersack* Aktien- und GmbH-Konzernrecht § 313 Rdn 2; Grigoleit/*Grigoleit* § 313 Rdn 1; Hölters/*Leuering/Goertz* § 313 Rdn 3; MK-*Altmeppen* § 313 Rdn 3; Schmidt/Lutter/*Vetter* § 313 Rdn 2; Spindler/Stilz/*Müller* § 313 Rdn 2; Wachter/*Rothley* § 313 Rdn 1.

für unumgänglich.[9] Hiergegen erhoben sich allerdings schon früh **Bedenken der Wirtschaftsprüfer**[10] und anderer Praktiker, welche die praktische Durchführbarkeit einer solchen Prüfung bezweifelten.[11] Der damalige Bundesjustizminister *Fritz Schäffer* machte sich diese Bedenken zunächst zu Eigen: Eine Nachprüfung des gesamten Geschäftsverkehrs mit dem herrschenden Unternehmen auf seine Angemessenheit würde eine Ausdehnung der Abschlussprüfung bedeuten, die untragbar sein dürfte.[12] Zudem wäre es insbesondere bei getroffenen und unterlassenen Maßnahmen häufig unmöglich nachzuprüfen, ob sie „angemessen" seien. Dies gelte etwa in Fällen, in denen eine abhängige Gesellschaft ihre Produktion auf Veranlassung des herrschenden Unternehmens umstellt, in denen sie von dem Vertrieb ihrer Produkte in bestimmten Gebieten im Interesse einer anderen Konzerngesellschaft Abstand nimmt, in denen gemeinsame Reklame aller Konzerngesellschaften vereinbart wird oder in denen die finanziellen Mittel aller Konzerngesellschaften je nach Bedarf eingesetzt werden.[13] Ähnlich kritisch äußerten sich verschiedene Literaturstimmen.[14]

5 *Flume* reagierte auf diese Einwände, indem er vorschlug, die Erklärung des Abschlussprüfers in negativer Form zu fassen: Dieser solle erklären, dass „nach seiner Prüfung des Rechenschaftsberichts des Vorstands gegen die Angemessenheit der Geschäftsführung im Abhängigkeitsbereich, und insbesondere gegen die Angemessenheit aller Geschäfte mit dem Herrschenden, keine Bedenken bestehen".[15] Bei einer solchen negativen Fassung

---

[9] Vgl *Flume* Verhandlungen 42. DJT 1959, F 86: „Es ist weiter zu erwägen, ob nicht für solche Geschäftsvorfälle eine besondere, von der normalen Prüfung unabhängige Prüfung auf die Ordnungsmäßigkeit der Geschäftsvorfälle einzuführen ist."

[10] Rückblickend *Clemm* 59. DJT 1992, Sitzungsbericht, R 97: „Als dieses Instrument 1965 eingeführt werden sollte, gab es eine denkwürdige Sitzung im Palmengarten in Frankfurt. […] Die Wirtschaftsprüfer haben damals schlicht erklärt: ‚Das, was Sie da wollen, das können wir nicht.' Das ergab eine solche Kontroverse, daß Herr Professor Geßler, gefolgt von seinem damaligen engsten Mitarbeiter Kropff, hocherhobenen Hauptes unter Protest den Saal verließ."

[11] Vgl *Karoli* WPg 1964, 394, 396; *Pohle* AG 1960, 311, 314; *Schwarz* S 31, 41; *Walther* AG 1961, 85, 88; ferner *Semler* S 49, 69 f, der aber selbst vorsichtiger urteilte: „Ich glaube nicht, daß man tatsächlich zu dem Ergebnis kommen muß, bei Geschäften zwischen herrschenden und abhängigen Unternehmen sei die Angemessenheit nicht festzustellen."; außerdem die Hinweise bei *Schäffer* BB 1958, 1253, 1258: „Von seiten der Wirtschaftsprüfer ist die praktische Durchführbarkeit dieser Prüfung bezweifelt worden."; *ders* AG 1959, 57, 63: „In einer Vorbesprechung haben die Wirtschaftsprüfer mir dies bestätigt."; aus Sicht eines Außenstehenden ferner *Rasch* BB 1959, 165, 170: „[I]m Rahmen der derzeitigen Organisation des Prüfungswesens würde jeder Wirtschaftsprüfer und jede Prüfungsgesellschaft durch einen derartigen Auftrag zwangsläufig in unlösbare Interessen- und Gewissenskonflikte verstrickt. Mir scheint, daß eine gute Gesetzgebung das vermeiden sollte."

[12] Vgl *Schäffer* AG 1959, 57, 63; ferner *Kropff* Das Wertpapier 1958, 674, 678.

[13] Vgl *Schäffer* AG 1959, 57, 63.

[14] Pointiert *C E Fischer* Die Zeit vom 9.1.1959, S 11: „[Es ist] schlechterdings irreal zu meinen, es gäbe für konzernfremde Wirtschaftsprüfer überhaupt verläßliche Maßstäbe für die Prüfung der jeweiligen Verhältnisse, über welche der bedauernswerte Konzern-Spezialprüfer dann auch noch unter Berufseid ein schriftliches Testat abgeben soll."; ähnlich *Rautmann* S 159, 195 f; ferner *Rasch* DB 1959, 165, 170: „Vielfach gibt es Marktpreise gar nicht; auch ergreift die einheitliche Leitung eines Konzerns ja nicht nur die Preis-, sondern die gesamte Investitions-, Produktions-, Absatz-, Finanz- und Bilanzpolitik des angeschlossenen Unternehmens. Nach welchen Gesichtspunkten soll der Prüfer diese beurteilen?"

[15] *Flume* DB 1959, 190, 192; in eine ähnliche Richtung auch der Vorschlag von *Semler* WPg 1960, 552, 555: „Der Abschlußprüfer hat die Richtigkeit aller tatsächlichen An-

werde dem Abschlussprüfer nichts zugemutet, was er nicht leisten könne, zumal er auf die Erfahrungen der Praxis mit dem Rechtsinstitut der verdeckten Gewinnausschüttung zurückgreifen könne.[16] Von diesen Überlegungen ließen sich führende Mitarbeiter im Bundesjustizministerium (zu ihnen vor § 311 Rdn 20) überzeugen: Werde die Nachprüfung darauf beschränkt, ob die Leistung der abhängigen Gesellschaft im Verhältnis zur Leistung des herrschenden Unternehmens „nicht unangemessen hoch" sei, so habe der Abschlussprüfer die nötige Bewegungsfreiheit.[17] Ähnlich solle er bei der Überprüfung sonstiger Maßnahmen nur erklären, ob der Vorstand bei seiner Entscheidung über die Zweckmäßigkeit der Maßnahme alles Wesentliche berücksichtigt habe oder ob ihm bekannte Umstände für eine andere Beurteilung sprächen. Dagegen solle er nicht prüfen, ob der Vorstand im Rahmen pflichtmäßiger kaufmännischer Überlegung gehandelt habe.[18]

Auf dieser Diskussionsgrundlage sah der Regierungsentwurf von 1960 (vor § 311 Rdn 31) eine **zurückgenommene Prüfung des Abhängigkeitsberichts** durch den Abschlussprüfer vor, wie sie in § 313 Abs 1 sodann auch Gesetz geworden ist. Die Regierungsbegründung betonte die Notwendigkeit einer Prüfung durch sachkundige Dritte, für die nur der Abschlussprüfer in Betracht komme.[19] Eine solche Prüfung stelle die Wirtschaftsprüfer auch nicht vor neuartige Aufgaben: Sie müssten etwa schon nach geltendem Recht im Rahmen der Gründungsprüfung die Angemessenheit der Leistungen für Sacheinlagen und Sachübernahmen beurteilen und darüber hinaus kontrollieren, ob Geschäfte der Gesellschaft mit dem herrschenden Unternehmen gegen das Verbot der Einlagenrückgewähr verstießen, weil ein solcher Verstoß im Jahresabschluss zu berücksichtigen wäre.[20] Daher sei eine Prüfung des Abhängigkeitsberichts in der durch § 313 bestimmten Form durchführbar.[21] Sie bürde den Abschlussprüfern zwar eine „beträchtliche und nicht bequeme Verantwortung"[22] auf, doch dürfe erwartet werden, dass der Berufsstand dieser Aufgabe unter Berücksichtigung seiner rechts- und gesellschaftspolitischen Bedeutung gerecht werden werde.[23] Im weiteren Gesetzgebungsverfahren spielte die Überprüfung der Angemessenheit durch den Abschlussprüfer nur eine geringe Rolle.[24] Auf Empfehlung des Rechtsausschusses wurde durch eine Änderung in § 313 6

gaben zu prüfen und darzulegen, ob nach seiner Auffassung in einem der Fälle Leistung und Gegenleistung in keinem durch vernünftige kaufmännische Überlegungen mehr vertretbaren Verhältnis zueinander stehen, oder ob bei einem der aufgeführten Fälle Umstände für eine wesentlich andere Beurteilung als die durch den Vorstand sprechen."; ferner *Karoli* WPg 1964, 394, 396; *Schwarz* S 31 ff.

16 Dazu *Flume* DB 1959, 190, 191; ferner *ders* Referentenentwurf S 26: „Das Vorbild einer solchen Prüfung ist die Prüfung der Sachgründung, die sich ja auch darauf zu erstrecken hat, ob die für eingelegte oder übernommene Gegenstände gewährten Leistungen angemessen sind."

17 So *Geßler* FS W Schmidt, 1959, S 247, 267; zustimmend *Semler* WPg 1960, 552, 555.

18 Vgl *Geßler* FS W Schmidt, 1959, S 247, 267; zustimmend *Semler* WPg 1960, 552, 555; ferner *Kropff* BB 1965, 1281, 1288.

19 Vgl Begr RegE bei *Kropff* S 413.

20 Vgl Begr RegE bei *Kropff* S 414.

21 Vgl Begr RegE bei *Kropff* S 414; ebenso *Studienkommission DJT* Rdn 412: „Ein Wirtschaftsprüfer kann die ihm zugedachte Aufgabe kraft seiner besonderen Kenntnisse und Erfahrungen fachlich erfüllen."

22 Begr RegE bei *Kropff* S 414; ferner *Kropff* BB 1965, 1281, 1289.

23 Vgl Begr RegE bei *Kropff* S 414; ebenso *Studienkommission DJT* Rdn 412: „Möglicherweise wird seine Unabhängigkeit dadurch zusätzlichen Belastungen ausgesetzt sein. Die Unabhängigkeit des Wirtschaftsprüfers gegenüber der Gesellschaft und ihren Vorgaben, die unerläßliche Voraussetzung jeder Wirtschaftsprüfertätigkeit ist, muß auch dieser Belastung gewachsen sein."; ferner *Schupp* JR 1961, 4.

24 Rückblickend *Kropff* 16. Kap Rdn 597 ff.

Abs 1 S 2 Nr 2 klargestellt, dass der Abschlussprüfer die Frage, ob die Leistung der Gesellschaft unangemessen hoch war, nach den ihm bekannten Umständen im Zeitpunkt der Vornahme des Rechtsgeschäfts zu prüfen hat.[25] Zudem ist der Wortlaut des Bestätigungsvermerks in § 313 Abs 3 eingehender geregelt worden.

7 Auch nach Inkrafttreten der Aktienrechtsreform von 1965 sind die Bedenken des Berufsstandes gegen eine Prüfung des Abhängigkeitsberichts zunächst weiter vorgebracht worden[26], doch konzentrierten sich die Bemühungen bald darauf, praktische Erfahrungen mit dieser neuen Prüfung und dem – reduzierten – Prüfungsgegenstand zu sammeln.[27]

8 b) **Gesetzesänderungen.** Eine Reihe von Änderungen geht auf das **BiRiLiG von 1985**[28] zurück. Dieses hatte in § 316 Abs 1 S 1 HGB angeordnet, dass fortan nur noch der Jahresabschluss großer und mittelgroßer Kapitalgesellschaften durch einen Abschlussprüfer zu prüfen ist. Weil die Prüfung des Abhängigkeitsberichts gesetzestechnisch auf der Prüfung des Jahresabschlusses aufbaut, hatte dies zu Folge, dass kleine Aktiengesellschaften iSd § 267 Abs 1 HGB seither aus dem Anwendungsbereich des § 313 herausfallen. Dies ist rechtspolitisch misslich (Rdn 14), *de lege lata* aber hinzunehmen (Rdn 16). Weitere Änderungen betrafen die Neuregelung der Verweisung in § 313 Abs 1 S 3 und die ausdrückliche Aufnahme eines Auskunfts- und Einsichtsrechts auch gegenüber Konzernunternehmen sowie gegenüber abhängigen und herrschenden Unternehmen in § 313 Abs 1 S 4. Entgegen der früheren Rechtslage sind große und mittelgroße Aktiengesellschaften nach § 313 Abs 1 S 1 iVm § 270 Abs 2 S 2 im Abwicklungsstadium auch hinsichtlich ihres Abhängigkeitsberichts prüfungspflichtig geworden, sofern sie das Gericht hiervon nicht nach § 270 Abs 3 S 1 befreit.

9 Neueren Datums sind die Änderungen durch das **KapCoRiLiG von 2000**[29]. Sie bilden eine (verspätete) Reaktion des Gesetzgebers auf die Neuregelung der Zusammenarbeit zwischen Abschlussprüfer und Aufsichtsrat durch das **KonTraG von 1998.**[30] Gemäß § 313 Abs 2 S 3 ist der Prüfungsbericht des Abschlussprüfers nunmehr unmittelbar dem Aufsichtsrat vorzulegen; dem Vorstand ist vor der Zuleitung Gelegenheit zur Stellungnahme zu geben. Dies entspricht § 321 Abs 5 S 2 HGB iVm § 111 Abs 2 S 3, wonach der Aufsichtsrat (und nicht mehr der Vorstand) dem Abschlussprüfer den Prüfungsauftrag für den Jahres- und den Konzernabschluss erteilt und damit auch unmittelbarer Berichtsadressat ist.

4. Rechtspolitische Würdigung

10 Unterschiedlich beurteilt wird bis heute, ob der Abschlussprüfer die erforderliche Unabhängigkeit für die Wahrnehmung seiner Kontrollaufgabe besitzt. Zweifel daran wegen seines wirtschaftlichen Interesses an weiteren Prüfungsaufträgen haben die Vor-

---

[25] Vgl Begr RegE bei *Kropff* S 415.

[26] Vgl etwa *Meier* Fachtagung 1966, S 91; dagegen *Kropff* ebenda S 128; mit Erwiderung von *Elmendorff* ebenda S 131; ferner *Forster* WPg 1965, 585, 605; rückblickend *Adler/Düring/Schmaltz* § 313 Rdn 2; Küting/Weber/*Weber* § 313 Rdn 2; *Velte* Der Konzern 2010, 49, 50.

[27] Vgl etwa *Goerdeler* WPg 1966, 113, 126: „Nachdem nun die Prüfung trotzdem gesetzlich verankert ist, bleibt für den Berufsstand nur die auch anderweit gemachte Feststellung, daß durch diese Prüfung weder dem Vorstand in Ermessensentscheidungen hineingeredet werden soll, noch daß der Wirtschaftsprüfer zur Kritik an der Geschäftsführung des Vorstandes berufen ist."

[28] BGBl I, 2355.

[29] BGBl I, S 154.

[30] BGBl I, S 786.

schrift des § 313 von Anfang an begleitet.[31] Hinzu kommt, dass der Abschlussprüfer der abhängigen AG regelmäßig auch der Abschlussprüfer des herrschenden Unternehmens ist.[32] Der Reformgesetzgeber von 1965 stellte ein Konfliktpotential nicht in Abrede[33], appellierte aber an die Professionalität und das Verantwortungsgefühl des Berufsstandes der Wirtschaftsprüfer.[34] Jüngere Reformgesetze haben verschiedene Anstrengungen unternommen, um die Unabhängigkeit des Abschlussprüfers zu stärken.[35] Ob diese Maßnahmen Erfolg haben werden, bedarf weiter Beobachtung.[36] Letztlich handelt es sich um ein allgemeines Problem der Abschlussprüfung.[37]

Unabhängig davon fehlen dem Abschlussprüfer mitunter verlässliche Maßstäbe zur Überprüfung verbundinterner Rechtsgeschäfte und Maßnahmen.[38] Dies zwingt ihn zu einem Rückgriff auf die Kunstfigur des ordentlichen und gewissenhaften Geschäftsleiters einer unabhängigen Gesellschaft[39], die häufig genug nur eine Verlegenheitslösung darstellt. Außerdem müssen dem Abschlussprüfer weite Bewertungsspielräume zugebilligt werden, damit er nicht gezwungen ist, sein Ermessen an die Stelle des kaufmännischen Ermessens des Vorstands zu setzen.[40] 11

---

31 Pointiert bereits *Rasch* Richtige und falsche Wege, S 46: „Nun soll der Prüfer, der mit den Stimmen des Großaktionärs gewählt ist und auf Wiederwahl im nächsten Jahr hofft, untersuchen, ob sein Auftraggeber seine Machtposition nicht in unangemessener Weise ausgenutzt hat. Er wäre, meine ich, ein Heiliger, wenn er hierbei nicht selbst in Versuchung geriete.“; sodann in zeitlicher Reihenfolge *Großfeld* S 218 f; *Haesen* S 121 f; *Koppensteiner* ZGR 1973, 1, 11 f; *Sura* ZHR 145 (1981), 432, 441; *Emmerich/Sonnenschein* KonzernR, 5. Aufl 1993, § 21 II, S 412; Monopolkommission 7. Hauptgutachten 1988/1987, BT-Drucks 11/2677, S 280, 289 Rdn 842; *Reul* S 281; zuletzt *Baums* Bericht Regierungskommission Corporate Governance Rdn 179: „sind Zweifel an der Unabhängigkeit des Abschlussprüfers nicht von der Hand zu weisen“.; anekdotische Evidenz bei *Hommelhoff* ZHR 156 (1992), 295, 303.

32 Vgl *Baums* Bericht Regierungskommission Corporate Governance Rdn 179.

33 Vgl *Kropff* BB 1965, 1281, 1289: „Ich verkenne aber nicht, daß diese Prüfung den Abschlußprüfer in besonderem Maße in eine Frontstellung gegen die Verwaltung bringen kann und an seine Unabhängigkeit große Anforderungen stellt.“

34 Vgl Begr RegE bei *Kropff* S 414; ebenso *Studienkommission DJT* Rdn 412: „Möglicherweise wird seine Unabhängigkeit dadurch zusätzlichen Belastungen ausgesetzt sein. Die Unabhängigkeit des Wirtschaftsprüfers gegenüber der Gesellschaft und ihren Vorgaben, die unerläßliche Voraussetzung jeder Wirtschaftsprüfertätigkeit ist, muß auch dieser Belastung gewachsen sein.“; ferner *Kropff* BB 1965, 1281, 1289.

35 Für einen Überblick Baumbach/Hopt/*Hopt/Merkt* vor § 316 HGB Rdn 1 ff mwN; im vorliegenden Zusammenhang *Böttcher* FS Maier-Reimer, 2010, S 29, 34; Emmerich/*Habersack* Aktien- und GmbH-Konzernrecht § 313 Rdn 3.

36 Ähnlich offen Emmerich/*Habersack* Aktien- und GmbH-Konzernrecht § 313 Rdn 3; KK-*Koppensteiner* § 313 Rdn 5.

37 Zutreffend MK-*Altmeppen* § 313 Rdn 5; früher bereits *Haesen* S 122; *Sura* ZHR 145 (1981), 432, 441 mit Fn 53: „Die angeschnittene Frage reicht weit über die Problematik des § 312 AktG hinaus und stellt eine rechtspolitische Grundfrage des gesamten Prüfungswesens dar.“

38 Vgl Emmerich/*Habersack* Aktien- und GmbH-Konzernrecht § 313 Rdn 3 („dem § 311 immanente Problematik“); *Lutter* SAG 1976, 152, 159; MK-*Altmeppen* § 313 Rdn 6; *Rasch* BB 1959, 165, 170; *Reul* S 281; *Schäffer* AG 1959, 57, 63.

39 Dazu *Hommelhoff* ZHR 156 (1992), 295, 307; *Velte* Der Konzern 2010, 49, 52.

40 Vgl Monopolkommission 7. Hauptgutachten 1988/1987, BT-Drucks 11/2677, S 280, 289 Rdn 842.

5. Reformvorschläge

12 Zur Stärkung der Eigenständigkeit des Abschlussprüfers hat man verschiedentlich erwogen, den Abhängigkeitsbericht von einem anderen als dem Jahresabschlussprüfer prüfen zu lassen.[41] Im Einzelnen wurde vorgeschlagen, die Prüfung einem von der Minderheit[42] oder vom Gericht[43] bestellten Prüfer anzuvertrauen oder jedenfalls den Abschlussprüfer, der den Einzel- oder Konzernabschluss des herrschenden Unternehmens prüft, von der Prüfung in der abhängigen Gesellschaft auszuschließen.[44] Gegen den letzten Vorschlag hat man eingewandt, dass gerade die Personenidentität des Prüfers von Mutter und Tochter Vorteile biete, da namentlich der Konzernabschluss wichtige Zusatzinformationen zur Analyse des Abhängigkeitsberichts enthalten könne.[45] Hinzu kämen Zeit- und Kostenersparnis bei Prüferidentität. Auch die Wahl des Prüfers für den Abhängigkeitsbericht nur durch die außenstehenden Aktionäre sei nicht empfehlenswert, weil sie tendenziell auf eine Verschiedenheit des Konzernabschlussprüfers und des Prüfers nach § 313 AktG hinausliefe.[46] Zudem sei auch der „Minderheitsprüfer" an seiner Wiederbestellung interessiert, so dass damit gerechnet werden müsse, dass er kritischer sei als von der Sache her angemessen.[47] Diskutabel bleiben daher nur eine gerichtliche Prüferbestellung und verbesserte Möglichkeiten zur Prüferersetzung durch außenstehende Aktionäre.[48]

13 Keine Gefolgschaft verdient der Vorschlag, schon die Aufstellung des Berichts einem Außenseiter oder dem Abschlussprüfer aufzutragen, wie dies auf europäischer Ebene einmal erwogen wurde.[49] Die Verpflichtung des Vorstands der abhängigen Gesellschaft zu besonderer Rechenschaftslegung ist Ausfluss seiner treuhänderischen Stellung und darf ihm – auch unter Präventionsgesichtspunkten – nicht abgenommen werden.[50] Die Aufstellung des Berichts durch einen Außenseiter wäre mit kaum überwindbaren Informationsproblemen verbunden.[51] **Illusorisch** ist es ferner, die **Richtigkeitsprüfung** des Abhängigkeitsberichts **zu einer Vollständigkeitsprüfung auszubauen**: Letzteres könnte der Abschlussprüfer angesichts der Vielzahl möglicherweise einzubeziehender Geschäfts-

[41] Allgemein in diese Richtung *Greiffenhagen* FS Ludewig, 2006, S 303, 323 f.

[42] So *Doralt* ZGR 1991, 252, 267, 280.

[43] So *Koppensteiner* FS Steindorff, 1990, S 79, 108; allgemein *Haesen* S 122: „Zuteilung der Prüfer von Amts wegen".

[44] So *Hommelhoff* Gutachten G für den 59. DJT 1992, G 85.

[45] Vgl *Baums* Bericht Regierungskommission Corporate Governance Rdn 179; ablehnend auch *Hoffmann-Becking* Referat auf dem 59. DJT 1992, R 23, 33; *Kropff* 59. DJT 1992, Sitzungsbericht, R 77 f; *Zöllner* Referat auf dem 59. DJT 1992, R 35, R 55; einen „Qualitätsverlust" fürchtet auch *Böttcher* FS Maier-Reimer, 2010, S 29, 34, weil der Abschlussprüfer dann nicht mehr über hinreichende Informationen verfüge.

[46] Vgl *Baums* Bericht Regierungskommission Corporate Governance Rdn 179.

[47] Vgl *Koppensteiner* FS Steindorff, 1990, S 79, 108.

[48] Vgl *Hommelhoff* Gutachten G für den 59. DJT 1992, G 66: „Antragsbefugnis wäre dem Außenseiter-Vertreter einzuräumen sowie einer Aktienminderheit von 5 % des außenstehenden Kapitals."; *Wieland* S 336; dagegen *Böttcher* FS Maier-Reimer, 2010, S 29, 35, weil dies „den Grundsätzen des Aktienrechts widerspräche".

[49] Vgl den Vorentwurf für eine EG-Konzernrechts-Richtlinie von 1974/75, abgedruckt bei *Lutter*, Europäisches Gesellschaftsrecht, 2. Aufl 1984, S 187 ff.

[50] Im Ergebnis ebenso *Hommelhoff* Gutachten G für den 59. DJT 1992, G 52; s auch *Koppensteiner* FS Steindorff, 1990, S 79, 108.

[51] Treffend *Koppensteiner* FS Steindorff, 1990, S 79, 108: „Der Vorstand wäre zwar für verpflichtet zu halten, für eine entsprechende interne Dokumentation zu sorgen, hat aber in diesem Zusammenhang doch erhebliche Möglichkeiten der Informationsvermeidung."

vorfälle einschließlich unterlassener Maßnahmen kaum leisten[52] und würde eine Abkehr von der retrograden Prüfungsmethode (Rdn 36) bedeuten, nach der die Prüfung grundsätzlich vom Abhängigkeitsbericht ausgeht. Auch eine Anhebung des Prüfungsmaßstabs über den „Vertretbarkeitsstandard" des § 313 Abs 1 S 2 hinaus ist nicht ratsam, weil sie das Geschäftsleiterermessen des Vorstands über Gebühr einengen würde und den Abschlussprüfer zu einer uneingeschränkten Geschäftsführungsprüfung zwänge.

Zustimmung verdient die vielstimmig erhobene Forderung, **kleine Aktiengesellschaften** iSd § 267 Abs 1 HGB, die seit dem BiRiLiG nicht mehr zu den prüfungspflichtigen Gesellschaften gehören (Rdn 8), **wieder in die Regeln zur Prüfung des Abhängigkeitsberichts einzubeziehen.**[53] Die abhängigkeitsbedingten Gefahren hängen nicht von der Größe der Gesellschaft ab; außenstehende Aktionäre und Gläubiger einer kleinen AG sind daher nicht weniger schutzbedürftig als diejenigen einer mittelgroßen oder großen AG.[54] Eine kleinere Korrektur könnte Inkonsistenzen bei den Auskunfts- und Einsichtsrechten nach § 313 Abs 1 S 4 beseitigen: Hier deckt sich der Kreis der informationspflichtigen Unternehmen nicht mit dem personellen Anwendungsbereich des § 312 Abs 1 (Rdn 42). Schließlich empfiehlt es sich, die durch das BilReG von 2004 reformierten Berichtsstandards zum Bestätigungsvermerk beim Jahresabschluss (§ 322 HGB) auch im Rahmen des § 313 Abs 4 ausdrücklich zu verankern. Dies betrifft insbesondere die Begründungspflicht bei einer Einschränkung oder Versagung des Vermerks sowie die Notwendigkeit eines formalisierten Versagungsvermerks; *de lege lata* behilft man sich mit einer – nicht unumstrittenen – Analogie zu § 322 Abs 4 S 2 und 3 HGB (Rdn 56). 14

II. Prüfungspflicht (Abs 1 S 1)

1. Unabdingbarkeit

§ 313 Abs 1 S 1 ordnet zwingend eine Prüfung des Abhängigkeitsberichts durch den Abschlussprüfer an.[55] Diese Prüfungspflicht kann weder durch die Satzung noch durch einstimmigen Beschluss der Aktionäre abbedungen werden.[56] Dies gilt im Interesse des 15

[52] Vgl zur Ablehnung einer Vollständigkeitsprüfung im geltenden Recht Küting/Weber/*Weber* § 313 Rdn 19: „Dies erklärt sich insbes. aber auch daraus, dass sich etwa die ebenfalls unter die Berichtspflicht fallenden getroffenen und auch unterlassenen Maßnahmen einer Vollständigkeitsprüfung schon der Sache nach entziehen."; in eine ähnliche Richtung *Adler/Düring/Schmaltz* § 313 Rdn 46; WP-Handbuch 2012, Band I, F Rdn 1368; im Ergebnis ebenso, aber mit anderer Begründung *Hommelhoff* Gutachten G für den 59. DJT 1992, G 56: „Von einer Vollständigkeitsprüfung sollte schon deshalb Abstand genommen werden, weil ein über Jahre hinweg mit der Prüfung derselben Gesellschaft betrauter Prüfer ein sicheres Gespür dafür entwickeln wird, ob der Vollständigkeitserklärung des Vorstands vertraut werden kann."

[53] Vgl *Hommelhoff* Gutachten G für den 59. DJT 1992, G 54 f; Beschlüsse des 59. DJT 1992, Band II, R 191; ebenso Emmerich/*Habersack* Aktien- und GmbH-Konzernrecht § 313 Rdn 6; *Kropff* FS Goerdeler, 1987, S 259, 271 f; *ders* ZGR 1988, 558, 560 ff; MK-*Altmeppen* § 313 Rdn 13; NK-*Schatz/Schödel* § 313 Rdn 2.

[54] Vgl *Hommelhoff* Gutachten G für den 59. DJT 1992, G 54 f; zustimmend Emmerich/*Habersack* Aktien- und GmbH-Konzernrecht § 313 Rdn 6.

[55] Vgl Emmerich/*Habersack* Aktien- und GmbH-Konzernrecht § 313 Rdn 1; Heidel/*Walchner* § 313 Rdn 24; Henssler/Strohn/*Bödeker* § 313 Rdn 20; Hölters/*Leuering/Goertz* § 313 Rdn 1; s auch OLG Karlsruhe AG 1973, 28, 29.

[56] Vgl Emmerich/*Habersack* Aktien- und GmbH-Konzernrecht § 313 Rdn 1; Heidel/

Gläubigerschutzes auch dann, wenn sich alle Anteile der Gesellschaft in einer Hand befinden.[57]

2. Prüfungspflichtige Gesellschaften

16 Nach § 313 Abs 1 S 1 baut die Prüfungspflicht des Abhängigkeitsberichts gesetzestechnisch auf der Prüfungspflicht des Jahresabschlusses auf. In Bezug genommen wird damit § 316 Abs 1 S 1 HGB, wonach mittelgroße und große Kapitalgesellschaften iSd § 267 Abs 2 und 3 HGB prüfungspflichtig sind. **Keiner Prüfungspflicht** mehr unterfallen seit dem BiRiLiG von 1985 **kleine Aktiengesellschaften iSd § 267 Abs 1 HGB** (Rdn 8). Dies wird allgemein als gesetzgeberische Fehlleistung angesehen (Rdn 14), kann aber nach hL nicht im Wege der Auslegung oder Rechtsfortbildung korrigiert werden.[58] Demgegenüber wirbt eine prominente Literaturstimme in Anlehnung an §§ 253, 254 RefE GmbHG 1969 für eine Pflicht zur eigenständigen Prüfung des Abhängigkeitsberichts bei kleinen Aktiengesellschaften.[59] Methodisch ist dies kaum angängig: Auch wenn der Reformgesetzgeber des BiRiLiG die „Fernwirkung" seiner Neufassung des § 316 Abs 1 S 1 HGB auf das Aktienkonzernrecht wohl übersehen hat[60], ist und bleibt die Prüfung des Abhängigkeitsberichts unselbstständiger Teil der Abschlussprüfung.[61] Über diese legislatorische Grundkonzeption kann und darf sich der Rechtsanwender nicht hinwegsetzen[62], zumal das angebotene Alternativmodell aus ganz verschiedenen Versatzstücken bestehen soll.[63] Ebenso wenig wird man den außenstehenden Aktionären einer kleinen Aktiengesellschaft ein unmittelbares Informationsrecht über den Inhalt des Abhängigkeitsberichts analog § 51a GmbHG einräumen können[64]; angesichts der tiefgreifenden Unterschiede zwischen dem Auskunftsrecht in AG und GmbH fehlt hierfür die erforderliche Analogiebasis.[65] Nach alledem bleibt mit der hL nur der Appell an den Gesetzgeber, die Herausnahme kleiner Aktiengesellschaften aus dem Anwendungsbereich des § 313 rückgängig zu machen (Rdn 14).

Walchner § 313 Rdn 24; Henssler/Strohn/*Bödeker* § 313 Rdn 20; Hölters/*Leuering*/*Goertz* § 313 Rdn 1; MK-*Altmeppen* § 313 Rdn 24.

57 Vgl Henssler/Strohn/*Bödeker* § 313 Rdn 20; MK-*Altmeppen* § 313 Rdn 24.

58 Vgl *Adler*/*Düring*/*Schmaltz* § 313 Rdn 3; Bürgers/Körber/*Fett* § 313 Rdn 2; *Förschle*/*Heinz* in BeckBilKomm § 289 HGB Rdn 351; Grigoleit/*Grigoleit* § 313 Rdn 2; Henssler/Strohn/*Bödeker* § 313 Rdn 2; Hölters/*Leuering*/*Goertz* § 313 Rdn 6; Hüffer/*Koch* § 313 Rdn 2; KK-*Koppensteiner* § 313 Rdn 9; Küting/Weber/*Weber* § 313 Rdn 4; Schmidt/Lutter/*Vetter* § 313 Rdn 5; Spindler/Stilz/*Müller* § 313 Rdn 4; WP-Handbuch 2012, Band I, F Rdn 1366.

59 Vgl Emmerich/*Habersack* Aktien- und GmbH-Konzernrecht § 313 Rdn 7; *Habersack* FS Peltzer, 2001, S 139, 143 ff.

60 Dazu *Habersack* FS Peltzer, 2001, S 139, 143; Hüffer/*Koch* § 313 Rdn 2; *Kropff* FS Goerdeler, 1987, S 259, 272; *ders* ZGR 1988, 558, 564 f; MK-*Altmeppen* § 313 Rdn 19.

61 So auch MK-*Altmeppen* § 313 Rdn 20.

62 Allgemein dazu BVerfG NJW 2011, 833, 838 Rdn 53 ff, wonach der Richter die „gesetzliche Grundentscheidung respektieren" muss und das „Konzept des Gesetzgebers" nicht durch ein „eigenes Modell" ersetzen darf.

63 Vgl Emmerich/*Habersack* Aktien- und GmbH-Konzernrecht § 313 Rdn 7: „Hinsichtlich des Gegenstands, des Umfangs und der Durchführung der Prüfung sollten die Vorschriften des § 313 entsprechend herangezogen werden; die Frage der Bestellung und der Haftung des Prüfers ließe sich in entsprechender Anwendung der § 111 Abs 2, § 323 HGB lösen."

64 So aber *Kropff* ZGR 1988, 558, 565 ff; MK-*Altmeppen* § 313 Rdn 21; NK-*Schatz*/*Schödel* § 313 Rdn 2.

65 Wie hier *Habersack* FS Peltzer, 2001, S 139, 144; MünchHdbAG/*Krieger* § 70 Rdn 114.

Ergibt sich eine Pflicht zur Prüfung des Jahresabschlusses nicht aus dem Gesetz, sondern aus der Satzung der abhängigen Gesellschaft, so ist nach zutreffender hL im Zweifel auch der Abhängigkeitsbericht zu prüfen.[66] Beruht die Abschlussprüfung auf einem freiwilligen Auftrag des Vorstands, muss diese Prüfung nicht auch den Abhängigkeitsbericht umfassen[67]; im Zweifel wird dies aber so sein.[68] **17**

Während der Abwicklung haben die Liquidatoren gemäß § 270 Abs 1 für den Schluss eines jeden Jahres einen Jahresabschluss aufzustellen, der nach § 270 Abs 2 S 2 iVm § 316 Abs 1 S 1 HGB grundsätzlich der Prüfungspflicht unterliegt. Infolgedessen bleibt es auch im Liquidationsstadium nach § 313 Abs 1 S 1 bei der Prüfungspflicht des Abhängigkeitsberichts, es sei denn, das Gericht erteilt der abhängigen Gesellschaft nach § 270 Abs 3 S 1 eine Befreiung.[69] Möglich ist dies, wenn die Verhältnisse der Gesellschaft so überschaubar sind, dass eine Prüfung im Interesse der Gläubiger und Aktionäre nicht geboten erscheint. Nach zutreffender hL müssen diese Voraussetzungen im Rahmen des § 313 auch im Hinblick auf den Abhängigkeitsbericht vorliegen.[70] **18**

III. Prüfungsgegenstand (Abs 1 S 2)

Der Gegenstand der Prüfung wird in § 313 Abs 1 S 2 genauer umrissen und in dreierlei Hinsicht weiter aufgefächert.[71] **19**

1. Richtigkeit der tatsächlichen Angaben (Nr 1)

Gemäß § 313 Abs 1 S 2 Nr 1 hat der Abschlussprüfer – ähnlich der Lageberichtsprüfung[72] – zunächst zu prüfen, ob die tatsächlichen Angaben des Abhängigkeitsberichts richtig sind. Unter den Tatsachenbegriff fallen Vorgänge in der Vergangenheit, die objektiv nachprüfbar sind.[73] Hiervon abzugrenzen sind Werturteile und Prognosen, die nicht **20**

---

66 Vgl Emmerich/*Habersack* Aktien- und GmbH-Konzernrecht § 313 Rdn 7; *Förschle/Heinz* in BeckBilKomm § 289 HGB Rdn 351; Grigoleit/*Grigoleit* § 313 Rdn 2; *Kropff* ZGR 1988, 558, 561 f; MK-*Altmeppen* § 313 Rdn 22; Spindler/Stilz/*Müller* § 313 Rdn 4; Wachter/*Rothley* § 313 Rdn 2; WP-Handbuch 2012, Band I, F Rdn 1366; s auch Henssler/Strohn/*Bödeker* § 313 Rdn 2; KK-*Koppensteiner* § 313 Rdn 9; abw MünchHdbAG/*Krieger* § 70 Rdn 114.

67 Vgl *Adler/Düring/Schmaltz* § 313 Rdn 5; *Förschle/Heinz* in BeckBilKomm § 289 HGB Rdn 351; Küting/Weber/*Weber* § 313 Rdn 6; MK-*Altmeppen* § 313 Rdn 23.

68 Vgl MK-*Altmeppen* § 313 Rdn 23; Schmidt/Lutter/*Vetter* § 313 Rdn 5; vorsichtiger *Förschle/Heinz* in BeckBilKomm § 289 HGB Rdn 351, wonach der Umfang des Prüfungsauftrags im Einzelfall zu ermitteln sei.

69 Vgl *Adler/Düring/Schmaltz* § 313 Rdn 9; Bürgers/Körber/*Fett* § 313 Rdn 2; Emmerich/*Habersack* Aktien- und GmbH-Konzernrecht § 313 Rdn 8; Grigoleit/*Grigoleit* § 313 Rdn 2; Hölters/*Leuering/Goertz* § 313 Rdn 7; Hüffer/*Koch* § 313 Rdn 2; KK-*Koppensteiner* § 313 Rdn 10; Küting/Weber/*Weber* § 313 Rdn 7; Schmidt/Lutter/*Vetter* § 313 Rdn 5; Spindler/Stilz/*Müller* § 313 Rdn 5.

70 Vgl Emmerich/*Habersack* Aktien- und GmbH-Konzernrecht § 313 Rdn 8; MK-*Altmeppen* § 313 Rdn 18; Spindler/Stilz/*Müller* § 313 Rdn 5.

71 Vgl Begr RegE bei *Kropff* S 414; *Haesen* S 131 ff; Küting/Weber/*Weber* § 313 Rdn 9.

72 Vgl *Adler/Düring/Schmaltz* § 313 Rdn 18; *Velte* Der Konzern 2010, 49, 51.

73 Vgl Emmerich/*Habersack* Aktien- und GmbH-Konzernrecht § 313 Rdn 14; Hölters/*Leuering/Goertz* § 313 Rdn 14; Hüffer/*Koch* § 313 Rdn 5; Küting/Weber/*Weber* § 313 Rdn 17; MK-*Altmeppen* § 313 Rdn 37; Schmidt/Lutter/*Vetter* § 313 Rdn 13; Spindler/Stilz/*Müller* § 313 Rdn 8; Wachter/*Rothley* § 313 Rdn 3.

von Nr 1 erfasst werden[74], aber für die Prüfung nach Nr 2 und 3 Bedeutung erlangen können.[75] Der Grenzverlauf zwischen Tatsachen und Werturteilen ist fließend[76]; im Zweifel muss der Abschlussprüfer auf eine Klarstellung oder Vervollständigung hinwirken.[77] Die Prüfungspflicht erstreckt sich insbesondere darauf, ob die im Abhängigkeitsbericht aufgeführten Rechtsgeschäfte wirklich zu den angegebenen Bedingungen abgeschlossen und die dort genannten Maßnahmen unter den behaupteten Umständen getroffen oder unterlassen wurden.[78] Unrichtig sind die tatsächlichen Angaben, wenn sie nicht der Wahrheit entsprechen oder im Gesamtzusammenhang irreführend sind.[79] Außerdem kann sich die Unrichtigkeit aus dem willkürlichen Weglassen wichtiger Einzelheiten ergeben.[80]

21 Die **Vollständigkeit der tatsächlichen Angaben** gehört dagegen **nicht** zum **Prüfungsgegenstand.**[81] Festgestellte Lücken darf der Abschlussprüfer allerdings nicht einfach unbeachtet lassen, sondern muss ihnen weiter nachgehen (näher Rdn 39).[82]

2. Rechtsgeschäfte (Nr 2)

22 Weiterhin hat der Abschlussprüfer nach § 313 Abs 1 S 2 Nr 2 zu prüfen, ob bei den im Bericht aufgeführten Rechtsgeschäften die Leistung der Gesellschaft nicht unangemessen hoch war. Die Formulierung **„nicht unangemessen hoch"** weicht von jener für die Schlusserklärung des Vorstands nach § 312 Abs 3 S 1[83] in auffälliger Weise ab.[84] Sie wurde auf Betreiben der Wirtschaftsprüfer in das Gesetz aufgenommen, um ihnen bei

---

[74] Vgl Emmerich/*Habersack* Aktien- und GmbH-Konzernrecht § 313 Rdn 14; Hölters/*Leuering/Goertz* § 313 Rdn 14; Hüffer/*Koch* § 313 Rdn 5; KK-*Koppensteiner* § 313 Rdn 17; Küting/Weber/*Weber* § 313 Rdn 17; Schmidt/Lutter/*Vetter* § 313 Rdn 13; Spindler/Stilz/*Müller* § 313 Rdn 8; Wachter/*Rothley* § 313 Rdn 3; griffig *Adler/Düring/Schmaltz* § 313 Rdn 18: „Die Prüfung erstreckt sich hier nur auf die richtige Wiedergabe der Fakten, nicht dagegen auf die ihrer Wertung."

[75] Vgl Grigoleit/*Grigoleit* § 313 Rdn 6; Hölters/*Leuering/Goertz* § 313 Rdn 14; Schmidt/Lutter/*Vetter* § 313 Rdn 13.

[76] Beispiele bei MK-*Altmeppen* § 313 Rdn 38.

[77] Ebenso Emmerich/*Habersack* Aktien- und GmbH-Konzernrecht § 313 Rdn 14; MK-*Altmeppen* § 313 Rdn 39.

[78] Vgl Emmerich/*Habersack* Aktien- und GmbH-Konzernrecht § 313 Rdn 14; Henssler/Strohn/*Bödeker* § 13 Rdn 3; Hölters/*Leuering/Goertz* § 313 Rdn 14; Hüffer/*Koch* § 313 Rdn 5; KK-*Koppensteiner* § 313 Rdn 17; Spindler/Stilz/*Müller* § 313 Rdn 8.

[79] Vgl Grigoleit/*Grigoleit* § 313 Rdn 6; Henssler/Strohn/*Bödeker* § 313 Rdn 3; Hüffer/*Koch* § 313 Rdn 5; MK-*Altmeppen* § 313 Rdn 62.

[80] Vgl Hölters/*Leuering/Goertz* § 313 Rdn 15; Hüffer/*Koch* § 313 Rdn 5; KK-*Koppensteiner* § 313 Rdn 26; Küting/Weber/*Weber* § 313 Rdn 17; MK-*Altmeppen* § 313 Rdn 62; Schmidt/Lutter/*Vetter* § 313 Rdn 15.

[81] Vgl Bürgers/Körber/*Fett* § 313 Rdn 3; Emmerich/*Habersack* Aktien- und GmbH-Konzernrecht § 313 Rdn 14; *Förschle/Heinz* in BeckBilKomm § 289 HGB Rdn 352; Hölters/*Leuering/Goertz* § 313 Rdn 15; Hüffer/*Koch* § 313 Rdn 5; MK-*Altmeppen* § 313 Rdn 39; Schmidt/Lutter/*Vetter* § 313 Rdn 15; Spindler/Stilz/*Müller* § 313 Rdn 8; WP-Handbuch 2012, Band I, F Rdn 1368.

[82] Vgl Bürgers/Körber/*Fett* § 313 Rdn 3; Emmerich/*Habersack* Aktien- und GmbH-Konzernrecht § 313 Rdn 14; Hölters/*Leuering/Goertz* § 313 Rdn 15; Hüffer/*Koch* § 313 Rdn 5; Spindler/Stilz/*Müller* § 313 Rdn 8; WP-Handbuch 2012, Band I, F Rdn 1369.

[83] Danach hat der Vorstand zu erklären, ob die Gesellschaft „bei jedem Rechtsgeschäft eine angemessene Gegenleistung erhielt".

[84] Vgl *Haesen* S 133.

ihrer Prüfung einen **gewissen Bewertungsspielraum** einzuräumen (vgl Rdn 5).[85] Aus ihr folgt, dass der Abschlussprüfer geringfügige Abweichungen von dem nach seiner Ansicht angemessenen Preis nicht zu beanstanden braucht.[86] Andererseits darf er sich nicht darauf beschränken, nur ein auffälliges Missverhältnis von Leistung und Gegenleistung festzustellen.[87] Entscheidend ist vielmehr, ob die Gegenleistung bei vernünftiger kaufmännischer Überlegung vertretbar erscheint.[88] Dabei kommt es auf den Kenntnisstand eines ordentlichen und gewissenhaften Geschäftsführers einer unabhängigen Gesellschaft an.[89] Erweist sich die Beurteilung im Einzelfall als schwierig, muss der Abschlussprüfer sich ggf durch Sachverständige beraten lassen.[90] Hat der Vorstand selbst erklärt, dass die Gesellschaft durch bestimmte Rechtsgeschäfte benachteiligt wurde, so erübrigt sich insoweit eine Kontrolle (arg § 313 Abs 4 S 2).[91] Zu prüfen bleibt freilich, ob der Nachteil zutreffend bemessen und ggf ausgeglichen wurde.[92]

Die Gesetzesformulierung ist – wie jene in § 312 Abs 1 S 3 – auf den Regelfall des Austauschvertrages zugeschnitten.[93] Bei ihm sind Leistung und Gegenleistung zueinander in Beziehung zu setzen.[94] Zu berücksichtigen sind aber auch etwaige Folgewirkungen für die Gesellschaft (zB für ihre Liquidität)[95], die der ordentliche und gewissenhafte Geschäftsleiter einer unabhängigen Gesellschaft ebenfalls berücksichtigen müsste.[96] Neben den Austauschverträgen sind nach allgemeiner Ansicht auch alle anderen im Abhängigkeitsbericht aufgeführten Rechtsgeschäfte iSd § 312 prüfungspflichtig.[97] Bei ihnen muss sich der Prüfer ebenfalls ein Urteil darüber bilden, ob ihre Vornahme dem Sorgfalts- **23**

85 Vgl Bürgers/Körber/*Fett* § 313 Rdn 4; *Geßler* FS W Schmidt, 1959, S 247, 267; zustimmend *Semler* WPg 1960, 552, 555; übernommen von Begr RegE bei *Kropff* S 414; aus dem neueren Schrifttum *Adler/Düring/Schmaltz* § 313 Rdn 22; Emmerich/*Habersack* Aktien- und GmbH-Konzernrecht § 313 Rdn 16; *Förschle/Heinz* in BeckBilKomm § 289 HGB Rdn 352; Grigoleit/*Grigoleit* § 313 Rdn 7; Hölters/*Leuering/Goertz* § 313 Rdn 17; Hüffer/*Koch* § 313 Rdn 6; KK-*Koppensteiner* § 313 Rdn 18; Küting/Weber/*Weber* § 313 Rdn 24; Spindler/Stilz/*Müller* § 313 Rdn 9.

86 Vgl Begr RegE bei *Kropff* S 414; *Adler/Düring/Schmaltz* § 313 Rdn 22; Bürgers/Körber/*Fett* § 313 Rdn 4; Emmerich/*Habersack* Aktien- und GmbH-Konzernrecht § 313 Rdn 16; Grigoleit/*Grigoleit* § 313 Rdn 7; Hölters/*Leuering/Goertz* § 313 Rdn 16; Hüffer/*Koch* § 313 Rdn 6; KK-*Koppensteiner* § 313 Rdn 18; Küting/Weber/*Weber* § 313 Rdn 24; MK-*Altmeppen* § 313 Rdn 43; Schmidt/Lutter/*Vetter* § 313 Rdn 17; Spindler/Stilz/*Müller* § 313 Rdn 9; Wachter/*Rothley* § 313 Rdn 3.

87 Vgl Begr RegE bei *Kropff* S 414.

88 Vgl Begr RegE bei *Kropff* S 414; *Adler/Düring/Schmaltz* § 313 Rdn 22; Emmerich/*Habersack* Aktien- und GmbH-Konzernrecht § 313 Rdn 16; Grigoleit/*Grigoleit* § 313 Rdn 7; KK-*Koppensteiner* § 313 Rdn 18; MK-*Altmeppen* § 313 Rdn 43; Schmidt/Lutter/*Vetter* § 313 Rdn 17; Spindler/Stilz/*Müller* § 313 Rdn 9.

89 Vgl *Adler/Düring/Schmaltz* § 313 Rdn 22; Emmerich/*Habersack* Aktien- und GmbH-Konzernrecht § 313 Rdn 15; MK-*Altmeppen* § 313 Rdn 41.

90 Vgl *Adler/Düring/Schmaltz* § 313 Rdn 23.

91 Vgl KK-*Koppensteiner* § 313 Rn 18; Spindler/Stilz/*Müller* § 313 Rdn 9.

92 Vgl MK-*Altmeppen* § 313 Rdn 40.

93 Vgl Emmerich/*Habersack* Aktien- und GmbH-Konzernrecht § 313 Rdn 15; Schmidt/Lutter/*Vetter* § 313 Rdn 16.

94 Vgl *Adler/Düring/Schmaltz* § 313 Rdn 21; Küting/Weber/*Weber* § 313 Rdn 23; MK-*Altmeppen* § 313 Rdn 41.

95 Vgl MK-*Altmeppen* § 313 Rdn 41; s auch KK-*Koppensteiner* § 313 Rdn 19; Schmidt/Lutter/*Vetter* § 313 Rdn 16.

96 Vgl MK-*Altmeppen* § 313 Rdn 41.

97 Vgl Emmerich/*Habersack* Aktien- und GmbH-Konzernrecht § 313 Rdn 15; Grigoleit/*Grigoleit* § 313 Rdn 7; KK-*Koppensteiner* § 313 Rdn 20; Schmidt/Lutter/*Vetter* § 313 Rdn 16.

maßstab des § 317 Abs 2 entsprach.[98] Unterlassene Rechtsgeschäfte sind als Maßnahmen einzuordnen (§ 312 Rdn 84) und daher nach Maßgabe des § 313 Abs 1 S 2 Nr 3 zu prüfen.[99]

24 **Maßgeblicher Zeitpunkt** dafür, ob die Leistung der Gesellschaft unangemessen hoch war, ist derjenige der **Vornahme des Rechtsgeschäfts.**[100] Danach sind die Umstände maßgeblich, die der Vorstand der abhängigen Gesellschaft zu diesem Zeitpunkt bekannt waren oder bei pflichtgemäßer Sorgfalt hätten bekannt sein müssen.[101] Insoweit liegen die Dinge anders als bei der Schlusserklärung des Vorstands, dem es nach hL nicht schadet, wenn ihm die Benachteiligung bei gebotener Sorgfalt hätte bekannt sein müssen (§ 312 Rdn 110).[102] Unabhängig davon braucht der Abschlussprüfer ein Rechtsgeschäft nicht zu beanstanden, wenn erst die spätere Entwicklung gezeigt hat, dass die Leistung der Gesellschaft unangemessen hoch war.[103]

25 Liegt nach der Erklärung des Vorstands oder den Feststellungen des Abschlussprüfers eine unangemessen hohe Leistung der Gesellschaft vor, so ist nach § 313 Abs 1 S 2 Nr 2 HS 2 weiter zu prüfen, ob der Nachteil ausgeglichen worden ist. Dies kann nach § 311 Abs 1 und 2 durch tatsächlichen Ausgleich oder Einräumung eines Rechtsanspruchs geschehen sein.[104] Die Prüfung des Abschlussprüfers beschränkt sich nach allgemeiner Ansicht darauf, ob der entstandene Nachteil im Vergleich zu dem gewährten Ausgleich(sanspruch) unangemessen hoch ist.[105] Maßgeblicher Bewertungszeitpunkt ist derjenige der Leistung bzw der Einräumung des Anspruchs auf Ausgleichsleistung.[106] Eine erst auf Veranlassung des Abschlussprüfers nach Schluss des Geschäftsjahres erfolgte Leistung an die abhängige Gesellschaft kommt zu spät.[107] Allfällige Hilfskonstruktionen[108] vermögen

---

98 Vgl KK-*Koppensteiner* § 313 Rdn 20.

99 Vgl *Adler/Düring/Schmaltz* § 313 Rdn 21; Bürgers/Körber/*Fett* § 313 Rdn 4; Emmerich/*Habersack* Aktien- und GmbH-Konzernrecht § 313 Rdn 15; KK-*Koppensteiner* § 313 Rdn 20.

100 Vgl Bürgers/Körber/*Fett* § 313 Rdn 4; Emmerich/*Habersack* Aktien- und GmbH-Konzernrecht § 313 Rdn 16; Hüffer/*Koch* § 313 Rdn 7; Hölters/*Leuering/Goertz* § 313 Rdn 18; Schmidt/Lutter/*Vetter* § 313 Rdn 18; Spindler/Stilz/*Müller* § 313 Rdn 9.

101 Vgl Bürgers/Körber/*Fett* § 313 Rdn 4; Emmerich/*Habersack* Aktien- und GmbH-Konzernrecht § 313 Rdn 16; Grigoleit/*Grigoleit* § 313 Rdn 7; Hölters/*Leuering/Goertz* § 313 Rdn 18; Hüffer/*Koch* § 313 Rdn 7; MK-*Altmeppen* § 312 Rdn 42; Schmidt/Lutter/*Vetter* § 313 Rdn 18; Spindler/Stilz/*Müller* § 313 Rdn 9.

102 Dazu auch Hüffer/*Koch* § 313 Rdn 7 mit dem zutreffenden Hinweis: „Das ist auch sachgerecht, weil sich dort der Vorstand selbst bezichtigen würde, während es hier iwS um die Überwachung seiner Tätigkeit geht."; ferner Hölters/*Leuering/Goertz* § 313 Rdn 18; MK-*Altmeppen* § 313 Rdn 42; Schmidt/Lutter/*Vetter* § 313 Rdn 18.

103 Vgl Begr RegE bei *Kropff* S 415; Bürgers/Körber/*Fett* § 313 Rdn 4; Emmerich/*Habersack* Aktien- und GmbH-Konzernrecht § 313 Rdn 16; Hölters/*Leuering/Goertz* § 313 Rdn 18; Hüffer/*Koch* § 313 Rdn 7; MK-*Altmeppen* § 312 Rdn 42; Spindler/Stilz/*Müller* § 313 Rdn 9.

104 Vgl Bürgers/Körber/*Fett* § 313 Rdn 4; Emmerich/*Habersack* Aktien- und GmbH-Konzernrecht § 313 Rdn 17; Grigoleit/*Grigoleit* § 313 Rdn 8; Hüffer/*Koch* § 313 Rdn 8; Schmidt/Lutter/*Vetter* § 313 Rdn 19; Spindler/Stilz/*Müller* § 313 Rdn 10.

105 Vgl *Adler/Düring/Schmaltz* § 313 Rdn 28; Bürgers/Körber/*Fett* § 313 Rdn 6; Emmerich/*Habersack* Aktien- und GmbH-Konzernrecht § 313 Rdn 17; Grigoleit/*Grigoleit* § 313 Rdn 8; Hüffer/*Koch* § 313 Rdn 8; Schmidt/Lutter/*Vetter* § 313 Rdn 19.

106 Vgl Emmerich/*Habersack* Aktien- und GmbH-Konzernrecht § 313 Rdn 17; Grigoleit/*Grigoleit* § 313 Rdn 8; Schmidt/Lutter/*Vetter* § 313 Rdn 20.

107 Vgl Emmerich/*Habersack* Aktien- und GmbH-Konzernrecht § 313 Rdn 17; Grigoleit/*Grigoleit* § 313 Rdn 8; Hüffer/*Koch* § 313 Rdn 8; Schmidt/Lutter/*Vetter* § 313 Rdn 20; Spindler/Stilz/*Müller* § 313 Rdn 10.

108 Vgl *Adler/Düring/Schmaltz* § 313 Rdn 27.

nicht zu überzeugen.[109] Dies gilt auch für eine bezifferte Zahlungspflicht mit beanstandungsfreier Prüfung als auflösende Bedingung[110], weil dadurch der Präventionsdruck im Hinblick auf eine angemessene Leistungsbemessung nachlässt.[111]

3. Maßnahmen (Nr 3)

Schließlich ist gemäß § 313 Abs 1 S 2 Nr 3 zu prüfen, ob bei den im Bericht aufgeführten Maßnahmen keine Umstände für eine wesentlich andere Beurteilung als durch den Vorstand sprechen. Dieser Prüfungsgegenstand hat im Gesetzgebungsverfahren die größte Kritik der berufsständischen Praxis auf sich gezogen (vgl Rdn 4), weil er eine Erweiterung der herkömmlichen Recht- und Ordnungsmäßigkeitsprüfung zur Folge hat.[112] Um diesen Bedenken Rechnung zu tragen, hat der Reformgesetzgeber den **Prüfungsmaßstab und** die **Prüfungsdichte erheblich zurückgeschraubt**. Ausweislich der Gesetzesmaterialien soll der Abschlussprüfer kein Urteil darüber abgeben müssen, ob die Maßnahme zweckmäßig und mit den Pflichten eines ordentlichen und gewissenhaften Geschäftsleiters vereinbar ist.[113] Ihm wird mit anderen Worten nicht abverlangt, sein Ermessen an die Stelle des Ermessens des Vorstands der abhängigen Gesellschaft zu setzen[114]; dieser hat wegen seiner Sachnähe das Recht zur Erstbeurteilung.[115] Vielmehr soll der Abschlussprüfer nur prüfen, ob der Abhängigkeitsbericht die dort aufgeführten Maßnahmen schlüssig begründet. Er soll aufgrund seiner allgemeinen Sachkunde als Wirtschaftsprüfer und seiner besonderen Vertrautheit mit den Verhältnissen der Gesellschaft ein Urteil darüber abgeben, ob der Vorstand bei seiner Maßnahme alle wesentlichen Gesichtspunkte berücksichtigt hat und ob diese Gesichtspunkte die Beurteilung der Maßnahme durch den Vorstand vertretbar erscheinen lassen.[116] Dabei soll er – wie bei § 313 Abs 1 S 2 Nr 2 (Rdn 22) – nicht prüfen, ob sein Urteil von dem des Vorstands in Schattierungen abweicht.[117] Prüfungsgegenstand ist nur, ob Umstände für eine „wesentlich andere Beurteilung" sprechen.[118] 26

Im konkreten Zugriff wird der Abschlussprüfer von den **Aussagen des Vorstands** im Abhängigkeitsbericht ausgehen und sie **auf** ihre **Plausibilität** hin **überprüfen**.[119] Dabei 27

---

109 Ebenso Grigoleit/*Grigoleit* § 313 Rdn 8; Spindler/Stilz/*Müller* § 313 Rdn 10.

110 Dafür aber *Hüffer* § 313 Rdn 8; zustimmend Bürgers/Körber/*Fett* § 313 Rdn 7; aufgegeben bei Hüffer/*Koch* § 313 Rdn 8.

111 Wie hier Grigoleit/*Grigoleit* § 313 Rdn 8; Hüffer/*Koch* § 313 Rdn 8; iE auch Spindler/Stilz/*Müller* § 313 Rdn 10.

112 Vgl *Adler/Düring/Schmaltz* § 313 Rdn 16; *Velte* Der Konzern 2010, 49, 50 f.

113 Vgl Begr RegE bei *Kropff* S 414 f mit dem Zusatz: „Dieses Urteil würde sie überfordern."; WP-Handbuch 2012, Band I, F Rdn 1371.

114 Vgl Begr RegE bei *Kropff* S 415; Bürgers/Körber/*Fett* § 313 Rdn 5; Emmerich/*Habersack* Aktien- und GmbH-Konzernrecht § 313 Rdn 18; Hölters/*Leuering/Goertz* § 313 Rdn 22; *Meier* WPg 1968, 64, 67; Spindler/Stilz/*Müller* § 313 Rdn 12; WP-Handbuch 2012, Band I, F Rdn 1371.

115 Vgl Hölters/*Leuering/Goertz* § 313 Rdn 21; Hüffer/*Koch* § 313 Rdn 9.

116 Vgl Begr RegE bei *Kropff* S 415; *Adler/Düring/Schmaltz* § 313 Rdn 32; Schmidt/Lutter/*Vetter* § 313 Rdn 22; Spindler/Stilz/*Müller* § 313 Rdn 12; WP-Handbuch 2012, Band I, F Rdn 1371.

117 Vgl Begr RegE bei *Kropff* S 415; Grigoleit/*Grigoleit* § 313 Rdn 9 („Geringfügigkeitsvorbehalt"); Hüffer/*Koch* § 313 Rdn 9; Schmidt/Lutter/*Vetter* § 313 Rdn 22.

118 Vgl Begr RegE bei *Kropff* S 415; IDW HFA 3/1991 WPg 1992, 91, 93.

119 Vgl Bürgers/Körber/*Fett* § 313 Rdn 5; Emmerich/*Habersack* Aktien- und GmbH-Konzernrecht § 313 Rdn 18; Hölters/*Leuering/Goertz* § 313 Rdn 22; KK-*Koppensteiner* § 313 Rdn 22; MK-*Altmeppen* § 313 Rdn 46; *Velte* Der Konzern 2010, 49, 53; Wachter/*Rothley* § 313 Rdn 5; *Wollert* DB 1966, 1281, 1282.

kann und wird er zusätzlich auch solche Umstände berücksichtigen, die im Abschlussbericht nicht vorkommen, ihm aber aufgrund seiner besonderen Sachkunde und Erfahrung bekannt sind.[120] Solche Umstände braucht er nicht zu beweisen; es genügt, wenn er von ihrem Vorliegen überzeugt ist.[121] Im Lichte aller dieser Umstände muss der Abschlussprüfer schließlich beurteilen, ob die betreffende Maßnahme noch im Rahmen des unternehmerischen Ermessensspielraums des Vorstands lag.[122] Dabei ist entsprechend § 313 Abs 1 S 2 Nr 2 auch ein etwaiger Nachteilsausgleich zu berücksichtigen.[123] Maßgeblicher Zeitpunkt für die Beurteilung der Maßnahme ist jener ihrer Vornahme oder Unterlassung.[124] Hinsichtlich des Nachteilsausgleichs ist auf den Zeitpunkt der Leistung abzustellen, wenn diese bis zum Bilanzstichtag erfolgt ist; bei Einräumung eines Anspruchs auf Nachteilsausgleich kommt es auf die Bewertungsumstände am Abschlussstichtag an.[125]

IV. Prüfungsverfahren

1. Prüfungsauftrag

28 Nach § 313 Abs 1 S 1 ist dem Abschlussprüfer einer prüfungspflichtigen Gesellschaft gleichzeitig mit dem Jahresabschluss und dem Lagebericht auch der Abhängigkeitsbericht vorzulegen.[126] Hieraus folgt, dass der nach § 111 Abs 2 S 3 vom Aufsichtsrat beauftragte **Abschlussprüfer kraft Gesetzes Prüfer des Abhängigkeitsberichts** ist.[127] Eines gesonderten Auftrages durch die Organe der Gesellschaft bedarf es daher nicht.[128] Mit der Annahme der Bestellung zum Abschlussprüfer entsteht auch die Pflicht zur Prüfung des Abhängig-

---

120 Vgl Emmerich/*Habersack* Aktien- und GmbH-Konzernrecht § 313 Rdn 18; Grigoleit/*Grigoleit* § 313 Rdn 9; Hölters/*Leuering/Goertz* § 313 Rdn 22; KK-*Koppensteiner* § 313 Rdn 22; MK-*Altmeppen* § 313 Rdn 46.

121 Vgl Bürgers/Körber/*Fett* § 313 Rdn 5; Emmerich/*Habersack* Aktien- und GmbH-Konzernrecht § 313 Rdn 18; Hölters/*Leuering/Goertz* § 313 Rdn 22; KK-*Koppensteiner* § 313 Rdn 22; MK-*Altmeppen* § 313 Rdn 46.

122 Vgl *Adler/Düring/Schmaltz* § 313 Rdn 31; Hüffer/*Koch* § 313 Rdn 9; Küting/Weber/*Weber* § 313 Rdn 30; MK-*Altmeppen* § 313 Rdn 44 und 48.

123 Vgl Emmerich/*Habersack* Aktien- und GmbH-Konzernrecht § 313 Rdn 19; Hölters/*Leuering/Goertz* § 313 Rdn 22; KK-*Koppensteiner* § 313 Rdn 23; Küting/Weber/*Weber* § 313 Rdn 32; Schmidt/Lutter/*Vetter* § 313 Rdn 95; Spindler/Stilz/*Müller* § 313 Rdn 12; WP-Handbuch 2012, Band I, F Rdn 1372.

124 Vgl *Adler/Düring/Schmaltz* § 313 Rdn 30; Emmerich/*Habersack* Aktien- und GmbH-Konzernrecht § 313 Rdn 19; Hölters/*Leuering/Goertz* § 313 Rdn 22; Küting/Weber/*Weber* § 313 Rdn 33; MK-*Altmeppen* § 313 Rdn 45; Spindler/Stilz/*Müller* § 313 Rdn 12; WP-Handbuch 2012, Band I, F Rdn 1371.

125 Vgl Emmerich/*Habersack* Aktien- und GmbH-Konzernrecht § 313 Rdn 19; Küting/Weber/*Weber* § 313 Rdn 33.

126 Vgl OLG Köln BB 1978, 421; LG Traunstein AG 1993, 521.

127 Vgl *Adler/Düring/Schmaltz* § 313 Rdn 4; *Förschle/Heinz* in BeckBilKomm § 289 HGB Rn 350; Hüffer/*Koch* § 313 Rdn 4; IDW HFA 3/1991 WPg 1992, 91, 93; KK-*Koppensteiner* § 313 Rdn 6; Küting/Weber/*Weber* § 313 Rdn 3; MK-*Altmeppen* § 313 Rdn 27; Spindler/Stilz/*Müller* § 313 Rdn 6; WP-Handbuch 2012, Band I, F Rdn 1365.

128 Vgl *Adler/Düring/Schmaltz* § 313 Rdn 6; Bürgers/Körber/*Fett* § 313 Rdn 10; Emmerich/*Habersack* Aktien- und GmbH-Konzernrecht § 313 Rdn 9; *Förschle/Heinz* in BeckBilKomm § 289 HGB Rdn 350; Grigoleit/*Grigoleit* § 313 Rdn 3; Henssler/Strohn/*Bödeker* § 313 Rdn 8; Hölters/*Leuering/Goertz* § 313 Rdn 8; Küting/Weber/*Weber* § 313 Rdn 3; MK-*Altmeppen* § 313 Rdn 27; Schmidt/Lutter/*Vetter* § 313 Rdn 6; Spindler/Stilz/*Müller* § 313 Rdn 6; WP-Handbuch 2012, Band I, F Rdn 1365.

keitsberichts.[129] § 313 ergänzt insoweit die in § 317 HGB enthaltene Regelung über Gegenstand und Umfang der Abschlussprüfung.[130] Wie beim Auftrag zur Prüfung des Jahresabschlusses kann der Aufsichtsrat besondere Prüfungsschwerpunkte festlegen, sofern sie über den gesetzlichen Auftrag des § 313 hinausgehen.[131] Ein „Weniger" ist dagegen nicht zulässig.[132]

Die **Prüfungszuständigkeit des Abschlussprüfers** ist **zwingend.**[133] Der Aufsichtsrat darf demnach keine andere Person mit der Prüfung des Abhängigkeitsberichts betrauen.[134] Umgekehrt darf der Abschlussprüfer nicht an der Erstellung des Abhängigkeitsberichts mitwirken, da sich Aufstellung und Prüfung gegenseitig ausschließen.[135] Insoweit gelten die gleichen Grundsätze wie bei der Mitwirkung des Abschlussprüfers an der Erstellung des Jahresabschlusses.[136] Untersagt ist dem Abschlussprüfer damit eine gestalterische Einflussnahme auf den Inhalt des Abhängigkeitsberichts.[137] Ebenso wenig darf er anstelle des Vorstands der abhängigen Gesellschaft einen Nachteilsausgleich iSd § 311 mit dem herrschenden Unternehmen aushandeln.[138] Wohl aber darf er auf Richtigstellungen und Ergänzungen des Berichts hinwirken[139] und zu Einzelpunkten während des Geschäftsjahres beratend Stellung nehmen, soweit dies nicht über die Darstellung von Alternativen im Sinne einer Entscheidungshilfe hinausgeht[140]. 29

2. Prüfungseinleitung

Das Prüfungsverfahren wird dadurch eingeleitet, dass der Vorstand dem Abschlussprüfer gleichzeitig mit dem Jahresabschluss den Abhängigkeitsbericht vorlegt.[141] Dies 30

---

[129] Vgl Hüffer/*Koch* § 313 Rdn 4.

[130] Vgl *Adler/Düring/Schmaltz* § 313 Rdn 6; Emmerich/*Habersack* Aktien- und GmbH-Konzernrecht § 313 Rdn 9; Grigoleit/*Grigoleit* § 313 Rdn 3; KK-*Koppensteiner* § 313 Rdn 6; Küting/Weber/*Weber* § 313 Rdn 3; Schmidt/Lutter/*Vetter* § 313 Rdn 6.

[131] Vgl Emmerich/*Habersack* Aktien- und GmbH-Konzernrecht § 313 Rdn 10; Heidel/*Walchner* § 313 Rdn 5; MK-*Altmeppen* § 313 Rdn 29; NK-*Schatz/Schödel* § 313 Rdn 4.

[132] Vgl NK-*Schatz/Schödel* § 313 Rdn 4.

[133] Vgl Emmerich/*Habersack* Aktien- und GmbH-Konzernrecht § 313 Rdn 10; Henssler/Strohn/*Bödeker* § 313 Rdn 8; Hölters/*Leuering/Goertz* § 313 Rdn 8; Spindler/Stilz/*Müller* § 313 Rdn 6.

[134] Vgl *Adler/Düring/Schmaltz* § 313 Rdn 5; Emmerich/*Habersack* Aktien- und GmbH-Konzernrecht § 313 Rdn 10; *Förschle/Heinz* in BeckBilKomm § 289 HGB Rdn 350; Hölters/*Leuering/Goertz* § 313 Rdn 8; Hüffer/*Koch* § 313 Rdn 4; Küting/Weber/*Weber* § 313 Rdn 3; Spindler/Stilz/*Müller* § 313 Rdn 6; WP-Handbuch 2012, Band I, F Rdn 1365.

[135] Vgl *Adler/Düring/Schmaltz* § 313 Rdn 7; Emmerich/*Habersack* Aktien- und GmbH-Konzernrecht § 313 Rdn 10; Grigoleit/*Grigoleit* § 313 Rdn 3; Henssler/Strohn/*Bödeker* § 312 Rdn 8; Hölters/*Leuering/Goertz* § 313 Rdn 8; Hüffer/*Koch* § 313 Rdn 4; IDW HFA 3/1991 WPg 1992, 91, 93; Küting/Weber/*Weber* § 313 Rdn 8; Schmidt/Lutter/*Vetter* § 313 Rdn 7; Spindler/Stilz/*Müller* § 313 Rdn 6.

[136] Vgl Emmerich/*Habersack* Aktien- und GmbH-Konzernrecht § 313 Rdn 10; MK-*Altmeppen* § 313 Rdn 34 ff.; Schmidt/Lutter/*Vetter* § 313 Rdn 7.

[137] Vgl Bürgers/Körber/*Fett* § 313 Rdn 9; Emmerich/*Habersack* Aktien- und GmbH-Konzernrecht § 313 Rdn 10; Heidel/*Walchner* § 313 Rdn 5; MK-*Altmeppen* § 313 Rdn 35; Wachter/*Rothley* § 313 Rdn 7; grundlegend für die Mitwirkung des Abschlussprüfers an der Erstellung des Jahresabschlusses BGHZ 135, 260, 262 ff.

[138] Vgl Emmerich/*Habersack* Aktien- und GmbH-Konzernrecht § 313 Rdn 10; MK-*Altmeppen* § 313 Rdn 36.

[139] Vgl MK-*Altmeppen* § 313 Rdn 34.

[140] Vgl KK-*Koppensteiner* § 313 Rdn 7.

[141] Vgl Emmerich/*Habersack* § 313 Rdn 12; Grigoleit/*Grigoleit* § 313 Rdn 3; Hölters/*Leuering/Goertz* § 313 Rdn 9; Schmidt/Lutter/*Vetter* § 313 Rdn 8.

muss gemäß § 320 Abs 1 S 1 HGB unverzüglich nach der Aufstellung geschehen. Aufzustellen ist der Abhängigkeitsbericht gemäß § 312 Abs 1 S 1 grundsätzlich in den ersten drei Monaten des Geschäftsjahres (dazu und zu Ausnahmen § 312 Rdn 60). Die Pflicht zur Vorlage des Abhängigkeitsberichts kann nach § 407 Abs 1 im Zwangsgeldverfahren durchgesetzt werden.[142] Wirkungsvoller wird häufig allerdings die Androhung des Abschlussprüfers sein, bei Nichtvorlage seinen Bestätigungsvermerk zum Jahresabschluss einzuschränken.[143]

31 Ist kein Abhängigkeitsbericht aufgestellt, entbindet dies den Abschlussprüfer nicht von der Untersuchung, ob Abhängigkeitsbeziehungen vorhanden sind.[144] Dies folgt zwar nicht unmittelbar aus § 313. Der Prüfer hat aber festzustellen, ob der Lagebericht den gesetzlichen Bestimmungen entspricht; hierzu gehört, dass dieser Bericht bei Gesellschaften, die einen Abhängigkeitsbericht erstellen müssen, die Schlusserklärung des Vorstands nach § 312 Abs 3 S 3 enthält.[145] Bei seiner Prüfung helfen dem Abschlussprüfer die gesetzlichen Vermutungen aus §§ 17, 18[146]; kann der Vorstand sie nicht widerlegen, so hat der Abschlussprüfer das Unternehmen als abhängige Gesellschaft zu behandeln und dementsprechend die Vorlage eines Abhängigkeitsberichts zu verlangen.[147]

32 Bei Meinungsverschiedenheiten zwischen Abschlussprüfer und Vorstand über die Notwendigkeit eines Abhängigkeitsberichts stand lange Zeit das Streitbeilegungsverfahren nach § 324 HGB aF zu Verfügung.[148] Dieses Verfahren, das auf Meinungsverschiedenheiten über Inhalt oder Vollständigkeit des Berichts von vornherein nicht anwendbar war[149], ist mit Inkrafttreten des BilMoG wegen praktischer Bedeutungslosigkeit ersatzlos weggefallen.[150] Stattdessen steht der allgemeine Zivilrechtsweg offen.[151] Ggf ist der Bestätigungsvermerk zum Jahresabschluss entsprechend einzuschränken.[152]

3. Prüfungsende

33 Das Prüfungsverfahren endet damit, dass der Abschlussprüfer seinen Bericht gemäß § 313 Abs 2 S 3 HS 1 unterzeichnet und dem Aufsichtsrat vorlegt.[153] Die Vorlage kann und wird idR an den Aufsichtsratsvorsitzenden erfolgen, der den Bericht dann gemäß § 314

---

142 Vgl Emmerich/*Habersack* § 313 Rdn 13; MK-*Altmeppen* § 313 Rdn 26; Spindler/Stilz/*Müller* § 313 Rdn 8; WP-Handbuch 2012, Band I, F Rdn 1375.

143 Vgl *Haesen* S 122 f; MK-*Altmeppen* § 313 Rdn 26; s auch *Adler/Düring/Schmaltz* § 312 Rdn 6.

144 Vgl *Adler/Düring/Schmaltz* § 313 Rdn 6; *Förschle/Heinz* in BeckBilKomm § 289 HGB Rdn 352; *Geßler* DB 1965, 1691, 1695; *Goerdeler* WPg 1966, 115, 126; *Haesen* S 122 f; IDW HFA 3/1991 WPg 1992, 91, 93; KK-*Koppensteiner* § 313 Rdn 12; *Kropff* BB 1965, 1281, 1288; Küting/Weber/*Weber* § 313 Rdn 13; *Meier* WPg 1968, 64, 68; Schmidt/Lutter/*Vetter* § 313 Rdn 24; WP-Handbuch 2012, Band I, F Rdn 1373.

145 Vgl *Haesen* S 122; KK-*Koppensteiner* § 313 Rdn 12; *Kropff* BB 1965, 1281, 1288; Küting/Weber/*Weber* § 313 Rdn 12; WP-Handbuch 2012, Band I, F Rdn 1373.

146 Vgl *Geßler* DB 1965, 1691, 1695; Küting/Weber/*Weber* § 313 Rdn 12.

147 Vgl *Geßler* DB 1965, 1691, 1695.

148 Dazu KK-*Koppensteiner* § 313 Rdn 13; Küting/Weber/*Weber* § 313 Rdn 13; Spindler/Stilz/*Müller* § 313 Rdn 7.

149 Vgl Begr RegE bei *Kropff* S 415.

150 Vgl Begr RegE BilMoG BT-Drucks 16/10067, S 91.

151 Vgl Begr RegE BilMoG BT-Drucks 16/10067, S 91; Grigoleit/*Grigoleit* § 313 Rdn 3; Hüffer/*Koch* § 313 Rdn 3; Schmidt/Lutter/*Vetter* § 313 Rdn 9.

152 Vgl Emmerich/*Habersack* Aktien- und GmbH-Konzernrecht § 313 Rdn 13; WP-Handbuch 2012, Band I, F Rdn 1373.

153 Vgl Grigoleit/*Grigoleit* § 313 Rdn 3; Hölters/*Leuering/Goertz* § 313 Rdn 11; Schmidt/Lutter/*Vetter* § 313 Rdn 10.

Abs 1 S 2 jedem Aufsichtsratsmitglied oder, wenn der Aufsichtsrat dies beschlossen hat, den Mitgliedern eines Ausschusses übermittelt.[154] Vor der Zuleitung ist dem Vorstand nach § 313 Abs 3 S 3 HS 2 Gelegenheit zur Stellungnahme zu geben. Dies entspricht dem Verfahren bei der Prüfung des Jahresabschlusses nach § 321 Abs 5 S 2 HGB und erfolgt üblicherweise auf der Grundlage eines Vorwegexemplars im Rahmen einer Schlussbesprechung.[155] Eine etwaige Stellungnahme des Vorstands wird kein Bestandteil des Prüfungsberichts.[156] Sie ist jedoch entsprechend § 314 Abs 1 S 1 unmittelbar vom Vorstand an den Aufsichtsrat weiterzuleiten.[157]

Ebenso wie die Kosten des Abhängigkeitsberichts (§ 312 Rdn 63) fallen auch die Kosten seiner Prüfung der abhängigen Gesellschaft zur Last.[158] Ein Ausgleichs- oder Aufwendungsersatzanspruch gegen das herrschende Unternehmen besteht nicht (vgl § 312 Rdn 63), so dass sich auch ein gesonderter Ausweis der Prüfungskosten erübrigt.[159] **34**

V. Prüfungsdurchführung

1. Allgemeines

§ 313 äußert sich nur sehr allgemein zu Fragen der Prüfungsdurchführung.[160] Weil die Prüfung des Abhängigkeitsberichts nach der gesetzlichen Grundkonzeption einen unselbständigen Bestandteil der Jahresabschlussprüfung bildet (Rdn 16), wird man sich an den für diese geltenden Prüfungsgrundsätzen orientieren können, soweit nicht die Besonderheiten des Abhängigkeitsberichts Abweichungen gebieten.[161] Insbesondere ist die Prüfung des Abhängigkeitsberichts grundsätzlich mit der gleichen Sorgfalt durchzuführen wie die eigentliche Abschlussprüfung.[162] Gemäß § 323 Abs 1 HGB iVm § 57b WPO ist der Abschlussprüfer zur gewissenhaften und unabhängigen Prüfung verpflichtet.[163] **35**

---

154 Vgl Emmerich/*Habersack* Aktien- und GmbH-Konzernrecht § 313 Rdn 26; Hölters/*Leuering/Goertz* § 313 Rdn 12; KK-*Koppensteiner* § 313 Rdn 31; Schmidt/Lutter/*Vetter* § 313 Rdn 10.

155 Vgl *Adler/Düring/Schmaltz* § 313 Rdn 8; *Förschle/Heinz* in BeckBilKomm § 289 HGB Rdn 359; Henssler/Strohn/*Bödeker* § 313 Rdn 10; WP-Handbuch 2012, Band I, F Rdn 1383.

156 Vgl Emmerich/*Habersack* Aktien- und GmbH-Konzernrecht § 313 Rdn 27; Hölters/*Leuering/Goertz* § 313 Rdn 12; Schmidt/Lutter/*Vetter* § 312 Rdn 11; Spindler/Stilz/*Müller* § 313 Rdn 19.

157 Vgl Emmerich/*Habersack* Aktien- und GmbH-Konzernrecht § 313 Rdn 27; Grigoleit/*Grigoleit* § 313 Rdn 3; Hölters/*Leuering/Goertz* § 313 Rdn 12; KK-*Koppensteiner* § 313 Rdn 31; MK-*Altmeppen* § 313 Rdn 31; Spindler/Stilz/*Müller* § 313 Rdn 19.

158 Vgl Henssler/Strohn/*Bödeker* § 313 Rdn 11; MK-*Altmeppen* § 313 Rdn 106; abw *Hüffer* § 313 Rdn 3; aufgegeben bei Hüffer/*Koch* § 313 Rdn 3 iVm § 312 Rdn 40; s auch Heidel/*Walchner* § 313 Rdn 6.

159 Wie hier Emmerich/*Habersack* Aktien- und GmbH-Konzernrecht § 313 Rdn 10; abw Heidel/*Walchner* § 313 Rdn 6; Hüffer/*Koch* § 313 Rdn 3.

160 Vgl *Adler/Düring/Schmaltz* § 313 Rdn 38; Küting/Weber/*Weber* § 313 Rdn 36.

161 Vgl *Adler/Düring/Schmaltz* § 313 Rdn 39; *Haesen* S 125; Hölters/*Leuering/Goertz* § 313 Rdn 25; Küting/Weber/*Weber* § 313 Rdn 37; MK-*Altmeppen* § 313 Rdn 64.

162 Vgl Heidel/*Walchner* § 313 Rdn 15; Hölters/*Leuering/Goertz* § 313 Rdn 25; MK-*Altmeppen* § 313 Rdn 64.

163 Vgl Hölters/*Leuering/Goertz* § 313 Rdn 25.

36 Grundsätzlich hat die **Prüfung** von den im Abhängigkeitsbericht aufgeführten Rechtsgeschäften und Maßnahmen auszugehen.[164] Sie **erfolgt** also **retrograd.**[165]

37 Soweit es um die Richtigkeit der tatsächlichen Angaben nach § 313 Abs 1 S 2 Nr 2 geht, kann sich der Prüfer – wie bei der Jahresabschlussprüfung – **nach pflichtgemäßem Ermessen** mit **Stichproben** begnügen.[166] Dies gilt insbesondere bei Massengeschäften und Routinevorgängen[167], während bei Vorgängen von herausragender Bedeutung stets eine Einzelprüfung vorgenommen werden muss.[168] Umfang und Auswahl der Stichproben hängen von der Größe und dem Geschäftszweig der Gesellschaft, der Art und Bedeutung der Geschäftsvorfälle und von dem Ergebnis der Verfahrensaufnahme und -beurteilung durch den Abschlussprüfer ab.[169] Eine wahrscheinlichkeitstheoretische Absicherung wie bei der Stichprobeninventur nach § 241 Abs 1 S 1 HGB ist allerdings nicht erforderlich.[170]

38 Zwischenprüfungen während des laufenden Geschäftsjahres sind grundsätzlich zulässig[171] und häufig auch sinnvoll, um zeitliche Engpässe zu vermeiden (näher Rdn 41). Bei größeren Unternehmen kann sich die Aufstellung eines Prüfungsplans anbieten.[172]

2. Prüfungsumfang

39 Die **Vollständigkeit** des Abhängigkeitsberichts ist ausweislich der Gesetzesmaterialien **nicht unmittelbar Prüfungsgegenstand.**[173] Dies ist dem Umstand geschuldet, dass die Prüfungsmöglichkeiten des Abschlussprüfers, insbesondere bei (unterlassenen) Maßnahmen, für ein solches Urteil häufig nicht ausreichen.[174] Infolgedessen braucht der Abschlussprüfer nicht gezielt zu prüfen, ob der Abhängigkeitsbericht sämtliche angabepflichtigen

---

164 Vgl *Adler/Düring/Schmaltz* § 313 Rdn 39; Emmerich/*Habersack* Aktien- und GmbH-Konzernrecht § 313 Rdn 20; *Förschle/Heinz* in BeckBilKomm § 289 HGB Rdn 353; WP-Handbuch 2012, Band I, F Rdn 1376.

165 Vgl *Adler/Düring/Schmaltz* § 313 Rdn 39; Emmerich/*Habersack* Aktien- und GmbH-Konzernrecht § 313 Rdn 20; *Förschle/Heinz* in BeckBilKomm § 289 HGB Rdn 353; Hölters/*Leuering/Goertz* § 313 Rdn 26; Hüffer/*Koch* § 313 Rdn 10; Schmidt/Lutter/*Vetter* § 313 Rdn 25.

166 Vgl Begr RegE bei *Kropff* S 414; *Adler/Düring/Schmaltz* § 313 Rdn 45; Bürgers/Körber/*Fett* § 313 Rdn 15; Emmerich/*Habersack* Aktien- und GmbH-Konzernrecht § 313 Rdn 20; *Förschle/Heinz* in BeckBilKomm § 289 HGB Rdn 353; Grigoleit/*Grigoleit* § 313 Rdn 6; Hölters/*Leuering/Goertz* § 313 Rdn 28; Hüffer/*Koch* § 313 Rdn 10; IDW HFA 3/1991 WPg 1992, 91, 93; KK-*Koppensteiner* § 313 Rdn 28; Küting/Weber/*Weber* § 313 Rdn 39; Schmidt/Lutter/*Vetter* § 313 Rdn 26; Spindler/Stilz/*Müller* § 313 Rdn 15; Wachter/*Rothley* § 313 Rdn 7.

167 Vgl Emmerich/*Habersack* Aktien- und GmbH-Konzernrecht § 313 Rdn 20; Hölters/*Leuering/Goertz* § 313 Rdn 28; Schmidt/Lutter/*Vetter* § 313 Rdn 26.

168 Vgl Bürgers/Körber/*Fett* § 313 Rdn 15; Emmerich/*Habersack* Aktien- und GmbH-Konzernrecht § 33 Rdn 20; KK-*Koppensteiner* § 313 Rdn 28; Schmidt/Lutter/*Vetter* § 313 Rdn 26; Spindler/Stilz/*Müller* § 313 Rdn 15.

169 Vgl *Adler/Düring/Schmaltz* § 313 Rdn 45; *Förschle/Heinz* in BeckBilKomm § 289 HGB Rdn 353; Küting/Weber/*Weber* § 313 Rdn 40; KK-*Koppensteiner* § 313 Rdn 28.

170 Vgl Hölters/*Leuering/Goertz* § 313 Rdn 28; MK-*Altmeppen* § 313 Rdn 66; Schmidt/Lutter/*Vetter* § 313 Rdn 26.

171 Vgl Grigoleit/*Grigoleit* § 313 Rdn 11; Hölters/*Leuering/Goertz* § 313 Rdn 26; IDW HFA 3/1991 WPg 1992, 91, 93; KK-*Koppensteiner* § 313 Rdn 15; Schmidt/Lutter/*Vetter* § 313 Rdn 26 und 30.

172 Vgl *Adler/Düring/Schmaltz* § 313 Rdn 62.

173 So ausdrücklich Begr RegE bei *Kropff* S 414.

174 Vgl WP-Handbuch 2012, Band I, F Rdn 1368.

Rechtsgeschäfte und Maßnahmen enthält.[175] Nach zutreffender hL folgt jedoch aus der Berichtspflicht des § 313 Abs 2 S 2, dass er über **Lücken in der Berichterstattung** nicht einfach hinweggehen darf.[176] Ihn trifft also mit anderen Worten **keine Prüfungs-, sondern** eine **Berichtspflicht.**[177] Allfälligen Verdachtsmomenten muss er allerdings nachgehen.[178] Außerdem hat er darauf zu achten, ob bei allen im Abhängigkeitsbericht dokumentierten Vorgängen die wesentlichen Umstände angegeben sind.[179] Falls erforderlich, muss er den Sachverhalt aufklären und auf Ergänzung bestehen.[180] Unterschiedlich beurteilt wird, ob der Abschlussprüfer vom Vorstand eine **Vollständigkeitserklärung verlangen** kann und sollte. Die berufsständische Praxis und ein Teil der Lehre lehnen dies ab, weil eine unmittelbare Prüfung der Vollständigkeit des Abhängigkeitsberichts nicht vorgesehen ist[181]; Gegenstimmen halten das Einfordern einer Vollständigkeitserklärung für sinnvoll und geboten.[182] In der Praxis scheint letzteres auch regelmäßig zu geschehen.[183]

3. Auskunfts- und Einsichtsrechte (§ 313 Abs 1 S 3–4)

Um die Prüfungsdurchführung zu erleichtern, gewährt § 313 Abs 1 S 3 dem Abschlussprüfer für die Prüfungsdurchführung die gleichen Auskunfts- und Einsichtsrechte wie bei der Prüfung des Jahresabschlusses.[184] Danach hat ihm der Vorstand der abhängigen Gesellschaft zu gestatten, die Bücher und Schriften der Gesellschaft sowie die Vermögensgegenstände und Schulden, namentlich die Kasse und die Bestände an Wertpapieren und Waren, zu prüfen (§ 313 Abs 1 S 1 iVm § 320 Abs 1 S 2 HGB). Außerdem kann der Abschlussprüfer vom Vorstand alle Aufklärungen und Nachweise verlangen, die für eine sorgfältige Prüfung des Abhängigkeitsberichts notwendig sind (§ 313 Abs 1 S 1 iVm § 320 Abs 2 S 1 HGB). **40**

Die genannten Auskunfts- und Einsichtsrechte hat der Abschlussprüfer auch schon vor Aufstellung des Abhängigkeitsberichts, soweit es die Vorbereitung der Prüfung dieses **41**

[175] Vgl Grigoleit/*Grigoleit* § 313 Rdn 4; MK-*Altmeppen* § 313 Rdn 57; Schmidt/Lutter/*Vetter* § 313 Rdn 27; WP-Handbuch 2012, Band I, F Rdn 1369.

[176] Vgl Begr RegE bei *Kropff* S 414; Hüffer/*Koch* § 313 Rdn 11; KK-*Koppensteiner* § 313 Rdn 25; *Velte* Der Konzern 2010, 49, 51; WP-Handbuch 2012, Band I, F Rdn 1369.

[177] So WP-Handbuch 2012, Band I, F Rdn 1369; s auch MK-*Altmeppen* § 313 Rdn 57.

[178] Vgl Bürgers/Körber/*Fett* § 313 Rdn 3; Emmerich/*Habersack* Aktien- und GmbH-Konzernrecht § 313 Rdn 21; Grigoleit/*Grigoleit* § 313 Rdn 4; MK-*Altmeppen* § 313 Rdn 59; Spindler/Stilz/*Müller* § 313 Rdn 14; Wachter/*Rothley* § 313 Rdn 6.

[179] Vgl Emmerich/*Habersack* Aktien- und GmbH-Konzernrecht § 313 Rdn 21; Hüffer/*Koch* § 313 Rdn 11; WP-Handbuch 2012, Band I, F Rdn 1369.

[180] Vgl Emmerich/*Habersack* Aktien- und GmbH-Konzernrecht § 313 Rdn 21; Hölters/*Leuering/Goertz* § 313 Rdn 27; WP-Handbuch 2012, Band I, F Rdn 1369.

[181] Vgl *Adler/Düring/Schmaltz* § 313 Rdn 48; *Förschle/Heinz* in BeckBilKomm § 289 HGB Rdn 352; Grigoleit/*Grigoleit* § 313 Rdn 4; WP-Handbuch 2012, Band I, F Rdn 1382.

[182] Vgl Küting/Weber/*Weber* § 313 Rdn 21; MK-*Altmeppen* § 313 Rdn 63; NK-*Schatz/Schödel* § 313 Rdn 17; Schmidt/Lutter/*Vetter* § 313 Rdn 28; *Wollert* DB 1966, 1281, 1282; ferner *Hommelhoff* Gutachten G für den 59. DJT 1992, G 56 mit Fn 119: „[G]leichwohl ist der Abschlußprüfer berechtigt, eine entsprechende Erklärung zu verlangen (vgl § 313 Abs. 1 S. 3 AktG iVm § 320 Abs. 2 S 1 HGB). Kommt der Vorstand diesem Wunsch nicht nach, so hat der Abschlußprüfer sich über eine Einschränkung des Testats Gedanken zu machen."

[183] Vgl den empirischen Befund bei *Velte* Der Konzern 2010, 49, 52.

[184] Vgl Begr RegE bei *Kropff* S 415; *Adler/Düring/Schmaltz* § 313 Rdn 1; Küting/Weber/*Weber* § 313 Rdn 40.

Berichts erfordert (§ 313 Abs 1 S 1 iVm § 320 Abs 2 S 2 HGB). Zulässig ist damit auch eine **Zwischenprüfung** schon **während des laufenden Geschäftsjahres** (dazu bereits Rdn 38)[185], die in der Praxis allerdings ein Mindestmaß an Prüfungsbereitschaft bei der abhängigen Gesellschaft voraussetzt.[186] Sie kann insbesondere im Hinblick auf den Kreis der verbundenen Unternehmen, die organisatorische Erfassung der Verbundbeziehungen oder bereits abgeschlossene wichtige Einzelmaßnahmen sinnvoll sein.[187] In diesem Zusammenhang kann der Abschlussprüfer auch schon vorab ein Konzernschaubild oder einen sonstigen Überblick über die verbundenen Unternehmen verlangen.[188]

42 Gemäß § 313 Abs 1 S 4 hat der Abschlussprüfer die Auskunfts- und Einsichtsrechte auch gegenüber einem Konzernunternehmen sowie gegenüber einem abhängigen oder herrschenden Unternehmen. Dies gilt auch dann, wenn diese ihren Sitz im Ausland haben.[189] Die Vorschrift ist durch das BiRiLiG neu eingefügt worden (Rdn 8).[190] Maßgeblich sind die Legaldefinitionen der §§ 17, 18 aus der Sicht des abhängigen Unternehmens.[191] Der Kreis der informationspflichtigen Unternehmen deckt sich nicht mit dem personellen Anwendungsbereich des § 312 Abs 1.[192] So besteht zB kein Auskunftsrecht gegenüber Unternehmen, die zwar von dem herrschenden Unternehmen abhängig sind, mit ihm aber keinen Konzern iSd § 18 bilden.[193] Gleiches gilt für Konzerngesellschaften des herrschenden Unternehmens, sofern die abhängige Gesellschaft nicht in den Konzern eingebunden ist.[194] Diese Ungereimtheiten sind rechtspolitisch unbefriedigend (Rdn 14), angesichts des eindeutigen Gesetzeswortlauts *de lege lata* aber hinzunehmen.[195]

---

185 Vgl *Adler/Düring/Schmaltz* § 313 Rdn 55; *Förschle/Heinz* in BeckBilKomm § 289 HGB Rdn 353; Grigoleit/*Grigoleit* § 313 Rdn 11; Heidel/*Walchner* § 313 Rdn 13; Hüffer/*Koch* § 313 Rdn 12; MK-*Altmeppen* § 313 Rdn 65; Schmidt/Lutter/*Vetter* § 313 Rdn 30; Spindler/Stilz/*Müller* § 313 Rdn 16.

186 Dazu WP-Handbuch 2012, Band I, F Rdn 1379.

187 Vgl *Adler/Düring/Schmaltz* § 313 Rdn 55; Emmerich/*Habersack* Aktien- und GmbH-Konzernrecht § 313 Rdn 22; *Förschle/Heinz* in BeckBilKomm § 289 HGB Rdn 353; Hüffer/*Koch* § 313 Rdn 11; MK-*Altmeppen* § 313 Rdn 65; Schmidt/Lutter/*Vetter* § 313 Rdn 30.

188 Vgl *Adler/Düring/Schmaltz* § 313 Rdn 55; Emmerich/*Habersack* Aktien- und GmbH-Konzernrecht § 313 Rdn 22; Grigoleit/*Grigoleit* § 313 Rdn 11; Heidel/*Walchner* § 313 Rdn 13; Hüffer/*Koch* § 313 Rdn 12; Küting/Weber/*Weber* § 313 Rdn 42; MK-*Altmeppen* § 313 Rdn 65; Spindler/Stilz/*Müller* § 313 Rdn 16.

189 Vgl Grigoleit/*Grigoleit* § 313 Rdn 11; Hüffer/*Koch* § 313 Rdn 13; KK-*Koppensteiner* § 313 Rdn 16; MK-*Altmeppen* § 313 Rdn 76; Schmidt/Lutter/*Vetter* § 313 Rdn 31; Spindler/Stilz/*Müller* § 313 Rdn 18.

190 Zur früheren Rechtslage KK-*Koppensteiner* § 313 Rdn 14.

191 Vgl *Adler/Düring/Schmaltz* § 313 Rdn 54; Emmerich/*Habersack* Aktien- und GmbH-Konzernrecht § 313 Rdn 23; Grigoleit/*Grigoleit* § 313 Rdn 11; Hüffer/*Koch* § 313 Rdn 13; Spindler/Stilz/*Müller* § 313 Rdn 17.

192 Vgl *Adler/Düring/Schmaltz* § 313 Rdn 54; Emmerich/*Habersack* Aktien- und GmbH-Konzernrecht § 313 Rdn 23; Grigoleit/*Grigoleit* § 313 Rdn 11; Hüffer/*Koch* § 313 Rdn 13; MK-*Altmeppen* § 313 Rdn 72; Spindler/Stilz/*Müller* § 313 Rdn 17.

193 Vgl Emmerich/*Habersack* Aktien- und GmbH-Konzernrecht § 313 Rdn 23; MK-*Altmeppen* § 313 Rdn 72; Spindler/Stilz/*Müller* § 313 Rdn 17.

194 Vgl Emmerich/*Habersack* Aktien- und GmbH-Konzernrecht § 313 Rdn 23; Grigoleit/*Grigoleit* § 313 Rdn 11; MK-*Altmeppen* § 313 Rdn 73; Spindler/Stilz/*Müller* § 313 Rdn 17.

195 Vgl *Adler/Düring/Schmaltz* § 313 Rdn 54; Emmerich/*Habersack* Aktien- und GmbH-Konzernrecht § 313 Rdn 23; Grigoleit/*Grigoleit* § 313 Rdn 11; Hüffer/*Koch* § 313 Rdn 13; KK-*Koppensteiner* § 313 Rdn 14; MK-*Altmeppen* § 313 Rdn 73; NK-*Schatz/Schödel* § 313 Rdn 19; Schmidt/Lutter/*Vetter* § 313 Rdn 31; Spindler/Stilz/*Müller* § 313 Rdn 17.

Die Erfüllung der Auskunfts- und Einsichtsrechte kann nach § 407 Abs 1 im **Zwangsgeldverfahren** durchgesetzt werden.[196] Unrichtige oder verschleiernde Auskünfte sind nach § 401 Abs 1 Nr 2 strafbewehrt.[197] Durchsetzungsschwierigkeiten bestehen allerdings bei ausländischen Unternehmen, denen gegenüber nach ganz hM keine Ordnungsstrafgewalt (richtiger: nur eine sehr eingeschränkte Vollstreckungsmöglichkeit[198]) besteht.[199] Hier hat der Abschlussprüfer im Verweigerungsfall nur die Möglichkeit, sein Testat einzuschränken.[200] Weil dies nach § 315 S 1 Nr 1 die Einleitung einer Sonderprüfung nach sich ziehen kann, dürften auch ausländische Unternehmen in aller Regel kooperationsbereit sein.[201] **43**

VI. Prüfungsbericht (Abs 2)

1. Berichtsinhalt

Gemäß § 313 Abs 2 S 1 hat der Abschlussprüfer über das Ergebnis der Prüfung schriftlich zu berichten. Dieser **Bericht dient** vorrangig **der Unterrichtung des Aufsichtsrats** über die Prüfungsdurchführung und das Prüfungsergebnis.[202] Weitere Angaben über Form und Inhalt des Berichts enthält das Gesetz – mit Ausnahme des § 313 Abs 2 S 2 – nicht. In den Gesetzesmaterialien findet sich aber der Hinweis, dass sich der Prüfungsbericht an das Vorbild der Abschlussprüfung anlehnt.[203] Maß zu nehmen ist daher an den Berichtsanforderungen des § 321 HGB.[204] Insbesondere muss der Bericht „mit der gebotenen Klarheit" (§ 321 Abs 1 S 1 HGB) erstattet werden und eine **problemorientierte Darstellung**[205] enthalten.[206] In einem besonderen Abschnitt sind Gegenstand, Art und Umfang der Prüfung zu erläutern (vgl § 321 Abs 3 S 1 HGB).[207] Hierzu gehören zunächst Ausführungen zur Abgrenzung des Kreises der in die Berichterstattung einbe- **44**

---

196 Vgl Emmerich/*Habersack* Aktien- und GmbH-Konzernrecht § 313 Rdn 24; Grigoleit/*Grigoleit* § 313 Rdn 11; KK-*Koppensteiner* § 313 Rdn 14; Schmidt/Lutter/*Vetter* § 33 Rdn 32; Spindler/Stilz/*Müller* § 313 Rdn 18.

197 Vgl Emmerich/*Habersack* Aktien- und GmbH-Konzernrecht § 313 Rdn 24; KK-*Koppensteiner* § 313 Rdn 14; Spindler/Stilz/*Müller* § 313 Rdn 18.

198 Näher Hüffer/*Koch* § 313 Rdn 13.

199 Vgl Emmerich/*Habersack* Aktien- und GmbH-Konzernrecht § 313 Rdn 24; Grigoleit/*Grigoleit* § 313 Rdn 11; Hüffer/*Koch* § 313 Rdn 13; KK-*Koppensteiner* § 313 Rdn 14; MK-*Altmeppen* § 313 Rdn 76; Schmidt/Lutter/*Vetter* § 313 Rdn 32; Spindler/Stilz/*Müller* § 313 Rdn 18.

200 Vgl Emmerich/*Habersack* Aktien- und GmbH-Konzernrecht § 313 Rdn 23; MK-*Altmeppen* § 313 Rdn 79; Spindler/Stilz/*Müller* § 313 Rdn 18.

201 Vgl Emmerich/*Habersack* Aktien- und GmbH-Konzernrecht § 313 Rdn 23; KK-*Koppensteiner* § 313 Rdn 16; MK-*Altmeppen* § 313 Rdn 79; Spindler/Stilz/*Müller* § 313 Rdn 18.

202 Vgl IDW HFA 3/1991 WPg 1992, 91, 93; MK-*Altmeppen* § 313 Rdn 80.

203 Vgl Begr RegE bei *Kropff* S 415.

204 Ebenso Emmerich/*Habersack* Aktien- und GmbH-Konzernrecht § 313 Rdn 29; Grigoleit/*Grigoleit* § 313 Rdn 13; Hölters/*Leuering/Goertz* § 313 Rdn 34; KK-*Koppensteiner* § 313 Rdn 29; Schmidt/Lutter/*Vetter* § 313 Rdn 34.

205 Dazu Begr RegE zum KonTraG BR-Drucks 872/97 S 75.

206 Vgl Grigoleit/*Grigoleit* § 313 Rdn 13; Hölters/*Leuering/Goertz* § 313 Rdn 34; MK-*Altmeppen* § 313 Rdn 80; Schmidt/Lutter/*Vetter* § 313 Rdn 33.

207 Vgl Grigoleit/*Grigoleit* § 313 Rdn 13; Hölters/*Leuering/Goertz* § 313 Rdn 34; MK-*Altmeppen* § 313 Rdn 80; Schmidt/Lutter/*Vetter* § 313 Rdn 33.

zogenen Unternehmen.[208] Darüber hinaus sollte der Abschlussprüfer auf die Art und Weise der Überprüfung (Stichproben, Einsichtnahme in Unterlagen, Auskunftsverlangen) eingehen[209] und darlegen, wie er die organisatorischen Vorkehrungen der Gesellschaft zur Erfassung berichtspflichtiger Rechtsgeschäfte und Maßnahmen beurteilt.[210] Außerdem muss er angeben, worauf er sich bei seiner Beurteilung dieser Rechtsgeschäfte und Maßnahmen gestützt hat.[211] Ferner sollte er sich zur Kooperationsbereitschaft des Vorstands und der übrigen Konzernunternehmen äußern.[212]

45 Gemäß § 313 Abs 2 S 2 hat der Abschlussprüfer auch zu berichten, wenn er bei der Prüfung des Jahresabschlusses, des Lageberichts und des Abhängigkeitsberichts feststellt, dass dieser Bericht unvollständig ist. Die fehlenden Angaben können ggf in den Prüfungsbericht aufzunehmen sein.[213] Außerdem wird der Abschlussprüfer auf Beanstandungen von Rechtsgeschäften oder Maßnahmen und sonstige Auffälligkeiten einschließlich etwaiger Veränderungen gegenüber den Vorjahren eingehen.[214] Dabei muss er die Beurteilungsmaßstäbe und Gründe angeben, aus denen er zu einem vom Vorstand abweichenden Urteil gelangt ist.[215] Festgestellte Nachteile sind im Prüfungsbericht nach Möglichkeit zu quantifizieren.[216]

46 Zur Vermeidung von Wiederholungen sind Bezugnahmen auf den Abhängigkeitsbericht zulässig.[217] Regelmäßig empfiehlt es sich, diesen Bericht dem Prüfungsbericht als Anlage beizufügen.[218] Auch im Übrigen rät die berufsständische Praxis dazu, den Prüfungsbericht kurz zu halten, wenn die Beurteilung nicht wesentlich von der des Vorstands abweicht.[219] Hiergegen regt sich in Theorie und Praxis aber zunehmend Widerstand.[220] Mit Recht verweisen die kritischen Stimmen darauf, dass der Prüfungsbericht in jedem Fall so detailliert ausfallen muss, dass sich der Aufsichtsrat ein getreuliches Bild vom Aufbau und Ablauf der Prüfung machen kann.[221] Als Gliederungsprinzip für den

---

[208] Vgl Emmerich/*Habersack* Aktien- und GmbH-Konzernrecht § 313 Rdn 29; IDW HFA 3/1991 WPg 1992, 91, 93; Hölters/*Leuering/Goertz* § 313 Rdn 35; MK-*Altmeppen* § 313 Rdn 84; Schmidt/Lutter/*Vetter* § 313 Rdn 34; Spindler/Stilz/*Müller* § 313 Rdn 20.

[209] Vgl Hölters/*Leuering/Goertz* § 313 Rdn 34; Schmidt/Lutter/*Vetter* § 313 Rdn 34.

[210] Vgl Grigoleit/*Grigoleit* § 313 Rdn 13; Hölters/*Leuering/Goertz* § 313 Rdn 34; Schmidt/Lutter/*Vetter* § 313 Rdn 34.

[211] Vgl Emmerich/*Habersack* Aktien- und GmbH-Konzernrecht § 313 Rdn 29; IDW HFA 3/1991 WPg 1992, 91, 93; Hölters/*Leuering/Goertz* § 313 Rdn 35; MK-*Altmeppen* § 313 Rdn 84, Spindler/Stilz/*Müller* § 313 Rdn 20.

[212] Vgl Emmerich/*Habersack* Aktien- und GmbH-Konzernrecht § 313 Rdn 29; Hölters/*Leuering/Goertz* § 313 Rdn 35; Schmidt/Lutter/*Vetter* § 313 Rdn 34.

[213] Vgl *Adler/Düring/Schmaltz* § 313 Rdn 70; Küting/Weber/*Weber* § 313 Rdn 49.

[214] Vgl Grigoleit/*Grigoleit* § 313 Rdn 13; Hölters/*Leuering/Goertz* § 313 Rdn 35; MK-*Altmeppen* § 313 Rdn 81; Schmidt/Lutter/*Vetter* § 313 Rdn 34.

[215] Vgl *Adler/Düring/Schmaltz* § 313 Rdn 71.

[216] Vgl *Adler/Düring/Schmaltz* § 313 Rdn 71.

[217] Vgl Spindler/Stilz/*Müller* § 313 Rdn 26.

[218] Vgl *Adler/Düring/Schmaltz* § 313 Rdn 65; IDW HFA 3/1991 WPg 1992, 91, 93; KK-*Koppensteiner* § 313 Rdn 29; WP-Handbuch 2012, Band I, F Rdn 1384.

[219] Vgl *Adler/Düring/Schmaltz* § 313 Rdn 73; WP-Handbuch 2012, Band I, F Rdn 1384; nur referierend KK-*Koppensteiner* § 313 Rdn 29.

[220] Vgl MK-*Altmeppen* § 313 Rdn 83; *Velte* Der Konzern 2010, 49, 55 mit folgendem Ergebnis einer Befragung: „Die Abschlussprüfer können jedoch einhellig nicht die Einschätzung teilen, dass eine Akzeptanz der Feststellungen des Vorstands an sich eine entsprechend abgekürzte Abfassung des Prüfungsberichts rechtfertigt."

[221] Vgl *Velte* Der Konzern 2010, 49, 55.

Prüfungsbericht eignet sich die Abfolge der Prüfungsgegenstände in § 313 Abs 1 S 2[222], wie dies in der Praxis auch regelmäßig geschieht.[223]

Der erstellte Bericht ist nach § 313 Abs 2 S 3 vom Abschlussprüfer mit Angabe von Ort und Tag (entsprechend § 313 Abs 5 S 1[224]) zu unterzeichnen und dem Aufsichtsrat vorzulegen, nachdem der Vorstand zuvor Gelegenheit zur Stellungnahme hatte (näher Rdn 33). **47**

2. Beschränkte Publizität

Der **Prüfungsbericht** zum Abhängigkeitsbericht muss – ebenso wie der Abhängigkeitsbericht selbst (vgl § 312 Rdn 10) – nicht offengelegt werden.[225] Er ist **nur für den Aufsichtsrat bestimmt.** Auch § 321a HGB, der im Insolvenzfall eine Offenlegung des Prüfungsberichts zum Jahresabschluss vorsieht, ist nach hL nicht auf den Prüfungsbericht zum Abhängigkeitsbericht anwendbar.[226] Eine Analogie wird ebenfalls abgelehnt, weil beim Prüfungsbericht nach § 313 nicht einmal das zu prüfende Dokument – anders als der Jahresabschluss – offengelegt werden muss.[227] Gemäß § 314 Abs 2 S 3 ist lediglich der vom Abschlussprüfer erteilte Bestätigungsvermerk zum Abhängigkeitsbericht bzw dessen Versagung in den Bericht des Aufsichtsrats an die Hauptversammlung aufzunehmen. Auf diesem Weg wird zumindest das Ergebnis der Prüfung bekannt. Man kann daher von einer beschränkten Publizität oder mittelbaren Kenntnisnahme sprechen.[228] Hat der Abschlussprüfer seinen Bestätigungsvermerk eingeschränkt oder versagt, so kann jeder Aktionär nach § 315 S 1 Nr 1 eine Sonderprüfung beantragen. Eine Abschrift des Sonderprüfungsberichts hat der Vorstand gemäß § 145 Abs 6 S 4 jedem Aktionär auf Verlangen zu erteilen. **48**

VII. Bestätigungsvermerk (Abs 3–5)

1. Allgemeines

Wie bei der Prüfung des Jahresabschlusses (§ 322 HGB) hat der Abschlussprüfer das Ergebnis seiner Prüfung in einem Bestätigungsvermerk zum Abhängigkeitsbericht zusammenzufassen. Für sein Gesamturteil gibt das Gesetz **drei mögliche Tenorierungen** vor: die Erteilung (§ 313 Abs 3), Einschränkung (§ 313 Abs 4 S 1 Alt 1) oder Versagung (§ 313 Abs 4 S 1 Alt 2) des Vermerks. Den Wortlaut des Bestätigungsvermerks legt § 313 Abs 3 S 1 in wörtlicher Übereinstimmung mit dem Prüfungsgegenstand in § 313 Abs 1 S 1 fest, um Missverständnisse über Art und Umfang der Prüfung möglichst auszuschließen.[229] **49**

---

222 Vgl Emmerich/*Habersack* Aktien- und GmbH-Konzernrecht § 313 Rdn 29; KK-*Koppensteiner* § 313 Rdn 29; Spindler/Stilz/*Müller* § 313 Rdn 20; *Velte* Der Konzern 2010, 49, 54.

223 Vgl *Velte* Der Konzern 2010, 49, 55.

224 Vgl Emmerich/*Habersack* Aktien- und GmbH-Konzernrecht § 313 Rdn 29; Hölters/*Leuering*/*Goertz* § 313 Rdn 36; MK-*Altmeppen* § 313 Rdn 85.

225 Vgl Bürgers/Körber/*Fett* § 313 Rdn 14; Emmerich/*Habersack* Aktien- und GmbH-Konzernrecht § 313 Rdn 28; Hölters/*Leuering*/*Goertz* § 313 Rdn 38; MK-*Altmeppen* § 313 Rdn 85; NK-*Schatz*/*Schödel* § 313 Rdn 24; Schmidt/Lutter/*Vetter* § 313 Rdn 36.

226 Vgl Emmerich/*Habersack* Aktien- und GmbH-Konzernrecht § 313 Rdn 29; Hölters/*Leuering*/*Goertz* § 313 Rdn 38; Hüffer/*Koch* § 313 Rdn 14; *Weinbrenner* Der Konzern 2006, 583, 591 f.

227 Vgl Schmidt/Lutter/*Vetter* § 313 Rdn 36; abw Grigoleit/*Grigoleit* § 313 Rdn 12.

228 Ähnlich Emmerich/*Habersack* Aktien- und GmbH-Konzernrecht § 313 Rdn 29.

229 Vgl Begr RegE bei *Kropff* S 415.

50 Der Abschlussprüfer hat den Bestätigungsvermerk nach § 313 Abs 5 S 1 mit Angabe von Ort und Tag eigenhändig (§ 126 BGB) zu unterzeichnen. Wurden mehrere Prüfer bestellt, so müssen alle unterschreiben.[230] Die berufsständische Praxis empfiehlt, dass die Bestätigungsvermerke von Abhängigkeitsbericht und Jahresabschluss dasselbe Datum tragen, weil bei der einen Prüfung Kenntnisse gewonnen werden können, die womöglich auch für die andere von Bedeutung sind und beide Prüfungen daher regelmäßig zum selben Zeitpunkt beendet werden sollten.[231] Zwingend ist dies allerdings nicht; vielmehr kann die Prüfung des Abhängigkeitsberichts auch vor der des Jahresabschlusses beendet werden.[232]

51 Ein Widerruf des Bestätigungsvermerks ist – entsprechend den zum Jahresabschluss anerkannten Grundsätzen[233] – zulässig und geboten, wenn dem Abschlussprüfer nachteilige Tatsachen bekannt werden, die ihn zur Versagung oder Einschränkung des Testats berechtigt hätten.[234] Der widerrufene Bestätigungsvermerk steht einer Versagung iSd § 315 S 1 Nr 1 gleich.[235]

52 Der Bestätigungsvermerk ist nach § 313 Abs 5 S 2 in den Prüfungsbericht aufzunehmen. Er geht mit diesem gemäß § 314 Abs 1 S 1 zunächst dem Aufsichtsrat zu. Der Aufsichtsrat hat den Bestätigungsvermerk bzw dessen Versagung – anders als die anderen Teile des Prüfungsberichts – nach § 314 Abs 2 S 3 in seinen Bericht an die Hauptversammlung aufzunehmen. Auf diese Weise wird das Prüfungsergebnis den Aktionären bekannt (begrenzte Publizität, Rdn 3); bei Einschränkung oder Versagung des Bestätigungsvermerks können sie nach § 315 S 1 Nr 1 die gerichtliche Bestellung von Sonderprüfern beantragen.

2. Erteilung (Abs 3)

53 Sind nach dem abschließenden Ergebnis der Prüfung keine Einwendungen zu erheben, so hat der Abschlussprüfer nach § 313 Abs 3 S 1 einen **uneingeschränkten Bestätigungsvermerk** zu erteilen. Hierauf hat die abhängige Gesellschaft einen Rechtsanspruch.[236] Inhalt und Formulierung des Bestätigungsvermerks sind in § 313 Abs 3 S 1 Nr 1–3 verbindlich vorgegeben (Formaltestat). Einzelne Elemente dieser Schlussformel können im konkreten Fall gegenstandslos sein[237]; dann hat der Abschlussprüfer seinen Bestätigungsvermerk nach Maßgabe des § 313 Abs 3 S 3 und 4 anzupassen: Führt der Bericht kein

---

[230] Vgl Emmerich/*Habersack* Aktien- und GmbH-Konzenrecht § 313 Rdn 30; Grigoleit/*Grigoleit* § 313 Rdn 14; Hüffer/*Koch* § 313 Rdn 16; Schmidt/Lutter/*Vetter* § 313 Rdn 38; Spindler/Stilz/*Müller* § 313 Rdn 2.

[231] WP-Handbuch 2012, Band I, F Rdn 1389.

[232] So WP-Handbuch 2012, Band I, F Rdn 1384 mit folgendem Zusatz: „Eine umgekehrte Reihenfolge ist hingegen regelmäßig nicht sachgerecht, weil in aller Regel erst nach Beendigung des Abhängigkeitsberichts feststeht, ob der Jahresabschluss einen Anspruch auf Nachteilsausgleich aufweisen muss oder nicht."

[233] Vgl Baumbach/Hopt/*Hopt/Merkt* § 322 HGB Rdn 12 mwN.

[234] Vgl Emmerich/*Habersack* Aktien- und GmbH-Konzernrecht § 313 Rdn 30; Grigoleit/*Grigoleit* § 313 Rdn 14; KK-*Koppensteiner* § 313 Rdn 41; MK-*Altmeppen* § 313 Rdn 103; Schmidt/Lutter/*Vetter* § 313 Rdn 38; Spindler/Stilz/*Müller* § 313 Rdn 22; enger *Adler/Düring/Schmaltz* § 313 Rdn 102: Widerruf nur bei Täuschung durch den Vorstand mittels falscher Aufklärung oder falschen Nachweisen; ebenso *Haesen* S 141 f; Küting/Weber/*Weber* § 313 Rdn 61.

[235] Vgl *Adler/Düring/Schmaltz* § 313 Rdn 102.

[236] Vgl *Adler/Düring/Schmaltz* § 313 Rdn 101; Hüffer/*Koch* § 313 Rdn 19; MK-*Altmeppen* § 313 Rdn 90.

[237] Vgl Begr RegE bei *Kropff* S 415.

Rechtsgeschäft auf, so ist Nr 2, führt er keine Maßnahme auf, so ist Nr 3 des Vermerks fortzulassen. Hat der Abschlussprüfer bei keinem im Bericht aufgeführten Rechtsgeschäft festgestellt, dass die Leistung der Gesellschaft unangemessen hoch war, so ist Nr 2 des Vermerks auf diese Bestätigung zu beschränken. Waren im abgelaufenen Geschäftsjahr weder Rechtsgeschäfte noch Maßnahmen zu verzeichnen und hat der Vorstand der abhängigen Gesellschaft demgemäß nur einen Negativbericht erstattet (§ 312 Rdn 55), so beschränkt sich der Bestätigungsvermerk auf die Angaben nach Nr 1[238], die ihrerseits aber unverzichtbar sind.[239]

Unterschiedlich beurteilt wird, ob und ggf in welchem Umfang **Ergänzungen des formalisierten Testats** zulässig sind. Eine Literaturstimme will sie großzügig zulassen[240]; die hL hält dies nur ausnahmsweise für statthaft und zweckmäßig, wenn ein Prüfer bei der Beurteilung von Rechtsgeschäften oder Maßnahmen auf besondere Schwierigkeiten gestoßen ist, ein Grund für eine Einschränkung des Testats aber nicht vorliegt.[241] Der hL ist beizutreten; auch für den Jahresabschluss sieht § 322 Abs 3 S 2 HGB seit dem BilReG von 2004[242] ausdrücklich vor, dass der Abschlussprüfer zusätzlich einen Hinweis auf Umstände aufnehmen kann, auf die er in besonderer Weise aufmerksam macht, ohne den Bestätigungsvermerk einzuschränken.[243] Ein solcher Hinweis muss jedoch so abgefasst sein, dass er die Bestätigung selbst für einen Leser ohne besondere Sachkunde nicht in Frage stellt.[244] 54

3. Einschränkung oder Versagung (Abs 4)

Sind Einwendungen zu erheben oder hat der Abschlussprüfer festgestellt, dass der Abhängigkeitsbericht unvollständig ist, so hat er die Bestätigung nach § 313 Abs 4 S 1 einzuschränken oder zu versagen. Unter welchen Voraussetzungen eine Einschränkung noch zulässig und wann eine Versagung geboten ist, lässt sich dem Gesetz nicht unmittelbar entnehmen.[245] Einen Orientierungspunkt bietet § 322 Abs 4 S 4 HGB idF des BilReG von 2004 betreffend die Einschränkung des Bestätigungsvermerks zum Jahresabschluss.[246] In Anlehnung daran darf ein **eingeschränkter Prüfungsvermerk** nur erteilt werden, wenn der geprüfte Abhängigkeitsbericht unter Beachtung der vom Abschluss- 55

---

238 Vgl Emmerich/*Habersack* Aktien- und GmbH-Konzernrecht § 313 Rdn 33; KK-*Koppensteiner* § 313 Rdn 35; Küting/Weber/*Weber* § 313 Rdn 55; MK-*Altmeppen* § 313 Rdn 95; Schmidt/Lutter/*Vetter* § 313 Rdn 40; Spindler/Stilz/*Müller* § 313 Rdn 23.

239 Vgl *Adler/Düring/Schmaltz* § 313 Rdn 84 („obligatorisch").

240 Vgl KK-*Koppensteiner* § 313 Rdn 32.

241 Vgl OLG Köln DB 1999, 1697; *Adler/Düring/Schmaltz* § 313 Rdn 83; Bürgers/Körber/*Fett* § 313 Rdn 18; Emmerich/*Habersack* Aktien- und GmbH-Konzernrecht § 313 Rdn 32; Grigoleit/*Grigoleit* § 313 Rdn 15; Hölters/*Leuering/Goertz* § 313 Rdn 41; Hüffer/*Koch* § 313 Rdn 17; IDW HFA 3/1991 WPg 1992, 91, 94; Küting/Weber/*Weber* § 313 Rdn 52; Schmidt/Lutter/*Vetter* § 313 Rdn 42; Spindler/Stilz/*Müller* § 313 Rdn 24; Wachter/*Rothley* § 313 Rdn 10; WP-Handbuch 2012, Band I, F Rdn 1387.

242 BGBl I 8 S 3166.

243 Vgl Heidel/Schall/*Schüppen* § 322 HGB Rdn 8; für einen Hinweis auf diese Vorschrift im vorliegenden Zusammenhang auch Schmidt/Lutter/*Vetter* § 313 Rdn 41.

244 Vgl Emmerich/*Habersack* Aktien- und GmbH-Konzernrecht § 313 Rdn 33; Hölters/*Leuering/Goertz* § 313 Rdn 41; Hüffer/*Koch* § 313 Rdn 17; aus der Rechtsprechung AG Köln DB 1999, 271; LG Köln DB 1999, 685; OLG Köln AG 1999, 519.

245 Dazu *Adler/Düring/Schmaltz* § 313 Rdn 92: „In Anbetracht der Vielgestaltigkeit des Wirtschaftslebens erscheint es auch nicht möglich, die Voraussetzungen für einschränkende Zusätze oder die Versagung des Testats gesetzlich zu umschreiben."

246 Ebenso Schmidt/Lutter/*Vetter* § 313 Rdn 43.

prüfer vorgenommenen, in ihrer Tragweite erkennbaren Einschränkung ein den tatsächlichen Verhältnissen im Wesentlichen entsprechendes Bild der Verbundbeziehungen vermittelt.[247] Dies dürfte zu bejahen sein, **wenn sich die Einwendungen auf einzelne abgrenzbare Teilgebiete oder Sachverhalte beziehen.**[248] Sind die Beanstandungen dagegen so zahlreich oder umfangreich oder so schwerwiegend, dass der Abhängigkeitsbericht insgesamt kein zutreffendes Bild der Verbundbeziehungen mehr vermittelt, so ist der Bestätigungsvermerk zu versagen.[249] Gleiches gilt in Anlehnung an § 322 Abs 5 S 1 HGB, wenn der Abschlussprüfer nach Ausschöpfung aller angemessenen Möglichkeiten zur Klärung des Sachverhalts nicht in der Lage ist, ein Prüfungsurteil abzugeben.[250]

56 Einschränkungen sind deutlich von **erläuternden Zusätzen** (Rdn 54) abzugrenzen, die ihrerseits keine Anordnung einer Sonderprüfung nach § 315 S 1 Nr 1 rechtfertigen. Empfehlenswert ist die Formulierung „mit der Einschränkung, dass“.[251] Unklarheiten infolge einer mehrdeutigen Ausdrucksweise sind durch Auslegung zu beseitigen.[252] Eine Begründungspflicht für Einschränkungen oder Versagungen sieht § 313 Abs 4 nicht vor. Die berufsständische Praxis und ein Teil der Lehre halten sie immerhin für empfehlenswert.[253] Mit einer vordringenden Literaturmeinung sprechen die besseren Gründe sogar für eine obligatorische Begründung durch den Abschlussprüfer entsprechend § 322 Abs 4 S 3 HGB.[254]

57 Der Gesetzeswortlaut sieht keinen formalisierten Versagungsvermerk vor. Die hergebrachte Lehre will hieran festhalten[255]; ihr zufolge genügt eine Erklärung im Prüfungsbericht, dass und warum der Bestätigungsvermerk versagt wird.[256] Den Vorzug verdient indes die neuere Ansicht, die Dinge in Anlehnung an § 322 Abs 4 S 2, Abs 5 S 2 HGB deutlich beim Namen zu nennen und den Versagungsvermerk als solchen zu bezeichnen.[257]

---

[247] Vgl Schmidt/Lutter/*Vetter* § 313 Rdn 43; zustimmend Grigoleit/*Grigoleit* § 313 Rdn 16.

[248] Vgl *Adler/Düring/Schmaltz* § 313 Rdn 88; Bürgers/Körber/*Fett* § 313 Rdn 21; Emmerich/*Habersack* Aktien- und GmbH-Konzernrecht § 313 Rdn 35; *Förschle/Heinz* in BeckBilKomm § 313 Rdn 354; Grigoleit/*Grigoleit* § 313 Rdn 16; Hüffer/*Koch* § 313 Rdn 19; Küting/Weber/*Weber* § 313 Rdn 57; MK-*Altmeppen* § 313 Rdn 96; Spindler/Stilz/*Müller* § 313 Rdn 25.

[249] Vgl *Adler/Düring/Schmaltz* § 313 Rdn 95; Emmerich/*Habersack* Aktien- und GmbH-Konzernrecht § 313 Rdn 35; *Förschle/Heinz* in BeckBilKomm § 289 HGB Rdn 354; Hölters/*Leuering/Goertz* § 313 Rdn 44 und 48, Schmidt/Lutter/*Vetter* § 313 Rdn 43; WP-Handbuch 2012, Band I, F Rdn 1386.

[250] Vgl Grigoleit/*Grigoleit* § 313 Rdn 16; Schmidt/Lutter/*Vetter* § 313 Rdn 43.

[251] Vgl MK-*Altmeppen* § 313 Rdn 98; Hölters/*Leuering/Goertz* § 313 Rdn 46; Hüffer/*Koch* § 313 Rdn 19; Schmidt/Lutter/*Vetter* § 313 Rdn 43; Spindler/Stilz/*Müller* § 313 Rdn 26.

[252] Vgl OLG Köln DB 1999, 1697 f; LG Köln AG 1999, 282 f; AG Köln AG 1999, 284 f; Grigoleit/*Grigoleit* § 313 Rdn 16; Hölters/*Leuering/Goertz* § 313 Rdn 46; Hüffer/*Koch* § 313 Rdn 19.

[253] Vgl *Adler/Düring/Schmaltz* § 313 Rdn 87; Hölters/*Leuering/Goertz* § 313 Rdn 45; Hüffer/*Koch* § 313 Rdn 19; IDW HFA 3/1991 WPg 1992, 91, 93.

[254] Vgl Bürgers/Körber/*Fett* § 313 Rdn 22 und 23; Grigoleit/*Grigoleit* § 313 Rdn 16; MK-*Altmeppen* § 313 Rdn 98; NK-*Schatz/Schödel* § 313 Rdn 32; Schmidt/Lutter/*Vetter* § 313 Rdn 43; Spindler/Stilz/*Vetter* § 313 Rdn 26.

[255] Vgl *Adler/Düring/Schmaltz* § 313 Rdn 94; Hüffer/*Koch* § 313 Rdn 21; KK-*Koppensteiner* § 313 Rdn 39; Küting/Weber/*Weber* § 313 Rdn 59.

[256] Vgl *Adler/Düring/Schmlatz* § 313 Rdn 94; Hüffer/*Koch* § 313 Rdn 21; Küting/Weber/*Weber* § 313 Rdn 59.

[257] Vgl Emmerich/*Habersack* Aktien- und GmbH-Konzernrecht § 313 Rdn 34; Grigoleit/*Grigoleit* § 313 Rdn 16; Hölters/*Leuering/Goertz* § 313 Rdn 49; MK-*Altmeppen* § 313 Rdn 99; Schmidt/Lutter/*Vetter* § 313 Rdn 45; Spindler/Stilz/*Müller* § 313 Rdn 26; Wachter/*Rothley* § 313 Rdn 11.

Hat der Vorstand selbst erklärt, dass die Gesellschaft durch bestimmte Rechtsgeschäfte oder Maßnahmen benachteiligt worden ist, ohne dass die Nachteile ausgeglichen worden sind, so ist dies nach § 313 Abs 4 S 2 in dem Vermerk anzugeben und der Vermerk auf die übrigen Rechtsgeschäfte oder Maßnahmen zu beschränken. Diese Sonderregelung ist systematisch fehlrubriziert; sie wäre in § 313 Abs 3 besser aufgehoben, weil gegen den Bericht des Vorstands der abhängigen Gesellschaft keine Einwendungen zu erheben sind, wenn dieser Verstöße gegen § 311 selbst offenlegt.[258] Eine Einschränkung oder Versagung des Bestätigungsvermerks kommt deshalb nicht in Betracht.[259] § 315 S 1 Nr 3 trägt dem Rechnung, indem er diesen Spezialfall als eigenständigen Grund für die Anordnung einer Sonderprüfung ansieht.[260] 58

VIII. Prüferverantwortlichkeit

Von einer besonderen Regelung der zivil- und strafrechtlichen Verantwortlichkeit des Abschlussprüfers bei der Prüfung des Abhängigkeitsberichts hat der Gesetzgeber bewusst abgesehen.[261] Daher gelten die allgemeinen Regeln.[262] Die **zivilrechtliche Haftung** des Abschlussprüfers richtet sich infolgedessen nach **§ 323 HGB**.[263] Verletzungen seiner Berichts- und Geheimhaltungspflicht sind nach §§ 403, 404 Abs 1 Nr 2 sowie nach § 333 HGB strafbewehrt.[264] Weitergehende Vorschriften wurden als nicht erforderlich angesehen.[265] 59

§ 314 AktG
Prüfung durch den Aufsichtsrat

(1) Der Vorstand hat den Bericht über die Beziehungen zu verbundenen Unternehmen unverzüglich nach dessen Aufstellung dem Aufsichtsrat vorzulegen. Dieser Bericht und, wenn der Jahresabschluss durch einen Abschlussprüfer zu prüfen ist, der Prüfungsbericht des Abschlussprüfers sind auch jedem Aufsichtsratsmitglied oder, wenn der Aufsichtsrat dies beschlossen hat, den Mitgliedern eines Ausschusses zu übermitteln.

---

258 Vgl Hüffer/*Koch* § 313 Rdn 20.

259 Vgl Emmerich/*Habersack* Aktien- und GmbH-Konzernrecht § 313 Rdn 36; Grigoleit/*Grigoleit* § 313 Rdn 16; Hüffer/*Koch* § 313 Rdn 20; Spindler/Stilz/*Müller* § 313 Rdn 27.

260 Vgl Emmerich/*Habersack* Aktien- und GmbH-Konzernrecht § 313 Rdn 36; Hölters/*Leuering/Goertz* § 313 Rdn 47; Hüffer/*Koch* § 313 Rdn 20; Spindler/Stilz/*Müller* § 33 Rdn 27.

261 Vgl Begr RegE bei *Kropff* S 415.

262 Vgl Begr RegE bei *Kropff* S 415; Emmerich/*Habersack* Aktien- und GmbH-Konzernrecht § 313 Rdn 9; Grigoleit/*Grigoleit* § 313 Rdn 3; KK-*Koppensteiner* § 313 Rdn 42; MK-*Altmeppen* § 313 Rdn 104; Schmidt/Lutter/*Vetter* § 313 Rdn 6.

263 Vgl *Adler/Düring/Schmaltz* § 313 Rdn 106; Emmerich/*Habersack* Aktien- und GmbH-Konzernrecht § 313 Rdn 9; Grigoleit/*Grigoleit* § 313 Rdn 3; Hölters/*Leuering/Goertz* § 313 Rdn 25; KK-*Koppensteiner* § 313 Rdn 42; Küting/Weber/*Weber* § 313 Rdn 62; MK-*Altmeppen* § 313 Rdn 104; Schmidt/Lutter/*Vetter* § 313 Rdn 6.

264 Vgl *Adler/Düring/Schmaltz* § 313 Rdn 106; Emmerich/*Habersack* Aktien- und GmbH-Konzernrecht § 313 Rdn 9; Grigoleit/*Grigoleit* § 313 Rdn 3; Hölters/*Leuering/Goertz* § 313 Rdn 25; Hüffer/*Koch* § 313 Rdn 4; KK-*Koppensteiner* § 313 Rdn 42; Küting/Weber/*Weber* § 313 Rdn 62; MK-*Altmeppen* § 313 Rdn 104; Schmidt/Lutter/*Vetter* § 313 Rdn 6.

265 Vgl Begr RegE bei *Kropff* S 415.

(2) Der Aufsichtsrat hat den Bericht über die Beziehungen zu verbundenen Unternehmen zu prüfen und in seinem Bericht an die Hauptversammlung (§ 171 Abs 2) über das Ergebnis der Prüfung zu berichten. Ist der Jahresabschluss durch einen Abschlussprüfer zu prüfen, so hat der Aufsichtsrat in diesem Bericht ferner zu dem Ergebnis der Prüfung des Berichts über die Beziehungen zu verbundenen Unternehmen durch den Abschlussprüfer Stellung zu nehmen. Ein von dem Abschlussprüfer erteilter Bestätigungsvermerk ist in den Bericht aufzunehmen, eine Versagung des Bestätigungsvermerks ausdrücklich mitzuteilen.

(3) Am Schluss des Berichts hat der Aufsichtsrat zu erklären, ob nach dem abschließenden Ergebnis seiner Prüfung Einwendungen gegen die Erklärung des Vorstands am Schluss des Berichts über die Beziehungen zu verbundenen Unternehmen zu erheben sind.

(4) Ist der Jahresabschluss durch einen Abschlussprüfer zu prüfen, so hat dieser an den Verhandlungen des Aufsichtsrats oder eines Ausschusses über den Bericht über die Beziehungen zu verbundenen Unternehmen teilzunehmen und über die wesentlichen Ergebnisse seiner Prüfung zu berichten.

Übersicht

Schrifttum

Bayer Mitbestimmung und Konzern, DB 1975, 1167; *Böttcher* Der Abhängigkeitsbericht im faktischen Konzern – kostspielig, unpraktikabel und wirkungslos?, FS Maier-Reimer, 2010, S 29; *Bundesministerium der Justiz* (Hrsg) Bericht über die Verhandlungen der Unternehmensrechtskommission, 1980; *Döllerer* Der Abschlussbericht und seine Prüfung bei einem Vorstandswechsel, FS Semler, 1993, S 441; *Doralt* Zur Entwicklung eines österreichischen Konzernrechts, ZGR 1991, 252; *Emde* Das Sonderwissen des Aufsichtsratsmitglieds und die Pflicht zur Informationsweitergabe, DB 1999, 1486; *Flume* Der Referentenentwurf eines Aktiengesetzes, 1958; *ders* Die abhängige Aktiengesellschaft und die Aktienrechtsreform, DB 1959, 190; *Forster* Zur Teilnahme des Abschlussprüfers an der Bilanzsitzung des Aufsichtsrats und zur Berichterstattung in der Sitzung, FS Sieben, 1998, S 375; *Geßler* Der Schutz der abhängigen Gesellschaft, FS W Schmidt, 1959, S 247; *ders* Probleme des neuen Konzernrechts, DB 1965, 1691; *Greiffenhagen* Gefahrenlagen für Wirtschaftsprüfer und Aufsichtsräte, insbesondere aus dem Risikofeld Abhängigkeitsbericht, FS Ludewig, 1996, S 303; *Habersack* Alte und neue Ungereimtheiten im Rahmen der §§ 311 ff. AktG, FS Peltzer, 2001, S 139; *Haesen* Der Abhängigkeitsbericht im faktischen Konzern, 1970; *Hoffmann-Becking* Referat zum 59. Deutschen Juristentag, Abteilung Wirtschaftsrecht, 1992, Band II, R 8; *Hommelhoff* Die neue Position des Abschlussprüfers im Kraftfeld der aktienrechtlichen Organisationsverfassung, BB 1998, 2567; *ders* Empfiehlt es sich, das Recht faktischer Unternehmensverbindungen – auch im Hinblick auf das Recht anderer EG-Staaten – neu zu regeln? Gutachten G zum 59. Deutschen Juristentag, 1992; *ders* Konzernmodelle und ihre Realisierung im Recht, in Druey (Hrsg), Das St. Galler Konzernrechtsgespräch, 1988, S 107; *ders* Praktische Erfahrungen mit dem

Abhängigkeitsbericht, ZHR 156 (1992), 295; *ders* Zum revidierten Vorschlag für eine EG-Konzernrichtline, FS Fleck, 1988, S 125; *IDW* (Hrsg) WP-Handbuch, 14. Aufl, Band I, 2012; *Koppensteiner* Abhängige Aktiengesellschaften aus rechtspolitischer Sicht, FS Steindorff, 1990, S 79; *ders* „Faktischer Konzern" und Konzentration, ZGR 1973, 1; *Kropff* Aktiengesetz. Textausgabe mit Begründung des Regierungsentwurfs, 1965; *ders* Das Konzernrecht des Aktiengesetzes 1965, BB 1965, 1281; *ders* Die Beschlüsse des Aufsichtsrats zum Jahresabschluß und zum Abhängigkeitsbericht, ZGR 1994, 628; *ders* Konzerneingangskontrolle bei der qualifiziert konzerngebundenen Aktiengesellschaft, FS Goerdeler, 1987, S 259; *Meier* Inhalt und Prüfung des Abhängigkeitsberichts, WPg 1968, 94; *Lutter* Der Bericht des Aufsichtsrats an die Hauptversammlung, FS Baetge, 2007, S 1003 = AG 2008, 1; *Maser/Bäumker* Steigende Anforderungen an die Berichtspflicht des Aufsichtsrats?, AG 2005, 906; *Rhiel* Related-Party Transactions im deutschen und US-amerikanischen Recht der Aktiengesellschaft, 2015; *Schäffer* Selbstfinanzierung und Konzernrecht, AG 1959, 57; *Schreyögg* Der Aufsichtsrat als Steuerungsinstrument des Vorstands in der Verwaltung der Aktiengesellschaft im Lichte der neuesten Managementlehren, AG 1983, 278; *Studienkommission des Deutschen Juristentages* Untersuchungen zur Reform des Konzernrechts, 1967; *Semler* Konzernrechtliche Überlegungen der deutschen Unternehmensrechtskommission, in Doralt (Hrsg), Deutsches Konzernrecht – Rechtslage und Überlegungen zur Rezeption in Österreich, 1985, S 222; *Velte* Die Prüfung des Abhängigkeitsberichts durch Aufsichtsrat und Abschlussprüfer sowie ihre Berichterstattung, Der Konzern 2010, 49; *E Vetter* Die Berichterstattung des Aufsichtsrats an die Hauptversammlung als Bestandteil seiner Überwachungsaufgabe, ZIP 2006, 257; *ders* Interessenkonflikte im Konzern – vergleichende Betrachtungen zum faktischen Konzern und zum Vertragskonzern, ZHR 171 (2007), 342; *Wert* Vorstand und Aufsichtsrat in den Aktiengesellschaften, 1960; *Wieland* Die Abbildung von Fremdeinfluß im Abhängigkeitsbericht: Eine ökonomische Betrachtung der Berichterstattung über faktische Abhängigkeitsverhältnisse, 1998; *Zöllner* Referat zum 59. DJT, Abteilung Wirtschaftsrecht, 1992, Band II, R 35.

I. Grundlagen

1. Regelungsgegenstand

§ 314 regelt die Prüfung des Abhängigkeitsberichts durch den Aufsichtsrat. Er ist **den §§ 170, 171 nachgebildet**, die den Aufsichtsrat zur Prüfung des Jahresabschlusses verpflichten.[1] Abs 1 betrifft die Vorlage der Unterlagen an den Aufsichtsrat und den organinternen Informationsfluss. Abs 2 sieht eine Prüfungs- und Berichtspflicht des Aufsichtsrats vor. Abs 3 verlangt von ihm eine Schlusserklärung. Abs 4 schreibt die Teilnahme und Berichterstattung des Abschlussprüfers an den Verhandlungen des Aufsichtsrats vor. 1

2. Regelungszweck

§ 314 zielt auf eine **Mitverantwortung des Aufsichtsrats** für die Vollständigkeit und Richtigkeit des Abhängigkeitsberichts.[2] Er nimmt damit insbesondere die Repräsentanten des herrschenden Unternehmens im Aufsichtsrat in die Pflicht, welche die berichtspflichtigen Rechtsgeschäfte und Maßnahmen nicht selten aus eigenem Wissen beurteilen können.[3] 2

---

1 Zu dieser Ähnlichkeit Begr RegE bei *Kropff* S 416; aus jüngerer Zeit *Lutter* AG 2008, 1, 7: „System und Aufgabenstellung an den Aufsichtsrat sind seiner Pflicht zur Prüfung des Jahresabschlusses nachgebildet."

2 Vgl Begr RegE bei *Kropff* S 416; Emmerich/*Habersack* § 314 Rdn 2; Grigoleit/*Grigoleit* § 314 Rdn 1; Henssler/Strohn/*Bödeker* § 314 Rdn 1; Hölters/*Leuering/Goertz* § 314 Rdn 1; Hüffer/*Koch* § 314 Rdn 1; Küting/Weber/*Weber* § 314 Rdn 4; NK-*Schatz/Schödel* § 314 Rdn 1; Spindler/Stilz/*Vetter* § 314 Rdn 2.

3 Vgl Begr RegE bei *Kropff* S 416, Grigoleit/*Grigoleit* § 314 Rdn 1; *Haesen* S 143; Küting/Weber/*Weber* § 314 Rdn 4; NK-*Schatz/Schödel* § 314 Rdn 1; Schmidt/Lutter/*Vetter* § 314

Zudem sorgt § 314 für eine **begrenzte Publizität** des Abhängigkeitsberichts, indem er den Aufsichtsrat dazu verpflichtet, der Hauptversammlung über das Ergebnis seiner Prüfung zu berichten und den Bestätigungsvermerk des Abschlussprüfers in seinen Bericht aufzunehmen.[4] Der Aufsichtsratsbericht wiederum gehört zu den nach § 325 Abs 1 S 1 Nr 2 HGB von der Gesellschaft offenzulegenden Unterlagen und ist so auch der breiteren Öffentlichkeit zugänglich.

3. Normentstehung und -entwicklung

3 a) **Entstehungsgeschichte.** Die obligatorische Prüfung des Abhängigkeitsberichts durch den Aufsichtsrat der abhängigen Gesellschaft war schon in den frühen Vorschlägen von *Werner Flume* (vor § 311 Rdn 28) vorgesehen.[5] Sie ist von der Studienkommission des Deutschen Juristentages (vor § 311 Rdn 19) gebilligt worden: Auch wenn der Aufsichtsrat ganz oder überwiegend aus Repräsentanten des herrschenden Unternehmens bestehe, so führe seine Prüfung und Berichterstattung doch zu einer „wesentlichen Verstärkung des Verantwortungsgefühls der Organe".[6] Dieser Einschätzung ist der Reformgesetzgeber von 1965 unter Hinanstellung früherer Bedenken[7] gefolgt. Die Gesetzesmaterialien begründeten die umfassende Prüfungspflicht des Aufsichtsrats zum einen mit seiner Stellung als „allgemeine[m] Überwachungsorgan der Gesellschaft".[8] Zum anderen betonten sie, dass die Mitverantwortung der Aufsichtsratsmitglieder erforderlich sei, damit der Abhängigkeitsbericht seinen Zweck erreiche.[9]

4 b) **Gesetzesänderungen.** Eine Reihe von Änderungen geht auf das BiRiLiG von 1985[10] zurück, in dessen Folge kleine Aktiengesellschaften iSd § 267 Abs 1 HGB aus dem Anwendungsbereich des § 313 herausgefallen sind (vgl § 313 Rdn 8). Neueren Datums sind die Änderungen durch das KapCoRiLiG von 2000.[11] Sie bilden eine (verspätete) Reaktion des Gesetzgebers auf die Neuregelung der Zusammenarbeit zwischen Abschlussprüfer und Aufsichtsrat durch das KonTraG von 1998[12] (vgl § 313 Rdn 9) und haben Einzelregelungen des § 314 an die geänderten Vorbildnormen in §§ 170, 171 (Rdn 1) angepasst. Das TransPuG von 2002[13] hat die Formulierung „auszuhändigen" in § 314 Abs 1 S 2 durch „zu übermitteln" ersetzt, um eine elektronische Übermittlung – insbesondere per E-Mail – zu ermöglichen.

Rdn 2; Wachter/*Rothley* § 314 Rdn 1; ferner MK-*Altmeppen* § 313 Rdn 4 mit der Schlussfolgerung: „Dann wird sich der Vorstand scheuen, diesen Mitwissern einen unrichtigen oder unvollständigen Bericht vorzulegen."

4 Vgl Emmerich/*Habersack* § 314 Rdn 3; Grigoleit/*Grigoleit* § 314 Rdn 1; Hüffer/*Koch* § 314 Rdn 1; MK-*Altmeppen* § 314 Rdn 5; Schmidt/Lutter/*Vetter* § 314 Rdn 3; Spindler/Stilz/*Müller* § 314 Rdn 2.

5 Vgl *Flume* Referentenentwurf, S 25: „Die Prüfung wäre von Vorstand, Aufsichtsrat und Abschlußprüfer der abhängigen Gesellschaft vorzunehmen."; *ders* DB 1959, 190, 191: „Der Bericht des Vorstandes wäre in einer gemeinsamen Sitzung von Vorstand, Aufsichtsrat und Wirtschaftsprüfer zu erörtern. Treten der Wirtschaftsprüfer oder der Aufsichtsrat dem Testat nicht bei, so ist eine Sonderprüfung über das Verhältnis der abhängigen Gesellschaft zu dem Herrschenden zu veranstalten."

6 *Studienkommission DJT* Rdn 413.

7 Vgl die Äußerung des damaligen Bundesjustizministers *Schäffer* AG 1959, 57, 63: „Die Nachprüfung durch den Aufsichtsrat, der in der Regel mit Vertrauensleuten der herrschenden Gesellschaft besetzt sein wird, ist unzureichend."; andere Akzentsetzung aber schon bei *Geßler* FS W Schmidt, 1959, S 247, 268.

8 Begr RegE bei *Kropff* S 416.

9 Vgl Begr RegE bei *Kropff* S 416.

10 BGBl I, S 2355.

11 BGBl I, S 154.

12 BGBl I, S 786.

13 BGBl I, S 2681.

4. Rechtspolitische Würdigung und Reformvorschläge

Über die Wirksamkeit der Prüfung durch den Aufsichtsrat machen sich Praxis und Theorie keine allzu großen Illusionen.[14] Zahlreichen Literaturstimmen zufolge kommt dieser Prüfung nur eine **„begrenzte Bedeutung“**[15] zu. In der abhängigen Gesellschaft sei der Aufsichtsrat nämlich nicht Überwachungsorgan, sondern nur konzerninterne Relaisstelle, um die Konzernleitung in der Tochtergesellschaft umzusetzen.[16] Daher sei nicht anzunehmen, dass er den Abhängigkeitsbericht wirklich überprüfe. Neuere Befragungen zur Prüfungsqualität des Aufsichtsrats scheinen diese Einschätzung zu bestätigen: Eigenständige Prüfungshandlungen des Aufsichtsrats sind danach selten[17]; vielfach wird die Prüfung des Abhängigkeitsberichts als bloßes „Anhängsel“[18] verstanden.[19] Dahin deutet auch die Beobachtung eines erfahrenen Praktikers, dass diesem Bericht in der Bilanzsitzung des Aufsichtsrats nicht einmal ein gesonderter Tagesordnungspunkt eingeräumt werde.[20] Ein weiteres Zeichen für die geringe Wertschätzung des Abhängigkeitsberichts mag man schließlich in verschiedenen Gerichtsentscheidungen zur Fehlerhaftigkeit der Berichterstattung des Aufsichtsrats über seine Prüfung nach § 314 erblicken (dazu auch Rdn 22).[21] 5

Trotz dieses ernüchternden Befundes ist bisher nicht ernsthaft vorgeschlagen worden, die obligatorische Prüfung des Abhängigkeitsberichts durch den Aufsichtsrat abzuschaffen.[22] Dies wäre angesichts der allgemeinen Überwachungsaufgabe des Aufsichtsrats (§ 111 Abs 1) auch kaum angängig. Je nach Zusammensetzung des Aufsichtsrats[23] ist nämlich keineswegs ausgeschlossen, dass einzelne Organmitglieder ihrer Rolle als „Treuhänder der abhängigen Gesellschaft und ihrer etwaigen Minderheit“[24] tatsächlich gerecht werden[25]; dies gilt insbesondere für die Arbeitnehmervertreter im Aufsichts- 6

---

[14] Vgl etwa MK-*Altmeppen* § 314 Rdn 3: „Der Kontrollwert dieser Prüfung darf allerdings nicht hoch veranschlagt werden.“; s auch Schmidt/Lutter/*Vetter* § 314 Rdn 3.

[15] *Haesen* S 142.

[16] So die Zusammenfassung einer verbreiteten Literaturmeinung bei *Hommelhoff* ZHR 156 (1992), 295, 309 f; dazu auch *Bayer* DB 1975, 1167, 1171; *Schreyögg* AG 1983, 278; *Wert* S 58 ff.

[17] Vgl *Velte* Der Konzern 2010, 49, 56.

[18] *Velte* Der Konzern 2010, 49, 56.

[19] Dazu auch die Beobachtung von *Jochmann* 59. DJT 1992, Sitzungsbericht, R 93: „In der Praxis sieht die Sache so aus, daß in der Bilanzsitzung das Paket von Unterlagen mit Jahresabschluß, Prüfungsbericht usw. den Aufsichtsratsmitgliedern zugeleitet und in der Sitzung erörtert wird und daß ein Teil dieser vielen Unterlagen der Abhängigkeitsbericht ist. Ich verrate kein Geheimnis, daß der Aufsichtsratsvorsitzende bei der Vielzahl der Unterlagen nicht selten vergißt, den Bericht einer besonderen Erörterung zuzuführen.“

[20] Vgl *E Vetter* ZHR 171 (2007), 342, 367 mit dem Zusatz: „[E]r wird nur bei der Behandlung und Feststellung des Jahresabschlusses erledigt, ohne bei der mündlichen Berichterstattung des Abschlussprüfers und den Beratungen des Aufsichtsrats besonders thematisiert worden zu sein.“

[21] In diesem Sinne *E Vetter* ZHR 171 (2007), 342, 367 f mwN in Fn 81.

[22] Am weitesten geht bisher *Jochmann* 59. DJT 1992, Sitzungsbericht, Band II, R 94: „Wenn aber der Aufsichtsrat eine realistische Prüfungspflicht haben und erfüllen soll, so spreche ich mich dafür aus, diese auf die Fälle zu beschränken, in denen der Bestätigungsvermerk Einschränkungen enthält oder nicht vollständig ist. Das wäre ein Zurückschneiden der gegenwärtigen Regelung.“

[23] Auf diesen Gesichtspunkt hinweisend *Böttcher* FS Maier-Reimer, 2010, S 29, 41.

[24] *Lutter* FS Baetge, 2007, S 1003, 1020.

[25] Im Ergebnis ebenso *Koppensteiner* FS Steindorff, 1990, S 79, 108: „An der weiteren Prüfung des Berichts durch den Aufsichtsrat sollte schon deshalb festgehalten werden, weil sie eine zusätzliche Möglichkeit eröffnet, die Position der Minderheit – und damit die Realisierbarkeit der gesetzgeberischen Zielvorstellung – zu stärken.“; früher schon *Flume* Aktienrechtsreform, S 67, 74: „Bei den

rat.[26] Außerdem mögen die Schlusserklärung des Aufsichtsrats nach § 314 Abs 3[27] und die persönliche Haftung der Aufsichtsratsmitglieder bei unterlassener oder unzureichender Prüfung nach § 318 Abs 2 (Rdn 22) eine **gewisse Vorfeldwirkung** entfalten.

7 Ein rechtspolitischer Vorschlag zur Verbesserung der Aufsichtsratskontrolle zielt auf eine veränderte Zusammensetzung dieses Gremiums. Schon *Flume* hatte früh eine obligatorische Vertretung der Minderheitsaktionäre im Aufsichtsrat der abhängigen Gesellschaft erwogen (und verworfen)[28]; *Hommelhoff* hat diesen Gedanken in verschiedenen Veröffentlichungen wiederbelebt.[29] Auf dem 59. Deutschen Juristentag 1992 schlug er vor, einem solchen Außenseiter-Vertreter eine Reihe individueller Zusatzpflichten und -rechte aufzuerlegen, etwa eine gesonderte Erklärung im Aufsichtsratsbericht an die Hauptversammlung, ob er sich dem Bericht des Gesamtaufsichtsrats anschließe, und die Kompetenz zur Vornahme eigener Prüfungshandlungen.[30] In der Diskussion ist er damit allerdings auf verbreitete Skepsis gestoßen[31] und in der Schlussabstimmung deutlich unterlegen.[32] Dies hat die Gutachter späterer Juristentage allerdings nicht davon abgehalten, den Vorschlag eines Minderheitenvertreters im Aufsichtsrat zu wiederholen.[33] Größeren Rückhalt fand dagegen der Vorschlag von *Hommelhoff*, dass der Aufsichtsrat gegenüber der Hauptversammlung eingehender über das Ergebnis seiner Prüfung berichten solle.[34] **Aktuelle Reformvorschläge** zielen im Lichte unionsrechtlicher Überlegungen zur Regulierung von ***related party transactions***[35] darauf ab, solche Transaktionen gemäß § 111 Abs 4 S 2 einem **Zustimmungsvorbehalt des Aufsichtsrats** zu unterwerfen und dessen bisherige *ex post*-Kontrolle damit durch eine *ex ante*-Mitwirkung zu ersetzen.[36]

Beteiligten – Vorstand, Aufsichtsrat und Wirtschaftsprüfer – wird sich vielleicht doch immer einer finden, der, wenn die Gesellschaft nicht nach ihrem eigenen Interesse geführt ist, dies moniert, und dann ist ja der Zweck erreicht."

26 Vgl MK-*Altmeppen* § 314 Rdn 4 unter Hinweis auf BGHZ 124, 111; relativierend KK-*Koppensteiner* § 314 Rdn 6.

27 In diese Richtung *Flume* DB 1959, 190, 191: „Die Pflicht zu dem Testat ist gewissermaßen der Griff an das Portepee, dem sich Vorstand, Aufsichtsrat und Wirtschaftsprüfer nicht entziehen können, wenn sie nicht ihr Gesicht verlieren wollen."

28 Vgl *Flume* DB 1959, 190, 192.

29 Vgl *Hommelhoff* FS Fleck, 1988, S 125, 139; *ders* Konzernmodelle S 107, 123; ähnlich auch *Koppensteiner* FS Steindorff, 1990, S 79, 108; unter etwas anderem Blickwinkel zuletzt *Rhiel* S 216 f, der vorschlägt, die Prüfung des Abhängigkeitsberichts einem *Related-Party-Transactions*-Ausschuss zu überlassen, der mit mindestens drei unabhängigen Aufsichtsratsmitgliedern zu besetzen ist.

30 Vgl *Hommelhoff* Gutachten G für den 59. DJT 1992, G 62 ff.

31 Vgl *Hoffmann-Becking* Referat auf dem 59. DJT 1992, Band II, R 8, R 11 f, R 23, R 33; *Jochmann* 59. DJT 1992, Sitzungsbericht, Band II, R 95; *Kropff* 59. DJT 1992, Sitzungsbericht, Band II, R 77; *Zöllner* Referat auf dem 59. Deutschen Juristentag 1992, Band II, R 35, R 55; ferner *Kropff* FS Goerdeler, 1987, S 259, 266 ff.

32 Vgl Beschlüsse 59. DJT 1992, Band II, R 191: „Außenseitervertreter im Aufsichtsrat (abgelehnt: 9:53:2)".

33 Vgl *Habersack* Gutachten E zum 69. DJT 2012, E 79 (Kodexempfehlung); *Bachmann* Gutachten E zum 70. DJT 2014, E 82; *ders* AG 2012, 565, 573.

34 Vgl *Hommelhoff* Gutachten G für den 59. DJT 1992, G 84; zustimmend *Hoffmann-Becking* Referat auf dem 59. DJT 1992, Band II, R 8, R 33 mit dem Zusatz: „wird aber nicht viel nutzen".

35 Vgl den Vorschlag der EU Kommission vom 9. April 2014, COM(2014) 213 final; dazu *Fleischer* BB 2014, 2691; zu den Kompromissvorschlägen der italienischen und lettischen Ratspräsidentschaft *J Vetter* ZHR 179 (2015), 273, 279 ff; zur Diskussion im Europäischen Parlament *Bungert/de Raet* Der Konzern 2015, 289, 291 ff.

36 Vgl *Fleischer* BB 2014, 2691, 2699; ferner *Bayer/Selentin* NZG 2015, 7, 12 f; *Bungert/de Raet* Der Konzern 2015, 289, 295 f; *Selzner* ZIP 2015, 753, 759; *J Vetter* ZHR 179

II. Prüfungsverfahren

1. Vorlage der Unterlagen (Abs 1 S 1 und 2)

Gemäß § 314 Abs 1 S 1 hat der Vorstand den Abhängigkeitsbericht unverzüglich nach dessen Aufstellung dem Aufsichtsrat vorzulegen. Den Prüfungsbericht erhält der Aufsichtsrat dagegen – abweichend von der früheren Rechtslage[37] – nach § 313 Abs 2 S 3 unmittelbar vom Abschlussprüfer, nachdem der Vorstand zuvor Gelegenheit zur Stellungnahme hatte. 8

Vorlagepflichtig ist der **Vorstand als (Gesamt-)Organ** auf der Grundlage eines Vorstandsbeschlusses mit mindestens einfacher Mehrheit.[38] Die Vorlage muss unverzüglich, dh ohne schuldhaftes Zögern (§ 121 Abs 1 S 1 BGB), nach Aufstellung des Abhängigkeitsberichts erfolgen. Daher darf der Vorstand nicht bis zur Beendigung der Abschlussprüfung warten.[39] Er kann den Abhängigkeitsbericht jedoch zusammen mit den in § 170 genannten Unterlagen (Jahresabschluss, Lagebericht, Gewinnverwendungsvorschlag) an den Aufsichtsrat weiterleiten.[40] Zur Durchsetzung der Vorlagepflicht kann das Registergericht nach § 407 Abs 1 ein Zwangsgeld verhängen.[41] **Berichtsadressat** ist der **Aufsichtsrat als (Gesamt-)Organ**; als sein Empfangsberechtigter fungiert regelmäßig der Aufsichtsratsvorsitzende.[42] Zulässig ist jedoch auch eine unmittelbare Zuleitung an die einzelnen Aufsichtsratsmitglieder nach Maßgabe des § 314 Abs 1 S 2.[43] 9

2. Informationsfluss innerhalb des Aufsichtsrats (Abs 1 S 2)

Der Abhängigkeitsbericht des Vorstands und, wenn der Jahresabschluss durch einen Abschlussprüfer zu prüfen ist, der Prüfungsbericht des Abschlussprüfers sind nach § 314 Abs 1 S 2 grundsätzlich jedem Aufsichtsratsmitglied zu übermitteln. Dies entspricht der Vorbildregelung in § 170 Abs 3 S 2 für die Prüfung des Jahresabschlusses durch den Aufsichtsrat. Unter Übermittlung versteht man sowohl die Aushändigung in Papierform als auch die Zuleitung in elektronischer Form.[44] Ein ausdrückliches Übermittlungsverlangen ist – im Gegensatz zur früheren Rechtslage – nicht mehr erforderlich.[45] 10

(2015), 273, 308 ff; eingehend auch *Rhiel* S 206 ff.

37 Dazu MK-*Altmeppen* § 314 Rdn 9.

38 Vgl Bürgers/Körber/*Fett* § 314 Rdn 1; Emmerich/*Habersack* § 314 Rdn 5; Hölters/*Leuering/Goertz* § 314 Rdn 7; MK-*Altmeppen* § 314 Rdn 13; Spindler/Stilz/*Müller* § 314 Rdn 4.

39 Vgl Bürgers/Körber/*Fett* § 314 Rdn 1; Emmerich/*Habersack* § 314 Rdn 4; Hölters/*Leuering/Goertz* § 314 Rdn 6; Hüffer/*Koch* § 314 Rdn 2; Küting/Weber/*Weber* § 314 Rdn 2; MK-*Altmeppen* § 314 Rdn 12; NK-*Schatz/Schödel* § 314 Rdn 2; Spindler/Stilz/*Müller* § 314 Rdn 3.

40 Vgl Bürgers/Körber/*Fett* § 314 Rdn 1; Emmerich/*Habersack* § 314 Rdn 4; Hölters/*Leuering/Goertz* § 314 Rdn 6; Hüffer/*Koch* § 314 Rdn 2; MK-*Altmeppen* § 314 Rdn 12; Spindler/Stilz/*Müller* § 314 Rdn 3.

41 Vgl Bürgers/Körber/*Fett* § 314 Rdn 1; Emmerich/*Habersack* § 314 Rdn 4; Hölters/*Leuering/Goertz* § 314 Rdn 7; Hüffer/*Koch* § 314 Rdn 2; MK-*Altmeppen* § 314 Rdn 13; Schmidt/Lutter/*Vetter* § 314 Rdn 5; Spindler/Stilz/*Müller* § 314 Rdn 4.

42 Vgl Bürgers/Körber/*Fett* § 314 Rdn 1; Emmerich/*Habersack* § 314 Rdn 4; Grigoleit/*Grigoleit* § 314 Rdn 2; Hölters/*Leuering/Goertz* § 314 Rdn 9; Hüffer /*Koch* § 314 Rdn 2; Küting/Weber/*Weber* § 314 Rdn 2; MK-*Altmeppen* § 314 Rdn 14; Spindler/Stilz/*Müller* § 314 Rdn 5.

43 Vgl Emmerich/*Habersack* § 314 Rdn 4; Grigoleit/*Grigoleit* § 314 Rdn 2; Hölters/*Leuering/Goertz* § 314 Rdn 9; Hüffer/*Koch* § 314 Rdn 2; Küting/Weber/*Weber* § 314 Rdn 2; NK-*Schatz/Schödel* § 314 Rdn 4; Spindler/Stilz/*Müller* § 314 Rdn 5.

44 Vgl Bürgers/Körber/*Fett* § 314 Rdn 2; Grigoleit/*Grigoleit* § 314 Rdn 3; Hölters/*Leuering/Goertz* § 314 Rdn 11; Spindler/Stilz/*Müller* § 314 Rdn 6.

45 Vgl Hüffer/*Koch* § 314 Rdn 3.

11 Der Aufsichtsrat kann das **Recht auf Übermittlung** gemäß § 314 Abs 1 S 2 durch einen Beschluss auf die Mitglieder eines Ausschusses beschränken. Dies kann dem Diskretionsinteresse der Gesellschaft dienen.[46] Weitere Einschränkungen des Übermittlungsrechts sind weder durch Satzung noch durch Aufsichtsratsbeschluss statthaft.[47] Von dem Recht auf Übermittlung ist das auf Kenntnisnahme (zB durch Einsichtnahme in die Unterlagen in den Geschäftsräumen der Gesellschaft) zu unterscheiden.[48] Dieses **Recht auf Kenntnisnahme** steht nach ganz hL analog § 170 Abs 3 S 1 jedem Aufsichtsratsmitglied unentziehbar zu, auch wenn es kein eigenes Recht auf Übermittlung der Berichte hat.[49] Es ist vor allem deshalb unentbehrlich, weil ein vom Aufsichtsrat eingesetzter Ausschuss nach § 107 Abs 3 S 2 nicht anstelle des Aufsichtsratsplenums entscheiden, sondern dessen Entscheidung nur vorbereiten kann.[50] Infolgedessen obliegt jedem Aufsichtsratsmitglied die Gesamtverantwortung für die Prüfung des Abhängigkeitsberichts, den Bericht an die Hauptversammlung und die Schlusserklärung des Aufsichtsrats.[51] Neben dem Abhängigkeits- und dem Prüfungsbericht erstrecken sich die Informationsrechte der Aufsichtsratsmitglieder auch auf die Stellungnahme des Vorstands nach § 313 Abs 2 S 3 (vgl § 313 Rdn 33).[52] Als Gegenstück sind alle Aufsichtsratsmitglieder gemäß § 116 S 2 zur Verschwiegenheit über die erhaltenen Berichte und Informationen verpflichtet.[53]

3. Teilnahme des Abschlussprüfers (Abs 4)

12 Ist der Jahresabschluss durch einen Abschlussprüfer zu prüfen (dazu § 313 Rdn 16), so hat dieser gemäß § 314 Abs 4 an den Verhandlungen des Aufsichtsrats über den Abhängigkeitsbericht teilzunehmen. Diese Regelung ist durch das KapCoRiLiG von 2000 neu eingefügt worden (Rdn 4) und hat den zuvor durch ein Redaktionsversehen unterbrochenen Gleichlauf mit den Vorschriften über die Prüfung des Jahresabschlusses wiederhergestellt. Wie § 171 Abs 1 S 2 sieht § 314 Abs 4 die Teilnahme des Abschlussprüfers nunmehr verbindlich vor. Außerdem muss der Abschlussprüfer nach § 314 Abs 4 über die wesentlichen Ergebnisse seiner Prüfung berichten. Weil sein schriftlicher Prüfungsbericht dem Aufsichtsrat bereits vorliegt, geht es vor allem um ergänzende mündliche Erläuterungen und die Beantwortung etwaiger Nachfragen.[54] Ausweislich des Gesetzeswortlauts hat der Aufsichtsrat die Wahl, ob der Abschlussprüfer an der Sitzung des Aufsichtsratsplenums oder an der eines Ausschusses (oder an beiden) teilnehmen soll.[55] Ein Ausschluss von der Plenarsitzung erscheint häufig allerdings wenig sachdienlich.

---

46 Vgl Bürgers/Körber/*Fett* § 314 Rdn 2; Emmerich/*Habersack* § 314 Rdn 6.

47 Vgl Emmerich/*Habersack* § 314 Rdn 8; Hüffer/*Koch* § 314 Rdn 3; Schmidt/Lutter/*Vetter* § 314 Rdn 6.

48 Vgl Grigoleit/*Grigoleit* § 314 Rdn 3.

49 Vg Bürgers/Körber/*Fett* § 314 Rdn 2; Emmerich/*Habersack* § 314 Rdn 7; Grigoleit/*Grigoleit* § 314 Rdn 3; Hölters/*Leuering/Goertz* § 314 Rdn 12; MK-*Altmeppen* § 314 Rdn 16; Schmidt/Lutter/*Vetter* § 314 Rdn 7; Spindler/Stilz/*Müller* § 314 Rdn 6; eingehend *Habersack* FS Peltzer, 2011, S 139, 150 f.

50 Vgl Emmerich/*Habersack* § 314 Rdn 7; Hölters/*Leuering/Goertz* § 314 Rdn 12; Spindler/Stilz/*Müller* § 314 Rdn 6.

51 Vgl Grigoleit/*Grigoleit* § 314 Rdn 3; Schmidt/Lutter/*Vetter* § 314 Rdn 7; Spindler/Stilz/*Müller* § 314 Rdn 6.

52 Vgl Grigoleit/*Grigoleit* § 314 Rdn 3.

53 Vgl Bürgers/Körber/*Fett* § 314 Rdn 2; Emmerich/*Habersack* § 314 Rdn 8; Grigoleit/*Grigoleit* § 314 Rdn 3; Hüffer/*Koch* § 314 Rdn 3; Spindler/Stilz/*Müller* § 314 Rdn 6.

54 Vgl Bürgers/Körber/*Fett* § 314 Rdn 3; Emmerich/*Habersack* § 314 Rdn 10; Grigoleit/*Grigoleit* § 314 Rdn 4; Hüffer/*Koch* § 314 Rdn 7; MK-*Altmeppen* § 314 Rdn 17.

55 Vgl Emmerich/*Habersack* § 314 Rdn 10; strenger *Lutter* AG 2008, 1, 7 mit Fn 40, wonach das „oder" in § 314 Abs 4 als „und" zu verstehen sei.

Wird als Abschlussprüfer eine Wirtschaftsprüfer-Gesellschaft tätig, müssen alle verantwortlichen Prüfungsleiter teilnehmen. Bei einer freiwilligen Abschlussprüfung (§ 313 Rdn 17) ist die Teilnahme des Abschlussprüfers an der Aufsichtsratssitzung nicht zwingend, wird aber regelmäßig vertraglich vereinbart.

Über die Teilnahmepflicht des Abschlussprüfers darf der Aufsichtsrat nicht disponieren. Er handelt daher pflichtwidrig, wenn er den Abschlussprüfer von den Verhandlungen über den Abhängigkeitsbericht ausschließt oder entbindet.[56] Ein in Abwesenheit des Abschlussprüfers gefasster Aufsichtsratsbeschluss ist nach hL aber gleichwohl wirksam.[57] Bleibt der Abschlussprüfer der Sitzung eigenmächtig fern, verletzt er seinen Prüfungsvertrag und macht sich der Gesellschaft gegenüber nach § 280 Abs 1 BGB schadensersatzpflichtig. 13

4. Beschluss des Aufsichtsrats

Der Aufsichtsrat entscheidet über den Inhalt seines Berichts an die Hauptversammlung und über seine Schlusserklärung durch Beschluss.[58] Erst durch einen förmlichen Beschluss übernimmt er die Verantwortung für den Inhalt und gibt ihm seine wesentliche Funktion als Informationsgrundlage für die Aktionäre.[59] **Zuständig** ist das **Aufsichtsratsplenum**; ein Ausschuss kann diesen Bericht nach § 107 Abs 3 S 2 nur vorbereiten[60], was zu Recht allenthalben empfohlen wird.[61] Für die Wirksamkeit dieses Beschlusses gelten die allgemeinen Regeln[62]; die §§ 241 ff sind auf fehlerhafte Aufsichtsratsbeschlüsse nicht entsprechend anwendbar; richtige Klageart ist vielmehr die allgemeine Feststellungsklage nach § 256 ZPO.[63] Ist der Beschluss über den Jahresabschluss nach § 256 Abs 1 nichtig, so kann dies gemäß § 139 BGB auch die Unwirksamkeit des Beschlusses über den Abhängigkeitsbericht zur Folge haben.[64] Wenn der Aufsichtsratsbeschluss erfolgreich angegriffen wurde, liegt zwar formal kein Fall des § 315 S 1 Nr 2 vor; vieles spricht aber 14

56 Vgl Emmerich/*Habersack* § 314 Rdn 10.

57 Vgl Bürgers/Körber/*Fett* § 314 Rdn 3; KK-*Koppensteiner* § 314 Rdn 7; für § 171 Abs 1 S 2 auch *Forster* FS Sieben, 1998, S 375, 381; abw Emmerich/*Habersack* Aktien- und GmbH-Konzernrecht § 314 Rdn 10; Wachter/*Rothley* § 314 Rdn 2.

58 Vgl Bürgers/Körber/*Fett* § 314 Rdn 4; Emmerich/*Habersack* § 314 Rdn 11; Grigoleit/*Grigoleit* § 314 Rdn 8; Hölters/*Leuering/Goertz* § 314 Rdn 18; MK-*Altmeppen* § 314 Rdn 30; s auch BGH NZG 2010, 943 Leitsatz: „Der Bericht des Aufsichtsrats iS des § 171 II AktG […] muss vom Aufsichtsrat durch förmlichen Beschluss festgestellt und dessen Urschrift zumindest durch den Aufsichtsratsvorsitzenden unterschrieben werden."

59 So zu § 171 Abs 2 BGH NZG 2010, 943, 944 Rdn 13.

60 Vgl Bürgers/Körber/*Fett* § 314 Rdn 4; Emmerich/*Habersack* § 314 Rdn 11; *Hommelhoff* BB 1998, 2567, 2570; *Lutter* AG 2008, 1, 7; MK-*Altmeppen* § 314 Rdn 30.

61 Vgl *Lutter* AG 2008, 1, 7 („zweckmäßig"); MK-*Altmeppen* § 314 AktG Rdn 15 („absolut sinnvoll").

62 Vgl Bürgers/Körber/*Fett* § 314 Rdn 4; Emmerich/*Habersack* § 314 Rdn 11; Grigoleit/*Grigoleit* § 314 Rdn 8; MK-*Altmeppen* § 314 Rdn 30.

63 Vgl BGHZ 122, 342, 346; eingehend und rechtsvergleichend *Fleischer* DB 2013, 160 ff; 217 ff.

64 Vgl BGHZ 124, 111, 124: „Zwar sind beide Beschlüsse formal selbständig gefaßt worden, sie stehen inhaltlich jedoch in einem engen inneren Zusammenhang. Auch in einem solchen Fall kann ein an sich wirksamer Beschluß nach dem in § 139 BGB zum Ausdruck kommenden Rechtsgedanken nichtig sein. Das ist hier der Fall."; eingehend *Kropff* ZGR 1994, 628, 639 ff; ferner MK-*Altmeppen* § 314 Rdn 32; Schmidt/Lutter/*Vetter* § 314 Rdn 22; Spindler/Stilz/*Müller* § 314 Rdn 13.

für eine entsprechende Anwendung dieser Vorschrift (vgl § 315 Rdn 15).[65] Erst recht besteht ein Antragsrecht für eine qualifizierte Aktionärsminderheit nach § 315 S 2 (vgl § 315 Rdn 15).[66]

III. Prüfungspflicht

1. Unabdingbarkeit

15 § 314 Abs 2 S 1 ordnet zwingend eine Prüfung des Abhängigkeitsberichts durch den Aufsichtsrat an. Diese Prüfung kann weder durch die Satzung noch durch einstimmigen Beschluss der Aktionäre abbedungen werden.[67] Dies gilt im Interesse des Gläubigerschutzes auch dann, wenn sich alle Anteile der Gesellschaft in einer Hand befinden.

2. Prüfungsumfang

16 Ausweislich der Gesetzesmaterialien ist die Prüfung des Abhängigkeitsberichts durch den Aufsichtsrat – anders als die des Abschlussprüfers (§ 313 Rdn 39) – nicht beschränkt.[68] Der Aufsichtsrat hat vielmehr umfassend zu prüfen, ob Einwendungen gegen den Abhängigkeitsbericht des Vorstands zu erheben sind.[69] Ihm obliegt es mit anderen Worten, den Bericht uneingeschränkt auf seine **Vollständigkeit und Richtigkeit** durchzusehen.[70] Das entspricht seiner Stellung als allgemeines Überwachungsorgan der Gesellschaft.[71] Vorbereitende Aufgaben kann er einem Ausschuss übertragen.[72] Einer Zustimmung des Aufsichtsrats bedarf der Abhängigkeitsbericht nach der gesetzlichen Regelung allerdings nicht.[73]

3. Prüfungsintensität

17 Ungeachtet seiner umfassenden Prüfungspflicht muss der Aufsichtsrat nach ganz hL **grundsätzlich keine eigenen Recherchen** anstellen.[74] Vielmehr kann er sich zunächst damit begnügen, Abhängigkeits- und Prüfungsbericht sorgfältig und kritisch durchzusehen.[75] Dies betrifft sowohl die Angemessenheit der dort aufgeführten Rechtsgeschäfte

---

[65] Vgl Emmerich/*Habersack* § 314 Rdn 11; Hölters/*Leuering/Goertz* § 314 Rdn 19; MK-*Altmeppen* § 314 Rdn 30.

[66] Vgl Hölters/*Leuering/Goertz* § 314 Rdn 19; MK-*Altmeppen* § 314 Rdn 30.

[67] Vgl Henssler/Strohn/*Bödeker* § 313 Rdn 4.

[68] Vgl Begr RegE bei *Kropff* S 416.

[69] Vgl Begr RegE bei *Kropff* S 416.

[70] Vgl Bürgers/Körber/*Fett* § 314 Rdn 5; Emmerich/*Habersack* § 314 Rdn 12; *Förschle/Heinz* in BeckBilKomm § 289 HGB Rdn 361; Grigoleit/*Grigoleit* § 314 Rdn 5; Henssler/Strohn/*Bödeker* § 314 Rdn 4; Hölters/*Leuering/Goertz* § 314 Rdn 21; Hüffer/*Koch* § 314 Rdn 4; MK-*Altmeppen* § 314 Rdn 18; MünchHdbAG/*Krieger* § 70 Rdn 120; Schmidt/Lutter/*Vetter* § 314 Rdn 11; Spindler/Stilz/*Müller* § 314 Rdn 7.

[71] Vgl Begr RegE bei *Kropff* S 416.

[72] Vgl Henssler/Strohn/*Bödeker* § 314 Rdn 4; Schmidt/Lutter/*Vetter* § 314 Rdn 10; Spindler/Stilz/*Müller* § 314 Rdn 7.

[73] Vgl BGHZ 153, 47, 53; Emmerich/*Habersack* § 314 Rdn 12 mit Fn 20.

[74] Vgl Bürgers/Körber/*Fett* § 314 Rdn 5; Emmerich/*Habersack* § 314 Rdn 12; Grigoleit/*Grigoleit* § 314 Rdn 5; Henssler/Strohn/*Bödeker* § 313 Rdn 4; Hölters/*Leuering/Goertz* § 314 Rdn 22; KK-*Koppensteiner* § 314 Rdn 5; MK-*Altmeppen* § 314 Rdn 20; Schmidt/Lutter/*Vetter* § 314 Rdn 12; Spindler/Stilz/*Müller* § 314 Rdn 7.

[75] Vgl Emmerich/*Habersack* Aktien- und GmbH-Konzernrecht § 314 Rdn 12; Hölters/*Leuering/Goertz* § 314 Rdn 22; KK-*Koppensteiner* § 314 Rdn 5; Küting/Weber/*Weber* § 314 Rdn 4 („keine überzogenen Anforderungen"); *Lutter* AG 2008, 1, 7 („Plausibilitätsprüfung"); MK-*Altmeppen* § 314 Rdn 20; MünchHdbAG/*Krieger* § 70

und Maßnahmen als auch die Richtigkeit und Vollständigkeit aller berichtspflichtigen Vorgänge[76], ferner eventuelle Pflichtverletzungen des Vorstands.[77] Stößt der Aufsichtsrat bei dieser Plausibilitätsprüfung auf Anhaltspunkte für Beanstandungen, Ungereimtheiten oder Widersprüche, so muss er ihnen weiter nachgehen.[78] Zu diesem Zweck kann er etwa den Abschlussprüfer mit ergänzenden Prüfungshandlungen beauftragen oder einen anderen Sachverständigen hinzuziehen, falls dies im Hinblick auf den Hauptversammlungstermin noch realisierbar ist.[79] Nicht auszuräumende Bedenken muss er in seinen Bericht an die Hauptversammlung aufnehmen.[80] Auch bei angespannter wirtschaftlicher Lage der Gesellschaft kann und wird häufig eine intensivere Prüfung geboten sein.[81] Unabhängig davon wird sich der Aufsichtsrat als Teil seiner laufenden Überwachung schon während des Geschäftsjahrs mit den organisatorischen Vorkehrungen des Vorstands zur Erfassung und Dokumentation aller berichtspflichtigen Vorgänge (vgl § 312 Rdn 101) befassen.[82] Unterliegt der Abhängigkeitsbericht der Gesellschaft keiner Pflichtprüfung durch den Abschlussprüfer (§ 313 Rdn 16), fallen die Prüfungspflichten des Aufsichtsrats um einige Pegelstriche strenger aus.[83] Für diesen Fall wird ihm häufig empfohlen, einzelne seiner Mitglieder oder besondere Sachverständige mit – stichprobenartigen – Prüfungshandlungen zu betrauen.[84]

4. Prüfungsausrichtung

Bei ihrer Prüfung nach § 314 Abs 2 S 1 müssen sich alle Aufsichtsratsmitglieder ausschließlich von den **Interessen der abhängigen Gesellschaft** leiten lassen.[85] Das gilt auch für die Repräsentanten des herrschenden Unternehmens.[86] Sie müssen hierfür sogar ein **18**

Rdn 120; Schmidt/Lutter/*Vetter* § 314 Rdn 12; Spindler/Stilz/*Müller* § 314 Rdn 7; Wachter/*Rothley* § 314 Rdn 3; strenger *Velte* Der Konzern 2010, 49, 56: „[…] so ist auf seine eigenständige Prüfungspflicht nach § 314 AktG hinzuweisen, die keine ‚schleichende Substitution' durch den Abschlussprüfer erfahren darf."

76 Vgl Hölters/*Leuering/Goertz* § 314 Rdn 23; MK-*Altmeppen* § 314 Rdn 20; eingehend *Lutter* AG 2008, 1,7.

77 Vgl *Döllerer* FS Semler, 1993, S 441, 447.

78 Vgl Bürgers/Körber/*Fett* § 314 Rdn 5; Emmerich/*Habersack* § 314 Rdn 12; Grigoleit/*Grigoleit* § 314 Rdn 5; Hölters/*Leuering/Goertz* § 314 Rdn 24; Hüffer/*Koch* § 314 Rdn 4; KK-*Koppensteiner* § 314 Rdn 5; Küting/Weber/*Weber* § 314 Rdn 4; MK-*Altmeppen* § 314 Rdn 22; MünchHdbAG/*Krieger* § 70 Rdn 120; Schmidt/Lutter/*Vetter* § 314 Rdn 12; Spindler/Stilz/*Müller* § 314 Rdn 7.

79 Vgl Hölters/*Leuering/Goertz* § 314 Rdn 24; MK-*Altmeppen* § 314 Rdn 22; s auch *Adler/Düring/Schmaltz* § 313 Rdn 11.

80 Vgl Hölters/*Leuering/Goertz* § 314 Rdn 24; MK-*Altmeppen* § 314 Rdn 22.

81 Vgl *Velte* Der Konzern 2010, 49, 56; s aber auch OLG Düsseldorf BeckRS 2012, 25022: „Naturgemäß kann eine solche Intensivierung der Prüfung und Berichterstattung aber nur insoweit verlangt werden, als die zu prüfenden Geschäftsvorgänge auch mit der Erforschung oder der Überwindung der konkreten Krisensituation im Zusammenhang stehen, welche die erhöhte Prüfungs- und Berichtspflicht ausgelöst hat."

82 Vgl Grigoleit/*Grigoleit* § 314 Rdn 5; Henssler/Strohn/*Bödeker* § 314 Rdn 6; KK-*Koppensteiner* § 314 Rdn 5; MK-*Altmeppen* § 314 Rdn 19; Schmidt/Lutter/*Vetter* § 314 Rdn 14; Spindler/Stilz/*Müller* § 314 Rdn 7.

83 Vgl *Adler/Düring/Schmaltz* § 313 Rdn 11; Henssler/Strohn/*Bödeker* § 314 Rdn 6; MK-*Altmeppen* § 314 Rdn 23; NK-*Schatz/Schödel* § 314 Rdn 10; Spindler/Stilz/*Müller* § 314 Rdn 8.

84 Vgl Henssler/Strohn/*Bödeker* § 314 Rdn 4; MK-*Altmeppen* § 314 Rdn 23; Spindler/Stilz/*Müller* § 314 Rdn 8.

85 Vgl Emmerich/*Habersack* § 314 Rdn 13; Henssler/Strohn/*Bödeker* § 314 Rdn 4; Hüffer/*Koch* § 314 Rdn 4; KK-*Koppensteiner* § 314 Rdn 6; Schmidt/Lutter/*Vetter* § 314 Rdn 13; Spindler/Stilz/*Müller* § 314 Rdn 9.

86 Vgl Emmerich/*Habersack* § 314 Rdn 13; *Förschle/Heinz* in BeckBilKomm § 289 HGB

etwaiges Sonderwissen aus ihrer Tätigkeit für das herrschende Unternehmen nutzen, selbst wenn dies dessen Interessen diametral zuwiderläuft.[87] Das mag in der Praxis hohe Anforderungen stellen[88] und im Einzelfall nicht sonderlich realistisch sein[89], entspricht aber dem ausdrücklich erklärten Willen des Gesetzgebers.[90] Inwieweit die Haftungsdrohung des § 318 Abs 2 hier verhaltenssteuernd wirkt, wird unterschiedlich beurteilt.[91]

IV. Bericht an die Hauptversammlung (Abs 2–3)

1. Bericht (Abs 2 S 1–3)

19 Gemäß § 314 Abs 2 S 1 hat der Aufsichtsrat über das Ergebnis seiner Prüfung zu berichten. Ist der Jahresabschluss durch einen Abschlussprüfer zu prüfen, so hat der Aufsichtsrat nach § 314 Abs 2 S 2 ferner zu dem Ergebnis der Prüfung des Abhängigkeitsberichts durch den Abschlussprüfer Stellung zu nehmen. Beide Berichtsgegenstände sind Bestandteile des schriftlichen Aufsichtsratsberichts an die Hauptversammlung nach § 171 Abs 2, in dem der Aufsichtsrat zur Prüfung des Jahresabschlusses, des Lageberichts, des Gewinnverwendungsvorschlags und der Geschäftsführung Stellung nimmt.[92] Infolgedessen gilt auch für den Bericht nach § 314 Abs 2 S 1 und 2, dass der Aufsichtsrat ihn gemäß § 171 Abs 3 innerhalb eines Monats nach Zugang der Vorlagen dem Vorstand zuleiten muss. Nach § 175 Abs 2 S 1 hat der Vorstand den Aufsichtsratsbericht dann von der Einberufung der Hauptversammlung an in dem Geschäftsraum der Gesellschaft zur Einsicht der Aktionäre auszulegen. Auf Verlangen ist jedem Aktionär nach § 175 Abs 2 S 2 unverzüglich eine Abschrift zu erteilen. Gemäß § 176 Abs 1 S 2 Alt 2 obliegt es dem Aufsichtsratsvorsitzenden, den Aufsichtsratsbericht zu Beginn der Verhandlung in der Hauptversammlung zu erläutern.

20 Inhaltlich muss der Aufsichtsrat die Ergebnisse seiner eigenen[93] Prüfungen klar und unzweideutig mitteilen.[94] Der Bericht selbst kann knapp gehalten sein, sofern keine Ein-

---

Rdn 361; KK-*Koppensteiner* § 314 Rdn 6; Spindler/Stilz/*Müller* § 314 Rdn 9.

[87] Vgl Bürgers/Körber/*Fett* § 314 Rdn 5; Emmerich/*Habersack* § 314 Rdn 13; Grigoleit/*Grigoleit* § 314 Rdn 5; Hölters/*Leuering/Goertz* § 314 Rdn 22; Hüffer/*Koch* § 314 Rdn 4; KK-*Koppensteiner* § 314 Rdn 6; MK-*Altmeppen* § 314 Rdn 24; NK-*Schatz/Schödel* § 314 Rdn 9; Schmidt/Lutter/*Vetter* § 314 Rdn 13; Spindler/Stilz/*Müller* § 314 Rdn 9; eingehend zu Sonderwissen von Aufsichtsratsmitgliedern *Emde* DB 1999, 1486 f.

[88] Vgl MK-*Altmeppen* § 314 Rdn 24.

[89] Vgl Bürgers/Körber/*Fett* § 314 Rdn 5; *Haesen* S 142; KK-*Koppensteiner* § 314 Rdn 6.

[90] Vgl Begr RegE bei *Kropff* S 416; Grigoleit/*Grigoleit* § 314 Rdn 5; KK-*Koppensteiner* § 314 Rdn 6; Spindler/Stilz/*Müller* § 314 Rdn 9.

[91] Vgl einerseits MK-*Altmeppen* § 314 Rdn 24: „Das kann zB bei Insolvenz des herrschenden Unternehmens durchaus praktisch werden"; ähnlich NK-*Schatz/Schödel* § 314 Rdn 1; andererseits KK-*Koppensteiner* § 314 Rdn 6: „§ 318 II enthält kein über § 116 hinausgehendes Risiko."

[92] Vgl LG Hamburg AG 2002, 525, 527.

[93] Zur Notwendigkeit, über eine eigene Prüfung Bericht zu erstatten, BGHZ 153, 47, 53; LG Berlin DB 2005, 1320: „In jedem Fall muss der Bericht des Aufsichtsrats aber notwendigerweise erkennen lassen, dass der Aufsichtsrat überhaupt eine eigene Prüfung vorgenommen hat."; Bürgers/Körber/*Fett* § 314 Rdn 5; *Maser/Bäumker* AG 2005, 906, 910; s aber auch OLG Düsseldorf BeckRS 2012, 25022, wonach es ausreicht, wenn sich aus dem Sachzusammenhang ergibt, dass sich der Aufsichtsrat mit dem Inhalt des Prüfungsberichts auseinandergesetzt hat.

[94] Vgl Grigoleit/*Grigoleit* § 314 Rdn 7; eingehend MK-*Altmeppen* § 314 Rdn 28 f; für ein Muster *Happ* in ders, Konzern- und Umwandlungsrecht, 2012, Muster 4.01 c; ferner *Adler/Düring/Schmaltz* § 313 Rdn 13.

wendungen bestehen.[95] Allfällige Bedenken müssen jedoch dargelegt und erläutert werden.[96] Hat der Vorstand nach Auffassung des Aufsichtsrats pflichtwidrig keinen Abhängigkeitsbericht erstellt, so muss der Aufsichtsrat auch hierüber berichten.[97] Jüngere Tendenzen zu einer ausführlicheren Berichterstattung im Rahmen des § 171 Abs 2[98] lassen sich nicht ohne Weiteres auf den stark ergebnisorientierten Bericht nach § 314 Abs 2 übertragen.[99] Notwendiger Bestandteil des Berichts ist nach § 314 Abs 2 S 3 allerdings der vom Abschlussprüfer erteilte bzw versagte Bestätigungsvermerk. Er muss nach Rechtsprechung und hL wörtlich wiedergegeben werden.[100] Durch diese Berichtspflicht ist sichergestellt, dass die Aktionäre vom Ergebnis der Prüfung Kenntnis erlangen und ggf eine Sonderprüfung nach § 315 S 1 Nr 1 beantragen können.

2. Schlusserklärung (Abs 3)

Gemäß § 314 Abs 3 hat der Aufsichtsrat zu erklären, ob nach dem abschließenden Ergebnis seiner Prüfung Einwendungen gegen die Schlusserklärung des Vorstands zu erheben sind. Dies entspricht der Vorbildregelung in § 171 Abs 2 S 4 und nimmt zugleich die Formulierung des § 313 Abs 4 S 1 über die Einschränkung des Bestätigungsvermerks durch den Abschlussprüfer auf. Hieraus lässt sich ableiten, dass kleinere Beanstandungen, die keine Einschränkung des Testats rechtfertigen, auch den Aufsichtsrat nicht dazu zwingen, in seiner eigenen Schlusserklärung Einwendungen zu erheben.[101] Wohl aber muss er diese Beanstandungen in seinem Bericht an die Hauptversammlung darstellen.[102] Erklärt der Aufsichtsrat, dass Einwendungen gegen die Schlusserklärung des Vorstands bestehen, so kann jeder Aktionär nach § 315 S 1 Nr 2 eine Sonderprüfung beantragen. Der Aufsichtsrat steht im Rahmen seiner Überwachungsverantwortung seinerseits in der Pflicht, festgestellte Unregelmäßigkeiten abzustellen und ggf auf eine Durchsetzung von Ausgleichsansprüchen nach § 317 hinzuwirken.[103] **21**

---

[95] Vgl Grigoleit/*Grigoleit* § 314 Rdn 7; MK-*Altmeppen* § 314 Rdn 28.

[96] Vgl MK-*Altmeppen* § 314 Rdn 28 und 29.

[97] Vgl Emmerich/*Habersack* § 313 Rdn 15; Grigoleit/*Grigoleit* § 314 Rdn 7; KK-*Koppensteiner* § 314 Rdn 8; Schmidt/Lutter/*Vetter* § 314 Rdn 16; Spindler/Stilz/*Vetter* § 314 Rdn 11.

[98] Vgl *Lutter* AG 2008, 1 ff.

[99] Vgl Bürgers/Körber/*Fett* § 314 Rdn 6; Schmidt/Lutter/*Vetter* § 314 Rdn 19; offen MK-*Altmeppen* § 314 Rdn 28 („bleibt abzuwarten").

[100] Vgl Emmerich/*Habersack* § 314 Rdn 15; Grigoleit/*Grigoleit* § 314 Rdn 7; Hüffer/*Koch* § 314 Rdn 5; MK-*Altmeppen* § 314 Rdn 26; Schmidt/Lutter/*Vetter* § 314 Rdn 16; Spindler/Stilz/*Vetter* § 314 Rdn 11.

[101] Vgl Bürgers/Körber/*Fett* § 314 Rdn 7; Emmerich/*Habersack* § 314 Rdn 16; Grigoleit/*Grigoleit* § 314 Rdn 8; Hölters/*Leuering/Goertz* § 314 Rdn 27; Hüffer/*Koch* § 314 Rdn 6; KK-*Koppensteiner* § 314 Rdn 10; Küting/Weber/*Weber* § 314 Rdn 7; Schmidt/Lutter/*Vetter* § 314 Rdn 18; Spindler/Stilz/*Müller* § 314 Rdn 12.

[102] Vgl Bürgers/Körber/*Fett* § 314 Rdn 7; Emmerich/*Habersack* § 314 Rdn 16; Grigoleit/*Grigoleit* § 314 Rdn 8; Hölters/*Leuering/Goertz* § 314 Rdn 27; Hüffer/*Koch* § 314 Rdn 6; KK-*Koppensteiner* § 314 Rdn 10; Spindler/Stilz/*Müller* § 314 Rdn 12.

[103] Vgl Grigoleit/*Grigoleit* § 314 Rdn 8; Schmidt/Lutter/*Vetter* § 314 Rdn 20; ferner KK-*Koppensteiner* § 314 Rdn 11: „Ob diese Pflichten praktische Bedeutung erlangen werden, ist aber auch hier mit einem großen Fragezeichen zu versehen."

V. Rechtsfolgen bei Pflichtverletzung

22 Aufsichtsratsmitglieder, die ihre Prüfungs- oder Berichtspflichten nach § 314 verletzen, machen sich nach § 318 Abs 2 schadensersatzpflichtig. Außerdem kann eine fehlerhafte oder unterbliebene Berichterstattung des Aufsichtsrats die Anfechtbarkeit eines Entlastungsbeschlusses begründen.[104] Dies hat die jüngere Rechtsprechung angenommen, wenn der Bericht keine Ausführungen zu einer eigenen Prüfung von Abhängigkeits- oder Prüfungsbericht durch den Aufsichtsrat enthält[105], der Bestätigungsvermerk iSd § 314 Abs 2 S 3 nicht wiedergegeben wird[106] oder die zusammenfassende Schlusserklärung nach § 314 Abs 3 fehlt.[107] Die nur mündliche Berichterstattung des Aufsichtsratsvorsitzenden in seinem Bericht an die Hauptversammlung nach § 176 Abs 1 S 2 vermag diese Mängel nicht zu beheben.[108] Unterschiedlich beurteilt wird, ob eine sinngemäße, aber eben nicht wörtliche Wiedergabe des Bestätigungsvermerks zur Anfechtbarkeit führt.[109] Gute Gründe sprechen dafür, dass es sich in diesem Fall um einen unbeachtlichen Bagatellmangel handelt, wenn das Informationsinteresse der Aktionäre nicht beeinträchtigt wird.[110]

§ 315 AktG
Sonderprüfung

Auf Antrag eines Aktionärs hat das Gericht Sonderprüfer zur Prüfung der geschäftlichen Beziehungen der Gesellschaft zu dem herrschenden Unternehmen zu bestellen, wenn

1. **der Abschlussprüfer den Bestätigungsvermerk zum Bericht über die Beziehungen zu verbundenen Unternehmen eingeschränkt oder versagt hat,**
2. **der Aufsichtsrat erklärt hat, dass Einwendungen gegen die Erklärung des Vorstands am Schluss des Berichts über die Beziehungen zu verbundenen Unternehmen zu erheben sind,**
3. **der Vorstand selbst erklärt hat, dass die Gesellschaft durch bestimmte Rechtsgeschäfte oder Maßnahmen benachteiligt worden ist, ohne dass der Nachteil ausgeglichen worden ist.**

---

[104] Vgl BGHZ 153, 47, 53; Bürgers/Körber/*Fett* § 314 Rdn 6; Emmerich/*Habersack* § 314 Rdn 17; Grigoleit/*Grigoleit* § 314 Rdn 7; Küting/Weber/*Weber* § 314 Rdn 7; *Lutter* AG 2008, 1, 8; Schmidt/Lutter/*Vetter* § 314 Rdn 21; Spindler/Stilz/*Müller* § 314 Rdn 13; *E Vetter* ZIP 2006, 257, 264.

[105] Vgl BGHZ 153, 47, 53; LG Berlin DB 2005, 1320; anders aber aufgrund der Umstände des Einzelfalls OLG Düsseldorf BeckRS 2012, 25022; zustimmend Schmidt/Lutter/*Vetter* Rdn 21.

[106] Vgl OLG Dresden AG 2003, 433, 436; LG Karlsruhe AG 2001, 204, 205.

[107] Vgl BGHZ 153, 47, 53; OLG Stuttgart NZG 2003, 778, 781; LG München I AG 2002, 302, 303.

[108] Vgl LG Hamburg AG 2002, 523, 527; *Gernoth/Wernicke* NZG 2010, 531, 534; *E Vetter* ZIP 2006, 257, 264.

[109] Bejahend OLG München ZIP 2009, 718, 720; LG München I ZIP 2001, 1415, 1417; 2008, 745; Hüffer/*Koch* § 314 Rdn 5; *Lutter* AG 2008, 1, 8; Spindler/Stilz/*Müller* § 314 Rdn 13; verneinend OLG Celle ZIP 2008, 1874, 1876; Schmidt/Lutter/*Vetter* § 314 Rdn 21.

[110] Allgemein zu Bagatellmängeln und ihrer Behandlung *Fleischer* ZIP 2014, 149 ff.

Liegen sonstige Tatsachen vor, die den Verdacht einer pflichtwidrigen Nachteilszufügung rechtfertigen, kann der Antrag auch von Aktionären gestellt werden, deren Anteile zusammen den Schwellenwert des § 142 Abs 2 erreichen, wenn sie glaubhaft machen, dass sie seit mindestens drei Monaten vor dem Tage der Antragstellung Inhaber der Aktien sind. Über den Antrag entscheidet das Landgericht, in dessen Bezirk die Gesellschaft ihren Sitz hat. § 142 Abs 8 gilt entsprechend. Gegen die Entscheidung ist die Beschwerde zulässig. Hat die Hauptversammlung zur Prüfung derselben Vorgänge Sonderprüfer bestellt, so kann jeder Aktionär den Antrag nach § 142 Abs 4 stellen.

Übersicht

Schrifttum

Bode Abhängigkeitsbericht und Kostenlast im einstufigen faktischen Konzern, AG 1995, 261; *Bollmann* Der Schadensersatzanspruch gemäß § 317 AktG bei Schädigung der abhängigen Eine-Person-AG, 1995; *Flume* Die abhängige Aktiengesellschaft und die Aktienrechtsreform, DB 1959, 190; *Forum Europaeum Konzernrecht* Konzernrecht für Europa, ZGR 1998, 672; *Habersack* Zweck und Gegenstand der Sonderprüfung nach § 142 AktG, FS Wiedemann, 2002, S 889; *Hoffmann-Becking* Referat zum 59. Deutschen Juristentag, Abteilung Wirtschaftsrecht, 1992, Band II, R 8; *Hommelhoff* Empfiehlt es sich, das Recht faktischer Unternehmensverbindungen – auch im Hinblick auf das Recht anderer EG-Staaten – neu zu regeln?, Gutachten G zum 59. Deutschen Juristentag, 1992; *Jänig* Die aktienrechtliche Sonderprüfung, 2005; *Kakies* Der Schutz der Minderheitsaktionäre und Gläubiger im faktischen Konzern unter besonderer Berücksichtigung der Sonderprüfung gemäß § 315 AktG, 2003; *Krag* Konzepte für die Durchführung von Sonderprüfungen gem § 315 AktG, BB 1988, 850; *Maul* Aktienrechtliches Konzernrecht und Gemeinschaftsunternehmen NZG 2000, 470; *Noack* Die konzernrechtliche Sonderprüfung nach § 315 AktG, WPg 1994, 225; *Rhiel* Related-Party Transactions im deutschen und US-amerikanischen Recht der Aktiengesellschaft, 2015; *UH Schneider* Die aktienrechtliche Sonderprüfung im Konzern, AG 2008, 305; *Simons* Ungeklärte Zuständigkeitsfragen bei gerichtlichen Auseinandersetzungen, NZG 2012, 609; *Weinbrenner* Moderne Kommunikationsmittel und Konzerncontrolling im faktischen Konzern – zugleich ein Beitrag zur Verbesserung des Rechtsschutzes für Außenseiter, Konzern 2006, 583; *Wilsing* Der Schutz vor gesellschaftsschädlichen Sonderprüfungen, 2014; *Wilsing/Neumann* Die Neuregelung der aktienrechtlichen Sonderprüfung nach dem Inkrafttreten des UMAG, DB 2006, 31.

I. Grundlagen

1. Regelungsgegenstand

1 § 315 regelt Voraussetzungen und Verfahren der konzernrechtlichen Sonderprüfung. S 1 ermöglicht eine solche Sonderprüfung bei bestimmten berichtsbezogenen Verdachtsgründen auf Antrag eines Aktionärs, S 2 bei sonstigen Verdachtsgründen auf Antrag einer qualifizierten Aktionärsminderheit. S 3 bis 5 behandeln prozessuale Fragen der Bestellung von Sonderprüfern durch das Gericht. Nach S 6 kann das Gericht auf Antrag Sonderprüfer ersetzen, die von der Hauptversammlung zur Prüfung derselben Vorgänge bestellt worden sind. Nicht ausdrücklich geregelt ist die Durchführung der konzernrechtlichen Sonderprüfung; für sie gelten die allgemeinen Vorschriften der §§ 142 ff (dazu Rdn 35 ff).

2. Regelungszweck

2 § 315 will die **Informationsgrundlage der außenstehenden Aktionäre verbessern.**[1] Diese sind auf zusätzliche Unterlagen angewiesen, da ihnen kein eigenes Einsichtsrecht in den Abhängigkeitsbericht (vgl § 312 Rdn 10) und den Prüfungsbericht des Abschlussprüfers (§ 313 Rdn 48) zusteht.[2] Ihr Informationsdefizit soll dadurch ausgeglichen werden, dass der Sonderprüfungsbericht nach § 145 Abs 6 S 3 zum Handelsregister einzureichen ist und dort gemäß § 9 HGB von jedermann eingesehen werden kann.[3] Auf diese Weise verbessert sich die Beweislage für die außenstehenden Aktionäre und erleichtert ihnen die Durchsetzung etwaiger Schadensersatzansprüche aus §§ 317, 318.[4] Zudem entfaltet § 315 eine präventive Wirkung, weil die Verantwortlichen in herrschendem Unternehmen und abhängiger Aktiengesellschaft um die Möglichkeit einer konzernrechtlichen Sonderprüfung beim Verdacht einer pflichtwidrigen Nachteilszufügung wissen.[5]

3. Normentstehung und -entwicklung

3 a) **Entstehungsgeschichte.** Das Institut der konzernrechtlichen Sonderprüfung ist wie das gesamte System des Außenseiterschutzes nach §§ 311 ff durch die Aktienrechtsreform von 1965 eingeführt worden.[6] Es geht auf eine Anregung von *Flume* zurück.[7] Ursprüng-

---

[1] Vgl OLG Hamm ZIP 2000, 1299; Emmerich/*Habersack* Rdn 1; Grigoleit/*Grigoleit* Rdn 1; Henssler/Strohn/*Bödeker* Rdn 1; Hüffer/*Koch* Rdn 1; KK-*Koppensteiner* Rdn 2; Küting/Weber/*Henssler* Rdn 1; MünchHdbAG/*Krieger* § 70 Rdn 122; *Noack* WPg 1994, 225.

[2] Vgl Emmerich/*Habersack* Rdn 2; Grigoleit/*Grigoleit* Rdn 1; Hüffer/*Koch* Rdn 1; MK-*Altmeppen* Rdn 1.

[3] Vgl. Bürgers/Körber/*Fett* Rdn 1; Emmerich/*Habersack* Rdn 2; Grigoleit/*Grigoleit* Rdn 1; Hölters/*Leuering/Goertz* Rdn 3; Hüffer/*Koch* Rdn 1; KK-*Koppensteiner* Rdn 2; Küting/Weber/*Henssler* Rdn 4; MK-*Altmeppen* Rdn 4; *Rhiel* S 84; Schmidt/Lutter/*Vetter* Rdn 2.

[4] Vgl Begr RegE bei *Kropff* S 47; BGHZ 135, 107, 109 f; OLG Hamm ZIP 2000, 1299; LG Traunstein ZIP 1993, 1551; Emmerich/*Habersack* Rdn 2; Grigoleit/*Grigoleit* Rdn 1; Hölters/*Leuering/Goertz* Rdn 3; Hüffer/*Koch* Rdn 1; KK-*Koppensteiner* Rdn 1 f; Küting/Weber/*Fleischer* § 142 Rdn 18; Küting/Weber/*Henssler* Rdn 1; MK-*Altmeppen* Rdn 1; MünchHdbAG/*Krieger* § 70 Rdn 122; Spindler/Stilz/*Müller* Rdn 2.

[5] Vgl Bürgers/Körber/*Fett* Rdn 1; Grigoleit/*Grigoleit* Rdn 1; Hölters/*Leuering/Goertz* Rdn 3; Hüffer/*Koch* Rdn 1; *Kakies* S 108; Küting/Weber/*Henssler* Rdn 3; MK-*Altmeppen* Rdn 4; *Noack* WPg 1994, 225, 226; *Rhiel* S 84; Schmidt/Lutter/*Vetter* Rdn 2; Spindler/Stilz/*Müller* Rdn 2.

[6] Dazu auch MK-*Altmeppen* Rdn 6; vgl demgegenüber zur langen Tradition der allgemeinen aktienrechtlichen Sonderprüfung, die bis ins Jahr 1884 zurückreicht, Küting/Weber/*Fleischer* § 142 Rdn 5 ff mwN.

[7] Vgl *Flume* DB 1959, 190, 191: „Treten der Wirtschaftsprüfer oder der Aufsichtsrat dem Testat des Vorstands nicht bei, so ist eine

lich stand die konzernrechtliche Sonderprüfung allein für berichtsbezogene Verdachtsgründe nach § 315 S 1 zur Verfügung.[8] Die Regierungsbegründung betont nachdrücklich, dass jeder Aktionär – nicht nur, wie bei § 142 Abs 2, eine Minderheit von Aktionären – das Recht hat, eine konzernrechtliche Sonderprüfung zu beantragen (dazu auch Rdn 16).[9]

b) Gesetzesänderungen. Der zusätzliche Sonderprüfungstatbestand des § 315 S 2 ist erst durch das KonTraG von 1998[10] eingeführt worden. Maßgeblich dafür war die Erwägung, dass die Voraussetzungen der berichtsbezogenen Verdachtsgründe nach § 315 S 1 Nr 1 bis 3 in der Praxis fast nie vorlagen.[11] Gestützt auf diesen Befund mahnten die Abteilung Wirtschaftsrecht des 59. Deutschen Juristentages 1992 und verschiedene Literaturstimmen eine Effektuierung der konzernrechtlichen Sonderprüfung an (näher Rdn 8).[12] Daraufhin entschloss sich der Reformgesetzgeber, § 315 S 1 um einen generalklauselartigen Sonderprüfungstatbestand in § 315 S 2 zu ergänzen. Er machte dessen Anwendbarkeit aber davon abhängig, dass die Antragsteller wenigstens 5 % des Grundkapitals oder Aktien im Nennbetrag von mindestens 1 Mio DM auf sich vereinigen und eine Vorbesitzzeit von drei Monaten eingehalten ist.[13] 4

Durch das UMAG von 2005[14] wurde der Schwellenwert für das Verlangen einer Aktionärsminderheit auf die gerichtliche Bestellung eines Sonderprüfers in § 315 S 2 – im Einklang mit dem ebenfalls reformierten § 142 Abs 2 S 1 – auf den hundertsten Teil des Grundkapitals oder einen anteiligen Betrag von 100.000 Euro abgesenkt.[15] Ebenfalls in Übereinstimmung mit den Vorschriften zur allgemeinen Sonderprüfung wurden Regelungen zur Zuständigkeit und Zuständigkeitskonzentration in § 315 Satz 4 und 5 aF getroffen.[16] Diese Regelungen sind durch das FGG-Reformgesetz von 2008[17] wieder geändert und an die neue Terminologie des Beschwerderechts im FamFG angepasst worden. Die Zuständigkeit des Landgerichts und dort der Kammer für Handelssachen ergibt sich nun aus § 71 Abs 2 Nr 4b und § 95 Abs 2 Nr 2 GVG; die Ermächtigung für die Landesregierungen zur Konzentration der Entscheidungen bei einzelnen Landgerichten findet sich in § 71 Abs 4 GVG.[18] 5

4. Verhältnis zur allgemeinen Sonderprüfung

Die konzernrechtliche Sonderprüfung bildet eine **besonders ausgestaltete Variante der allgemeinen aktienrechtlichen Sonderprüfung.**[19] Daher sind die §§ 142 ff subsidiär 6

Sonderprüfung über das Verhältnis der abhängigen Gesellschaft zu den Herrschenden zu veranstalten."

8 Vgl Begr RegE bei *Kropff* S 417.

9 So Begr RegE bei *Kropff* S 417.

10 BGBl I, 786.

11 Vgl Begr RegE KonTraG, BT-Drucks 13/9712, S 25; dazu auch *Hommelhoff/Mattheus* AG 1998, 249, 259; *Kakies* S 112 ff.

12 Vgl Beschlussempfehlung der Abteilung Wirtschaftsrecht, Verhandlungen des 59. DJT 1992, Band II, R 191; vorbereitend *Hommelhoff* Gutachten G für den 59. DJT 1992, G 68; *Hoffmann-Becking* Referat auf dem 59. DJT 1992, Band II, R 8, R 18.

13 Vgl Begr RegE KonTraG, BT-Drucks 13/9712, S 25 mit dem beschwichtigenden Zusatz: „Mit dieser Regelung soll allerdings nicht die Antragstellung durch einen einzelnen Aktionär erleichtert werden."

14 BGBl I, 2902.

15 Vgl Begr RegE UMAG, BT-Drucks 15/5092, S 31.

16 Vgl Begr RegE UMAG, BT-Drucks 15/5092, S 31.

17 BGBl I, 2586.

18 Vgl Begr RegE FGG-Reformgesetz, BT-Drucks 16/6308, S 355.

19 Vgl OLG Stuttgart AG 2010, 717, 718; OLG München ZIP 2011, 1364, 1365; OLG Hamm ZIP 2000, 1299; LG Münster

anwendbar, sofern § 315 keine vorrangige oder abschließende Regelung enthält.[20] Spezielle Regelungen gelten etwa für die Antragsbefugnis eines jeden Aktionärs nach § 315 S 1 unter Verzicht auf das Mindestquorum des § 142 Abs 2 S 1 und für die Entbehrlichkeit eines vorherigen Hauptversammlungsbeschlusses, wie ihn § 142 Abs 1 und 2 sonst verlangt.[21]

7 Dessen ungeachtet **stehen § 315 und § 142 in keinem Ausschließlichkeitsverhältnis** zueinander. Wie sich aus § 315 S 6 ergibt, schließt eine bereits angelaufene allgemeine Sonderprüfung eine weitere konzernrechtliche Sonderprüfung nicht aus.[22] Umgekehrt kann eine Sonderprüfung nach § 142 noch anberaumt werden, wenn eine Überprüfung der Verbundbeziehungen nach § 315 schon anhängig ist.[23]

5. Rechtspolitische Würdigung und Reformvorschläge

8 Die konzernrechtliche Sonderprüfung wurde in ihrer ursprünglichen Form lange Zeit wegen ihrer Ineffektivität kritisiert[24] und sogar als „totes Recht“[25] bezeichnet. Fälle, in denen sich Vorstand, Aufsichtsrat oder Abschlussprüfer „ausdrücklich zur Gesetzwidrigkeit der Verhältnisse bekannten“[26], kamen nicht vor.[27] Vor diesem Hintergrund wurden auf dem 59. Deutschen Juristentag 1992 Reformen der konzernrechtlichen Sonderprüfung angemahnt. Der Gutachter schlug vor, das Gericht sollte eine beantragte Sonderprüfung auch dann zulassen können, wenn dies nach seinem begründeten Eindruck erforderlich sei, um die Eigeninteressen der (konzern-)abhängigen Gesellschaft oder deren Eigenständigkeit zu schützen.[28] Zum Ausgleich dafür sollte die Antragsbefugnis an ein Mindestquorum von 5 % geknüpft werden. Einer der Referenten sprach sich dafür aus, die konzernrechtliche Sonderprüfung in das System der Sonderprüfung nach § 142 zu integrieren und sowohl das erforderliche Quorum als auch die materiellen Voraussetzungen für die Anordnung der Sonderprüfung in Anlehnung an die dort geregelten Voraussetzungen auszugestalten.[29] Dabei sollte § 142 Abs 2 dahin erweitert werden, dass das Gericht die Sonderprüfung anzuordnen habe, wenn Tatsachen vorliegen, die den Ver-

---

AG 2001, 54; Bürgers/Körber/*Fett* Rdn 1; Emmerich/*Habersack* Rdn 3; *Fleischer* EWiR 2000, 801; Grigoleit/*Grigoleit* Rdn 2; Hölters/*Leuering/Goertz* Rdn 4; Hüffer/*Koch* Rdn 1; Küting/Weber/*Fleischer* § 142 Rdn 18; Küting/Weber/*Henssler* Rdn 5; MK-*Altmeppen* Rdn 8; Schmidt/Lutter/*Vetter* Rdn 3; Spindler/Stilz/*Müller* Rn 3.

[20] Vgl Begr RegE bei *Kropff* S 417: „Im übrigen gelten die allgemeinen Vorschriften über die Sonderprüfung.“; OLG Hamm ZIP 2000, 1299 f; Emmerich/*Habersack* Rdn 3; *Fleischer* EWiR 2000, 801; Grigoleit/*Grigoleit* Rdn 2; KK-*Koppensteiner* Rdn 2; Küting/Weber/*Fleischer* § 142 Rdn 19; Schmidt/Lutter/*Vetter* Rdn 3.

[21] Vgl Emmerich/*Habersack* Rdn 3; KK-*Rieckers/Vetter* § 142 Rdn 64; MK-*Altmeppen* Rdn 9.

[22] Vgl. Emmerich/*Habersack* Rdn 4; Hölters/*Leuering/Goertz* Rdn 4; Schmidt/Lutter/*Vetter* Rdn 3.

[23] Vgl Emmerich/*Habersack* Rdn 4; Grigoleit/*Grigoleit* Rdn 2; Hölters/*Leuering/Goertz* Rdn 4; MK-*Altmeppen* Rdn 8; Schmidt/Lutter/*Vetter* Rdn 3.

[24] Vgl etwa KK-*Koppensteiner* Rdn 4; ähnlich *Hommelhoff* Gutachten G für den 59. DJT 1992, G 68 („zu eng“).

[25] *Hoffmann-Becking* Referat auf dem 59. DJT 1992, Band II, R 8, R 18.

[26] *Hoffmann-Becking* Referat auf dem 59. DJT 1992, Band II, R 8, R 18.

[27] Zu diesem Befund, an dem sich bis heute nichts geändert hat, Bürgers/Körber/*Fett* Rdn 2; Hüffer/*Koch* Rdn 3; *Kakies* S 112 ff; *Noack* WPg 1994, 225; Spindler/Stilz/*Müller* Rdn 1.

[28] So *Hommelhoff* Gutachten G für den 59. DJT 1992, G 68.

[29] So *Hoffmann-Becking* Referat auf dem 59. DJT 1992, Band II, R 8, R 18.

dacht rechtfertigen, dass in erheblichem Maße nachteilige Rechtsgeschäfte oder Maßnahmen im Interesse des herrschenden Unternehmens oder eines mit ihm verbundenen Unternehmens vorgenommen wurden.[30] Nach eingehenden Beratungen empfahl die Abteilung Wirtschaftsrecht, § 315 durch eine Ausweitung von § 142 Abs 2 zu ersetzen.[31]

Der Gesetzgeber hat diese Reformanregungen durch das KonTraG von 1998 aufgegriffen (vgl Rdn 4).[32] Er erweiterte die bisherige Regelung dahin, dass eine Sonderprüfung nach § 315 S 2 auch dann beantragt werden kann, wenn sich der Verdacht einer pflichtwidrigen Nachteilszufügung aus anderen Tatsachen ergibt. Im Zuge des UMAG von 2005 (Rdn 5) hat er zudem das erforderliche Quorum für den Sonderprüfungstatbestand des § 315 S 2 weiter abgesenkt.[33] Seither **kann von einer prohibitiven Wirkung des Quorums keine Rede mehr sein.** Die rechtspraktische Schlagkraft der konzernrechtlichen Sonderprüfung hängt somit maßgeblich von der Substantiierungslast hinsichtlich des Tatsachenvortrags nach § 315 S 2 (Rdn 18 f) ab. Dass die Gerichte insoweit überzogene Anforderungen stellen, lässt sich dem bisher vorliegenden Fallmaterial nicht entnehmen.[34] 9

Weitere Reformvorschläge gehen dahin, die konzernrechtliche Sonderprüfung mit der allgemeinen Sonderprüfung zu einem einheitlichen Institut zu verschmelzen.[35] Eine solche räumliche Zusammenführung erscheint inzwischen jedoch nicht mehr erforderlich, nachdem der Reformgesetzgeber die sachlichen Voraussetzungen des § 315 S 2 weitgehend an diejenigen des § 142 Abs 2 angeglichen hat.[36] Keinen rechten Gewinn verspricht ferner der Vorschlag, die Anknüpfungskriterien in § 142 Abs 2 und § 315 S 2 zu vereinheitlichen und jeweils auf grobe Verletzungen des Gesetzes oder der Satzung abzustellen.[37] Vielmehr sollte es bei der spezifisch konzernrechtlichen Bezugnahme des § 315 S 2 auf pflichtwidrige Nachteilszufügungen bleiben. Erwägenswert ist allenfalls eine Klarstellung in § 315 S 2 dahin, dass die Aktien auch bei der konzernrechtlichen Sonderprüfung bis zur Entscheidung über den Antrag gehalten werden müssen, wie dies § 142 Abs 2 S 2 ausdrücklich vorschreibt.[38] Indes lässt sich dieses Ergebnis schon *de lege lata* durch eine entsprechende Anwendung des § 142 Abs 2 S 2 erreichen (vgl Rdn 25). 10

Eine andere Forderung geht dahin, auch den Gläubigern der abhängigen Gesellschaft eine Antragsbefugnis einzuräumen: Seien keine außenstehenden Aktionäre vorhanden, könne nach geltendem Recht nämlich niemand den für die Einleitung eines Sonderprüfungsverfahrens benötigten Antrag stellen.[39] Bei Lichte besehen dürfte ein Reform- 11

---

[30] Vgl *Hoffmann-Becking* Referat auf dem 59. DJT 1992, Band II, R 8, R 18.

[31] Vgl Beschlüsse der Abteilung Wirtschaftsrecht des 59. DJT 1992, Band II, R 191.

[32] Vgl Begr RegE KonTraG BT-Drucks 13/9712, S 25: „In jüngerer Zeit ist in der Literatur kritisiert worden, die in den Nummern 1 bis 3 der Vorschrift genannten Voraussetzungen seien fast nie gegeben. Daher komme die Regelung praktisch nicht zur Anwendung. Auch die Abteilung Wirtschaftsrecht des 59. Deutschen Juristentages hatte dies beanstandet."

[33] Kritisch zuvor wegen des zu hohen Quorums *Zöllner*, GS Knobbe-Keuk, 1997, S 369, 371 mit Fn 7; ferner KK-*Koppensteiner* Rdn 4.

[34] Vgl insbesondere OLG Stuttgart NZG 2010, 264; OLG München ZIP 2011, 1364.

[35] In diesem Sinne *DAV-Handelsrechtsausschuss* NZG 2004, 555, 559; *ders* NZG 2005, 388, 390; Küting/Weber/*Henssler* Rdn 6.

[36] Wie hier KK-*Rieckers/Vetter* § 142 Rdn 58.

[37] So aber *DAV-Handelsrechtsausschuss* NZG 2004, 555, 559; *ders* NZG 2005, 388, 390; dies erwägend auch KK-*Rieckers/Vetter* § 142 Rdn 58.

[38] Hierfür KK-*Rieckers/Vetter* § 142 Rdn 58.

[39] So KK-*Koppensteiner* Rdn 7; dem zustimmend *Bollmann* S 136 f; *Weinbrenner* Konzern 2006, 583, 591 f; vorsichtiger noch *Koppensteiner*, FS Steindorff, 1990, S 79, 109 („bedarf noch weiterer Prüfung"); offen lassend Küting/Weber/*Henssler* Rdn 6.

bedarf insoweit aber kaum vorliegen: Im praktisch wichtigsten Fall einer Insolvenz der abhängigen Gesellschaft verfügt deren Insolvenzverwalter nämlich über einen hinreichenden Einblick in die Geschäftsbeziehungen zu verbundenen Unternehmen, um den Gläubigerinteressen Rechnung zu tragen (vgl auch Rdn 17).[40]

II. Voraussetzungen einer Sonderprüfung (S 1–2)

12 § 315 gibt den Aktionären die Möglichkeit, unter bestimmten Voraussetzungen eine konzernrechtliche Sonderprüfung zu beantragen: nach S 1 bei bestimmten berichtsbezogenen Verdachtsgründen und nach S 2 beim Vorliegen sonstiger Tatsachen, die den Verdacht einer pflichtwidrigen Nachteilszufügung rechtfertigen. Für beide Sonderprüfungstatbestände gelten unterschiedliche Quoren.

1. Berichtsbezogene Verdachtsgründe (S 1)

13 **a) Formalisierte Erklärungen.** § 315 S 1 knüpft die Zulässigkeit einer Sonderprüfung an das Vorliegen bestimmter Erklärungen: Haben die Abschlussprüfer den Bestätigungsvermerk zum Abhängigkeitsbericht eingeschränkt oder versagt (Nr 1), hat der Aufsichtsrat Einwendungen erhoben (Nr 2) oder der Vorstand selbst über nachteilige Geschäfte berichtet (Nr 3), so besteht ausweislich der Regierungsbegründung ein hinreichender Verdacht, dass die Gesellschaft pflichtwidrig geschädigt worden ist.[41] Bei diesen **enumerativ aufgezählten Erklärungstatbeständen** handelt es sich um **„Formalanlässe“**[42]: Das zuständige Gericht prüft lediglich, ob die Erklärung vorliegt; eine weitergehende Prüfungskompetenz steht ihm nicht zu.[43] Insbesondere hat es nicht zu prüfen, ob die Erklärung tatsächlich zutrifft.[44] Wegen dieser Formalbetrachtung lassen sich die Voraussetzungen des § 315 S 1 leicht feststellen.[45] Aus dem gleichen Grund hat die Vorschrift jedoch bisher keine praktische Bedeutung erlangt.[46]

14 Über seinen Wortlaut hinaus ist § 315 S 1 Nr 1 entsprechend anzuwenden, wenn der Abschlussprüfer seinen Bestätigungsvermerk gemäß § 322 Abs 4 HGB eingeschränkt hat, weil der Vorstand pflichtwidrig keinen Abhängigkeitsbericht erstellt hatte.[47] Das bloße Fehlen eines Abhängigkeitsberichts ohne formale Feststellung durch den Abschlussprüfer genügt dagegen nicht, weil § 315 nicht auf Abhilfe bei einer Berichtsverweigerung zu-

---

40 Wie hier Emmerich/*Habersack* Rdn 7; Grigoleit/*Grigoleit* Rdn 3; Hüffer/*Koch* Rdn 2; MK-*Altmeppen* Rdn 10; Schmidt/Lutter/*Vetter* Rdn 8.

41 So Begr RegE bei *Kropff* S 417.

42 OLG Hamm ZIP 2000, 1299.

43 Vgl Bürgers/Körber/*Fett* Rdn 2; Emmerich/*Habersack* Rdn 5; Hölters/*Leuering/Goertz* Rdn 9; Hüffer/*Koch* Rdn 3; MK-*Altmeppen* Rdn 11; Schmidt/Lutter/*Vetter* Rdn 7; Spindler/Stilz/*Müller* Rdn 5.

44 Vgl Bürgers/Körber/*Fett* Rdn 2; Emmerich/*Habersack* Rdn 5; Hölters/*Leuering/Goertz* Rdn 9; Hüffer/*Koch* Rdn 3; KK-*Koppensteiner* Rdn 9; MK-*Altmeppen* Rdn 11; MünchHdbAG/*Krieger* § 70 Rdn 123; Schmidt/Lutter/*Vetter* Rdn 7; Spindler/Stilz/*Müller* Rdn 5.

45 Vgl Bürgers/Körber/*Fett* Rdn 2; Hüffer/*Koch* Rdn 3.

46 Vgl Begr RegE KonTraG BT-Drucks 13/9712, S 25; Bürgers/Körber/*Fett* Rdn 2; Hüffer/*Koch* Rdn 3; *Kakies* S 112 ff; *Noack* WPg 1994, 225; Spindler/Stilz/*Müller* Rdn 1.

47 Vgl Grigoleit/*Grigoleit* Rdn 3; Hölters/*Leuering/Goertz* Rdn 9; KK-*Koppensteiner* Rdn 3 und 9; MK-*Altmeppen* Rdn 13; Schmidt/Lutter/*Vetter* Rdn 6; Spindler/Stilz/*Müller* Rdn 5.

geschnitten ist.[48] Ebenso wenig eröffnen erläuternde Zusätze des Abschlussprüfers ohne Testateinschränkung (dazu § 313 Rdn 54) ein Sonderprüfungsrecht nach § 315 S 1 Nr 1.[49]

Eine entsprechende Anwendung des § 315 S 1 Nr 2 ist gerechtfertigt, wenn der Aufsichtsrat keine Erklärung nach § 314 Abs 3 abgegeben hat oder wenn ein Aufsichtsratsbeschluss, der keine Einwendungen enthielt, durch Gerichtsentscheidung rechtskräftig vernichtet wurde.[50] Dagegen genügen bloße Bedenken des Aufsichtsrats gegenüber der Vorstandserklärung nicht für einen Sonderprüfungsantrag nach § 315 S 1, sofern sie zu keinen formalen Einwendungen iSd § 314 Abs 3 geführt haben.[51] UU kommt dann aber ein Sonderprüfungsantrag nach § 315 Satz 2 in Betracht.[52] 15

b) **Antrag eines Aktionärs.** Antragsberechtigt ist **jeder Aktionär.** Weitere Voraussetzungen hat der Gesetzgeber im Gegensatz zu § 142 Abs 2 aus wohlerwogenen Gründen nicht aufgestellt.[53] Beim Vorliegen der formalisierten Erklärungen nach § 315 S 1 Nr 1 bis 3 besteht stets ein hinreichender Anlass zur sorgfältigen Durchleuchtung der Verbundbeziehungen.[54] Es genügt das Halten einer einzigen Aktie.[55] Anders als im Rahmen des § 315 Satz 2 (Rdn 23) ist auch keine bestimmte Vorbesitzzeit erforderlich.[56] Verlangen kann das Gericht allerdings einen Nachweis des Aktienbesitzes, da das Antragsrecht mit Anteilsveräußerung erlischt.[57] 16

Gesellschaftsgläubiger haben **kein eigenes Antragsrecht.**[58] Dies lässt sich *de lege lata* nicht bestreiten (zur Beurteilung *de lege ferenda* Rdn 8) und führt auch bei der Einpersonen-Gesellschaft zu keinen gravierenden Schutzlücken: Hier wird der Insolvenzverwalter der abhängigen Gesellschaft in aller Regel für den notwendigen Gläubigerschutz sorgen[59], da er anerkanntermaßen auf den Abhängigkeitsbericht zugreifen kann (vgl § 312 17

[48] Wie hier Grigoleit/*Grigoleit* Rdn 3; MK-*Altmeppen* Rdn 15; Schmidt/Lutter/*Vetter* Rdn 6; abw wohl *Haesen* Der Abhängigkeitsbericht im faktischen Konzern, 1970, S 123.

[49] Vgl OLG Köln AG 1999, 519; LG Köln AG 1999, 282, 283; *Dreher/Schnorbus* EWiR 1999, 145 f; Emmerich/*Habersack* Rdn 6 mit Fn. 5; MK-*Altmeppen* Rdn 11; MünchHdbAG/*Krieger* § 70 Rdn 123; Spindler/Stilz/*Müller* Rdn 5.

[50] Vgl Emmerich/*Habersack* § 314 Rdn 11, § 315 Rdn 6 mit Fn 7; Grigoleit/*Grigoleit* Rdn 3; KK-*Koppensteiner* Rdn 3; MK-*Altmeppen* Rdn 14; Schmidt/Lutter/*Vetter* Rdn 6; Spindler/Stilz/*Müller* Rdn 5.

[51] Vgl MK-*Altmeppen* Rdn 12.

[52] Vgl MK-*Altmeppen* Rdn 12.

[53] Vgl Begr RegE bei *Kropff* S 417.

[54] Ebenso Bürgers/Körber/*Fett* Rdn 3; Emmerich/*Habersack* Rdn 7; Hölters/*Leuering/Goertz* Rdn 10; Spindler/Stilz/*Müller* Rdn 4 unter Hinweis darauf, dass wegen der engen tatbestandlichen Voraussetzungen des § 315 S 2 nicht mit einem Missbrauch des Sonderprüfungsrechts zu rechnen sei.

[55] Vgl Bürgers/Körber/*Fett* Rdn 3; Emmerich/*Habersack* Rdn 7; Henssler/Strohn/*Bödecker* Rdn 3; Hüffer/*Koch* Rdn 2; MK-*Altmeppen* Rdn 16; Spindler/Stilz/*Müller* Rdn 4.

[56] Vgl Bürgers/Körber/*Fett* Rdn 3; Emmerich/*Habersack* Rdn 7; Grigoleit/*Grigoleit* Rdn 3; Henssler/Strohn/*Bödeker* Rdn 3; Hüffer/*Koch* Rdn 2; KK-*Koppensteiner* Rdn 3; MünchHdbAG/*Krieger* § 70 Rdn 123; Schmidt/Lutter/*Vetter* Rdn 9; Spindler/Stilz/*Müller* Rdn 4; abw Voraufl/*Würdinger* Rdn 4.

[57] Vgl. Bürgers/Körber/*Fett* Rdn 3; Emmerich/*Habersack* Rdn 7; Grigoleit/*Grigoleit* Rdn 3 mit Fn 7; Hölters/*Leuering/Goertz* Rdn 11; KK-*Koppensteiner* Rdn 3; MK-*Altmeppen* Rdn 16; Schmidt/Lutter/*Vetter* Rdn 9.

[58] Vgl Bürgers/Körber/*Fett* Rdn 3; Emmerich/*Habersack* Rdn 7; Grigoleit/*Grigoleit* Rdn 1; Henssler/Strohn/*Bödeker* Rdn 3; Hölters/*Leuering/Goertz* Rdn 12; Hüffer/*Koch* Rdn 2; MK-*Altmeppen* Rdn 10; *Rhiel* S 85; Schmidt/Lutter/*Vetter* Rdn 8.

[59] Wie hier Bürgers/Körber/*Fett* Rdn 3; Emmerich/*Habersack* Rdn 7; Hölters/*Leuering/Goertz* Rdn 12; MK-*Altmeppen* Rdn 10; abw KK-*Koppensteiner* Rdn 7: „kaum verständliche Ungereimtheit".

Rdn 12). Im Übrigen kommt den Gläubigern eine von Aktionären eingeleitete Sonderprüfung jedenfalls mittelbar zugute, weil sie den zum Handelsregister eingereichten Sonderprüfungsbericht gemäß § 9 HGB ebenfalls einsehen können.[60]

2. Sonstige Verdachtsgründe (S 2)

18 a) **Vorliegen sonstiger Verdachtstatsachen.** Nach § 315 S 2 ist eine konzernrechtliche Sonderprüfung außerdem statthaft, wenn sonstige Tatsachen vorliegen, die den Verdacht einer pflichtwidrigen Nachteilszufügung rechtfertigen. Dieser generalklauselartige Sonderprüfungstatbestand ist im Jahre 1998 neu eingeführt worden, um die konzernrechtliche Sonderprüfung zu effektuieren (vgl Rdn 4).[61] Seine Tatbestandsvoraussetzungen sind § 142 Abs 2 S 1 nachgebildet.[62] Im Anschluss daran genügt es, wenn Tatsachen behauptet werden, die den geäußerten Verdacht begründen.[63] Bloße Verdächtigungen oder Vermutungen reichen allerdings nicht aus.[64] Vielmehr müssen bestimmte Tatsachen vorgetragen werden, die bei einem unbefangenen Betrachter einen entsprechenden Verdacht hervorrufen können.[65] Dazu ist nicht schon jede entfernte Möglichkeit einer pflichtwidrigen Nachteilszufügung genügend; **für** eine solche **Verfehlung muss** mindestens eine **gewisse Wahrscheinlichkeit sprechen.**[66] Andererseits ist ein solcher Verdachtsgrad aber auch ausreichend, da § 315 S 2 gerade keinen dringenden Verdacht fordert. Unterschiedlich beurteilt wird, ob der Nichtausgleich eines entstandenen Nachteils auch durch Vorbringen von Tatsachen behauptet werden muss.[67]

19 Eine **Glaubhaftmachung** oder gar ein Beweis der betreffenden Umstände wird dem Antragsteller **nicht abverlangt.**[68] Es genügt, dass die vorgetragenen Tatsachen den Verdacht zur Überzeugung des Gerichts belegen oder zur Amtsermittlung nach § 26 FamFG veranlassen.[69] Hierüber entscheidet das Gericht nach freiem Ermessen, was im Einzelfall große Behutsamkeit erfordert: Einerseits dürfen die Anforderungen an den Tatsachenvortrag nicht zu hoch geschraubt werden, damit das Kontrollrecht des § 315 S 2 nicht toter Buchstabe bleibt; andererseits soll die konzernrechtliche Sonderprüfung nach den Vor-

---

60 Vgl Grigoleit/*Grigoleit* Rdn 1; Hölters/*Leuering/Goertz* Rdn 12; Hüffer/*Koch* Rdn 2; MK-*Altmeppen* Rdn 10.

61 Vgl Bürgers/Körber/*Fett* Rdn 5; Emmerich/*Habersack* Rdn 9; Hüffer/*Koch* Rdn 3a; Küting/Weber/*Henssler* Rdn 17.

62 Vgl OLG München ZIP 2011, 1364, 1365; Emmerich/*Habersack* Rdn 10; Hüffer/*Koch* Rdn 3c; KK-*Koppensteiner* Rdn 5; Schmidt/Lutter/*Vetter* Rdn 10.

63 Vgl OLG München ZIP 2011, 1364, 1365; Emmerich/*Habersack* Rdn 10; Hüffer/*Koch* Rdn 3c; Küting/Weber/*Fleischer* § 142 Rdn 111; MK-*Altmeppen* Rdn 18.

64 Vgl OLG München ZIP 2011, 1364, 1365; Hölters/*Leuering/Goertz* Rdn 21; Küting/Weber/*Fleischer* § 142 Rdn 111; Küting/Weber/*Henssler* Rdn 18; MK-*Altmeppen* Rdn 18; Schmidt/Lutter/*Vetter* Rdn 10.

65 Vgl. Küting/Weber/*Fleischer* § 142 Rdn 111; Küting/Weber/*Henssler* Rdn 18.

66 Vgl OLG Stuttgart NZG 2010, 864, 865; Grigoleit/*Grigoleit* Rdn 6; Küting/Weber/*Fleischer* § 142 Rdn 111; Küting/Weber/*Henssler* Rdn 18; Schmidt/Lutter/*Vetter* Rdn 10.

67 Dafür Emmerich/*Habersack* Rdn 10 mit Fn 19; Schmidt/Lutter/*Vetter* Rdn 10; dagegen Bürgers/Körber/*Fett* Rdn 6; KK-*Koppensteiner* Rdn 6.

68 Vgl OLG Stuttgart NZG 2010, 864, 865; OLG München ZIP 2011, 1364, 1365; Emmerich/*Habersack* Rdn 10; Hölters/*Leuering/Goertz* Rdn 21; Hüffer/*Koch* Rdn 3c; KK-*Koppensteiner* Rdn 6; Küting/Weber/*Fleischer* § 142 Rdn 112; Küting/Weber/*Henssler* Rdn 19; MK-*Altmeppen* Rdn 18; Spindler/Stilz/*Müller* Rdn 7.

69 Vgl Bürgers/Körber/*Fett* Rdn 5; Emmerich/*Habersack* Rdn 10; Hüffer/*Koch* Rdn 3c; Küting/Weber/*Fleischer* § 142 Rdn 112; KK-*Koppensteiner* Rdn 6; MK-*Altmeppen* Rdn 18; Spindler/Stilz/*Müller* Rdn 7.

stellungen des Gesetzgebers nicht leichthin und aufs Geratewohl zugelassen werden.[70] Ausweislich der Gesetzesmaterialien zu § 142 sind sogar „hohe Anforderungen an die Überzeugung des Gerichts zum Vorliegen der Tatsachen“[71] zu stellen.[72] Als allgemeine Leitlinie wird man von der antragstellenden Aktionärsminderheit nach alledem verlangen können, dass sie dem Gericht bestimmte Hinweise gibt, die mittelbar auf die Möglichkeit von Unregelmäßigkeiten hindeuten.[73] Bündig könnte man von einer Plausibilitätsvoraussetzung sprechen.[74]

Gelangt das Gericht zu der Überzeugung, dass der geforderte Verdacht gegeben ist, 20
muss es in keine umfangreiche Einzelprüfung mehr eintreten.[75] Ob der Verdacht tatsächlich begründet ist, liegt außerhalb seines Prüfungsauftrags.[76] Dies zu entscheiden, ist allein Gegenstand der nachfolgenden Sonderprüfung, deren Ergebnissen das Gericht keinesfalls vorgreifen darf.[77] Ebenso wenig hat das Gericht über die Aussichten einer Geltendmachung von Ersatzansprüchen aus §§ 317, 318 zu befinden.[78]

„Sonstige“ Verdachtstatsachen sind solche, die nicht unter § 315 S 1 fallen.[79] Aller- 21
dings herrscht weithin Einvernehmen darüber, dass ein Antrag nach Satz 2 bei entsprechendem Vorbringen denjenigen nach Satz 1 einschließt.[80] Der Begriff der „pflichtwidrigen Nachteilszufügung“ nimmt auf § 311 Bezug.[81] Mithin muss es sich um eine ausgleichspflichtige, aber nicht ausgeglichene Maßnahme im Sinne dieser Vorschrift handeln.[82] Ein unzulässiges Aktienoptionsprogramm für Vorstände allein rechtfertigt keine Sonderprüfung nach § 315 S 2.[83] Dafür bedarf es vielmehr des Vortrags eines konkreten Sachverhalts, der den hinreichenden Verdacht rechtfertigt, dass das Vergütungssystem im Einzelfall zumindest zu einer konkreten Vermögensgefährdung für die Gesellschaft geführt hat.[84] Die Schilderung einer allenfalls abstrakten Gefährdungslage genügt nicht den Anforderungen an die gesetzlich geforderte Tatsachenschilderung iSd § 315 S 2.[85]

b) Antrag einer qualifizierten Aktionärsminderheit. Antragsberechtigt sind nur 22
Aktionäre, deren Anteile zusammen den Schwellenwert des § 142 Abs 2, also 1 % des Grundkapitals oder einen anteiligen Betrag von 100.000 Euro, erreichen. Dieses Quorum soll verhindern, dass ein Querulant die Verwaltung beschäftigt, missbräuchliche Verfahren einleitet und erhebliche Kosten verursacht.[86] Bei seiner Berechnung kommt es in

---

70 Vgl Küting/Weber/*Fleischer* § 142 Rdn 112; Küting/Weber/*Henssler* Rdn 19.
71 Begr RegE BT-Drucks 15/9052, S 18.
72 Dies für § 315 S 2 aufgreifend OLG Stuttgart NZG 2010, 864, 865; OLG München ZIP 2011, 1364, 1365; Grigoleit/*Grigoleit* Rdn 5 mit Fn 18; MünchHdbAG/*Krieger* § 70 Rdn 124; Schmidt/Lutter/*Vetter* Rdn 11.
73 Vgl Küting/Weber/*Fleischer* § 142 Rdn 112.
74 Vgl Küting/Weber/*Fleischer* § 142 Rdn 112.
75 Vgl Küting/Weber/*Fleischer* § 142 Rdn 113; Küting/Weber/*Henssler* Rdn 19.
76 Vgl OLG München ZIP 2011, 1364, 1365; Küting/Weber/*Fleischer* § 142 Rdn 113; MünchHdbAG/*Krieger* § 70 Rdn 124; Schmidt/Lutter/*Vetter* Rdn 11.
77 Vgl OLG München ZIP 2011, 1364, 1365; Küting/Weber/*Fleischer* § 142 Rdn 113.
78 Vgl OLG München ZIP 2011, 1364, 1365; Küting/Weber/*Fleischer* § 142 Rdn 113.
79 Vgl Bürgers/Körber/*Fett* Rdn 3; Emmerich/*Habersack* Rdn 10; Grigoleit/*Grigoleit* Rdn 6; Hüffer/*Koch* Rdn 3c; Spindler/Stilz/*Müller* Rdn 7.
80 Vgl Bürgers/Körber/*Fett* Rdn 6; Emmerich/*Habersack* Rdn 10; Hüffer/*Koch* Rdn 3c; KK-*Koppensteiner* Rdn 3; Spindler/Stilz/*Müller* Rdn 7.
81 Vgl Grigoleit/*Grigoleit* Rdn 6; Hüffer/*Koch* Rdn 3c; Küting/Weber/*Henssler* Rdn 20; MK-*Altmeppen* Rdn 18.
82 Vgl Grigoleit/*Grigoleit* Rdn 1; Hüffer/*Koch* Rdn 3c.
83 Vgl OLG München ZIP 2011, 1364, 1365; Hüffer/*Koch* Rdn 3c.
84 So OLG München ZIP 2011, 1364, 1365.
85 OLG München ZIP 2011, 1364, 1365.
86 Vgl Küting/Weber/*Fleischer* § 142 Rdn 114; Küting/Weber/*Henssler* Rdn 21.

jeder Hinsicht lediglich auf den Nennbetrag der Aktien an. Wie viel auf die einzelne Aktie eingezahlt wurde, ist ohne Belang. Stamm- und Vorzugsaktien werden bei der Ermittlung des Quorums gleichermaßen mitgerechnet.[87] Folgerichtig sind stimmrechtslose Vorzüge auch bei der Berechnung des Grundkapitals miteinzubeziehen.[88] Entgegen dem Wortlaut des § 315 S 2, der aus Gründen sprachlicher Vereinfachung von „Aktionären" spricht, kann die antragsberechtigte Minderheit auch von einem einzigen Aktionär repräsentiert werden, wenn dessen Anteile den gesetzlichen Schwellenwert erreichen.[89] § 315 S 2 ist in beiden Richtungen zwingendes Recht: Eine Heraufsetzung des Quorums oder andere das Antragsrecht erschwerende Satzungsregeln sind ebenso unzulässig wie statutarische Erleichterungen.[90]

23 c) **Mindestbesitzzeit.** Die Antragsteller müssen ferner glaubhaft machen, dass sie seit mindestens drei Monaten vor dem Tage der Antragstellung Inhaber der Aktien sind. Diese Vorbesitzzeit soll verhindern, dass Aktien allein mit dem Ziel aufgekauft werden, eine konzernrechtliche Sonderprüfung zu beantragen.[91] Zu ihrer Glaubhaftmachung genügt entsprechend § 258 Abs 2 S 5 eine eidesstattliche Versicherung vor dem Notar.[92] Ausreichend ist aber auch eine Vorlage von Depotauszügen.[93]

24 Die Fristberechnung erfolgt nach § 188 BGB in der Weise, dass vom Tage des Antrags bis zum Ablauf desjenigen Tages des dritten Monats zurückgerechnet wird, der durch seine Zahl dem Tage der Antragstellung entspricht.[94] Vorbesitzzeiten werden dem Antragsteller unter den dort genannten Voraussetzungen zugerechnet.[95] Besteht die AG noch nicht drei Monate, so genügt die Besitzzeit seit der Entstehung.[96] Gleiches gilt für die Aktien aus einer Kapitalerhöhung, die noch nicht länger als drei Monate zurückliegt.[97]

25 d) **Hinterlegung?** Einer Hinterlegung der Aktien bis zur gerichtlichen Entscheidung über den Antrag bedarf es heute nicht mehr.[98] Die früher herrschende Gegenauffassung[99] hat mit der Streichung des Hinterlegungserfordernisses in § 142 Abs 2 S 2 aF durch das UMAG ihre Grundlage verloren.[100] Erforderlich bleibt aber das Halten der Aktien bis

---

87 Vgl. Küting/Weber/*Fleischer* § 142 Rdn 115; Küting/Weber/*Henssler* Rdn 22.

88 Vgl Bürgers/Körber/*Fett* Rdn 7; Emmerich/*Habersack* Rdn 11; Grigoleit/*Grigoleit* Rdn 5; Hölters/*Leuering/Goertz* Rdn 18; Hüffer/*Koch* Rdn 3b; Küting/Weber/*Fleischer*, § 142 Rdn 115; Küting/Weber/*Henssler* Rdn 22; MK-*Altmeppen* Rdn 19.

89 Vgl Emmerich/*Habersack* Rdn 11; Hölters/*Leuering/Goertz* Rdn 18; Küting/Weber/*Fleischer* § 142 Rdn 115; Küting/Weber/*Henssler* Rdn 22.

90 Vgl Küting/Weber/*Henssler* Rdn 25, der Erleichterungen *de lege ferenda* für wünschenswert hält.

91 Vgl Emmerich/*Habersack* Rdn 12; Hölters/*Leuering/Goertz* Rdn 19; Küting/Weber/*Henssler* Rdn 9; MK-*Altmeppen* Rdn 19.

92 Vgl Bürgers/Körber/*Fett* Rdn 8; Emmerich/*Habersack* Rdn 12; Grigoleit/*Grigoleit* Rdn 5; Hölters/*Leuering/Goertz* Rdn 19; Hüffer/*Koch* Rdn 3b; MK-*Altmeppen* Rdn 19; Schmidt/Lutter/*Vetter* Rdn 13; Spindler/Stilz/*Müller* Rdn 6.

93 Vgl Bürgers/Körber/*Fett* Rdn 8; Hölters/*Leuering/Goertz* Rdn 19; MK-*Altmeppen* Rdn 19; MünchHdbAG/*Krieger* § 70 Rdn 124.

94 Vgl Bürgers/Körber/*Fett* Rdn 8; Emmerich/*Habersack* Rdn 12; Grigoleit/*Grigoleit* Rdn 5; Hölters/*Leuering/Goertz* Rdn 19; Hüffer/*Koch* Rdn 3b.

95 Vgl Küting/Weber/*Fleischer* § 142 Rdn 122.

96 Vgl Küting/Weber/*Fleischer* § 142 Rdn 122.

97 Vgl Küting/Weber/*Fleischer* § 142 Rdn 122.

98 Vgl Grigoleit/*Grigoleit* Rdn 5; MK-*Altmeppen* Rdn 20; Spindler/Stilz/*Müller* Rdn 6.

99 Zu ihr etwa OLG Hamm ZIP 2000, 1299; LG Münster AG 2001, 54.

100 Vgl Grigoleit/*Grigoleit* Rdn 5; MK-*Altmeppen* Rdn 20; Spindler/Stilz/*Müller* Rdn 6.

zur Entscheidung über den Antrag analog § 142 Abs 2 S 2.[101] Hierfür kann das Gericht einen Nachweis verlangen, etwa durch Bestätigung der depotführenden Bank.[102] Nach wie vor zulässig bleibt aber auch eine Beweisführung durch Hinterlegungsbescheinigung.[103]

3. Antragsfrist

Eine bestimmte Frist für den Antrag auf Bestellung von Sonderprüfern sieht § 315 **26**
nicht vor.[104] Mit Rücksicht auf seinen Regelungszweck (Rdn 2) sind Anträge nach Verjährung etwaiger Schadensersatzansprüche aus §§ 317, 318 aber mangels Rechtsschutzbedürfnisses[105] abzuweisen.[106] Eine weitere Verkürzung der Antragsfrist unter Verwirkungsgesichtspunkten dürfte für § 315 S 1 in aller Regel ausscheiden.[107]

4. Missbrauch des Antragsrechts

Ebenso wie das Antragsrecht gemäß § 142 Abs 2[108] kann auch das Antragsrecht nach **27**
§ 315 missbräuchlich ausgeübt werden. Allerdings wird dieser Einwand bei einem Antrag nach § 315 Satz 1 wegen dessen formalisierter Tatbestände kaum jemals durchdringen.[109] Bei § 315 S 2 ist ein Missbrauch im Einzelfall dagegen durchaus denkbar[110], etwa wenn sich die Antragsteller den „Lästigkeitswert" ihres Antrags abkaufen lassen[111] oder

---

[101] Vgl OLG Frankfurt NJW-RR 2009, 1411; Emmerich/*Habersack* Rdn 12; Grigoleit/*Grigoleit* Rdn 5; Hölters/*Leuering/Goertz* Rdn 20; Hüffer/*Koch* Rdn 3b; Spindler/Stilz/*Müller* Rdn 6.

[102] Vgl Emmerich/*Habersack* Rdn 12; Grigoleit/*Grigoleit* Rdn 5; Hölters/*Leuering/Goertz* Rdn 20; Hüffer/*Koch* Rdn 3b; MK-*Altmeppen* Rdn 20; Spindler/Stilz/*Müller* Rdn 6; abw Schmidt/Lutter/*Vetter* Rdn 14.

[103] Vgl Hüffer/*Koch* Rdn 3b; MK-*Altmeppen* Rdn 20.

[104] Vgl Bürgers/Körber/*Fett* Rdn 4 und 8; Emmerich/*Habersack* Rdn 8 und 13; Küting/Weber/*Henssler* Rdn 11; Spindler/Stilz/*Müller* Rdn 8.

[105] Wie hier Grigoleit/*Grigoleit* Rdn 7; auf den Einwand des Rechtsmissbrauchs abstellend demgegenüber MK-*Altmeppen* Rdn 22; allgemein zum Erfordernis eines Rechtsschutzbedürfnisses für einen Antrag nach § 142 KG ZIP 2012, 672; KK-*Rieckers/Vetter* § 142 Rdn 256.

[106] Vgl Bürgers/Körber/*Fett* Rdn 4 und 8; Emmerich/*Habersack* Rdn 8 und 13; Grigoleit/*Grigoleit* Rdn 7; Hölters/*Leuering/Goertz* Rdn 15; KK-*Koppensteiner* Rdn 8; MünchHdbAG/*Krieger* § 70 Rdn 122; Schmidt/Lutter/*Vetter* Rdn 15; Spindler/Stilz/*Müller* Rdn 8; relativierend Küting/Weber/*Henssler* Rdn 17.

[107] Wie hier Emmerich/*Habersack* Rdn 8; Hölters/*Leuering/Goertz* Rdn 15; Schmidt/Lutter/*Vetter* Rdn 15 mit Fn 29; abw *Noack* WPg 1994, 225, 235, wonach Verwirkung eintritt, wenn bereits der nächsten Hauptversammlung über das Ergebnis der Prüfung des Abhängigkeitsberichts für das folgende Geschäftsjahr berichtet wurde.

[108] Eingehend zum Missbrauch des Antragsrechts nach § 142 Abs 2 Küting/Weber/*Fleischer* § 142 Rdn 125 ff; zuletzt KK-*Rieckers/Vetter* § 142 Rdn 306 ff.

[109] Wie hier Küting/Weber/*Henssler* Rdn 12; Schmidt/Lutter/*Vetter* Rdn 15; wohl auch Grigoleit/*Grigoleit* Rdn 7 mit Fn 27; für gänzlich ausgeschlossen halten diesen Einwand im Rahmen des § 315 S 1 Emmerich/*Habersack* Rdn 8; Hölters/*Leuering/Goertz* Rdn 15; KK-*Koppensteiner* Rdn 8.

[110] Ebenso Emmerich/*Habersack* Rdn 13; Grigoleit/*Grigoleit* Rdn 7; Hölters/*Leuering/Goertz* Rdn 23; Küting/Weber/*Henssler* Rdn 26; Schmidt/Lutter/*Vetter* Rdn 15; Spindler/Stilz/*Müller* Rdn 8.

[111] Vgl OLG Düsseldorf ZIP 2010, 28, 30 (zu § 142); Emmerich/*Habersack* Rdn 13; KK-*Rieckers//Vetter* § 142 Rdn 308; Küting/Weber/*Fleischer* § 142 Rdn 128; Küting/Weber/*Henssler* Rdn 27.

wenn die Aktionäre in illoyaler Weise ausschließlich private Belange durchzusetzen versuchen.[112] Hierher gehört ferner der Fall der Zweck- und Folgenlosigkeit, dh einer konzernrechtlichen Sonderprüfung, die den außenstehenden Aktionären keinerlei neue Perspektiven mehr eröffnen kann[113]: Die Sonderprüfung ist nicht „enquête pour l'enquête".[114] Schließlich kann ein Sonderprüfungsantrag ausnahmsweise auch dann missbräuchlich sein, wenn er sich auf Vorgänge bezieht, die durch Informationen der Verwaltung oder auf sonstige Weise bereits zweifelsfrei geklärt sind.[115] Ein missbräuchlicher Antrag ist nicht unzulässig, sondern unbegründet.[116]

III. Bestellung von Sonderprüfern

1. Zuständigkeit

28 Über den Antrag auf Bestellung von Sonderprüfern entscheidet nach § 315 Satz 3 das **Landgericht**, in dessen Bezirk die Gesellschaft ihren Sitz hat. Funktional zuständig ist nach §§ 71 Abs 2 Nr 4b, 95 Abs 2 Nr 2 GVG die Kammer für Handelssachen, sofern eine solche besteht.[117] Dabei handelt es sich nach richtiger Auffassung aber um keine ausschließliche Zuständigkeit[118]; vielmehr ist ein entsprechender Antrag erforderlich.[119] Gemäß § 71 Abs. 4 GVG können die Landesregierungen durch Rechtsverordnung eine Zuständigkeitskonzentration bei einem Landgericht vornehmen, wenn dies der Sicherung einer einheitlichen Rechtsprechung dient.

2. Verfahren

29 Gemäß § 315 Satz 4 iVm § 142 Abs 8 sind auf das gerichtliche Verfahren die Vorschriften des Gesetzes über das Verfahren in Familiensachen und in den Angelegenheiten der freiwilligen Gerichtsbarkeit anzuwenden, sofern nichts anderes bestimmt ist. Für das Verfahren besteht daher kein Anwaltszwang (§ 10 Abs 1 FamFG). Außerdem gilt der **Amtsermittlungsgrundsatz** (§ 26 FamFG), der die Antragsteller allerdings nicht davon entbindet, die Voraussetzungen für eine gerichtliche Bestellung von Sonderprüfern nach § 315 Satz 1 und 2 oder für eine gerichtliche Ersatzbestellung nach § 315 S 6 substantiiert darzulegen.

---

[112] Vgl KK-*Rieckers/Vetter* § 142 Rdn 310; Küting/Weber/*Fleischer* § 142 Rdn 130; Küting/Weber/*Henssler* Rdn 27.

[113] Vgl KG ZIP 2012, 672, 673 (zu § 142); KK-*Rieckers/Vetter* § 142 Rdn 312; Küting/Weber/*Fleischer* § 142 Rdn 129; Küting/Weber/*Henssler* Rdn 28.

[114] *Casutt*, Die Sonderprüfung im künftigen schweizerischen Aktienrecht, 1991, S 41.

[115] Vgl KG ZIP 2012, 672, 674 (zu § 142); KK-*Rieckers/Vetter* § 142 Rdn 313; Küting/Weber/*Fleischer* § 142 Rdn 131.

[116] Vgl Emmerich/*Habersack* Rdn 13; Hölters/*Leuering/Goertz* Rdn 23; Küting/Weber/*Henssler* Rdn 29.

[117] Vgl Emmerich/*Habersack* Rdn 15; Grigoleit/*Grigoleit* Rdn 7; Hüffer/*Koch* Rdn 4; MK-*Altmeppen* Rdn 21; MünchHdbAG/*Krieger* § 70 Rdn 125; Schmidt/Lutter/*Vetter* Rdn 16; *Simons* NZG 2012, 609, 610; Spindler/Stilz/*Müller* Rdn 9.

[118] Vgl Hüffer/*Koch* Rdn 4; MünchHdbAG/*Krieger* § 70 Rdn 125; nicht eindeutig Grigoleit/*Grigoleit* Rdn 7; *Hölters/Leuering/Goertz* Rdn 31.

[119] Wie hier Hüffer/*Koch* Rdn 4; MünchHdbAG/*Krieger* Rdn 125; *Simons* NZG 2012, 609, 610.

3. Entscheidung

30 Die Entscheidung erfolgt durch einen mit Gründen zu versehenden **Beschluss** (§ 38 Abs 1, Abs 3 S 1 FamFG). Liegen die formellen und materiellen Voraussetzungen des § 315 Satz 1 oder 2 vor, so muss das Gericht dem Antrag stattgeben („hat").[120] Ein Ermessen steht ihm – anders als noch im Regierungsentwurf vorgesehen[121] – nicht zu.[122] In dem stattgebenden Beschluss ist der Prüfungsgegenstand zu konkretisieren (vgl auch Rdn 33). Außerdem sind die Sonderprüfer namentlich zu bezeichnen.[123] Das Gericht kann Vorschläge der Beteiligten entgegennehmen, braucht ihnen aber nicht zu folgen.[124] Entgegen dem missverständlichen Gesetzeswortlaut („Sonderprüfer") kann auch nur ein einziger Sonderprüfer bestellt werden.[125] Bei der Auswahl der Sonderprüfer muss das Gericht die Vorgaben des § 143 zur notwendigen Qualifikation des Sonderprüfers beachten.[126] Eine Wirtschaftsprüfer-Vorbehaltsprüfung ist die konzernrechtliche Sonderprüfung danach nicht.[127] Prüfungsträger können vielmehr alle Personen sein, die in der Buchführung ausreichend vorgebildet und erfahren sind. Vor der Bestellung wird sich das Gericht vergewissern, ob der ins Auge gefasste Sonderprüfer bereit ist, den Prüfungsauftrag anzunehmen.[128] Eine Annahmepflicht besteht nicht. Nicht zum Sonderprüfer bestellt werden kann der Abschlussprüfer, der den Abhängigkeitsbericht nach § 314 geprüft hat.[129]

31 **Vor** einer **Entscheidung** sind entsprechend § 142 Abs 5 die **Beteiligten** und der Aufsichtsrat **anzuhören.**[130] Die Beteiligten sind die antragstellenden Aktionäre einerseits und die Gesellschaft, vertreten durch den Vorstand, andererseits.[131] Der Aufsichtsrat ist als Gesellschaftsorgan anzuhören, nicht seine einzelnen Mitglieder.[132] Bei einer beantragten Ersetzung von Sonderprüfern nach § 315 S 6 iVm § 142 Abs 4 (dazu Rdn 48 ff) hat das Gericht außerdem den von der Hauptversammlung bestellten Sonderprüfer anzuhören.[133] Sollen mehrere Sonderprüfer ersetzt werden, sind sie alle anzuhören.[134] Ihre Einbeziehung in das Verfahren ist geboten, weil es um ihre Ersetzung geht und sie womöglich allein in der Lage sind, über Gründe in ihrer Person iSd § 142 Abs 4 erschöpfend Auskunft zu geben.[135] Keine Stellung als Verfahrensbeteiligte haben demgegenüber die

---

120 Vgl Emmerich/*Habersack* Rdn 14; Grigoleit/*Grigoleit* Rdn 7; Hölters/*Leuering/Goertz* Rdn 33; Hüffer/*Koch* Rdn 4; MK-*Altmeppen* Rdn 22; Schmidt/Lutter/*Vetter* Rdn 18; Spindler/Stilz/*Müller* Rdn 9.

121 Vgl den Ausschussbericht bei *Kropff* S 417.

122 Vgl Emmerich/*Habersack* Rdn 5; Grigoleit/*Grigoleit* Rdn 7; Hölters/*Leuering/Goertz* Rdn 33; Küting/Weber/*Henssler* Rdn 8; MK-*Altmeppen* Rdn 22.

123 Vgl Emmerich/*Habersack* Rdn 14; Hölters/*Leuering/Goertz* Rdn 34; Hüffer/*Koch* Rdn 4; KK-*Koppensteiner* Rdn 11; MK-*Altmeppen* Rdn 25; Schmidt/Lutter/*Vetter* Rdn 18.

124 Vgl Küting/Weber/*Fleischer* § 142 Rdn 134; s auch Bürgers/Körber/*Fett* Rdn 10; Hölters/*Leuering/Goertz* Rdn 34.

125 Vgl Emmerich/*Habersack* Rdn 14; Hüffer/*Koch* Rdn 4.

126 Vgl Emmerich/*Habersack* Rdn 14; Grigoleit/*Grigoleit* Rdn 7; Hüffer/*Koch* Rdn 4; MünchHdbAG/*Krieger* § 70 Rdn 125; Schmidt/Lutter/*Vetter* Rdn 18; Spindler/Stilz/*Müller* Rdn 18.

127 Vgl Küting/Weber/*Henssler* Rdn 31.

128 Vgl Küting/Weber/*Fleischer* § 142 Rdn 134.

129 Vgl Bürgers/Körber/*Fett* Rdn 10; Emmerich/*Habersack* Rdn 14; MK-*Altmeppen* Rdn 25; Schmidt/Lutter/*Vetter* Rdn 18.

130 Vgl Emmerich/*Habersack* Rdn 14; Grigoleit/*Grigoleit* Rdn 7; Hölters/*Leuering/Goertz* Rdn 33; Hüffer/*Koch* Rdn 4; MünchHdbAG/*Krieger* § 70 Rdn 125; Schmidt/Lutter/*Vetter* Rdn 17; Spindler/Stilz/*Müller* Rdn 9.

131 Vgl Küting/Weber/*Fleischer* § 142 Rdn 143.

132 Vgl Küting/Weber/*Fleischer* § 142 Rdn 131.

133 Vgl Hüffer/*Koch* Rdn 5.

134 Vgl Küting/Weber/*Fleischer* § 142 Rdn 143.

135 Vgl Küting/Weber/*Fleischer* § 142 Rdn 143.

Organmitglieder oder sonstige Personen, deren Tätigkeit im Rahmen der konzernrechtlichen Sonderprüfung untersucht werden soll.[136] Die Art und Weise der Anhörung liegt im Ermessen des Gerichts; eine mündliche Anhörung ist nicht zwingend vorgeschrieben.

32 Gegen die Entscheidung des Gerichts ist nach § 315 S 5 **Beschwerde** zulässig (§§ 58 ff FamFG), über die das Oberlandesgericht entscheidet (§ 119 Abs 1 Nr 2 GVG). Die Beschwerdefrist beträgt einen Monat (§ 63 Abs 1 FamFG). Beschwerdeberechtigt sind bei einer erfolgten Ablehnung die antragstellenden Aktionäre, ansonsten die AG.[137] Im Falle einer Auswechslung von Sonderprüfern nach § 315 S 6 iVm § 142 Abs 4 (Rdn 48 ff) sind außerdem die abberufenen Sonderprüfer als materiell Beteiligte beschwerdeberechtigt.[138] Nicht beschwert sind dagegen diejenigen Personen, deren Tätigkeit nach dem gerichtlichen Bestellungsbeschluss überprüft werden soll.[139] Gegen die Beschwerdeentscheidung kann **Rechtsbeschwerde** beim Bundesgerichtshof eingelegt werden, sofern das Oberlandesgericht sie in seinem Beschluss zugelassen hat (§ 70 Abs 1 FamFG).[140]

IV. Einzelheiten der Sonderprüfung

1. Gegenstand

33 Gegenstand der konzernrechtlichen Sonderprüfung sind gemäß § 315 S 1 die geschäftlichen Beziehungen der abhängigen Gesellschaft zu dem herrschenden Unternehmen oder einem mit ihm verbundenen Unternehmen. Dies schließt nicht notwendig alle Geschäftsbeziehungen im gesamten Unternehmensverbund ein.[141] Vielmehr **kann** das **Gericht** nach zutreffender, aber nicht unbestrittener Auffassung den **Prüfungsumfang** auf Geschäfte mit bestimmten Unternehmen **beschränken.**[142]

34 **Innerhalb des gerichtlich abgesteckten Rahmens** ist die **Prüfung** nach allgemeiner Ansicht **umfassend anzulegen.**[143] Sie erstreckt sich daher in gegenständlicher Hinsicht auf alle Sachverhalte, aus denen sich Nachteilszufügungen iSd § 311 ergeben können.[144] Auf diese Weise wird mittelbar auch die im Rahmen des § 313 vernachlässigte Vollständigkeitskontrolle des Abhängigkeitsberichts (vgl § 313 Rdn 21) zum Prüfungsbestandteil

---

136 Vgl Küting/Weber/*Fleischer* § 142 Rdn 143.

137 Vgl Küting/Weber/*Fleischer* § 142 Rdn 144.

138 Vgl Emmerich/*Habersack* Rdn 23; Hüffer/*Koch* Rdn 5.

139 Vgl Küting/Weber/*Fleischer* § 142 Rdn 144.

140 Vgl Emmerich/*Habersack* Rdn 15.

141 Vgl Bürgers/Körber/*Fett* Rdn 11; Emmerich/*Habersack* Rdn 16; Hölters/*Leuering/Goertz* Rdn 36; Hüffer/*Koch* Rdn 6; Spindler/Stilz/*Müller* Rdn 12.

142 Wie hier *Adler/Düring/Schmaltz* § 313 Rdn 108; Bürgers/Körber/*Fett* Rdn 11; Emmerich/*Habersack* Rdn 16; Hölters/*Leuering/Goertz* Rdn 36; Hüffer/*Koch* Rdn 6; KK-*Koppensteiner* Rdn 12; Schmidt/Lutter/*Vetter* Rdn 21; Spindler/Stilz/*Müller* Rdn 12; nicht eindeutig Begr RegE bei *Kropff* S 417; abw Grigoleit/*Grigoleit* Rdn 9; MK-*Altmeppen* Rdn 31.

143 Vgl *Adler/Düring/Schmaltz* § 313 Rdn 108; Bürgers/Körber/*Fett* Rdn 11; Emmerich/*Habersack* Rdn 16; Grigoleit/*Grigoleit* Rdn 9; Hölters/*Leuering/Goertz* Rdn 37; Hüffer/*Koch* Rdn 6; Spindler/Stilz/*Müller* Rdn 12.

144 Vgl Begr RegE bei *Kropff* S 417: „Die Sonderprüfung hat sich dann nicht nur auf das beanstandete Geschäft, sondern auf die gesamten geschäftlichen Beziehungen zu dem herrschenden Unternehmen oder einem mit ihm verbundenen Unternehmen zu erstrecken.“; *Adler/Düring/Schmaltz* § 313 Rdn 108; Bürgers/Körber/*Fett* Rdn 11; Emmerich/*Habersack* Rdn 16; *Habersack*, FS Wiedemann, 2002, S 889, 899 ff; Hölters/*Leuering/Goertz* Rdn 38; Hüffer/*Koch* Rdn 6; Küting/Weber/*Henssler* Rdn 13; Schmidt/Lutter/*Vetter* Rdn 21; Spindler/Stilz/*Müller* Rdn 12.

erhoben.[145] Wenig erörtert wird, ob der Sonderprüfer von sich aus berechtigt ist, den Prüfungsgegenstand zu erweitern, etwa bei Zufallsfunden, die eine Nachteilszufügung in einer nicht vom Gericht vorgegebenen Richtung nahelegen.[146] Insoweit ist Zurückhaltung angezeigt; eine inhaltliche Änderung, vor allem eine Erweiterung des Prüfungsthemas, muss grundsätzlich dem Gericht vorbehalten bleiben.[147] In zeitlicher Hinsicht sind alle potentiell nachteiligen Vorgänge im Geschäftsjahr des Abhängigkeitsberichts zu prüfen.[148] Vorgänge früherer Jahre sind nur einzubeziehen, wenn sie im Prüfungsjahr noch fortwirken oder für die Beurteilung der Geschäftsbeziehungen im Prüfungsjahr von Bedeutung sind.[149]

2. Durchführung

Für die Durchführung der konzernrechtlichen Sonderprüfung enthält § 315 keine genaueren Vorgaben. Nach allgemeiner Ansicht sind die §§ 142 ff sinngemäß heranzuziehen.[150] 35

a) **Auskunfts-, Einsichts- und Prüfungsrechte.** Den konzernrechtlichen Sonderprüfern steht daher bei der abhängigen Gesellschaft entsprechend § 145 Abs 1 ein umfassendes Einsichts- und Prüfungsrecht zu.[151] Deren Vorstand hat den Sonderprüfern zu gestatten, die Bücher und Schriften der Gesellschaft sowie die Vermögensgegenstände, namentlich die Gesellschaftskasse und die Bestände an Wertpapieren und Waren, zu prüfen. Außerdem können die Sonderprüfer von den Mitgliedern des Vorstands und des Aufsichtsrats der abhängigen Gesellschaft entsprechend § 145 Abs 2 alle Aufklärungen und Nachweise verlangen, welche die sorgfältige Prüfung der Vorgänge erfordert.[152] Diese Aufklärungs- und Nachweisrechte haben die Sonderprüfer entsprechend § 145 Abs 3 schließlich auch gegenüber einem Konzernunternehmen sowie gegenüber einem herrschenden oder abhängigen Unternehmen.[153] 36

b) **Prüfungshandlungen.** Der für die konzernrechtliche Sonderprüfung sinngemäß geltende § 145 enthält keine näheren Vorgaben zu Art und Umfang der Prüfungshandlungen. Gewisse Leitlinien lassen sich aber aus den übergeordneten Grundsätzen der Gewissenhaftigkeit und Zielerreichung ableiten: Danach ist der konzernrechtliche Sonderprüfer verpflichtet, alle erforderlichen Prüfungshandlungen vorzunehmen, um die Geschäftsbeziehungen im Rahmen des gerichtlich vorgegebenen Prüfungsgegenstandes (Rdn 30) vollständig 37

145 So ausdrücklich Küting/Weber/*Henssler* Rdn 14.
146 Vgl Küting/Weber/*Henssler* Rdn 15.
147 Vgl Küting/Weber/*Fleischer* § 142 Rdn 4; Küting/Weber/*Henssler* Rdn 15.
148 Vgl Bürgers/Körber/*Fett* Rdn 11; Emmerich/*Habersack* Rdn 16; Grigoleit/*Grigoleit* Rdn 9; Hölters/*Leuering/Goertz* Rdn 39; MK-*Altmeppen* Rdn 32; Schmidt/Lutter/*Vetter* Rdn 23; Spindler/Stilz/*Müller* Rdn 12.
149 Vgl Bürgers/Körber/*Fett* Rdn 11; Emmerich/*Habersack* Rdn 16; MK-*Altmeppen* Rdn 32; Schmidt/Lutter/*Vetter* Rdn 23; Spindler/Stilz/*Müller* Rdn 12.
150 Vgl Begr RegE bei *Kropff* S 417; Emmerich/*Habersack* Rdn 18; Grigoleit/*Grigoleit* Rdn 10; Hölters/*Leuering/Goertz* Rdn 40; Hüffer/*Koch* Rdn 6; MK-*Altmeppen* Rdn 33.
151 Vgl Grigoleit/*Grigoleit* Rdn 10; MK-*Altmeppen* Rdn 33.
152 Vgl Emmerich/*Habersack* Rdn 18.
153 Vgl Bürgers/Körber/*Fett* Rdn 12; Emmerich/*Habersack* Rdn 18; Grigoleit/*Grigoleit* Rdn 10; Hüffer/*Koch* Rdn 6; KK-*Koppensteiner* Rdn 15; MK-*Altmeppen* Rdn 33; für ein noch darüber hinausgehendes, konzernweites Einsichtsrecht *Schneider* AG 2008, 305, 310.

aufzuklären.[154] Welche Prüfungstechniken und Untersuchungsmaßnahmen hierfür im Einzelnen anzuwenden sind, lässt sich nur objektbezogen festlegen.[155]

38 Im Unterschied zur Abschlussprüfung, die keine lückenlose Prüfung verlangt und unter Berücksichtigung des Fehlerrisikos Prüfungshandlungen auf der Basis von Stichproben erlaubt, erfordert die konzernrechtliche Sonderprüfung eine **lückenlose Aufklärung der betreffenden Geschäftsbeziehungen.**[156] Der Sonderprüfer ist mithin verpflichtet, sämtliche verfügbaren Unterlagen und Aufzeichnungen einzusehen, die für das Prüfungsthema von Bedeutung sein könnten, und die Aussagen aller beteiligten Personen zu protokollieren.[157] Auf dieser Basis muss er dann prüfen, ob der Abhängigkeitsbericht die Geschäftsbeziehungen zu den im Prüfungsauftrag bezeichneten Unternehmen richtig und vollständig wiedergibt.[158] Dies verlangt eine eigene Beurteilung darüber, ob bestimmte Maßnahmen nachteilig gewesen sind und ob ein etwaiger Nachteil ausgeglichen wurde.[159] Bei alledem steht dem Sonderprüfer ein gewisser Beurteilungsspielraum zu.[160]

39 Das Gebot einer Vollprüfung schließt nicht aus, dass der Sonderprüfer auf vorliegende Prüfungsberichte der Abschlussprüfer oder der Innenrevision zurückgreift. Wohl aber ist er gehalten, solche Prüfungsergebnisse Dritter kritisch zu würdigen und auf ihre Plausibilität zu hinterfragen.[161] In allen wichtigen Punkten wird man überdies eine eigenverantwortliche Urteilsbildung durch nochmalige Einvernahme von Verwaltungsmitgliedern oder anderen Unternehmensangehörigen verlangen müssen. Stets sollte der konzernrechtliche Sonderprüfer auch darauf bestehen, solche Personen selbst zu befragen, die sich aufgrund des Sonderprüfungsberichts womöglich schadensersatzpflichtig gemacht haben.[162]

3. Prüfungsbericht

40 a) **Inhalt und Umfang.** Entsprechend § 145 Abs 6 S 1 haben die Sonderprüfer über das Ergebnis der konzernrechtlichen Prüfung schriftlich zu berichten.[163] Inhalt und Umfang des Sonderprüfungsberichts sind im Gesetz nicht näher umrissen. Allgemeine Leitlinien der Berichterstattung lassen sich aber aus dem Berichtszweck herleiten.[164] Ziel des Sonderprüfungsberichts ist es, die außenstehenden Aktionäre in die Lage zu versetzen, sich ein eigenes informiertes Bild von den Geschäftsvorgängen zu machen, um ihnen das Tatsachenmaterial für eine Schadensersatzklage nach §§ 317, 318 an die Hand zu geben (vgl auch Rdn 2).[165] Daraus ergibt sich zwingend, dass der Prüfer **keinen**

---

154 Vgl KK-*Rieckers/Vetter* § 145 Rdn 28; Küting/Weber/*Fleischer* § 145 Rdn 6.
155 Vgl KK-*Rieckers/Vetter* § 145 Rdn 27; Küting/Weber/*Fleischer* § 145 Rdn 5.
156 Vgl KK-*Rieckers/Vetter* § 145 Rdn 28; Küting/Weber/*Fleischer* § 145 Rdn 6.
157 Vgl Küting/Weber/*Fleischer* § 145 Rdn 6.
158 Vgl Bürgers/Körber/*Fett* Rdn 11; Emmerich/*Habersack* Rdn 17; Grigoleit/*Grigoleit* Rdn 9; MK-*Altmeppen* Rdn 29 f; Schmidt/Lutter/*Vetter* Rdn 22.
159 Vgl Emmerich/*Habersack* Rdn 17.
160 Vgl Bürgers/Körber/*Fett* Rdn 11; Emmerich/*Habersack* Rdn 17; Grigoleit/*Grigoleit* Rdn 9; *Noack* WPg 1994, 225, 230 f; Schmidt/Lutter/*Vetter* Rdn 24.
161 Vgl KK-*Rieckers/Vetter* § 145 Rdn 28; Küting/Weber/*Fleischer* § 145 Rdn 7.
162 Vgl Küting/Weber/*Fleischer* § 145 Rdn 7.
163 Vgl *Adler/Düring/Schmaltz* § 313 Rdn 108; Emmerich/*Habersack* Rdn 19; Grigoleit/*Grigoleit* Rdn 10; Hölters/*Leuering/Goertz* Rdn 41; Hüffer/*Koch* Rdn 7; *Kakies* S 150 f; MünchHdbAG/*Krieger* § 70 Rdn 128; *Noack* WPg 1994, 225, 234; Schmidt/Lutter/*Vetter* Rdn 27; Spindler/Stilz/*Müller* Rdn 13.
164 Küting/Weber/*Fleischer* § 142 Rdn 28; Küting/Weber/*Henssler* Rdn 38.
165 Vgl Bürgers/Körber/*Fett* Rdn 12; *Kakies* S 150 f; KK-*Koppensteiner* Rdn 16; Küting/Weber/*Fleischer* § 142 Rdn 28; *Noack* WPg 1994, 225, 236; Spindler/Stilz/*Müller* Rdn 13; ähnlich MK-*Altmeppen* Rdn 34.

Ergebnis-, sondern einen Erläuterungsbericht vorlegen muss.[166] Er darf sich also nicht auf einen Kurzkommentar oder gar auf eine bloße Wiedergabe des Prüfungstenors beschränken. Gefordert wird vielmehr ein detaillierter, aber zugleich übersichtlich gegliederter Bericht, der sich am Verständnishorizont eines durchschnittlichen Aktionärs ohne besondere Vorkenntnisse ausrichtet.[167] Dabei kann sich die Berichterstattung über die relevanten Tatsachen an den Vorgaben für den Abhängigkeitsbericht in § 312 Abs 1 S 2 orientieren.[168] Soweit sich der Sachverhalt nicht vollständig aufklären lässt, ist auch darüber unter Angabe der Gründe zu berichten.[169]

Mehrere Sonderprüfer können und sollten einen gemeinschaftlichen Bericht anferti- **41**
gen.[170] Kommen sie zu keinem gemeinsamen Ergebnis, ist die Erstellung mehrerer Berichte angebracht und zulässig.[171]

Neben einer Sachverhaltsdarstellung wird man dem Sonderprüfer auch eine **eigene** **42**
Bewertung abverlangen können.[172] Das schließt eine nachvollziehbare Begründung ein, bei der das Für und Wider einzelner Gesichtspunkte zu erörtern und der eigene Standpunkt argumentativ zu untermauern ist.[173] Ein solcher Begründungszwang ist umso notwendiger, als der Sonderprüfungsbericht wegen seiner Publizität (vgl Rdn 47) in der Öffentlichkeit regelmäßig große Aufmerksamkeit finden wird.[174] Zufallsfunde außerhalb des Prüfungsauftrags, die auf zivil- oder strafrechtliche Verfehlungen der Verwaltungsorgane hindeuten, sind grundsätzlich nicht in den Abschlussbericht aufzunehmen.[175] Wohl aber kann im Verhältnis zur AG eine Berichtspflicht bei schwerwiegenden Verfehlungen bestehen.[176]

Allerdings liegt es nicht an dem Sonderprüfer, aus seiner Arbeit Empfehlungen für die **43**
antragstellenden Aktionäre abzuleiten oder einem Richterspruch im Schadensersatzprozess vorzugreifen: Er fällt keine Entscheidungen und greift weder gestaltend noch urteilend in die Verhältnisse der Gesellschaft ein.[177] Deshalb müssen strittige Rechtsfragen oder Restzweifel hinsichtlich des zugrunde liegenden Sachverhalts deutlich aufgezeigt werden.[178]

Anders als § 259 Abs 2 für die Sonderprüfung wegen unzulässiger Unterbewertung **44**
schreibt § 145 keine abschließende Feststellung vor. Eine solche zusammenfassende Schlussbemerkung ist aber gleichwohl zulässig, zweckmäßig und im Hinblick auf den Grundsatz der Berichtsklarheit wohl auch geboten.[179]

b) Keine Schutzklausel. Eindeutige Vorgaben enthält das Gesetz hinsichtlich der Be- **45**
richterstattung über unternehmensschädliche Geschäftsvorgänge. Entsprechend § 145

---

166 Vgl Küting/Weber/*Fleischer* § 145 Rdn 29; Küting/Weber/*Henssler* Rdn 38.

167 Vgl Küting/Weber/*Fleischer* § 145 Rdn 29; Küting/Weber/*Henssler* Rdn 38.

168 Vgl *Adler/Düring/Schmaltz* § 313 Rdn 108.

169 Vgl KK-*Rieckers/Vetter* § 145 Rdn 103; Küting/Weber/*Fleischer* § 145 Rdn 30.

170 Vgl Küting/Weber/*Fleischer* § 145 Rdn 30.

171 Vgl KK-*Rieckers/Vetter* § 145 Rdn 103; Küting/Weber/*Fleischer* § 145 Rdn 30; Küting/Weber/*Henssler* Rdn 40.

172 Vgl Küting/Weber/*Fleischer* § 145 Rdn 6; variierend KK-*Rieckers/Vetter* § 145 Rdn 106: sofern der Prüfungsauftrag dies verlangt.

173 Vgl KK-*Rieckers/Vetter* § 145 Rdn 107; Küting/Weber/*Fleischer* § 145 Rdn 34.

174 Vgl KK-*Rieckers/Vetter* § 145 Rdn 107; Küting/Weber/*Fleischer* § 145 Rdn 34.

175 Vgl KK-*Rieckers/Vetter* § 145 Rdn 109; Küting/Weber/*Fleischer* Rdn 36; Küting/Weber/*Henssler* Rdn 42; abw *Jänig* S 394 f.

176 Vgl KK-*Rieckers/Vetter* § 145 Rdn 112; Küting/Weber/*Fleischer* § 142 Rdn 36.

177 Vgl *Jänig* S 396; KK-*Rieckers/Vetter* § 145 Rdn 108; Küting/Weber/*Fleischer* § 145 Rdn 35; Küting/Weber/*Henssler* Rdn 40.

178 Vgl *Jänig* S 396; KK-*Rieckers/Vetter* § 145 Rdn 107; Küting/Weber/*Fleischer* § 145 Rdn 35.

179 Vgl *Jänig* S 393; KK-*Rieckers/Vetter* § 145 Rdn 152; Küting/Weber/*Fleischer* § 145 Rdn 37.

Abs 6 S 2 müssen auch Tatsachen in den Bericht aufgenommen werden, deren Bekanntwerden geeignet ist, der Gesellschaft oder einem verbundenen Unternehmen einen nicht unerheblichen Nachteil zuzufügen, wenn ihre Kenntnis zur sachgerechten Beurteilung erforderlich ist.[180] Damit hat der Gesetzgeber eine andere Gewichtung der Geheimhaltungsinteressen der Gesellschaft vorgenommen als im früheren Recht und in manchen ausländischen Rechtsordnungen.[181] Die konzernrechtliche Sonderprüfung würde entwertet, wenn der Bericht über etwa vorhandene Missstände durch eine Schutzklausel unterbunden würde.

46 Eine **Ausnahme von der Pflicht zur vollständigen Berichterstattung** ist nur unter den Voraussetzungen des entsprechend anwendbaren **§ 145 Abs 4** zulässig.[182] Danach hat das Gericht auf Antrag des Vorstands zu gestatten, dass bestimmte Tatsachen nicht in den Bericht aufgenommen werden, wenn überwiegende Belange der Gesellschaft dies gebieten und sie zur Darstellung einer pflichtwidrigen Nachteilszufügung iSd § 311 nicht unerlässlich sind.[183]

4. Berichtspublizität

47 Entsprechend § 145 Abs 6 S 3 haben die Sonderprüfer ihren Bericht zum Handelsregister einzureichen, wo ihn gemäß § 9 Abs 1 HGB jedermann ohne Nachweis eines besonderen Interessen einsehen kann. Diese Berichtspublizität, die durch Ordnungsstrafen erzwungen werden kann, ist zwar verschiedentlich auf Kritik gestoßen – indes zu Unrecht: Die Gefahr, dass die Gesellschaft durch bekannt gewordene Missstände einen Schaden erleidet, sollte nicht überbewertet werden.[184] Einen gewissen Filter bietet inzwischen der entsprechend anwendbare § 145 Abs 4 (vgl Rdn 46).

V. Bestellung eines anderen Sonderprüfers (S 6)

48 Hat die Hauptversammlung zur Prüfung derselben Vorgänge Sonderprüfer bestellt, so kann jeder Aktionär gemäß § 315 S 6 den Antrag auf Ersetzung der Sonderprüfer nach § 142 Abs 4 stellen. Diese Regelung will einerseits Verfahrensverdopplungen vermeiden, andererseits sicherstellen, dass den außenstehenden Aktionären kein der Aktionärsmehrheit genehmer Prüfer aufgedrängt wird.[185] Letzteres könnte eine unvoreingenommene Untersuchung verhindern[186] und damit im Ergebnis das Sonderprüfungsrecht aus § 315 vereiteln.[187]

---

180 Vgl Begr RegE bei *Kropff* S 417; *Adler/Düring/Schmaltz* § 313 Rdn 108; Bürgers/Körber/*Fett* Rdn 12; Emmerich/*Habersack* Rdn 19; Grigoleit/*Grigoleit* Rdn 10; Hölters/*Leuering/Goertz* Rdn 41; Hüffer/*Koch* Rdn 7; MK-*Altmeppen* Rdn 34; Schmidt/Lutter/*Vetter* Rdn 27; Spindler/Stilz/*Müller* Rdn 13.

181 Vgl Begr RegE bei *Kropff* S 211 f.

182 Vgl Bürgers/Körber/*Fett* Rdn 12; Emmerich/*Habersack* Rdn 19; Grigoleit/*Grigoleit* Rdn 10; Hölters/*Leuering/Goertz* Rdn 41; Hüffer/*Koch* Rdn 7; Schmidt/Lutter/*Vetter* Rdn 28.

183 Vgl Grigoleit/*Grigoleit* Rdn 10.

184 So bereits Begr RegE bei *Kropff* S 212 mit dem Zusatz: „In vielen Fällen wird es letztlich im wohlverstandenen Interesse der Gesellschaft selbst und der verbundenen Unternehmen liegen, wenn die Mißstände in ihrem ganzen Umfang aufgedeckt werden."

185 Vgl. Emmerich/*Habersack* Rdn 20; Grigoleit/*Grigoleit* Rdn 8; Hüffer/*Koch* Rdn 5; *Kakies* S 153; KK-*Koppensteiner* Rdn 13; Küting/Weber/*Henssler* Rdn 33; MK-*Altmeppen* Rdn 35; Spindler/Stilz/*Müller* Rdn 10.

186 Vgl Hüffer/*Koch* Rdn 5; Spindler/Stilz/*Müller* Rdn 10.

187 Vgl Emmerich/*Habersack* Rdn 20; Hölters/*Leuering/Goertz* Rdn 4.

49 Ausweislich des Gesetzeswortlauts ist „jeder" Aktionär antragsberechtigt. Dies steht für die Fälle des § 315 S 1 außer Streit, gilt nach herrschender Lehre aber auch für § 315 S 2.[188] Demgegenüber wollen einzelne Literaturstimmen einen Antrag auf Auswechslung des Sonderprüfers in den Fällen des § 315 S 2 nur dann zulassen, wenn die Antragsteller auch das Quorum dieser Vorschrift erfüllen.[189] Sie berufen sich hierfür auf ein Redaktionsversehen, weil der Reformgesetzgeber mit Einführung des § 315 S 2 durch das KonTraG (Rdn 4) die Antragsvoraussetzungen des heutigen § 315 S 6 nicht entsprechend geändert habe.[190] Hierfür fehlt es aber an stichhaltigen Belegen. Nimmt man hinzu, dass das KonTraG die Rechte der außenstehenden Aktionäre verbessern wollte[191] und dass die Auswechslung eines Sonderprüfers im Vergleich zur Einleitung einer eigenständigen Sonderprüfung weniger belastend ist[192], ist eine wortlautgetreue Auslegung des § 315 S 6 vorzugswürdig.

50 Die Feststellung, ob eine **Prüfung „derselben Vorgänge"** vorliegt, bereitet deshalb Schwierigkeiten, weil eine Sonderprüfung nach § 142 – anders als eine solche nach § 315 (vgl Rdn 34) – nur zur Prüfung konkreter Vorgänge angeordnet werden kann. Richtigerweise genügt es für einen Antrag nach § 315 S 6, wenn der Gegenstand der von der Hauptversammlung nach § 142 angeordneten allgemeinen Sonderprüfung auch Gegenstand der umfassenderen konzernrechtlichen Sonderprüfung nach § 315 wäre.[193] Ist der Prüfungsgegenstand der allgemeinen Sonderprüfung enger umrissen, kann in dem Antrag auf Auswechslung des Sonderprüfers nach § 316 S 6 zugleich ein Antrag auf Erweiterung des Prüfungsgegenstandes auf die gesamten geschäftlichen Beziehungen der abhängigen Gesellschaft zum herrschenden Unternehmen oder einem mit ihm verbundenen Unternehmen liegen.[194] Ob dies gewollt ist, hat das Gericht durch Auslegung des Antrags oder Rückfrage beim Antragsteller zu ermitteln.[195] Für eine Erweiterung des Prüfungsgegenstandes muss im Falle des § 315 S 2 aber das erforderliche Quorum erfüllt sein.[196]

51 Das Gericht muss dem Antrag entsprechen und gemäß § 142 Abs 4 S 1 einen anderen Sonderprüfer bestellen, wenn dies aus einem in der Person des bestellten Sonderprüfers liegenden Grund geboten erscheint, insbesondere, wenn der bestellte Sonderprüfer nicht die für den Gegenstand der Sonderprüfung erforderlichen Kenntnisse hat, seine Befangenheit zu besorgen ist oder Bedenken wegen seiner Zuverlässigkeit bestehen.[197] Der bestellte Sonderprüfer muss vorher angehört werden (Rdn 31) und ist auch beschwerdeberechtigt (Rdn 32).[198] Ob bereits die Bestellung des Sonderprüfers durch die Hauptversammlung

---

188 Vgl Bürgers/Körber/*Fett* Rdn 14; Emmerich/*Habersack* Rdn 21; Hölters/*Leuering/Goertz* Rdn 28; Hüffer/*Koch* Rdn 5; KK-*Koppensteiner* Rdn 13; Spindler/Stilz/*Müller* Rdn 10; MK-*Altmeppen* Rdn 36.

189 So MünchHdbAG/*Krieger* § 70 Rdn 126; Schmidt/Lutter/*Vetter* Rdn 29.

190 So MünchHdbAG/*Krieger* § 70 Rdn 126.

191 Dazu Emmerich/*Habersack* Rdn 21.

192 Dazu Grigoleit/*Grigoleit* Rdn 8; KK-*Koppensteiner* Rdn 13; MK-*Altmeppen* Rdn 36.

193 So oder ähnlich Emmerich/*Habersack* Rdn 22; Grigoleit/*Grigoleit* Rdn 8; Hölters/*Leuering/Goertz* Rdn 25; MK-*Altmeppen* Rdn 38; Schmidt/Lutter/*Vetter* Rdn 30.

194 Vgl Emmerich/*Habersack* Rdn 22; Grigoleit/*Grigoleit* Rdn 8; Hölters/*Leuering/Goertz* Rdn 27; MünchHdbAG/Krieger § 70 Rdn 126.

195 Vgl Emmerich/*Habersack* Rdn 22; Hüffer/*Koch* Rdn 5; MünchHdbAG/*Krieger* § 70 Rdn 126.

196 Wie hier Emmerich/*Habersack* Rdn 22; MünchHdbAG/*Krieger* § 70 Rdn 126; Schmidt/Lutter/*Vetter* Rdn 30 f; Spindler/Stilz/*Müller* Rdn 11; abweichend Bürgers/Körber/*Fett* Rdn 14; Grigoleit/*Grigoleit* Rdn 8; MK-*Altmeppen* Rdn 38; wohl auch Hüffer/*Koch* Rdn 5.

197 Vgl Hölters/*Leuering/Goertz* Rdn 29.

198 Vgl Hüffer/*Koch* Rdn 5.

eine Besorgnis der Befangenheit begründet[199], erscheint fraglich.[200] Liegen zugleich die Voraussetzungen des Satz 1 oder 2 vor, dürfte dies aber regelmäßig zu bejahen sein.[201]

VI. Kosten

52 Bestellt das Gericht Sonderprüfer, so trägt die Gesellschaft entsprechend § 146 S 1 die Gerichtskosten und die Kosten der Prüfung.[202] Entsprechend § 146 S 2 steht ihr allerdings ein Rückgriffsanspruch gegen den Antragsteller zu, wenn dieser die Bestellung durch vorsätzlich oder grob fahrlässig unrichtigen Vortrag erwirkt hat.[203] Denkbar sind außerdem Schadensersatzansprüche der Gesellschaft gegen den Antragsteller aus § 826 BGB und unter dem Gesichtspunkt der Treuepflichtverletzung.[204] Ferner können die Prüfungskosten als Schadensposten im Rahmen von Ersatzansprüchen gegen Verwaltungsmitglieder der abhängigen Gesellschaft nach §§ 93, 116, 318 sowie gegen das herrschende Unternehmen nach § 317 ersatzfähig sein.[205]

53 Wird der Antrag auf Bestellung von Sonderprüfern abgelehnt, fallen die Gerichtskosten nach den allgemeinen Regeln dem Antragsteller zur Last.[206] Hiervon kann das Gericht im Wege einer Billigkeitsentscheidung nach § 81 FamFG abweichen.[207]

§ 316
Kein Bericht über Beziehungen zu verbundenen Unternehmen bei Gewinnabführungsvertrag

§§ 312 bis 315 gelten nicht, wenn zwischen der abhängigen Gesellschaft und dem herrschenden Unternehmen ein Gewinnabführungsvertrag besteht.

Übersicht

199 So Bürgers/Körber/*Fett* Rdn 14; Grigoleit/*Grigoleit* Rdn 8.
200 Wie hier MK-*Altmeppen* Rdn 37.
201 Wie hier Emmerich/*Habersack* Rdn 20; Hölters/*Leuering/Goertz* Rdn 26; KK-*Koppensteiner* Rdn 3; MK-*Altmeppen* Rdn 37.
202 Vgl Bürgers/Körber/*Fett* Rdn 12; Emmerich/*Habersack* Rdn 18; Grigoleit/*Grigoleit* Rdn 7; Hölters/*Leuering/Goertz* Rdn 42; Hüffer/*Koch* Rdn 6; KK-*Koppensteiner* Rdn 16; MK-*Altmeppen* Rdn 39; Schmidt/Lutter/*Vetter* Rdn 20; Spindler/Stilz/*Müller* Rdn 14.
203 Vgl Bürgers/Körber/*Fett* Rdn 12; Emmerich/*Habersack* Rdn 18; Grigoleit/*Grigoleit* Rdn 7; Hölters/*Leuering/Goertz* Rdn 42; MünchHdbAG/*Krieger* § 70 Rdn 128; Spindler/Stilz/*Müller* Rdn 14.
204 Vgl Grigoleit/*Grigoleit* Rdn 7; Küting/Weber/*Fleischer* § 146 Rdn 7 und 10.
205 Vgl *Bode* AG 1995, 261, 264; Bürgers/Körber/*Fett* Rdn 12; Emmerich/*Habersack* Rdn 18; Grigoleit/*Grigoleit* Rdn 7; Hölters/*Leuering/Goertz* Rdn 42; Küting/Weber/*Fleischer* § 142 Rdn 11; MK-*Altmeppen* Rdn 39; Schmidt/Lutter/*Vetter* Rdn 20; Spindler/Stilz/*Müller* Rdn 14.
206 Vgl *Kakies* S 140; Spindler/Stilz/*Müller* Rdn 14.
207 Vgl Spindler/Stilz/*Müller* Rdn 14.

Schrifttum

Altmeppen Cash Pooling und Kapitalerhaltung bei bestehendem Beherrschungs- oder Gewinnabführungsvertrag, NZG 2010, 361; *Bachmayr* Der reine Verlustübernahmevertrag, ein Unternehmensvertrag im Sinne des Aktiengesetzes 1965, BB 1967, 135; *Cahn/Simon* Isolierte Gewinnabführungsverträge, Der Konzern 2003, 1; *Habersack* Alte und neue Ungereimtheiten im Rahmen der §§ 311 ff AktG, FS Peltzer, 2001, S 139; *ders* Aufsteigende Kredite nach MoMiG, FS Schaumburg, 2009, S 1291; *Haesen* Der Abhängigkeitsbericht im faktischen Konzern, 1970; *Kronstein* Die Anwendbarkeit der §§ 311 ff über die Verantwortlichkeit im „faktischen" Konzern bei mehrstufigen Unternehmensverbindungen, BB 1967, 637; *Priester* Abhängigkeitsbericht bei isoliertem Verlustdeckungsvertrag?, FS Schaumburg, 2009, S 1327; *Werner* Probleme des neuen Konzernrechts, NB 1967, Heft 4, 1.

I. Grundlagen

1. Regelungsgegenstand

Nach § 316 braucht kein Abhängigkeitsbericht (§ 312) erstellt zu werden, wenn zwi- **1**
schen der abhängigen Gesellschaft und dem herrschenden Unternehmen ein Gewinnabführungsvertrag besteht. Folgerichtig entfallen auch die Prüfungs- und Berichtspflichten von Abschlussprüfer (§ 313) und Aufsichtsrat (§ 314) sowie das hieran anknüpfende Antragsrecht eines Aktionärs zur Bestellung von Sonderprüfern (§ 315).

Die Vorschrift hat nur einen vergleichsweise engen Anwendungsbereich: Trifft ein **2**
Gewinnabführungsvertrag – wie regelmäßig – mit einem Beherrschungsvertrag zusammen, so sind die §§ 311 ff von vornherein unanwendbar (arg § 311 Abs 1). Für den sog **isolierten Gewinnabführungsvertrag** bleibt es dagegen bei der Anwendbarkeit des § 311: Die abhängige Gesellschaft darf in diesem Fall nicht zu nachteiligen Rechtsgeschäften oder Maßnahmen veranlasst werden.[1] Gleichwohl braucht sie kraft der gesetzlichen Anordnung in § 316 keinen Abhängigkeitsbericht zu erstellen.[2]

2. Regelungszweck

Ausweislich der Gesetzesmaterialien sind die §§ 312 bis 315 beim Vorliegen eines **3**
Gewinnabführungsvertrages entbehrlich: Außenstehende Aktionäre und Gläubiger der abhängigen Gesellschaft werden in diesem Fall bereits durch die §§ 300 bis 307 geschützt.[3] Zu den gesetzlichen Schutzmechanismen gehören namentlich eine Verlustübernahmepflicht des herrschenden Unternehmens (§ 302) sowie Ausgleichs- und Abfindungsansprüche für außenstehende Aktionäre der abhängigen Gesellschaft (§§ 304, 305).[4] Angesichts dieser Sicherungen, die im Wesentlichen denen eines Beherrschungsvertrages entsprechen, hielt der Gesetzgeber einen Abhängigkeitsbericht für nicht erforderlich.[5]

---

1 So Begr RegE bei *Kropff* S 417 f.

2 Vgl Begr RegE bei *Kropff* S 418.

3 Vgl Begr RegE bei *Kropff* S 418; Bürgers/Körber/*Fett* § 316 Rdn 1; Emmerich/*Habersack* § 316 Rdn 1; Hölters/*Leuering/Goertz* § 316 Rdn 1; Hüffer/*Koch* Rdn 1; KK-*Koppensteiner* § 316 Rdn 1; MK-*Altmeppen* § 316 Rdn 3; NK-*Schatz/Schödel* § 316 Rdn 2; *Priester*, FS Schaumburg, 2009, S 1327, 1331; Schmidt/Lutter/*Vetter* § 316 Rdn 1; Spindler/Stilz/*Müller* § 316 Rdn 1; Wachter/*Rothley* § 316 Rdn 1.

4 Vgl *Cahn/Simon* Der Konzern 2003, 1, 18; Hölters/*Leuering/Goertz* § 316 Rdn 2; *Priester*, FS Schaumburg, 2009, S 1327, 1334 ff.

5 So Begr RegE bei *Kropff* S 418; Emmerich/*Habersack* § 316 Rdn 1; Schmidt/Lutter/*Vetter* § 316 Rdn 1.

Die kumulative Anwendung zweier Schutzsysteme – der §§ 300 ff einerseits und der §§ 312 ff andererseits – erschien ihm überflüssig und systemwidrig.[6] Dagegen legte er Wert darauf, dass die §§ 311, 317 bei einem isolierten Gewinnabführungsvertrag weiterhin anwendbar bleiben (dazu *de lege lata* Rdn 13, *de lege ferenda* Rdn 4).[7]

3. Rechtspolitische Würdigung und Reformvorschläge

4 Die rechtspolitische Diskussion kreist vor allem um die Frage, ob es bei einem isolierten Gewinnabführungsvertrag sinnvoll ist, an der Anwendbarkeit der §§ 311, 317 AktG festzuhalten. Manche Stimmen bejahen dies: Die unveränderte Anwendbarkeit dieser Vorschriften sei rechtssystematisch konsequent, weil es ohne Beherrschungsvertrag an einem Weisungsrecht des herrschenden Unternehmens nach § 308 fehle und der Tochtervorstand daher zur eigenverantwortlichen Leitung der abhängigen Gesellschaft berechtigt und verpflichtet sei.[8] Außerdem trage die Anwendbarkeit der §§ 311, 317 einem rechtspolitischen Bedürfnis Rechnung, da der Verlustausgleichsanspruch gegen das herrschende Unternehmen einmal nicht werthaltig sein könne und § 317 Abs 3 dann eine persönliche Inanspruchnahme der gesetzlichen Vertreter des herrschenden Unternehmens erlaube.[9]

5 Die überwiegende Gegenmeinung hält die **Anwendbarkeit der §§ 311, 317** für **systemwidrig**, überflüssig und praktisch obsolet.[10] Sie plädiert dafür, diese Vorschriften auch bei Bestehen eines isolierten Gewinnabführungsvertrages für unanwendbar zu erklären und damit die Rechtslage derjenigen bei Bestehen eines Beherrschungsvertrages anzugleichen.[11] Zur Begründung verweist sie zunächst darauf, dass allfällige Ausgleichs- und Schadensersatzleistungen dem anderen Vertragsteil ohnehin zugute kämen, indem sie entweder den abzuführenden Gewinn erhöhten oder den auszugleichenden Verlust minderten.[12] Unabhängig davon bildeten die §§ 311, 317 ohne die Vorschriften über den Abhängigkeitsbericht (§§ 312 bis 315) einen mehr oder minder funktionsunfähigen Torso.[13] Schließlich greife das Konzernprivileg der §§ 57 Abs 1 S 3, 291 Abs 3 seit Inkrafttreten des MoMiG von 2008[14] bereits „bei Bestehen eines Gewinnabführungsvertrages" ein, so dass jeder unterjährig erfolgende Vermögenstransfer auch beim isolierten Gewinnab-

---

[6] Vgl KK-*Koppensteiner* § 316 Rdn 1; *Priester*, FS Schaumburg, 2009, S 1327, 1331; Schmidt/Lutter/*Vetter* § 316 Rdn 1.

[7] Vgl Begr RegE bei *Kropff* S 417 f: „Besteht zwischen einer abhängigen Gesellschaft und einem herrschenden Unternehmen nur ein Gewinnabführungsvertrag, so gilt § 311 des Entwurfs. Die abhängige Gesellschaft darf dann nicht zu nachteiligen Rechtsgeschäften oder Maßnahmen veranlaßt werden."

[8] Vgl GroßkommAktG/*Würdinger* § 316 Rdn 1 (Vorauflage); gleichsinnig *Altmeppen* NZG 2010, 361, 365 f; MK-*Altmeppen* § 316 Rdn 4; dies zugestehend auch Emmerich/*Habersack* § 316 Rdn 10 („im Ausgangspunkt durchaus stimmig").

[9] Vgl GroßkommAktG/*Würdinger* § 316 Rdn 1 (Vorauflage); MK-*Altmeppen* § 316 Rdn 5.

[10] So besonders pointiert KK-*Koppensteiner* § 316 Rdn 1; im Ergebnis ebenso Bürgers/Körber/*Fett* § 316 Rdn 7; *Cahn*/*Simon* Der Konzern 2003, 1, 17 ff; Emmerich/*Habersack* § 316 Rdn 10; Grigoleit/*Grigoleit* § 316 Rdn 1; Spindler/Stilz/*Müller* § 316 Rdn 1; *Stephan* Der Konzern 2014, 1, 27.

[11] Vgl *Cahn*/*Simon* Der Konzern 2003, 1, 20; Emmerich/*Habersack* § 316 Rdn 10; Spindler/Stilz/*Müller* § 316 Rdn 1.

[12] Vgl *Cahn*/*Simon* Der Konzern 2003, 1, 17 f; Emmerich/*Habersack* § 316 Rdn 10.

[13] Vgl KK-*Koppensteiner* § 316 Rdn 1; gleichsinnig Bürgers/Körber/*Fett* § 316 Rdn 7; *Cahn*/*Simon* Der Konzern 2003, 1, 20; Emmerich/*Habersack* § 316 Rdn 10; Grigoleit/*Grigoleit* § 316 Rdn 1; kritisch dazu MK-*Altmeppen* § 316 Rdn 5 („unbegründet").

[14] BGBl I, S 2026.

führungsvertrag dem Anwendungsbereich des § 57 Abs 1 S 1, Abs 3 entzogen sei.[15] Infolgedessen sei die Anwendbarkeit der §§ 311, 317 auf den isolierten Gewinnabführungsvertrag seither erst recht überflüssig.[16]

II. Tatbestandsvoraussetzungen

1. Gewinnabführungsvertrag

Tatbestandlich setzt § 316 zunächst das Bestehen eines (isolierten, Rdn 1) Gewinnabführungsvertrages zwischen abhängiger Gesellschaft und herrschendem Unternehmen voraus. Erforderlich ist ein wirksamer, im Handelsregister eingetragener Vertrag (§ 294 Abs 1).[17] Nach den Grundsätzen über die fehlerhafte Gesellschaft steht dem ein fehlerhafter, aber durchgeführter Gewinnabführungsvertrag gleich.[18] 6

Keine Anwendung findet § 316 **auf andere Unternehmensverträge iSd § 292**; insbesondere gilt er nicht für die Gewinngemeinschaft und den Teilgewinnabführungsvertrag[19], weil ihnen die Sicherungen der §§ 300 ff fehlen. Auch ein Verlustübernahmevertrag, in dem die Parteien die Rechtsfolge des § 302 Abs 1 vertraglich vereinbaren, lässt die Verpflichtung zur Erstellung eines Abhängigkeitsberichts nach zutreffender hL nicht entfallen.[20] Gegen eine analoge Anwendung des § 316 auf den Verlustübernahmevertrag spricht zum einen, dass er kein Unternehmensvertrag ist und daher nicht nach § 294 ins Handelsregister eingetragen werden kann. Infolgedessen entfällt eine registergerichtliche Prüfung; zudem erhalten die Gläubiger keine Kenntnis von der Verlustübernahmepflicht und der Befreiung von der Pflicht, einen Abhängigkeitsbericht zu erstellen.[21] Zum anderen scheitert eine Analogie auch daran, dass die §§ 300 ff auf den Verlustübernahmevertrag keine Anwendung finden.[22] Gleiches gilt entgegen einer früheren Lehrmeinung[23] für den Fall, dass bei der abhängigen Gesellschaft keine außenstehenden Aktionäre vorhanden sind. Auch in diesem Fall fehlt es an der Eintragungsfähigkeit 7

[15] Vgl *Habersack*, FS Schaumburg, 2009, S 1291, 1299 f; *Mülbert/Leuschner* NZG 2009, 281, 287.

[16] Vgl Emmerich/*Habersack* § 316 Rdn 10; dagegen *Altmeppen* NZG 2010, 361, 366.

[17] Vgl Hölters/*Leuering/Goertz* § 316 Rdn 4; MK-*Altmeppen* § 316 Rdn 7; Schmidt/Lutter/*Vetter* § 316 Rdn 3; Spindler/Stilz/*Müller* § 316 Rdn 2; Wachter/*Rothley* § 316 Rdn 2.

[18] Vgl Bürgers/Körber/*Fett* § 316 Rdn 2; Emmerich/*Habersack* § 316 Rdn 2; Grigoleit/*Grigoleit* § 316 Rdn 2; Hölters/*Leuering/Goertz* § 316 Rdn 4; MK-*Altmeppen* § 316 Rdn 7; Schmidt/Lutter/*Vetter* § 316 Rdn 3; Spindler/Stilz/*Müller* § 316 Rdn 2; Wachter/*Rothley* § 316 Rdn 2.

[19] Vgl Bürgers/Körber/*Fett* § 316 Rdn 2; Emmerich/*Habersack* § 316 Rdn 2; Grigoleit/*Grigoleit* § 316 Rdn 2; Hölters/*Leuering/Goertz* § 316 Rdn 4; Hüffer/*Koch* § 316 Rdn 2; Schmidt/Lutter/*Vetter* § 316 Rdn 3; Spindler/Stilz/*Müller* § 316 Rdn 3.

[20] Vgl Bürgers/Körber/*Fett* § 316 Rdn 2; Emmerich/*Habersack* § 316 Rdn 3; Grigoleit/*Grigoleit* § 316 Rdn 2; GroßkommAktG/*Mülbert* § 291 Rdn 177; *Haesen* S 62 f; Hüffer/*Koch* Rdn 2; KK-*Koppensteiner* § 316 Rdn 4; MK-*Altmeppen* § 316 Rdn 8; NK-*Schatz/Schädel* § 316 Rdn 4; Schmidt/Lutter/*Vetter* § 316 Rdn 3; Spindler/Stilz/*Müller* § 316 Rdn 3; Wachter/*Rothley* § 316 Rdn 2.

[21] Vgl Bürgers/Körber/*Fett* § 316 Rdn 2; Emmerich/*Habersack* § 316 Rdn 3; Hölters/*Leuering/Goertz* § 316 Rdn 5; Hüffer/*Koch* § 316 Rdn 2; KK-*Koppensteiner* § 316 Rdn 4.

[22] Vgl GroßkommAktG/*Mülbert* § 291 Rdn 177 mwN.

[23] Vgl *Bachmayr* BB 1967, 135, 137 ff; *Rasch*, Deutsches Konzernrecht, 5. Aufl 1974, S 143 f; *Werner* NB 1967 Heft 4, S 2, 17 f; ausdrücklich aufgegeben wurde dieser Standpunkt entgegen der Vorauflage bei KK-*Koppensteiner* § 316 Rdn 4.

im Handelsregister und an der registergerichtlichen Kontrolle.[24] Schließlich führt die Offenlegung einer freiwilligen Verlustübernahmeerklärung nach Maßgabe des § 264 Abs 3 Nr 2 HGB nicht zur entsprechenden Anwendung des § 316 auf den Verlustübernahmevertrag.[25] Eine Offenlegung nach § 325 HGB vermag die registergerichtliche Prüfung nämlich nicht zu ersetzen und hat nicht die gleiche Publizitätswirkung wie eine Handelsregistereintragung.[26]

2. Veränderungen während des Geschäftsjahrs

8 Für Abschluss und Beendigung eines Gewinnabführungsvertrages während des Geschäftsjahrs gelten die allgemeinen Regeln (dazu bereits § 312 Rdn 46 ff). Wird ein solcher Vertrag unterjährig abgeschlossen, so lässt er die Pflicht zur Aufstellung eines Abhängigkeitsberichts für das gesamte Geschäftsjahr entfallen, wenn er bis zum Abschlussstichtag der abhängigen Gesellschaft durch Eintragung in das Handelsregister wirksam geworden ist.[27] Dies folgt daraus, dass die Verlustausgleichspflicht gemäß § 302 den gesamten Jahresverlust ohne Rücksicht darauf erfasst, ob allfällige Verluste vor oder nach Vertragsschluss eingetreten sind.[28] Entsprechendes gilt für den Fall, dass der Gewinnabführungsvertrag mit Rückwirkung für das bereits abgelaufene Geschäftsjahr geschlossen wird.[29]

9 Endet ein Gewinnabführungsvertrag, zB wegen einer Kündigung aus wichtigem Grund (§ 297), vor dem Abschlussstichtag, so lebt die Pflicht der abhängigen Gesellschaft zur Aufstellung eines Abhängigkeitsberichts wieder auf.[30] Jedoch erstreckt sich die Berichtspflicht dann nur auf den Zeitraum nach Beendigung des Gewinnabführungsvertrages. Hierfür fordert die hM aus Gründen der Rechtssicherheit allerdings zusätzlich die Bildung eines Rumpfgeschäftsjahrs[31], doch erscheint dies nicht zwingend.[32]

---

[24] Wie hier Emmerich/*Habersack* § 316 Rdn 3; KK-*Koppensteiner* § 316 Rdn 4; MK-*Altmeppen* § 316 Rdn 10; abw *Priester*, FS Schaumburg, 2009, S 1327, 1338 ff für eine 100 %ige Tochter, sofern die Voraussetzungen des § 264 Abs 3 HGB erfüllt sind und mit dem herrschenden Unternehmen ein Vertrag besteht, der neben einer Verlustdeckung gemäß § 302 die Verpflichtungen aus § 300 (Rücklagendotierung) und § 303 (Sicherheitsleistung) enthält.

[25] Vgl Emmerich/*Habersack* § 316 Rdn 4; Hölters/*Leuering/Goertz* § 316 Rdn 5; MK-*Altmeppen* § 316 Rdn 8.

[26] Vgl Hölters/*Leuering/Goertz* § 316 Rdn 5; MK-*Altmeppen* § 316 Rdn 8.

[27] Vgl Bürgers/Körber/*Fett* § 316 Rdn 3; Emmerich/*Habersack* § 316 Rdn 5; Grigoleit/*Grigoleit* § 316 Rdn 3; Hölters/*Leuering/Goertz* § 316 Rdn 6; Hüffer/*Koch* § 316 Rdn 4; MK-*Altmeppen* § 316 Rdn 11; Schmidt/Lutter/*Vetter* § 316 Rdn 5; Spindler/Stilz/*Müller* § 316 Rdn 5; Wachter/*Rothley* § 316 Rdn 3.

[28] Vgl Bürgers/Körber/*Fett* § 316 Rdn 3; Emmerich/*Habersack*§ 316 Rdn 3; Grigoleit/*Grigoleit* § 316 Rdn 3; Hölters/*Leuering/Goertz* § 316 Rdn 6; Hüffer/*Koch* § 316 Rdn 4; Schmidt/Lutter/*Vetter* § 316 Rdn 5; Spindler/Stilz/*Müller* § 316 Rdn 5.

[29] Vgl Bürgers/Körber/*Fett* § 316 Rdn 3; Emmerich/*Habersack* § 316 Rdn 3; Grigoleit/*Grigoleit* § 316 Rdn 3; Hölters/*Leuering/Goertz* § 316 Rdn 7; Hüffer/*Koch* § 316 Rdn 4; Schmidt/Lutter/*Vetter* § 316 Rdn 5; Spindler/Stilz/*Müller* § 316 Rdn 5; Wachter/*Rothley* § 316 Rdn 3.

[30] Vgl Bürgers/Körber/*Fett* § 313 Rdn 4; Emmerich/*Habersack* § 316 Rdn 6; Grigoleit/*Grigoleit* § 316 Rdn 3; Hüffer/*Koch* § 316 Rdn 5; Schmidt/Lutter/*Vetter* § 316 Rdn 6; Spindler/Stilz/*Müller* § 316 Rdn 5; Wachter/*Rothley* § 316 Rdn 4.

[31] Vgl Emmerich/*Habersack* § 316 Rdn 6; Grigoleit/*Grigoleit* § 316 Rdn 3; Hüffer/*Koch* § 316 Rdn 5; MK-*Altmeppen* § 316 Rdn 14; Wachter/*Rothley* § 316 Rdn 4.

[32] Wie hier Hölters/*Leuering/Goertz* § 316 Rdn 8; KK-*Koppensteiner* § 316 Rdn 2; Schmidt/*Lutter/Vetter* § 316 Rdn 6.

3. Mehrstufige Abhängigkeit

10 Bei einer mehrstufigen Unternehmensverbindung ist § 316 nach hM schon dann anwendbar, wenn zwischen Tochter- und Enkelgesellschaft ein Gewinnabführungsvertrag besteht.[33] Ein zusätzlicher Gewinnabführungsvertrag zwischen herrschendem Unternehmen und Tochtergesellschaft wird als nicht erforderlich angesehen.[34] Demgegenüber will eine Mindermeinung die §§ 312 ff nur bei einer durchgehenden Kette von Gewinnabführungsverträgen suspendieren.[35] Dies verdient keine Gefolgschaft; vielmehr ist die hier in Rede stehende Frage im Einklang mit der hM ebenso zu entscheiden wie beim Ausschluss der §§ 311 ff bei Bestehen eines Beherrschungsvertrages.

III. Rechtsfolgen

1. Unanwendbarkeit der §§ 312–315

11 Gemäß § 316 gelten die §§ 312 bis 315 nicht, wenn zwischen der abhängigen Gesellschaft und dem herrschenden Unternehmen ein – isolierter – Gewinnabführungsvertrag besteht. Keine Schwierigkeiten bereitet dies hinsichtlich § 312 (Abhängigkeitsbericht), § 313 (Prüfung durch den Abschlussprüfer), § 314 (Prüfung durch den Aufsichtsrat) und § 315 S 1 (Sonderprüfung bei formalisierten, an den Abhängigkeitsbericht anknüpfenden Erklärungen). Fraglich ist allerdings, ob sich die Suspendierung der §§ 312 bis 315 auch auf § 315 S 2 erstreckt, der im Zuge des KonTraG von 1998[36] Eingang in das Gesetz gefunden hat (näher § 315 Rdn 5) und gerade nicht an das Vorliegen eines Abhängigkeitsberichts anknüpft. Die hL verneint dies unter Hinweis auf ein Redaktionsversehen[37] und erachtet § 315 S 2 entgegen dem Gesetzeswortlaut auch beim Vorliegen eines isolierten Gewinnabführungsvertrages für anwendbar.[38] Eine Gegenauffassung hält das behauptete Redaktionsversehen für nicht hinreichend offenkundig und sieht kein durchschlagendes Bedürfnis für eine Anwendbarkeit dieser Vorschrift.[39] Der hL ist beizutreten: Auch wenn sich ein Redaktionsversehen ieS nicht sicher nachweisen lässt, sprechen Gesichtspunkte des Minderheitenschutzes dafür, dass § 315 S 2 anwendbar bleibt. Gleiches gilt für § 315 S 6, sofern eine Aktionärsminderheit iSd § 315 S 2 die Bestellung eines anderen Sonderprüfers beantragen kann.[40]

---

33 Vgl Grigoleit/*Grigoleit* § 316 Rdn 3; Hüffer/*Koch* § 316 Rdn 3; KK-*Koppensteiner* § 316 Rdn 3; MK-*Altmeppen* § 316 Rdn 15; Schmidt/Lutter/*Vetter* § 316 Rdn 4; Spindler/Stilz/*Müller* § 316 Rdn 4.

34 Vgl Hüffer/*Koch* § 316 Rdn 3; Spindler/Stilz/*Müller* § 316 Rdn 4.

35 Vgl Bürgers/Körber/*Fett* § 316 Rdn 5; Emmerich/*Habersack* § 316 Rdn 7; Hölters/*Leuering/Goertz* § 316 Rdn 9; *Kronstein* BB 1967, 637, 641.

36 BGBl I, S 786.

37 So ausdrücklich Henssler/Strohn/*Bödeker* § 316 Rdn 5; Hölters/*Leuering/Goertz* § 316 Rdn 11; MK-*Altmeppen* § 316 Rdn 17; Spindler/Stilz/*Müller* § 316 Rdn 6.

38 Vgl Emmerich/*Habersack* § 316 Rn 9; *Habersack*, FS Peltzer, 2001, S 139, 147 ff; Henssler/Strohn/*Bödeker* § 316 Rdn 5; Hüffer/*Koch* § 316 Rdn 6; KK-*Koppensteiner* § 316 Rdn 6; MK-*Altmeppen* § 316 Rdn 17; Spindler/Stilz/*Müller* § 316 Rdn 6; Wachter/*Rothley* § 316 Rdn 5.

39 Vgl Bürgers/Körber/*Fett* § 316 Rdn 6; Grigoleit/*Grigoleit* § 316 Rdn 1; Schmidt/Lutter/*Vetter* § 316 Rdn 2.

40 Ebenso Emmerich/*Habersack* § 316 Rdn 9; Hüffer/*Koch* § 316 Rdn 6; MK-*Altmeppen* § 316 Rdn 17.

2. Leerlaufen des § 318

12 Von dem „Nichtanwendungs"-Befehl des § 316 nicht ausdrücklich erfasst wird die Verantwortlichkeit der Verwaltungsmitglieder der abhängigen Gesellschaft gemäß § 318. Gleichwohl ist diese Vorschrift gegenstandslos, weil sie tatbestandlich an die suspendierten Berichts- und Prüfungspflichten der §§ 312, 314 anknüpft (vgl § 318 Rdn 11 und 19).[41] Legistisch ist die unterbliebene Erwähnung des § 318 in § 316 kein Ruhmesblatt.[42]

3. Anwendbarkeit der §§ 311, 317

13 Anwendbar bleiben auch beim Bestehen eines isolierten Gewinnabführungsvertrages die §§ 311, 317.[43] Eine kompensationslose Nachteilszufügung durch das herrschende Unternehmen ist daher unzulässig.[44] Über die rechtspolitische Sinnhaftigkeit dieser bewussten gesetzgeberischen Entscheidung gehen die Auffassungen auseinander (näher Rdn 4).

§ 317
Verantwortlichkeit des herrschenden Unternehmens und seiner gesetzlichen Vertreter

(1) Veranlasst ein herrschendes Unternehmen eine abhängige Gesellschaft, mit der kein Beherrschungsvertrag besteht, ein für sie nachteiliges Rechtsgeschäft vorzunehmen oder zu ihrem Nachteil eine Maßnahme zu treffen oder zu unterlassen, ohne dass es den Nachteil bis zum Ende des Geschäftsjahrs tatsächlich ausgleicht oder der abhängigen Gesellschaft einen Rechtsanspruch auf einen zum Ausgleich bestimmten Vorteil gewährt, so ist es der Gesellschaft zum Ersatz des ihr daraus entstehenden Schadens verpflichtet. Es ist auch den Aktionären zum Ersatz des ihnen daraus entstandenen Schadens verpflichtet, soweit sie, abgesehen von einem Schaden, der ihnen durch Schädigung der Gesellschaft zugefügt worden ist, geschädigt worden sind.

(2) Die Ersatzpflicht tritt nicht ein, wenn auch ein ordentlicher und gewissenhafter Geschäftsleiter einer unabhängigen Gesellschaft das Rechtsgeschäft vorgenommen oder die Maßnahme getroffen oder unterlassen hätte.

(3) Neben dem herrschenden Unternehmen haften als Gesamtschuldner die gesetzlichen Vertreter des Unternehmens, die die Gesellschaft zu dem Rechtsgeschäft oder der Maßnahme veranlasst haben.

(4) § 309 Abs 3 bis 5 gilt sinngemäß.

---

[41] Vgl Bürgers/Körber/*Fett* § 316 Rdn 8; Emmerich/*Habersack* § 316 Rdn 8; Grigoleit/*Grigoleit* § 316 Rdn 1; Hölters/*Leuering/Goertz* § 316 Rdn 10; Hüffer/*Koch* § 316 Rdn 6; KK-*Koppensteiner* § 316 Rdn 1; Küting/Weber/*Weber* § 316 Rdn 6; MK-*Altmeppen* § 316 Rdn 16; NK-*Schatz/Schödel* § 316 Rdn 10; Schmidt/Lutter/*Vetter* § 316 Rdn 1; Spindler/Stilz/*Müller* § 316 Rdn 6.

[42] Ähnlich KK-*Koppensteiner* § 316 Rdn 1: „§ 316 ist daher offensichtlich nicht ausreichend durchdacht."

[43] Vgl Begr RegE bei *Kropff* S 417; Bürgers/Körber/*Fett* § 316 Rdn 7; Emmerich/*Habersack* § 316 Rdn 10; Grigoleit/*Grigoleit* § 316 Rdn 1; Hölters/*Leuering/Goertz* § 316 Rdn 12; Hüffer/*Koch* § 316 Rdn 6; MK-*Altmeppen* § 316 Rdn 16; Schmidt/Lutter/*Vetter* § 316 Rdn 1; Spindler/Stilz/*Müller* § 316 Rdn 6; Wachter/*Rothley* § 316 Rdn 5.

[44] Vgl Begr RegE bei *Kropff* S 417; Bürgers/Körber/*Fett* § 316 Rdn 7; Hüffer/*Koch* § 316 Rdn 6.

Übersicht

Schrifttum

Abeltshauser Leitungshaftung im Kapitalgesellschaftsrecht, 1998; *Altmeppen* Die Haftung des Managers im Konzern, 1998; *Altmeppen* Interessenkonflikte im Konzern, ZHR 171 (2007) 320; *Altmeppen* Wirklich keine Haftung der Bundesrepublik Deutschland im Fall Telekom?, NJW 2008, 1553; *Altmeppen* Zur immer noch geheimnisvollen Regelung der faktisch abhängigen AG, FS Priester, 2007, S 1; *Bernau* Konzernrechtliche Ersatzansprüche als Gegenstand des Erzwingungsrechts nach § 147 Abs 1 Satz 1 AktG, AG 2011, 894; *Beuthien* Art und Grenzen der aktienrechtlichen Haftung herrschender Unternehmen für Leitungsmachtmißbrauch, DB 1969, 1781; *Bollmann* Der Schadensersatzanspruch gemäß § 317 bei Schädigung der abhängigen Eine-Person-AG, 1995; *Brandes* Ersatz von Gesellschafts- und Gesellschafterschaden, FS Fleck, 1988, S 13; *Brüggemann* Die Einflussnahme auf die Verwaltung einer Aktiengesellschaft, AG 1988, 93; *Eschenbruch* Konzernhaftung, 1996; *Fischbach* Die Haftung des Vorstands im Aktienkonzern, 2009; *Fischbach/Lüneborg* Die Organpflichten bei der Durchsetzung von Organhaftungsansprüchen im Aktienkonzern, NZG 2015, 1142; *Fleischer* Haftung des herrschenden Unternehmens im faktischen Konzern und unternehmerisches Ermessen (§§ 317 II, 93 I AktG), NZG 2008, 371; *Fleischer* Rechtsvergleichende Inspirationsquellen für das Aktiengesetz von 1965 und seine Ausstrahlungswirkung auf ausländische Aktiengesetze, in Fleischer/Koch/Kropff/Lutter (Hrsg), 50 Jahre Aktiengesetz, 2016; *Fuchs* Verlustausgleich bei „qualifizierter Nachteilszufügung"? – Aktienrechtliche Konsequenzen aus „Trihotel", 2011; *Gansweid* Gemeinsame Tochtergesellschaften im deutschen Konzern- und Wettbewerbsrecht, 1970; *Geßler* Der Schutz der abhängigen Gesellschaft, FS W Schmidt, 1959, S 247; *Geßler* Leitungsmacht und Verantwortlichkeit im faktischen Konzern, FS Westermann, 1974, S 145; *Habersack* Gesellschafts- und Gruppeninteresse im Recht der abhängigen AG, in Kalss/Fleischer/Vogt (Hrsg), Gesellschafts- und Kapitalmarktrecht in Deutschland, Österreich und der Schweiz 2013, 2014, S 1; *Habersack* Staatliche und halbstaatliche Eingriffe in die Unternehmensführung, Gutachten E zum 69. Deutschen Juristentag, 2012; *Habersack* Die UMTS-Auktion – ein Lehrstück des Aktienkonzernrechts, ZIP 2006, 1327; *Haesen*, Der Abhängigkeitsbericht im faktischen Konzern, 1970; *Hoffmann-Becking* Referat zum 59. Deutschen Juristentag, Abteilung Wirtschaftsrecht, 1992, Band II, R 8; *Hommelhoff* Empfiehlt es sich, das Recht faktischer Unternehmensverbindungen neu zu regeln?, Gutachten G zum 59. Deutschen Juristentag, 1992; *Immenga* Schutz abhängiger Gesellschaften durch Bindung oder Unterbindung beherrschenden Einflusses?, ZGR 1978, 269; *Kellmann* Schadensersatz und Ausgleich im faktischen Konzern, BB 1969, 509; *Krebs* Geschäftsführungshaftung bei der GmbH & Co. KG und das Prinzip der Haftung für sorgfaltswidrige Leitung, 1991; *Kropff* Der konzernrechtliche Ersatzanspruch – ein zahnloser Tiger?, FS Bezzenberger, 2000, S 233; *Leo* Die Einmann-AG und das neue Konzernrecht, AG 1965, 352; *Luchterhand* Leitungsmacht und Verantwortlichkeit im faktischen Konzern, ZHR 133 (1970), 1; *Lutter* Grenzen zulässiger Einflussnahme im faktischen Konzern, FS Peltzer, 2001, S 241; *Maul* Aktienrechtliches Konzernrecht und Gemeinschaftsunternehmen, NZG 2000, 470; *Mertens* Die gesetzliche Einschränkung der Disposition über Ersatzansprüche der Gesellschaft durch Verzicht oder Vergleich in der aktien- und konzernrechtlichen Organhaftung, FS Fleck, 1988, S 209; *Mestmäcker* Zur Systematik des Rechts der verbundenen Unternehmen im neuen Aktiengesetz, FS Kronstein, 1967, S. 129; *Michalski* Ungeklärte Fragen bei der Einlagenrückgewähr im Aktienrecht, AG 1980, 261; *Möhring* Zur Systematik der §§ 311, 317, FS Schilling, 1973, S 253; *G. Müller* Gesellschafts- und Gesellschafterschaden, FS Kellermann, 1991, S 317; *HF Müller* Die Durchsetzung konzernrechtlicher Ersatzansprüche nach dem UMAG, Der Konzern 2006, 725; *Noack* Haftungsfragen bei Vorstandsdoppelmandaten im faktischen Konzern, FS Hoffmann-Becking, 2013, S 847; *Paul* Informelle und formelle Einflussnahmen des faktisch herrschenden Unternehmens auf die faktisch abhängige AG, 2013; *Rhiel* Related-Party Transactions im deutschen und US-amerikanischen Recht der Aktiengesellschaft, 2015; *Rödding* Bilanzierung von konzerngeleiteten Maßnahmen, 1999; *Schneider/Schneider* Vorstandshaftung im Konzern, AG 2005, 57; *Schürnbrand* Organschaft im Recht der privaten Verbände, 2007; *Stöcklhuber* Dogmatik der Haftung im faktischen Konzern, Der Konzern 2011, 252; *Strohn* Die Verfassung der Aktiengesellschaft im faktischen Konzern, 1977; *Studienkommission des Deutschen Juristentages* (Hrsg), Untersuchungen zur Reform des Konzernrechts, 1967; *Tröger/Dangelmayer* Eigenhaftung der Organe für Veranlassung existenzvernichtender Leitungsmaßnahmen im Konzern, ZGR 2011, 558; *Ulmer* Das Sonderrecht der §§ 311 ff AktG und sein Verhältnis zur allgemeinen aktienrechtlichen Haftung für Schädigungen der AG, FS Hüffer, 2010, S 999; *Voigt* Haftung und Einfluss auf die Aktiengesellschaft (§§ 117, 309, 317), 2004; *Wackerbarth* Der Vorstand der abhängigen Aktiengesellschaft und die §§ 311 ff in der jüngeren Rechtsprechung des II. Senats, Der Konzern 2010, 261 (Teil I), 337 (Teil II); *Wackerbarth* Die Abschaffung des Konzernrechts, Der Konzern 2005, 562; *Wäldle* Die Anwendbarkeit des § 31 BGB und der Begriff des „gesetzlichen Vertreters" im Rahmen konzernrechtlicher Haftungstatbestände des faktischen Konzerns, DB 1972, 2289; *Weber* Die konzernrechtliche abgeleitete Aktionärsklage, 2006; *Wellkamp* Die Haftung von Geschäftsleitern im Konzern, WM 1993, 2155; *Wimmer-Leonhardt* Konzernhaftungsrecht, 2004.

I. Grundlagen

1. Regelungsgegenstand

1 § 317 regelt die Verantwortlichkeit des herrschenden Unternehmens und seiner gesetzlichen Vertreter für nicht ausgeglichene Nachteilszufügungen. Er steht damit **im engen teleologischen Zusammenhang zu § 311**, an dessen Tatbestandsvoraussetzungen er anknüpft. Abs 1 sieht eine Haftung des herrschenden Unternehmens gegenüber der abhängigen Gesellschaft und unmittelbar geschädigten Aktionären vor. Abs 2 enthält einen Haftungsausschluss. Nach Abs 3 haften auch die gesetzlichen Vertreter des herrschenden Unternehmens für von ihnen veranlasste Nachteilszufügungen. Abs 4 verweist für Verzicht und Vergleich, Verfolgungsrechte von Aktionären und Gläubigern sowie für die Verjährung auf § 309 Abs 3 bis 5. **Praktisch** hat die Vorschrift bisher nur eine **geringe Rolle** gespielt[1]; in jüngerer Zeit sind **aber** immerhin **einzelne wegweisende Gerichtsent-**

[1] Vgl bereits die Befunde von *Hommelhoff* Gutachten F zum 59. DJT 1992, S 67; *Kropff*, FS Bezzenberger 2000, S 233, 234 f; aus heutiger Sicht Emmerich/*Habersack* Rdn 2; Hüffer/*Koch* Rdn 1; MK-*Altmeppen* Rdn 3; Spindler/Stilz/*Müller* Rdn 2.

scheidungen zu verzeichnen.[2] Im Gesetz nicht angesprochen werden Fälle der sog qualifizierten Nachteilszufügung; sie bedürfen einer rechtsfortbildenden Lückenschließung (dazu § 317 Anh Rdn 1 ff).

2. Regelungszweck

Ausweislich der Regierungsbegründung soll § 317 sicherstellen, dass die abhängige Gesellschaft nicht unter Verstoß gegen § 311 zu nachteiligen Rechtsgeschäften oder Maßnahmen veranlasst wird.[3] Er soll im aktienkonzernrechtlichen Gesamtsystem verhindern, dass ein herrschendes Unternehmen die mit einem Beherrschungsvertrag verbundene Leitungsmacht in Anspruch nimmt, ohne einen solchen Vertrag abgeschlossen zu haben.[4] Wie alle Haftungstatbestände dient § 317 dem **Schadensausgleich** und der **Schadensprävention.** Im Zusammenspiel mit § 311 bezweckt er den Schutz der abhängigen Aktiengesellschaft, ihrer außenstehenden Aktionäre und Gläubiger.[5] **2**

3. Normentstehung

§ 317 geht wie das gesamte System des Außenseiterschutzes der §§ 311 ff auf die Aktienrechtsreform von 1965 zurück. Er hat **im Laufe des** langwierigen **Gesetzgebungsprozesses** einen **tiefgreifenden Gestaltwandel** erfahren. Ursprünglich hatte § 284 RefE 1958 eine verschuldensunabhängige und gesamtschuldnerische Haftung des herrschenden Unternehmens und seiner gesetzlichen Vertreter sowie der in seinem Auftrag handelnden Angestellten für nachteilige Weisungen vorgesehen.[6] Diese **„Erfolgshaftung“**[7] stieß jedoch in Wirtschaft und Wissenschaft auf heftigen Widerstand (näher vor § 311 Rdn 25 ff). Sie wurde daraufhin **durch** eine **objektivierte Verschuldenshaftung ersetzt,** die in § 306 Abs 2 RegE 1960 (heute: § 317 Abs 2) auf die Sorgfalt eines ordentlichen und gewissenhaften Geschäftsleiters einer unabhängigen Gesellschaft abstellte. Die geänderte Formulierung sollte ausweislich der Gesetzesmaterialien im faktischen Konzern Raum für die Ausübung von Konzernleitungsmacht belassen, ohne eine Haftung für fehlgeschlagene Geschäfte oder Maßnahmen auszulösen.[8] Sie geht auf einen Festschriftenbeitrag von *Geßler* (zu ihm vor § 311 Rdn 20) zurück, der sich seinerseits durch das US-amerikanische Recht inspirieren ließ.[9] Für das tiefere Verständnis des § 317 Abs 2 **3**

---

[2] Vgl BGHZ 175, 365 – UMTS; BGHZ 179, 71 – MPS; BGHZ 190, 7 – Dritter Börsengang; BGH NZG 2013, 233 – T-Online.

[3] So Begr RegE bei *Kropff* S 418.

[4] IdS Begr RegE bei *Kropff* S 418.

[5] Vgl Bürgers/Körber/*Fett* Rdn 2; Emmerich/*Habersack* Rdn 2; Hüffer/*Koch* Rdn 1; Spindler/Stilz/*Müller* Rdn 2.

[6] Erläuterungen dazu und zum Weisungsbegriff in BMJ RefE AktG S 409.

[7] *Kropff* Das Wertpapier 1958, 674, 680; zu ihrer Rechtfertigung der damalige Justizminister *Schäffer* BB 1958, 1253, 1259: „Daß der unerlaubt Handelnde auch für von ihm nicht voraussehbare Schaden haftet, ist ein allgemeiner und sicher nicht unberechtigter Grundsatz unserer Rechtsordnung.“

[8] So Begr RegE bei *Kropff* S 419.

[9] Vgl *Geßler*, FS W Schmidt, 1959, S 247, 273: „Maßgebend für einen Wegfall der Ersatzpflicht sollte sein, ob die Maßnahme vom Standpunkt eines ordentlichen und gewissenhaften Geschäftsleiters einer unabhängigen Gesellschaft im Zeitpunkt ihrer Vornahme nicht zu beanstanden war. Blicken wir über die Grenzen unseres Landes hinaus, so ist dies der Gedanke, der die amerikanische Rechtsprechung beherrscht. Wer die Befugnisse der Verwaltung ausübt, auf sie Einfluß nimmt, den treffen die gesetzlichen Pflichten der Verwaltung.“; ferner *Studienkommission DJT* Rdn 416.

und seiner Grundkonzeption gibt dieser rechtsvergleichende Ideen- und Wertungstransfer, der sich auch durch bisher unerschlossene Ministerialakten belegen lässt[10], wertvolle Anhaltspunkte.[11]

4. Rechtsnatur der Haftung

4 Über die Rechtsnatur der Haftung aus § 317 Abs 1 gehen die Meinungen bis heute auseinander. Die hL versteht sie als eine Form der Organhaftung.[12] Eine andere Ansicht erblickt in ihr eine besondere Ausprägung der Treupflichthaftung.[13] Wieder andere deuten § 317 Abs 1 als Deliktshaftung.[14] Schließlich wird die Vorschrift auch als eine Verschuldenshaftung für Fremdgeschäftsführung angesehen.[15]

5 Die praktische Bedeutung dieses Theorienstreits ist gering.[16] Zudem stehen sich die verschiedenen Auffassungen keineswegs so unversöhnlich gegenüber, wie es zunächst den Anschein hat, sondern verwenden zum Teil ähnliche dogmatische Versatzstücke. Am ehesten lässt sich § 317 als **organähnliche Haftung für die Ausübung tatsächlicher Leitungsmacht** begreifen. Hierfür spricht zunächst, dass § 317 Abs 2 mit der Sorgfalt eines ordentlichen und gewissenhaften Geschäftsleiters systematisch und terminologisch an § 93 Abs 1 S1 anknüpft.[17] Dem steht nicht entgegen, dass das herrschende Unternehmen und seine Vertreter weder die Stellung eines Organs noch Leitungsmacht in Form eines Weisungsrechts haben.[18] Es genügt, dass sie tatsächlich Organfunktionen in der abhängigen Gesellschaft in Anspruch nehmen[19], ähnlich wie dies faktische Vorstandsmitglieder ohne förmlichen Bestellungsakt tun.[20] Darüber hinaus folgt § 317 Abs 4 in seiner konkreten Ausgestaltung (Verzicht, Vergleich, Verjährung) dem Vorbild der Vorstandshaftung in § 93 Abs 4.[21] Schließlich ist wohl auch der historische Gesetzgeber von einer

---

[10] Vgl namentlich *Kropff*, Konzernfragen im Aktienrecht, 195 maschinegeschriebene Seiten, vorgelegt im Oktober 1956, archiviert im Koblenzer Bundesarchiv unter BA-Aktenband B 141/2392.

[11] Dazu *Fleischer*, in Fleischer/Koch/Kropff/Lutter (Hrsg.), 50 Jahre Aktiengesetz, 2016, S 325, 334 f mwN.

[12] Vgl *Abeltshauser* S 266; *Baumbach/Hueck* Rdn 6; Fleischer/*Fleischer* Hdb VorstandsR § 18 Rdn 78; *Hoffmann-Becking*, Referat auf dem 59. DJT 1992, Band II, R 8, R 16; *Immenga* ZGR 1978, 269, 273 f; *Kellmann* BB 1969, 1509, 1515; KK-*Koppensteiner* Rdn 5; *Krebs* S 259 ff; MK-*Kropff* 2. Aufl Rdn 8; *Möhring*, FS Schilling, 1973, S 253, 263; Spindler/Stilz/*Müller* Rdn 2; *Studienkommission DJT* Rdn 416; *Voigt* S 305 ff, 357 f.

[13] Vgl Grigoleit/*Grigoleit* Rdn 1; Hüffer/*Koch* Rdn 1; *Paul* S 120 f; Schmidt/Lutter/*Vetter* Rdn 3; *Wimmer-Leonhardt* S 70, 138 ff.

[14] Vgl Emmerich/*Habersack* Rdn 11; *Schürnbrand* S 186 ff; s auch LG Kiel AG 2008, 677; *Brüggemeier* AG 1988, 93, 101.

[15] Vgl *Altmeppen* ZHR 171 (2007), 320, 329 ff; *ders*, FS Priester, 2007, S 1, 5 ff; *ders* NJW 2008, 1553, 1554 f; MK-*Altmeppen* Rdn 8 ff.

[16] Ähnlich KK-*Koppensteiner* Rdn 5 („praktisch kaum folgenreich"); ferner *Bollmann* S 59 („keine ersichtlichen Folgen").

[17] So auch *Abeltshauser* S 266; KK-*Koppensteiner* Rdn 5; *Krebs* S 259 ff; *Mestmäcker*, FS Kronstein, 1967, S 129, 141.

[18] So aber der Einwand von Emmerich/*Habersack* Rdn 11; *Wimmer-Leonhardt* S 138.

[19] Dazu *Kellmann* BB 1969, 1509, 1515; KK-*Koppensteiner* Rdn 5; *Voigt* S 344 f; kritisch Schmidt/Lutter/*Vetter* Rdn 3 („wirkt befremdlich"), der aber nicht hinreichend berücksichtigt, dass die Okkupierung der Organstellung im In- und Ausland vielfach Haftungsfolgen auslöst; näher *Fleischer* AG 2004, 517, 523 f; ausführlich *Krebs* Sonderverbindung und außerdeliktische Schutzpflichten, 2000, S 118 f, 166 f und passim.

[20] Näher dazu *Fleischer* AG 2004, 517, 523 f; Spindler/Stilz/*Fleischer* § 93 Rdn 182 ff.; kritisch zu diesem Vergleich *Schürnbrand* S 188, der die Einflussnahme im faktischen Konzern aber zu Unrecht marginalisiert.

[21] Vgl MK-*Kropff* 2. Aufl Rdn 8; MK-*Altmeppen* Rdn 10; *Voigt* S 357.

Art Organhaftung ausgegangen.[22] Dogmatisch entsteht durch tatsächliche Einflussnahme des herrschenden Unternehmens eine **organähnliche Sonderverbindung, aus der sich Schutzpflichten und Haftungsfolgen ergeben.** Für eine deliktsrechtliche Deutung bleibt daher kein Raum.[23] Eine an die Verbandsmitgliedschaft anknüpfende Treupflichthaftung betont zwar zutreffend das Bestehen eines gesetzlichen Sonderrechtsverhältnisses zwischen herrschendem Unternehmen und abhängiger Gesellschaft, bildet die organähnliche Ausübung von Leitungsmacht aber nicht adäquat ab.

5. Rechtspolitische Würdigung

In der Gerichtspraxis hat § 317 Abs 1 und 3 bisher keine allzu große Bedeutung erlangt (vgl Rdn 1). Gleichwohl ist er als **zentrale Haftungsnorm im Gesamtsystem der §§ 311 ff** unverzichtbar[24] und wohl auch nicht ohne Einfluss: Zum einen entfaltet er als *fleet in being* eine nicht zu unterschätzende **Präventivwirkung**[25]; zum anderen mehren sich in jüngerer Zeit Haftungsprozesse zur konzernrechtlichen Verantwortlichkeit des herrschenden Unternehmens und seiner gesetzlichen Vertreter.[26] 6

Reservierter fällt das Urteil zum **Verfolgungsrecht einzelner Aktionäre** nach § 317 Abs 4 iVm § 309 Abs 4 S 1 aus, das bisher **weitgehend toter Buchstabe** geblieben ist.[27] Die Gründe dafür werden vor allem auf das Kostenrisiko des klagenden Aktionärs zurückgeführt.[28] Er kann bei einer erfolgreichen Klage nur Leistung an die Gesellschaft verlangen, trägt andererseits aber das volle **Prozesskostenrisiko.**[29] Angesichts dieses asymmetrischen Chancen-Risiken-Profils fehlen ihm hinreichende Klageanreize. Hinzu kommen Informationsdefizite[30], weil außenstehende Aktionäre keinen Einblick in den Abhängigkeitsbericht erhalten (vgl § 312 Rdn 10). Ferner verliert der klagende Aktionär 7

---

[22] Vorbereitend *Geßler*, FS W Schmidt, 1959, S 247, 273: „Wer die Befugnisse der Verwaltung [!] ausübt, auf sie Einfluß nimmt, den treffen die gesetzlichen Pflichten der Verwaltung [!].“; zuvor schon *Studienkommission DJT* Rdn 416: „Die herrschende Person muß aber, wenn die abhängige Gesellschaft auf ihrer Veranlassung tätig geworden ist, ebenso haften wie es die Organe der abhängigen Gesellschaft tun. Wer von einem beherrschenden Einfluß von der ihm gegebenen Leitungsmacht über eine abhängige Gesellschaft Gebrauch macht, betätigt sich gleichsam als Organ dieser Gesellschaft.“

[23] Ebenso Schmidt/Lutter/*Vetter* Rdn 3 („Subsidiarität des Deliktsrechts gegenüber Sonderrechtsbeziehungen“).

[24] Treffend *Hoffmann-Becking*, Referat auf dem 59. DJT 1992, Band II, R 8, R 15 f: „Die zentrale Haftungsnorm in dem Sanktions-Konzept der §§ 311 ff AktG ist nicht § 311, sondern § 317 AktG. § 311 AktG kann bei Licht besehen gestrichen werden, da § 317 AktG die maßgebliche und vollständige Haftungsnorm enthält.“; ferner KK-*Koppensteiner* Rdn 4: „Die besondere Bedeutung von § 317 braucht kaum hervorgehoben zu werden.“

[25] Vgl Grigoleit/*Grigoleit* Rdn 1; Hüffer/*Koch* Rdn 1; MK-*Altmeppen* Rdn 3 f; Schmidt/Lutter/*Vetter* Rdn 2; vorsichtiger NK-*Schatz/Schödel* Rdn 2 unter Hinweis darauf, dass strukturell bedingte Durchsetzungsdefizite das präventive Steuerungspotential des § 317 begrenzen.

[26] Einzelnachweise in Fn 2.

[27] Kritisch dazu Emmerich/*Habersack* Rdn 3; Hölters/*Leuering/Goertz* Rdn 4; KK-*Koppensteiner* Rdn 37; NK-*Schatz-Schödel* Rdn 2.

[28] Vgl Emmerich/*Habersack* Rdn 27; Hölters/*Leuering/Goertz* Rdn 4; KK-*Koppensteiner* Rdn 37; *Kropff*, FS Bezzenberger, 2000, S 233, 240; NK-*Schatz/Schödel* Rdn 2; *Planck*, Aktionärsklagen im französischen und deutschen Recht, 1995, S 134 ff, 202 ff; *Trescher* DB 1995, 661 ff; *Ulmer* ZHR 163 (1999), 290, 300.

[29] Vgl *Kropff*, FS Bezzenberger, 2000, S 233, 240; MK-*Altmeppen* Rdn 55.

[30] Vgl *Hölters/Leuering/Goertz* Rdn 4; *Kropff*, FS Bezzenberger, 2000, S 233, 237 ff; NK-*Schatz/Schödel* Rdn 2.

die Aktivlegitimation, sobald die abhängige Gesellschaft selbst klagt.[31] Aus allen diesen Gründen leistet das Recht der Einzelklage entgegen den Erwartungen des Gesetzgebers von 1965 bisher keinen nennenswerten Beitrag zur Durchsetzung des Verbots der kompensationslosen Nachteilszufügung in § 311 Abs 1.[32] Dies fällt umso schwerer ins Gewicht, als auch der Vorstand der abhängigen Gesellschaft häufig wenig geneigt sein wird, konzernrechtliche Ersatzansprüche gegen das herrschende Unternehmen zu verfolgen.[33]

6. Reformvorschläge

8 Ein erster Reformvorschlag geht dahin, **§ 317 und § 311 in einer einzigen Vorschrift zusammenzufassen.**[34] Für diese redaktionelle Änderung sprechen beim heutigen Stand der dogmatischen Entwicklung[35] durchgreifende Gründe. Insbesondere wäre es systematisch stimmiger, die Grundaussage des § 317 Abs 2 unmittelbar an das Verbot der kompensationslosen Nachteilszufügung in § 311 Abs 1 anzuschließen[36], etwa durch folgenden Satz: „Ein Rechtsgeschäft oder eine Maßnahme ist nicht nachteilig, wenn auch ein ordentlicher und gewissenhafter Geschäftsleiter einer unabhängigen Gesellschaft das Rechtsgeschäft vorgenommen oder die Maßnahme getroffen hätte."[37]

9 Weitere Stellungnahmen kreisen um die mit erheblichem Prozesskostenrisiko behaftete und daher praktisch bedeutungslose (Rdn 7) Individualklagebefugnis des einzelnen Aktionärs aus § 317 Abs 4.[38] Der Gutachter für den 59. Deutschen Juristentag 1992 hatte vorgeschlagen, das streitige Verfahren in ein Verfahren der freiwilligen Gerichtsbarkeit umzuwandeln, in dem der Richter auch befugt sein sollte, die Rückabwicklung bestimmter Vorgänge anzuordnen.[39] Dieser Vorschlag, der sich hinsichtlich der richterlichen Gestaltungsbefugnis an dem Diskussionsentwurf für eine 9. EG-Konzernrechts-Richtlinie orientiert hatte[40], fand aber keine Zustimmung.[41] Weniger weitreichend schlu-

---

31 Vgl OLG Hamburg AG 1999, 380; Emmerich/*Habersack* Rdn 27 mit Fn 57; MK-*Altmeppen* Rdn 55 mit Fn 49.

32 Vgl *Kropff*, FS Bezzenberger, 2000, S 233, 235.

33 Dazu *Kropff*, FS Bezzenberger, 2000, S 233, 234; NK-*Schatz/Schödel* Rdn 2.

34 In diese Richtung bereits *Kellmann* ZGR 1974, 220, 225, der eine Streichung des § 311 für erwägenswert hält; aus jüngerer Zeit *Hoffmann-Becking*, Referat auf dem 59. DJT 1992, Band II, R 8, R 15 f; *ders* Diskussionsbeitrag auf dem 59. DJT 1992, Sitzungsbericht R 100; MK-*Kropff* 2. Aufl § 311 Rdn 45.

35 Zu den damaligen Überlegungen des Gesetzgebers von 1965 MK-*Kropff* 2. Aufl Rdn 6: „Dem Gesetzgeber lag aber daran, eine sich nicht in Haftungsfolgen erschöpfende Regel für die Ausübung beherrschenden Einflusses in faktischen Abhängigkeits- und Konzernverhältnissen voranzustellen. Sie sollte zugleich die Grundlage der Vorschriften über den Abhängigkeitsbericht und seine Prüfung sein."

36 Dazu auch MK-*Kropff* 2. Aufl § 311 Rdn 45: „In der Tat ist an der heutigen Aufteilung mißlich, daß sich erst aus § 317 Abs. 2 der maßgebende Gesichtspunkt zur Bestimmung eines Nachteils ergibt."

37 *Kropff* DB 1967, 2147, 2151 mit Fn 34.

38 Vgl Emmerich/*Habersack* Rdn 3; Grigoleit/*Grigoleit* Rdn 1; Hüffer/*Koch* Rdn 1; Schmidt/Lutter/*Vetter* Rdn 4; MK-*Altmeppen* Rdn 11 f; Spindler/Stilz/*Müller* Rdn 3.

39 So *Hommelhoff*, Gutachten G zum 59. DJT 1992, G 67.

40 Vgl Art 11 Nr 1b, abgedruckt in ZGR 1985, 446, 453: „Das Gericht oder die nach innerstaatlichem Recht zuständige Behörde kann [...], falls dies zum Schutz der Gesellschaft, ihrer Aktionäre oder Arbeitnehmer für erforderlich erachtet wird: [...] b) die Untersagung der weiteren Erfüllung schädlicher Vereinbarungen sowie die Rückgängigmachung schädlicher Maßnahmen [verlangen],wobei gutgläubig erworbene Rechte Dritter zu wahren sind."

41 Ablehnend etwa *Hoffmann-Becking*, Referat auf dem 59. DJT 1991, Band II, R 17: „Die

gen spätere Literaturstimmen vor, das **Kostenrisiko des Aktionärs** durch Einführung einer dem § 247 Abs 2 entsprechenden Möglichkeit der Streitwertspaltung zu **reduzieren**, sofern sich dies nicht schon *de lege lata* im Wege eines Analogieschlusses begründen lässt (dazu Rdn 49).[42] Die Streitwertspaltung allein dürfte das Anreizproblem (Rdn 7) aber nicht vollständig beseitigen[43], so dass zusätzliche Verbesserungen zu erwägen sind.

II. Haftung des herrschenden Unternehmens (Abs 1)

1. Normadressaten

a) Gläubiger

aa) Abhängige Gesellschaft. Aktivlegitimiert ist nach § 317 Abs 1 S 1 die abhängige Gesellschaft. Sie wird bei der Geltendmachung dieses Anspruchs durch ihren Vorstand vertreten.[44] Der Vorstand ist zur Geltendmachung des Anspruchs nach § 93 Abs 1 S 1 grundsätzlich verpflichtet.[45] Unabhängig davon können einzelne Aktionäre oder Gläubiger den Ersatzanspruch nach Maßgabe des § 317 Abs 4 iVm § 309 Abs 4 verfolgen (Rdn 48 f). In Betracht kommt außerdem eine Geltendmachung nach §§ 147, 148 (näher Rdn 50). **10**

bb) Unmittelbar geschädigte Aktionäre. Darüber hinaus können Aktionäre der abhängigen Gesellschaft vom herrschenden Unternehmen nach § 317 Abs 1 S 2 **Ersatz für ihren unmittelbaren (Eigen-)Schaden** verlangen, der sich nicht durch Vermögensminderung der abhängigen Gesellschaft ausdrückt. Die Vorschrift ist § **117 Abs 1 S 2 nachgebildet**[46] und trägt dem Grundsatz der Kapitalerhaltung, der Zweckbindung des Gesellschaftsvermögens und dem Gebot der Gleichbehandlung aller Aktionäre Rechnung.[47] Nach dem Vorbild mehrerer ausländischer Rechte[48] unterscheidet sie streng zwischen dem nicht ersatzfähigen Reflexschaden eines Aktionärs (*no reflective loss principle*[49]), der sich nur in einem Minderwert seiner Aktien widerspiegelt, und seinem darüber hinausgehenden „*unmittelbaren Schaden*"[50], für den er vom herrschenden Unternehmen Ersatz an sich selbst verlangen kann.[51] Ein solcher unmittelbarer (Eigen-)Schaden ist etwa gegeben bei **11**

Erfahrungen mit den aktienrechtlichen FGG-Rechtsbehelfen, bei denen der antragstellende Aktionär kein Kostenrisiko trägt, sind nicht dazu angetan, weitere Rechtsbehelfe dieser Art ohne Not einzuführen."; s auch MK-*Altmeppen* Rdn 11.

42 Vgl *Habersack*, Gutachten E zum 69. DJT, 2012, E 96 im Zusammenhang mit dem Klagezulassungsverfahren aus § 148; *Kropff*, FS Bezzenberger, 2000, S 233, 241 ff (schon *de lege lata*); allgemein auch Grigoleit/*Grigoleit* Rdn 1.

43 Wie hier *Kropff*, FS Bezzenberger, 2000, S 232, 243; NK-*Schatz/Schödel* Rdn 2; Spindler/Stilz/*Müller* Rdn 19.

44 Vgl Bürgers/Körber/*Fett* Rdn 16; Emmerich/*Habersack* Rdn 12; Hölters/*Leuering/Goertz* Rdn 21; MK-*Altmeppen* Rdn 50; Schmidt/Lutter/*Vetter* Rdn 24.

45 Vgl Emmerich/*Habersack* Rdn 12; Hölters/*Leuering/Goertz* Rdn 21; MK-*Altmeppen* Rdn 50; Schmidt/Lutter/*Vetter* Rdn 24.

46 Vgl Begr RegE bei *Kropff* S 419; ferner BGH NJW 1992, 3167, 3171.

47 Vgl BGH NJW 1992, 3167, 3171; Emmerich/*Habersack* Rdn 13; MK-*Altmeppen* Rdn 81.

48 So ausdrücklich Begr RegE bei *Kropff* S 163.

49 Vgl *Mayson/French/Ryan*, Company Law, 33. Aufl 2016, S 565 ff mwN.

50 So die Terminologie bei Begr RegE *Kropff* S 163: „sogenannter unmittelbarer Schaden".

51 Vgl Bürgers/Körber/*Fett* Rdn 18; Emmerich/*Habersack* Rdn 13a; Grigoleit/*Grigoleit* Rdn 15; Hölters/*Leuering/Goertz* Rdn 29; Hüffer/*Koch* Rdn 8; MK-*Altmeppen* Rdn 81 f; NK-*Schatz/Schödel* Rdn 7; Schmidt/Lutter/*Vetter* Rdn 32; Spindler/Stilz/*Müller* Rdn 21.

nachteiligen Eingriffen in Dividendenansprüche der Aktionäre[52] oder bei einer vom herrschenden Unternehmen veranlassten Überbewertung einer Sacheinlage im Rahmen eines genehmigten Kapitals unter Ausschluss des Bezugsrechts der außenstehenden Aktionäre.[53]

12 Maßgebend ist die Aktionärsstellung im Zeitpunkt der Begründung des Anspruchs, regelmäßig also der nachteiligen Veranlassung.[54] Veräußert der geschädigte Aktionär seine Aktie(n), lässt dies seine Aktivlegitimation unberührt.[55] In dem von einem Aktionär geführten Rechtsstreit auf Ersatz des unmittelbaren eigenen Schadens nach § 317 Abs 1 S 2 haben andere außenstehende Aktionäre kein Recht zur Nebenintervention auf Klägerseite.[56] Das für eine Nebenintervention erforderliche rechtliche Interesse iSd § 66 Abs 1 ZPO lässt sich in einem derartigen Fall weder aus eigenen unmittelbaren Schadensersatzansprüchen des Streithelfers gemäß § 317 Abs 1 S 2 noch aus dessen Sonderklagerecht (§§ 317 Abs 4 iVm § 309 Abs 4) auf Ersatz des Gesellschaftsschadens iSd § 317 Abs 1 S 1 gegen das herrschende Unternehmen ableiten.[57]

b) Schuldner

13 aa) **Herrschendes Unternehmen.** Haftungsschuldner ist nach § 317 Abs 1 S 1 das herrschende Unternehmen. Hierunter können auch Gebietskörperschaften und andere öffentlich-rechtliche Rechtsträger[58] sowie ausländische Unternehmen[59] fallen. Fehlt es an dieser Voraussetzung, scheidet jedenfalls § 317 als Anspruchsgrundlage aus.[60] Schwesterunternehmen können daher nur nach § 117 oder aus sonstigen Vorschriften in Anspruch genommen werden.[61]

14 bb) **Mehrfache und mehrstufige Abhängigkeit.** Ist die Gesellschaft von mehreren herrschenden Unternehmen abhängig, etwa bei einem Gemeinschaftsunternehmen, so **haftet dasjenige Unternehmen, welches** die nachteilige **Maßnahme veranlasst hat.**[62] Maßgebend ist die Sicht der abhängigen Gesellschaft.[63] Bei mehrfacher unmittelbarer Veranlassung haften alle beteiligten Unternehmen als Gesamtschuldner (§§ 421 ff BGB).[64] Darüber hinaus haften andere Unternehmen nur, wenn ihnen die Veranlassung entspre-

---

[52] Vgl BGH NZG 2013, 233 Rdn 33; NJW 1992, 3167, 3171 f; Emmerich/*Habersack* Rdn 13a; Hüffer/*Koch* Rdn 8; Schmidt/Lutter/*Vetter* Rdn 32; Spindler/Stilz/*Müller* Rdn 6.

[53] Vgl Emmerich/*Habersack* Rdn 13a; Hölters/*Leuering/Goertz* Rdn 29.

[54] Vgl Emmerich/*Habersack* Rdn 14; MK-*Altmeppen* Rdn 83; Schmidt/Lutter/*Vetter* Rdn 33; zu § 117 Abs 1 S 2 auch BGHZ 94, 55, 58 f; abw Grigoleit/*Grigoleit* Rdn 15, wonach auch ein zu jedem späteren Zeitpunkt erwerbender Aktionär nach § 317 Abs 1 S 2 anspruchsberechtigt ist.

[55] Vgl Emmerich/*Habersack* Rdn 14; Grigoleit/*Grigoleit* Rdn 15; MK-*Altmeppen* Rdn 83; Schmidt/Lutter/*Vetter* Rdn 33.

[56] So BGH NZG 2006, 545 LS 1; aus dem Schrifttum *Backhaus* Die Beteiligung Dritter bei aktienrechtlichen Rechtsbehelfen, 2009, S 138 f; Bürgers/Körber/*Fett* Rdn 18; Hüffer/*Koch* Rdn 8; Schmidt/Lutter/*Vetter* Rdn 34.

[57] BGH NZG 2006, 545 LS 2; Schmidt/Lutter/*Vetter* Rdn 34.

[58] Vgl BGHZ 175, 365 Rn 10; Schmidt/Lutter/*Vetter* Rdn 5.

[59] Vgl Schmidt/Lutter/*Vetter* Rdn 5.

[60] Vgl OLG Düsseldorf AG 1991, 106, 108; Hüffer/*Koch* Rdn 2.

[61] Vgl MK-*Altmeppen* Rdn 74.

[62] Vgl Bürgers/Körber/*Fett* Rdn 9; Emmerich/*Habersack* Rdn 6; Henssler/Strohn/*Bödeker* Rdn 9; Hüffer/*Koch* Rdn 3; KK-*Koppensteiner* Rdn 41; MK-*Altmeppen* Rdn 73; Spindler/Stilz/*Müller* Rdn 7.

[63] Vgl Emmerich/*Habersack* Rdn 6; Hüffer/*Koch* Rdn 3; MK-*Altmeppen* Rdn 73; Spindler/Stilz/*Müller* Rdn 7.

[64] Vgl Emmerich/*Habersack* Rdn 6; KK-*Koppensteiner* Rdn 41; Spindler/Stilz/*Müller* Rdn 7.

chend §§ 164 Abs 1, 714 BGB[65] oder nach den Grundsätzen der Duldungs- oder Anscheinsvollmacht[66] zugerechnet werden kann. Eine automatische wechselseitige Zurechnung findet nicht statt.[67] Insbesondere haften veranlassungsunbeteiligte herrschende Unternehmen nicht, wenn ein herrschendes Unternehmen sich eigenmächtig über gemeinsame Vereinbarungen oder Beschlüsse hinwegsetzt.[68]

Auch bei mehrstufiger Abhängigkeit kommt es darauf an, von welchem Unternehmen die Veranlassung ausgegangen ist.[69] Bei doppelter Veranlassung, etwa durch Mutter- und Tochtergesellschaft zu Lasten der Enkelgesellschaft, haften beide als Gesamtschuldner.[70] Im Innenverhältnis wird allerdings zumeist die Muttergesellschaft allein verantwortlich sein.[71] 15

2. Tatbestandsvoraussetzungen

a) **Tatbestand des § 311 Abs 1.** Die Haftung aus § 317 Abs 1 S 1 verlangt als Eingangsvoraussetzung einen Verstoß des herrschenden Unternehmens gegen § 311 Abs 1 und wiederholt dessen vier Tatbestandsmerkmale: Abhängigkeitsverhältnis, kein Beherrschungsvertrag, keine Eingliederung, Veranlassung und Nachteil. Ebenso wie § 311 setzt § 317 nicht voraus, dass die abhängige Gesellschaft über außenstehende Aktionäre verfügt.[72] Allerdings laufen § 311 Abs 1 S 2 und Abs 4 iVm § 309 Abs 4 S 1 leer, wenn das herrschende Unternehmen Alleinaktionär ist.[73] Ferner kommt § 317 auch dann zur Anwendung, wenn zwischen herrschendem Unternehmen und abhängiger Gesellschaft (nur) ein isolierter Gewinnabführungsvertrag besteht.[74] Wie sich aus § 316 ergibt, sind dann zwar §§ 312 bis 315 unanwendbar; §§ 311, 317 bleiben jedoch unberührt. 16

b) **Unterbliebener Nachteilsausgleich.** Erforderlich ist weiterhin, dass bis zum Ende des Geschäftsjahres kein Nachteilsausgleich iSd § 311 Abs 2 stattgefunden hat. Es darf also weder ein tatsächlicher Ausgleich noch ein Rechtsanspruch auf einen Nachteilsausgleich gewährt worden sein.[75] Nach zutreffender hM bildet der unterbliebene Nachteilsausgleich das zentrale, die Rechtswidrigkeit und Schadensersatzpflicht begründende Tatbestandsmerkmal des § 317 (näher Rdn 23).[76] 17

c) **Schaden.** Schließlich muss der abhängigen Gesellschaft aus der kompensationslosen Nachteilszufügung ein Schaden erwachsen sein.[77] 18

---

65 Vgl Grigoleit/*Grigoleit* Rdn 5; Henssler/Strohn/*Bödeker* Rdn 9; Hüffer/*Koch* Rdn 3.

66 Vgl Henssler/Strohn/*Bödeker* Rdn 9; Hüffer/*Koch* Rdn 3.

67 Vgl Grigoleit/*Grigoleit* Rdn 5.

68 Vgl Bürgers/Körber/*Fett* Rdn 9; *Haesen* S 53; Hüffer/*Koch* Rdn 3; KK-*Koppensteiner* Rdn 41; *Maul* NZG 2000, 470, 472; abw *Gansweid* S 174 f.

69 Vgl Bürgers/Körber/*Fett* Rdn 9; Emmerich/*Habersack* Rdn 6; Hüffer/*Koch* Rdn 3; KK-*Koppensteiner* Rdn 41; Spindler/Stilz/*Koppensteiner* Rdn 7.

70 Vgl Bürgers/Körber/*Fett* Rdn 9; Emmerich/*Habersack* Rdn 6; Grigoleit/*Grigoleit* Rdn 5; Hüffer/*Koch* Rdn 3; KK-*Koppensteiner* Rdn 41; MK-*Altmeppen* Rdn 73.

71 Vgl KK-*Koppensteiner* Rdn 41.

72 Vgl Emmerich/*Habersack* Rdn 4; Hölters/*Leuering/Goertz* Rdn 6; *Krieger* in MünchHdb AG § 70 Rdn 129; MK-*Altmeppen* Rdn 2; monographisch *Bollmann* S 83 ff und passim.

73 Vgl Emmerich/*Habersack* Rdn 4; Hölters/*Leuering/Goertz* Rdn 6.

74 Vgl Emmerich/*Habersack* Rdn 4; Hölters/*Leuering/Goertz* Rdn 6; MK-*Altmeppen* Rdn 2.

75 Vgl Hölters/*Leuering/Goertz* Rdn 7.

76 Vgl Emmerich/*Habersack* Rdn 9; Hölters/*Leuering/Goertz* Rdn 7.

77 Vgl BGHZ 190, 7 Rdn 36; Bürgers/Körber/*Fett* Rdn 4; Henssler/Strohn/*Bödeker* Rdn 3; Hüffer/*Koch* Rdn 7; NK-*Schatz-Schödel* Rdn 4; Schmidt/Lutter/*Vetter* Rdn 8; Spindler/Stilz/*Müller* Rdn 4.

19 aa) **Schaden und Nachteil.** § 317 Abs 1 S 1 unterscheidet die Begriffe Schaden und Nachteil und verbindet daher mit ihnen unterschiedliche Vorstellungen. Der Schaden wird im allgemein-bürgerlichrechtlichen Sinne verstanden und *ex post* bestimmt[78]; der Nachteil entspricht der Begriffsbestimmung in § 311 Abs 1 und ist *ex ante* zu ermitteln.[79] Im Einzelfall können Schaden und Nachteil deckungsgleich sein.[80] Häufig wird der Schaden der abhängigen Gesellschaft aber größer sein, weil er neben dem unmittelbar durch das Rechtsgeschäft oder die Maßnahme entstandenen Nachteil auch zurechenbare Folgeschäden, zB entgangenen Gewinn (§ 252 BGB), einschließt.[81] Er ist dann nach heute einhelliger Ansicht in voller Höhe zu ersetzen.[82]

20 bb) **Nachteil als Mindestschaden?** Denkbar ist freilich auch der umgekehrte Fall, dass der Schaden hinter dem Nachteil zurückbleibt. So liegt es etwa, wenn das herrschende Unternehmen die abhängige Gesellschaft zur unentgeltlichen Übertragung eines Vermögensgegenstandes von 100.000 EUR veranlasst hat, der Wert dieses Gegenstandes aber bis zum Ende des Geschäftsjahres auf 50.000 EUR herabgesunken ist.[83] Über die Lösung dieses Falles gehen die Auffassungen auseinander. Eine **verbreitete Ansicht** sieht den **Betrag des Nachteils** dann **als Mindestschaden** an.[84] Sie stützt sich auf den Sanktionszweck des § 317[85] im Verein mit dem sog normativen Schadensbegriff[86] sowie auf die Erwägung, dass das herrschende Unternehmen andernfalls einen Anreiz hätte, den Nachteilsausgleich hinauszuzögern[87] und auf Kosten der abhängigen Gesellschaft zu spekulieren.[88] Die nicht minder verbreitete **Gegenansicht verneint** in diesem Fall einen **ersatzfähigen Schaden.**[89] Sie beruft sich auf die schadensersatzrechtliche Differenzhypothese[90] und die Regeln der Vorteilsausgleichung.[91]

21 **Der Gegenansicht ist beizutreten.** Auch wenn § 317 aus Gründen der Schadenskompensation und -prävention eine strenge objektive Haftung vorsieht, so sind dem konzernrechtlichen Verantwortlichkeitsrecht pönale Elemente fremd.[92] Mit dem Hinweis auf den Sanktionszweck der Vorschrift lässt sich daher **keine Schadensersatzhaftung ohne Schaden** begründen. Zudem liefe es dem schadensrechtlichen Bereicherungsverbot zuwider, wenn die abhängige Gesellschaft einen Ausgleich erhielte, obwohl sie nach der Differenz-

---

78 Vgl *Fischbach* S 180; *Geßler*, FS Westermann, 1974, S 145, 153; Hüffer/*Koch* Rdn 7.

79 Vgl Emmerich/*Habersack* Rdn 17; *Fischbach* S 180; *Geßler*, FS Westermann, 1974, S 145, 153; Hölters/*Leuering*/*Goertz* Rdn 14; Hüffer/*Koch* Rdn 7; Spindler/Stilz/*Müller* Rdn 10.

80 Vgl Hüffer/*Koch* Rdn 7.

81 Vgl Grigoleit/*Grigoleit* Rdn 6.

82 Vgl Bürgers/Körber/*Fett* Rdn 4; Emmerich/*Habersack* Rdn 17; Grigoleit/*Grigoleit* Rdn 6; Henssler/Strohn/*Bödeker* Rdn 3; Hölters/*Leuering*/*Goertz* Rdn 14; Hüffer/*Koch* Rdn 7; KK-*Koppensteiner* Rdn 16; NK-*Schatz*/*Schödel* Rdn 10; Spindler/*Stilz*/*Müller* Rdn 10; abw früher *Möhring*, FS Schilling, 1973, S 253, 265.

83 Beispiel nach *Beuthien* DB 1969, 1781, 1783; adaptiert von *Fischbach* S 180.

84 Vgl Bürgers/Körber/*Fett* Rdn 4; Emmerich/*Habersack* Rdn 17; *Fischbach* S 181 ff; Hüffer/*Koch* Rdn 7; Spindler/Stilz/*Müller* Rdn 10.

85 Vgl Emmerich/*Habersack* Rdn 17; Henssler/Strohn/*Bödeker* Rdn 3; Hüffer/*Koch* Rdn 7.

86 Vgl Emmerich/*Habersack* Rdn 17; Henssler/Strohn/*Bödeker* Rdn 3; Hüffer/*Koch* Rdn 7.

87 Vgl *Fischbach* S 183 f; Hölters/*Leuering*/*Goertz* Rdn 14; Hüffer/*Koch* Rdn 7; Spindler/Stilz/*Müller* Rdn 10.

88 Vgl *Fischbach* S 184 f.

89 Vgl Grigoleit/*Grigoleit* Rdn 6; KK-*Koppensteiner* Rdn 17; MK-*Altmeppen* Rdn 40 f; NK-*Schatz*/*Schödel* Rdn 10; Schmidt/Lutter/*Vetter* Rdn 8.

90 Vgl NK-*Schatz*/*Schödel* Rdn 10.

91 Vgl Grigoleit/*Grigoleit* Rdn 6; MK-*Altmeppen* Rdn 41; Schmidt/Lutter/*Vetter* Rdn 8.

92 So auch NK-*Schatz*/*Schödel* Rdn 2; ähnlich Grigoleit/*Grigoleit* Rdn 6; dies zugestehend auch *Fischbach* S 183.

hypothese gar keinen (Vermögens-)Schaden erlitten hat.[93] Hieran vermag auch der Rückgriff auf den normativen Schadensbegriff nichts zu ändern. Im Rahmen der gewöhnlichen Organhaftung aus § 93 Abs 2 lassen Rechtsprechung und hL die Vorteilsausgleichung nämlich grundsätzlich zu.[94] Warum im Rahmen der organähnlichen Haftung (Rdn 5) aus § 317 etwas anderes gelten soll, ist nicht erfindlich.[95]

22 d) **Subjektives Element?** Gelegentlich wird im Rahmen des § 317 noch ein schuldhaftes[96] Verhalten oder wenigstens ein Veranlassungsbewusstsein[97] gefordert. Dem ist mit der hM nicht zu folgen.[98] § 317 Abs 1 S 1 verlangt schon ausweislich seines Wortlauts nur eine adäquat kausale Veranlassung einer nachteiligen Maßnahme bei unterbliebenem Nachteilsausgleich.[99] Dies entspricht wohl auch dem Willen des historischen Gesetzgebers[100] und wird vor allem dem Schutzzweck des § 317 (Rdn 2) besser gerecht.[101] § 317 Abs 2 steht dem nicht entgegen, da er gerade keine Exkulpationsmöglichkeit, sondern nur ein den Nachteilsbegriff ausfüllendes, objektives Tatbestandsmerkmal enthält (näher Rdn 35 f).[102] Wertungsmäßig ist der Verzicht auf ein subjektives Element deshalb gerechtfertigt, weil die Abhängigkeitslage ein besonderes Gefährdungspotential für die abhängige Gesellschaft begründet.[103] Aus alledem folgt, dass sich das herrschende Unternehmen nicht darauf berufen kann, es habe die betreffende Maßnahme schuldlos nicht für nachteilig gehalten oder eine Schädigung nicht voraussehen können.[104]

23 e) **Innerer Haftungsgrund.** Worin der innere Haftungsgrund des § 317 Abs 1 liegt, wird unterschiedlich beurteilt. Eine vor allem im älteren Schrifttum vertretene Ansicht

93 Ähnlich Grigoleit/*Grigoleit* Rdn 6 („Zufallsgewinne"); Schmidt/Lutter/*Vetter* Rdn 8 („windfall profit").

94 Vgl BGH NJW 2013, 1958 LS 3; Spindler/Stilz/*Fleischer* § 93 Rdn 38 ff; beide mwN.

95 Gleichsinnig MK-*Altmeppen* Rdn 40.

96 So *Altmeppen* ZHR 171 (2007) 320, 332; *ders* NJW 2008, 1553, 1554; *ders* FS Priester, 2007, S 1, 5 ff; *Brüggemeier* AG 1988, 93, 100; *Fischbach* S 172 ff; *Stöckelhuber* Der Konzern 2011, 253, 255 f; *Voigt* S 324 ff, 332 ff; Vorauflage/*Würdinger* Rdn 5.

97 So MK-*Kropff*, 2. Aufl, Rdn 25.

98 Wie hier BGHZ 141, 79, 89; OLG Stuttgart AG 2007, 633, 637; Bürgers/Körber/*Fett* Rdn 7; Emmerich/*Habersack* Rdn 7; Grigoleit/*Grigoleit* Rdn 4; Hölters/*Leuering/Goertz* Rdn 9; Hüffer/*Koch* Rdn 6; NK-*Schatz/Schödel* Rdn 16; Schmidt/Lutter/*Vetter* Rdn 7; iE auch KK-*Koppensteiner* Rdn 11, 14.

99 Vgl NK-*Schatz/Schödel* Rdn 16.

100 Dazu *Geßler*, FS W Schmidt, 1959, S 247, 273 f; später noch *ders* DB 1965, 1729, 1730; *ders* BB 1972, 503, 504; so auch die Deutung von *Mielert*, Grenzen der Leitungsbefugnis des herrschenden Unternehmens, 1969, S 33 f; zweifelnd *Fischbach* S 174 f; ablehnend *Voigt* S 346 ff.

101 Vgl KK-*Koppensteiner* Rdn 11 iVm § 311 Rdn 5.

102 Vgl Bürgers/Körber/*Fett* Rdn 7; Emmerich/*Habersack* Rdn 7; Grigoleit/*Grigoleit* Rdn 4; Hölters/*Leuering/Goertz* Rdn 10; Hüffer/*Koch* Rdn 5; NK-*Schatz/Schödel* Rdn 2; *Wimmer-Leonhardt* S 137.

103 Allgemein schon *Geßler*, FS W Schmidt, 1959, S 247, 270 f: „Die in der Abhängigkeit liegende besondere Gefährdung der abhängigen Gesellschaft rechtfertigt und fordert zum Schutz der abhängigen Gesellschaft eine gegenüber § 101 AktG bzw. § 110 E besonders verstärkte Haftungsvorschrift."; aus heutiger Sicht Grigoleit/*Grigoleit* Rdn 4: „Das für die Haftung aus Sonderverbindung grds geltende Verschuldenskriterium (§ 280 I 2 BGB) wird aufgehoben, um der spezifischen Konzerngefahr sowie auch den typischen Umgehungsproblemen effektiv Rechnung zu tragen."

104 Dazu bereits *Geßler*, FS W Schmidt, 1959, S 247, 274: „Das herrschende Unternehmen handelt ohne Recht und muß deshalb die Folgen tragen. Irrtum geht zu seinen Lasten."; ferner MK-*Kropff* 2. Aufl Rdn 26.

hält bereits die nachteilige Veranlassung durch das herrschende Unternehmen für rechtswidrig, so dass die Haftung bei einem späteren Nachteilsausgleich nur durch Vorteilsausgleichung wieder entfällt.[105] Nach heute hL **begründet** dagegen **erst** der **unterbliebene Nachteilsausgleich** die **Pflichtwidrigkeit.**[106] Einer dritten Auffassung zufolge ist die nachteilige Veranlassung zunächst „schwebend rechtswidrig"[107]; endgültig rechtswidrig wird sie erst mit Ausbleiben des Nachteilsausgleichs zum Ende des Geschäftsjahres.[108]

24 Die hL hat die besseren Gründe auf ihrer Seite. Nach der gesetzlichen Wertung des § 311 Abs 2 Satz 1 soll der nachträglich mögliche Nachteilsausgleich die faktische Konzernführung erleichtern.[109] Hiermit wäre es schwerlich vereinbar, bereits die Veranlassung als rechtswidrig anzusehen. Die Figur der schwebenden Rechtswidrigkeit vermag dem nicht abzuhelfen: Zum einen fehlt es ihr an dogmatischer Erklärungskraft[110], zum anderem negiert sie die Privilegierungswirkung des § 311.[111] Ein zeitlich früheres Rechtswidrigkeitsverdikt ist nur dann geboten, wenn der spätere Ausgleich von Anfang an nicht gewollt oder unmöglich war oder wenn die nachteilige Veranlassung gar nicht im Konzerninteresse lag (vgl auch Rdn 31).[112]

3. Rechtsfolgen

25 a) **Schadensersatz.** Nach § 317 Abs 1 S 1 ist das herrschende Unternehmen der abhängigen Gesellschaft zum Schadensersatz verpflichtet. Der Inhalt dieses Schadensersatzanspruchs richtet sich nach §§ 249 ff BGB.[113] Gemäß § 249 Abs 1 BGB kann die abhängige Gesellschaft daher vorrangig **Wiederherstellung des früheren Zustands** verlangen[114], also etwa Rückabwicklung nachteiliger Verträge oder Rückgängigmachung sonstiger Maßnahmen.[115] Ist dies rechtlich oder tatsächlich nicht möglich[116], so muss nach § 251 Abs 1 BGB **Ausgleich in Geld** geleistet werden.[117]

---

105 So Vorauflage/*Würdinger* Rdn 2; ferner *Bommert*, Verdeckte Vermögensverlagerungen im Aktienrecht, 1989, S 166 f; *Brüggemeier* AG 1988, 93, 100; *Kellmann* BB 1969, 1509, 1512 f; *ders* ZGR 1974, 220, 221 ff; wohl auch *Immenga* ZGR 1978, 269, 273 f; mit eigenständigem Ansatz ferner *Voigt* S 309.

106 Vgl *Bollmann* S 81; Bürgers/Körber/*Fett* Rdn 5; Emmerich/*Habersack* Rdn 9; Grigoleit/*Grigoleit* Rdn 3; Hüffer/*Koch* Rdn 6; *Kropff* DB 1967, 2147, 2152; Schmidt/Lutter/*Vetter* Rdn 6; differenzierend MK-*Altmeppen* Rdn 19 ff.

107 *Beuthien* DB 1969, 1781, 1783.

108 Vgl *Beuthien* DB 1969, 1781, 1783; KK-*Koppensteiner* Rdn 8; *Möhring*, FS Schilling, 1973, S 253, 261; *Strohn* S 13; variierend *Fischbach* S 165 ff: „schwebend rechtmäßiger" Zustand, der mit dem endgültigen Ausbleiben des Ausgleichs mit *ex tunc*-Wirkung pflichtwidrig wird.

109 Vgl MK-*Kropff* 2. Aufl Rdn 19; *Wimmer-Leonhardt* S 139.

110 Kritisch dazu Grigoleit/*Grigoleit* Rdn 3 mit Fn 6.

111 Vgl Bürgers/Körber/*Fett* Rdn 5; NK-*Schatz/Schödel* Rdn 5 mit Fn 16.

112 Vgl MK-*Kropff* 2. Aufl Rdn 20 f.

113 Vgl BGH NZG 2013, 298 Rdn 21; Bürgers/Körber/*Fett* Rdn 11; Emmerich/*Habersack* Rdn 15; Grigoleit/*Grigoleit* Rdn 8; Henssler/Strohn/*Bödeker* Rdn 6; Hölters/*Leuering/Goertz* Rdn 12; Hüffer/*Koch* Rdn 9; NK-*Schatz/Schödel* Rdn 9; Schmidt/Lutter/*Vetter* Rdn 18; Spindler/Stilz/*Müller* Rdn 8.

114 Vgl Bürgers/Körber/*Fett* Rdn 11; Emmerich/*Habersack* Rdn 15; Hölters/*Leuering/Goertz* Rdn 12; Hüffer/*Koch* Rdn 9; KK-*Koppensteiner* Rdn 20; MK-*Altmeppen* Rdn 33; NK-*Schatz/Schödel* Rdn 9; Schmidt/Lutter/*Vetter* Rdn 18; Spindler/Stilz/*Müller* Rdn 8.

115 Vgl Bürgers/Körber/*Fett* Rdn 11; Emmerich/*Habersack* Rdn 15; KK-*Koppensteiner* Rdn 20; Spindler/Stilz/*Müller* Rdn 8.

116 Zu diesen Grenzen *Bollmann* S 43 ff; *Zöllner* GS Knobbe-Keuk, 1997, S 369, 376.

117 Vgl BGH NZG 2013, 298 Rdn 21; Bürgers/Körber/*Fett* Rdn 11; Emmerich/*Habersack* Rdn 15; Grigoleit/*Grigoleit* Rdn 8; Hölters/*Leuering/Goertz* Rdn 12; Hüffer/*Koch* Rdn 9; KK-*Koppensteiner* Rdn 20;

26 Lässt sich die genaue Schadenshöhe nicht bestimmen, so kann der **Schaden gemäß § 287 ZPO geschätzt** werden.[118] Von dieser Möglichkeit sollte das Gericht großzügig Gebrauch machen. Entgegen mancher Literaturstimmen[119] **lässt sich** das **Problem qualifizierter Nachteilszufügung durch § 287 ZPO** aber **nicht vollständig bewältigen** (näher § 317 Anh Rdn 25). Eine richterliche Schadensschätzung ist nämlich nach gefestigter zivilprozessualer Ansicht unzulässig, wenn sie aus Mangel an Anhaltspunkten keinen ausreichenden Realitätsbezug hätte, im Ergebnis also mangels greifbarer Anhaltspunkte völlig in der Luft hinge.[120] Fehlen entsprechende Ausgangs- bzw Anknüpfungstatsachen, etwa bei Umstrukturierungen im Konzern, so ist das herrschende Unternehmen der abhängigen Gesellschaft stattdessen analog § 302 zum Verlustausgleich verpflichtet (näher § 317 Anh Rdn 26).[121]

27 Der **Einwand rechtmäßigen Alternativverhaltens** widerspricht nach hM dem Schutzzweck der §§ 311, 317.[122] Als bedeutungslos angesehen wird daher das Vorbringen, das herrschende Unternehmen hätte sich den Vorteil auch auf rechtmäßige Art und Weise, etwa durch eine Kapitalherabsetzung, den Abschluss eines Gewinnabführungsvertrages oder eine Gewinnausschüttung verschaffen können.[123] Dies gilt nach hM auch dann, wenn das herrschende Unternehmen Alleinaktionär ist.[124] Gleichwohl erscheint der kategorische Ausschluss dieses Einwands nicht für jede Fallgestaltung zweifelsfrei[125]; im Ergebnis dürfte der dem herrschenden Unternehmen obliegende Nachweis, dass der Schaden auch bei pflichtgemäßer Geschäftsleitung eingetreten wäre, aber nur selten gelingen.[126]

28 Ein etwaiges **Mitverschulden** der abhängigen Gesellschaft und ihrer Organe führt nach hM grundsätzlich **nicht** zur **Anwendbarkeit des § 254 BGB.**[127] Dies gilt jedenfalls für den Vorwurf des Mitverschuldens bei der Nachteilsveranlassung; hier wäre eine

MK-*Altmeppen* Rdn 33; NK-*Schatz/Schödel* Rdn 9; Schmidt/Lutter/*Vetter* Rdn 18; Spindler/Stilz/*Müller* Rdn 8.

118 Vgl Bürgers/Körber/*Fett* Rdn 11; Emmerich/*Habersack* Rdn 16; Grigoleit/*Grigoleit* Rdn 7; Hölters/*Leuering/Goertz* Rdn 12; Hüffer/*Koch* Rdn 9a; MK-*Altmeppen* Rdn 33; NK-*Schatz/Schödel* Rdn 10; Schmidt/Lutter/*Vetter* Rdn 18.

119 Vgl Grigoleit/*Grigoleit* Rdn 19; Hüffer/*Koch* Rdn 9a; MK-*Altmeppen* § 317 Anh Rdn 22; NK-*Schatz/Schödel* Rdn 11.

120 Vgl allgemein BGHZ 91, 256; BGH NJW 1994, 663, 665; MK-ZPO-*Prütting* § 287 Rdn 14; im vorliegenden Zusammenhang *Fuchs* S 126; *Schall*, FS Stilz, 2014, S 537, 551; MK-*Kropff* 2. Aufl § 317 Anh Rdn 49; *Zöllner*, GS Knobbe-Keuk, 1997, S 369, 376.

121 Vgl *Bayer/Trölitzsch*, in Lutter/Bayer (Hrsg), Holding-Handbuch, 5. Aufl 2015, § 8 Rdn 87; Bürgers/Körber/*Fett* § 311 Rdn 30; *Cahn* ZIP 2001, 2150, 2160; Emmerich/*Habersack* § 317 Anh Rdn 5a; Hölters/*Leuering/Goertz* § 311 Rdn 97; Küting/Weber/*Henssler* vor § 311 Rdn 51; Münch-HdbAG/*Krieger* § 70 Rdn 142; MK-HGB-*Mülbert* Konzernrecht der Personengesellschaften, Rdn 179b; *Schall*, FS Stilz, 2014, S 537, 550 ff; *K Schmidt* GesR § 31 IV 4a, S 965; *Schürnbrand* ZHR 169 (2005), 35, 68; Spindler/Stilz/*Müller* vor § 311 Rdn 25 ff; *Wimmer-Leonhardt* S 380 ff; iE auch MK-*Kropff* 2. Aufl. § 317 Anh Rdn 50 ff.

122 Vgl Emmerich/*Habersack* Rdn 17; Grigoleit/*Grigoleit* Rdn 6; Hölters/*Leuering/Goertz* Rdn 15; Hüffer/*Koch* Rdn 7; KK-*Koppensteiner* Rdn 18; NK-*Schatz/Schödel* Rdn 10a; Schmidt/Lutter/*Vetter* Rdn 9; Spindler/Stilz/*Müller* Rdn 11.

123 Vgl Emmerich/*Habersack* Rdn 17; NK-*Schatz/Schödel* Rdn 10a; Spindler/Stilz/*Müller* Rdn 11; für diese Fälle auch MK-*Altmeppen* Rdn 44.

124 Vgl *Hölters/Leuering/Goertz* Rdn 15.

125 Wie hier MK-*Altmeppen* Rdn 43; Schmidt/Lutter/*Vetter* Rdn 9 mit Fn 18.

126 So auch MK-*Altmeppen* Rdn 43.

127 Vgl Grigoleit/*Grigoleit* Rdn 8; NK-*Schatz/Schödel* Rdn 10a; Hüffer/*Koch* Rdn 9; Schmidt/Lutter/*Vetter* Rdn 18.

Anspruchsminderung mit dem Schutzzweck der §§ 311, 317 schwerlich vereinbar.[128] Denkbar bleibt aber ein Mitverschulden hinsichtlich der weiteren Schadensentstehung.[129]

29 Der Schadensersatzanspruch aus § 317 entsteht grundsätzlich mit Ablauf des Geschäftsjahres, in dem die Nachteilszufügung erfolgt ist und nicht ausgeglichen wurde.[130] Ist der Nachteil allerdings seiner Art nach nicht ausgleichsfähig oder liegt er nicht im Konzerninteresse, so kann die abhängige Gesellschaft ausnahmsweise sofort Schadensersatz verlangen.[131]

30 b) **Bilanzierung.** Weil der Schadensersatzanspruch aus § 317 gleichsam in der letzten Sekunde des Geschäftsjahres entsteht[132], kommt prinzipiell eine **Aktivierungspflicht im Jahresabschluss des abgelaufenen Geschäftsjahres** in Betracht.[133] Dies setzt voraus, dass mit der Durchsetzung des Ersatzanspruchs zu rechnen ist.[134] Hieran kann es fehlen, wenn und weil das Bestehen des Anspruchs bestritten wird.[135] Dann bleibt ggf ein gesonderter Ausweis „unterm Strich".[136] Sind die Voraussetzungen einer Aktivierungspflicht im konkreten Fall gegeben, kann die unterbliebene Aktivierung zur Nichtigkeit des Jahresabschlusses nach § 256 Abs 5 S 1 Nr 2, S 3 führen.[137]

31 c) **Unterlassung und Beseitigung.** Anstelle des Schadensersatzanspruchs kann die abhängige Gesellschaft von dem herrschenden Unternehmen in bestimmten Fällen auch verlangen, **rechtswidrige nachteilige Einflussnahmen** zu unterlassen.[138] In Betracht kommt dies etwa, wenn ein Nachteil seiner Art nach nicht ausgleichsfähig ist[139] oder wenn die Nachteilszufügung nicht im Konzerninteresse liegt.[140] Gleiches gilt, wenn das herrschende Unternehmen zum Nachteilsausgleich außerstande oder ersichtlich nicht bereit ist.[141] Die dogmatischen Begründungen für diesen Unterlassungsanspruch variieren: Manche leiten

---

[128] Vgl NK-*Schatz/Schödel* Rdn 10a.

[129] Vgl mit Unterschieden im Einzelnen *Arnold/Aubel* ZGR 2012, 113, 134; *Leuschner* NJW 2011, 3275, 3276; NK-*Schatz/Schödel* Rdn 10a; abw Grigoleit/*Grigoleit* Rdn 8 mit Fn 20.

[130] Vgl Emmerich/*Habersack* Rdn 18; Henssler/Strohn/*Bödeker* Rdn 5; Spindler/Stilz/*Müller* Rdn 12.

[131] Vgl Emmerich/*Habersack* Rdn 18; Henssler/Strohn/*Bödeker* Rdn 5; Spindler/Stilz/*Müller* Rdn 12.

[132] Für einen früheren Zeitpunkt MK-*Altmeppen* Rdn 25.

[133] Vgl Bürgers/Körber/*Fett* Rdn 12; Grigoleit/*Grigoleit* Rdn 8; Hölters/*Leuering/Goertz* Rdn 17; Hüffer/*Koch* Rdn 9; NK-*Schatz/Schödel* Rdn 9; Spindler/Stilz/*Müller* Rdn 12.

[134] Vgl Bürgers/Körber/*Fett* Rdn 12; Emmerich/*Habersack* Rdn 18; Henssler/Strohn/*Bödeker* Rdn 5; Hölters/*Leuering/Goertz* Rdn 18; *Kropff* ZGR 1994, 628, 635 ff; *HP Müller* AG 1994, 410 f; *Schön* JZ 1994, 684; Spindler/Stilz/*Müller* Rdn 12; abw MK-*Altmeppen* Rdn 26.

[135] Vgl Schmidt/Lutter/*Vetter* Rdn 21; ferner Hölters/*Leuering/Goertz* Rdn 18 unter Hinweis darauf, dass ein Ersatzanspruch aus § 317 vom Vorstand der abhängigen Gesellschaft nach aller Erfahrung nur selten geltend gemacht wird.

[136] Vgl Hölters/*Leuering/Goertz* Rdn 25; *Rödding* S 75; abw MK-*Altmeppen* Rdn 24.

[137] Vgl BGHZ 124, 111, 119 f; Bürgers/Körber/*Fett* Rdn 12; Emmerich/*Habersack* Rdn 18; Grigoleit/*Grigoleit* Rdn 8; Hüffer/*Koch* Rdn 9; NK-*Schatz/Schödel* Rdn 9; Spindler/Stilz/*Müller* Rdn 12.

[138] Vgl LG Düsseldorf AG 2006, 892, 893; Bürgers/Körber/*Fett* Rdn 13; Emmerich/*Habersack* Rdn 19; Grigoleit/*Grigoleit* Rdn 8; Hölters/*Leuering/Goertz* Rdn 19; KK-*Koppensteiner* Rdn 27; NK-*Schatz/Schödel* Rdn 12; Spindler/Stilz/*Müller* Rdn 13.

[139] Vgl Bürgers/Körber/*Fett* Rdn 13; Emmerich/*Habersack* Rdn 19; Hölters/*Leuering/Goertz* Rdn 20; Hüffer/*Koch* Rdn 10.

[140] Vgl Bürgers/Körber/*Fett* Rdn 13; Emmerich/*Habersack* Rdn 19.

[141] Vgl Bürgers/Körber/*Fett* Rdn 13; Emmerich/*Habersack* Rdn 19; Hölters/*Leuering/Goertz* Rdn 20; Hüffer/*Koch* Rdn 10.

ihn unmittelbar aus § 317 ab[142]; andere stützen sich auf die mitgliedschaftliche Treuepflicht[143]; wieder andere berufen sich auf §§ 1004, 823 Abs 2 BGB und sehen § 311 als Schutzgesetz an.[144]

Ob es daneben eines zusätzlichen Beseitigungsanspruchs bedarf[145], erscheint zweifelhaft.[146] Jedenfalls käme ihm keine eigenständige praktische Bedeutung zu, weil die abhängige Gesellschaft bereits mit ihrem Schadensersatzanspruch die Wiederherstellung des früheren Zustands verlangen kann (vgl Rdn 25).[147] 32

4. Darlegungs- und Beweislast

Die Tatbestandsvoraussetzungen des **§ 317 Abs 1** muss der **Kläger** darlegen und ggf beweisen.[148] Hinsichtlich des Abhängigkeitsverhältnisses kommt ihm die Vermutung des § 17 Abs 2 zugute; bei der Veranlassung kann er sich auf gewisse Beweiserleichterungen stützen; bezüglich des Schadens hilft ggf § 287 ZPO weiter (Rdn 26). Nach der gesetzlichen Fassung des **§ 317 Abs 2** ist es dagegen Sache des **herrschenden Unternehmens** oder seines gesetzlichen Vertreters darzulegen und ggf zu beweisen, dass auch ein ordentlicher und gewissenhafter Geschäftsleiter einer unabhängigen Gesellschaft das Rechtsgeschäft vorgenommen oder die Maßnahme getroffen oder unterlassen hätte (Rdn 35).[149] Alternativ kann er die Gewährung eines Nachteilsausgleichs nach § 311 Abs 1 oder 2 unter Beweis stellen.[150] 33

Bei der Klage eines außenstehenden Aktionärs oder Gläubigers finden nach zutreffender hL die im TBB-Urteil (§ 317 Anh Rdn 9) entwickelten **Erleichterungen der Substantiierungslast** Anwendung.[151] Danach genügt es, dass er Umstände darlegt und ggf beweist, welche die Annahme einer Nachteilszufügung durch das herrschende Unternehmen zumindest nahelegen. Es ist dann Sache des Beklagten, nähere Angaben zu machen, wenn er im Gegensatz zum Kläger die maßgebenden Tatsachen kennt und ihm die Darlegung des Sachverhalts zumutbar ist (näher § 317 Anh Rdn 40 ff).[152] 34

III. Haftungsausschluss (Abs 2)

1. Dogmatische Einordnung

Gemäß § 317 Abs 2 tritt die Ersatzpflicht nicht ein, wenn auch ein ordentlicher und gewissenhafter Geschäftsleiter einer unabhängigen Gesellschaft das Rechtsgeschäft vorgenommen oder die Maßnahme getroffen oder unterlassen hätte. Rechtsprechung und 35

---

[142] So LG Köln AG 2008, 327, 334; Emmerich/*Habersack* Rdn 19; Grigoleit/*Grigoleit* Rdn 8; *Lutter* FS Peltzer, 2001, S 241, 257; NK-*Schatz/Schödel* Rdn 12; Spindler/Stilz/*Müller* Rdn 13.

[143] So Hüffer/*Koch* Rdn 10; ähnlich Schmidt/Lutter/*Vetter* Rdn 22; ferner Grigoleit/*Grigoleit* Rdn 8.

[144] So LG Düsseldorf AG 2006, 892, 893; KK-*Koppensteiner* Rdn 29.

[145] Dafür KK-*Koppensteiner* Rdn 29; ferner MK-*Altmeppen* Rdn 51.

[146] Wie hier Emmerich/*Habersack* Rdn 19; Grigoleit/*Grigoleit* Rdn 8; Hüffer/*Koch* Rdn 10; NK-*Schatz/Schödel* Rdn 12 mit Fn 45; Schmidt/Lutter/*Vetter* Rdn 22; Spindler/Stilz/*Müller* Rdn 13.

[147] Vgl Emmerich/*Habersack* Rdn 19; Grigoleit/*Grigoleit* Rdn 8; Hüffer/*Koch* Rdn 10.

[148] Vgl BGH NZG 2008, 831 Rdn 5; Emmerich/*Habersack* Rdn 21; Hüffer/*Koch* Rdn 12; Spindler/Stilz/*Müller* Rdn 14.

[149] Vgl Emmerich/*Habersack* Rdn 21; Hüffer/*Koch* Rdn 12; Spindler/Stilz/*Müller* Rdn 14.

[150] Vgl Emmerich/*Habersack* Rdn 21; Hüffer/*Koch* Rdn 12; Spindler/Stilz/*Müller* Rdn 14.

[151] Vgl Emmerich/*Habersack* Rdn 19; Spindler/Stilz/*Müller* Rdn 14.

[152] So BGHZ 122, 123, 132 f.

hL erblicken hierin keine Exkulpationsmöglichkeit, sondern **ein den Nachteilsbegriff iSd § 311 Abs 1 ausfüllendes Tatbestandsmerkmal**[153] bzw einen objektiven Tatbestandsausschluss bei pflichtgemäßem Handeln.[154] Danach entfällt unter den genannten Voraussetzungen nicht erst die Ersatzpflicht, sondern bereits der Nachteil. Nach der **Gegenansicht** entspricht § 317 Abs 2 der Exkulpationsmöglichkeit des § 93 Abs 2 S 2 und enthält somit einen **objektiven Verschuldensmaßstab**.[155]

36 Die **Lesart der hM** mag zwar nicht zwingend sein.[156] Sie **lässt sich** aber gleichwohl **gut begründen** (vgl bereits Rdn 22): Für sie spricht zunächst die Entstehungsgeschichte der Norm im Anschluss an einen Formulierungsvorschlag von *Geßler* (Rdn 3), der damit erklärtermaßen kein Verschuldenserfordernis verband.[157] Außerdem würde der angestrebte Schutz der abhängigen AG, ihrer außenstehenden Aktionäre und Gläubiger (Rdn 2) nicht lückenlos verwirklicht, wenn man für die Haftung aus § 317 ein Verschulden verlangte.[158] Wertungsmäßig kann man die verschuldensunabhängige Veranlasserhaftung des herrschenden Unternehmens schließlich damit begründen, dass der Gesetzgeber auf diese Weise der spezifischen Konzerngefahr und allfälligen Umgehungsproblemen Rechnung getragen hat.[159] *De lege ferenda* empfiehlt es sich aus Gründen der Klarstellung, den systematisch falsch platzierten[160] § 317 Abs 2 unmittelbar im Anschluss an das Verbot kompensationsloser Nachteilszufügung in § 311 Abs 1 einzustellen (dazu bereits oben Rdn 8).

2. Darlegungs- und Beweislast

37 Im Gefolge der hM erschöpft sich der eigenständige Regelungsgehalt des § 317 Abs 2 in einer materiellen Beweislastregel.[161] Danach tragen das herrschende Unternehmen und seine gesetzlichen Vertreter (§ 317 Abs 3) die Darlegungs- und Beweislast dafür, dass die Voraussetzungen des Haftungsausschlusses nach § 317 Abs 2 vorliegen.[162]

---

[153] Vgl Bürgers/Körber/*Fett* Rdn 8; Emmerich/*Habersack* Rdn 7; Grigoleit/*Grigoleit* Rdn 2; Henssler/Strohn/*Bödeker* Rdn 4; Hölters/*Leuering/Goertz* Rdn 24; MünchHdbAG/*Krieger* § 70 Rdn 131; NK-*Schatz/Schödel* Rdn 5; Schmidt/Lutter/*Vetter* Rdn 7; Spindler/Stilz/*Müller* Rdn 5.

[154] So Hüffer/*Koch* Rdn 11.

[155] Vgl *Altmeppen* NJW 2008, 1553, 1554; *ders*, FS Priester, 2007, S 1, 5 ff; MK-*Altmeppen* Rdn 30 f; *Stöcklhuber* Der Konzern 2011, 253, 255 f; Voraufl/*Würdinger* Rdn 5; eingehend auch *Voigt* S 342 ff, 357 f; ferner *Fischbach* S 172 ff, der der Norm eine Doppelfunktion beimisst und sie sowohl zur Bestimmung der Nachteiligkeit einer Maßnahme als auch als gesetzliche Grundlage eines Verschuldenserfordernisses heranzieht.

[156] Vgl Hüffer/*Koch* § 11 Rdn 25 („systematisch nicht unbedenklich").

[157] Dazu *Geßler*, FS W Schmidt, 1959, S 247, 273 f; später auch *ders* DB 1965, 1729, 1730; *ders* BB 1972, 503, 504; wie hier auch *Mielert* S 33 f; zurückhaltend *Fischbach* S 174 („kein eindeutiges Bild").

[158] Vgl KK-*Koppensteiner* Rdn 11 iVm § 311 Rdn 5.

[159] So Grigoleit/*Grigoleit* Rdn 4 mit dem Zusatz: „Dem herrschenden Unternehmen ist die Sanktion des § 317 zumutbar, weil das besondere Haftungsrisiko bei Einflussnahme auf die Tochtergesellschaft klar definiert ist und weil mit dem Risiko die Vorteilsziehung aus der Beherrschung unter grds Aufrechterhaltung der Haftungssegmentierung korrespondiert."

[160] So auch MK-*Kropff* 2. Aufl § 311 Rdn 140 („falsche Stellung im Gesetz").

[161] Vgl Hölters/*Leuering/Goertz* Rdn 24; Hüffer/*Koch* Rdn 12; NK-*Schatz/Schödel* Rdn 5; Schmidt/Lutter/*Vetter* Rdn 7; Spindler/Stilz/*Müller* Rdn 5.

[162] Vgl OLG Koblenz AG 2007, 408, 409; Emmerich/*Habersack* Rdn 8; Grigoleit/*Grigoleit* Rdn 7; Hölters/*Leuering/Goertz* Rdn 24; Hüffer/*Koch* Rdn 12; NK-*Schatz/Schödel* Rdn 13; Schmidt/Lutter/*Vetter* Rdn 7; iE auch *Wackerbarth* Der Konzern 2010, 337, 338 ff.

IV. Haftung der gesetzlichen Vertreter (Abs 3)

1. Regelungszweck und -konzept

Neben dem herrschenden Unternehmen haften nach § 317 Abs 3 die gesetzlichen Vertreter, die die abhängige Gesellschaft zu dem Rechtsgeschäft oder der Maßnahme veranlasst haben. Ihre persönliche Sorgfaltspflicht und Verantwortung soll ausweislich der Gesetzesmaterialien zur Durchsetzung der Regelungszwecke des § 317 (Rdn 2) herangezogen werden.[163] Konzeptionell begründet § 317 Abs 3 eine persönliche und unmittelbare Haftung der Geschäftsleiter des herrschenden Unternehmens gegenüber der abhängigen Gesellschaft, obwohl zwischen ihnen keine Organbeziehung besteht.[164] Der Gesetzgeber trägt damit dem Umstand Rechnung, dass ihre tatsächliche Leitungsmacht über das herrschende Unternehmen hinausreicht und verknüpft diese Machtstellung mit einer entsprechenden Verantwortung.[165] Die Mithaftung der gesetzlichen Vertreter bildet mit anderen Worten das „Korrelat konzerndimensionaler Leitungsmacht".[166] 38

2. Normadressaten

Normadressaten sind nach dem Gesetzeswortlaut „die gesetzlichen Vertreter des Unternehmens". Gemeint sind damit nur die **gesetzlichen Vertreter des *herrschenden* Unternehmens**[167]; gesetzliche Vertreter *anderer* Unternehmen, von denen die Veranlassung ausgegangen ist, haften allenfalls nach § 117.[168] 39

Gesetzliche Vertreter in diesem Sinne sind die **Mitglieder des Geschäftsführungsorgans**, also Vorstandsmitglieder einer AG, Geschäftsführer einer GmbH und geschäftsführende Gesellschafter einer KGaA oder Personengesellschaft.[169] Auf die Vertretungsbefugnis des betreffenden Organwalters kommt es nicht an, weil die Veranlassung iSd §§ 311, 317 keine Willenserklärung erfordert und damit auch keine Vertretungsmacht voraussetzt.[170] Ist gesetzlicher Vertreter eine juristische Person, zB die Komplementär-GmbH bei der GmbH & Co. KG, so haften neben der juristischen Person auch die natürlichen Personen, die zu ihrer gesetzlichen Vertretung berufen sind, im Beispiel also die Geschäftsführer der Komplementär-GmbH.[171] Bei einer ausländischen Gesellschaft sind Haftungsadressaten die Personen, die nach deren Gesellschaftsstatut die Funktion des gesetzlichen Vertreters wahr- 40

163 So ausdrücklich Begr RegE bei *Kropff* S 419; dazu auch Fleischer/*Fleischer* Hdb VorstandsR § 18 Rdn 78 („Schadensprävention").

164 Dazu auch *Fischbach* S 158; MK-*Altmeppen* Rdn 85.

165 So mit Nuancierungen im Einzelnen *Altmeppen* Haftung des Managers S 63 f; MK-*Altmeppen* Rdn 85; *Fischbach* S 158 f; *Tröger/Dangelmayer* ZGR 2011, 558, 576.

166 *Tröger/Dangelmayer* ZGR 2011, 558, 575.

167 Vgl Begr RegE bei *Kropff* S 419; Bürgers/Körber/*Fett* Rdn 15; Emmerich/*Habersack* Rdn 22; Grigoleit/*Grigoleit* Rdn 12; Hölters/*Leuering/Goertz* Rdn 33; Hüffer/*Koch* Rdn 14; KK-*Koppensteiner* Rdn 42; Schmidt/Lutter/*Vetter* Rdn 35; Spindler/Stilz/*Müller* Rdn 15.

168 Vgl Emmerich/*Habersack* Rdn 22.

169 Vgl Bürgers/Körber/*Fett* Rdn 15; Emmerich/*Habersack* Rdn 22; Grigoleit/*Grigoleit* Rdn 12; Hölters/*Leuering/Goertz* Rdn 33; Hüffer/*Koch* Rdn 14; Spindler/Stilz/*Müller* Rdn 15.

170 Vgl Emmerich/*Habersack* Rdn 22; Hölters/*Leuering/Goertz* Rdn 33.

171 Vgl Bürgers/Körber/*Fett* Rdn 15; Emmerich/*Habersack* Rdn 23; Grigoleit/*Grigoleit* Rdn 12; Hölters/*Leuering/Goertz* Rdn 33; Schmidt/Lutter/*Vetter* Rdn 36; Spindler/Stilz/*Müller* Rdn 15.

nehmen (Substitution).[172] Für Organe einer Gebietskörperschaft gilt § 317 Abs 3 nach hM nicht, weil das Staatshaftungs- und Beamtenrecht für sie vorrangige Regelungen vorsehen.[173] Anders als § 309 Abs 1 erwähnt § 317 Abs 3 den Einzelkaufmann nicht gesondert, da dieser als herrschendes Unternehmen bereits nach § 317 Abs 1 haftet.[174]

41 Hingegen sieht **§ 317 Abs 3** ausweislich der Gesetzesmaterialien **keine Haftung anderer Personen** vor, die für das herrschende Unternehmen gehandelt haben.[175] Keine Normadressaten sind damit leitende Angestellte des Unternehmens[176], etwa Prokuristen, Handlungsbevollmächtigte oder sonstige Personen, die aufgrund abgeleiteter Vertretungsmacht zur rechtsgeschäftlichen Vertretung des herrschenden Unternehmens berechtigt sind.[177] Auch Aufsichtsratsmitglieder des herrschenden Unternehmens scheiden aus, weil sie hauptsächlich Überwachungs- und keine Geschäftsführungsaufgaben wahrnehmen.[178] Eine Haftung aller dieser Personen kann sich aber aus § 117 oder aus allgemeinen Rechtsgrundsätzen ergeben.[179]

3. Tatbestandsvoraussetzungen

42 a) **Veranlassung.** Die haftungsrechtliche Verantwortung trifft nach dem eindeutigen Gesetzeswortlaut nur diejenigen gesetzlichen Vertreter des herrschenden Unternehmens, die die abhängige Gesellschaft zu dem Rechtsgeschäft oder der Maßnahme selbst veranlasst haben.[180] Unbeteiligte Organwalter haften demnach nicht[181]; ebenso wenig gesetzliche Vertreter, die in Kollegialorganen überstimmt worden sind.[182] Der **Veranlassungsbegriff** deckt sich mit demjenigen in §§ 311 Abs 1, 317 Abs 1.[183] Neben einer unmittelbaren Einflussnahme genügt daher auch eine mittelbare Veranlassung.[184] Hierzu zählt etwa die Anweisung an einen Angestellten, schädigend auf die abhängige Gesellschaft einzuwirken.[185] Gleiches gilt für die Einschaltung eines verbundenen Unterneh-

---

[172] Vgl Grigoleit/*Grigoleit* Rdn 12; Hölters/*Leuering/Goertz* Rdn 33; Hüffer/*Koch* Rdn 13; Schmidt/Lutter/*Vetter* Rdn 36.

[173] Vgl Grigoleit/*Grigoleit* Rdn 12; KK-*Koppensteiner* Rdn 46; Spindler/Stilz/*Müller* Rdn 15; offen Schmidt/Lutter/*Vetter* Rdn 36 mit Fn 78.

[174] Vgl Emmerich/*Habersack* Rdn 22; MK-*Altmeppen* Rdn 97.

[175] Vgl Begr RegE bei *Kropff* S 419.

[176] So ausdrücklich Begr RegE bei *Kropff* S 419; ferner KK-*Koppensteiner* Rdn 47.

[177] Vgl Bürgers/Körber/*Fett* Rdn 15; Emmerich/*Habersack* Rdn 23; Grigoleit/*Grigoleit* Rdn 12; Hölters/*Leuering/Goertz* Rdn 33; Hüffer/*Koch* Rdn 14; KK-*Koppensteiner* Rdn 47; MK-*Altmeppen* Rdn 98; Schmidt/Lutter/*Vetter* Rdn 36; Spindler/Stilz/*Müller* Rdn 15.

[178] Vgl Emmerich/*Habersack* Rdn 23; Grigoleit/*Grigoleit* Rdn 12; Henssler/Strohn/*Bödeker* Rdn 10; Hölters/*Leuering/Goertz* Rdn 33; MK-*Altmeppen* Rdn 101; Schmidt/Lutter/*Vetter* Rdn 36; Spindler/Stilz/*Müller* Rdn 15; abw *Wäldle* DB 1972, 2289, 2292.

[179] So ausdrücklich Begr RegE bei *Kropff* S 419; ferner Emmerich/*Habersack* Rdn 23; Grigoleit/*Grigoleit* Rdn 12; Hüffer/*Koch* Rdn 14.

[180] Vgl Bürgers/Körber/*Fett* Rdn 14; Emmerich/*Habersack* Rdn 24; Grigoleit/*Grigoleit* Rdn 13; Hölters/*Leuering/Goertz* Rdn 34; Hüffer/*Koch* Rdn 143; MK-*Altmeppen* Rdn 88; Schmidt/Lutter/*Vetter* Rdn 37; Spindler/Stilz/*Müller* Rdn 16.

[181] Vgl Emmerich/*Habersack* Rdn 24; Hölters/*Leuering/Goertz* Rdn 34; Hüffer/*Koch* Rdn 14; KK-*Koppensteiner* Rdn 42; Schmidt/Lutter/*Vetter* Rdn 37.

[182] Vgl KK-*Koppensteiner* Rdn 42.

[183] Vgl Emmerich/*Habersack* Rdn 24; Grigoleit/*Grigoleit* Rdn 13; Hölters/*Leuering/Goertz* Rdn 34; Hüffer/*Koch* Rdn 14.

[184] Vgl Bürgers/Körber/*Fett* Rdn 14; Emmerich/*Habersack* Rdn 24; Hüffer/*Koch* Rdn 14; KK-*Koppensteiner* Rdn 43; MK-*Altmeppen* Rdn 92; Spindler/Stilz/*Müller* Rdn 16.

[185] Vgl Bürgers/Körber/*Fett* Rdn 14; Emmerich/*Habersack* Rdn 24; Hölters/*Leuering/Goertz* Rdn 34; Hüffer/*Koch* Rdn 14; KK-*Koppensteiner* Rdn 43; MK-*Altmeppen* Rdn 92; Spindler/Stilz/*Müller* Rdn 15.

mens.[186] Nach ganz hM genügt es bereits, wenn die gesetzlichen Vertreter das schädigende Verhalten des Angestellten erkennen und ihn gleichwohl gewähren lassen.[187]

Noch weitergehend lassen einige Literaturstimmen sogar eine unzureichende Überwachung von Angestellten genügen.[188] Hiermit werden Gesetzeswortlaut („*veranlasst*“) und Regelungszweck der Vorschrift aber überdehnt: § 317 Abs 3 begründet nach zutreffender hM gerade **keine allgemeine Haftung für Organisations- oder Überwachungsmängel.**[189] Solche Mängel führen jedoch regelmäßig zu einer Binnenhaftung der gesetzlichen Vertreter gegenüber dem herrschenden Unternehmen.[190] Dieses kann dann im Falle eigener Inanspruchnahme aus § 317 Abs 1 bei seinen gesetzlichen Vertretern Rückgriff nehmen.[191] **43**

b) **Subjektives Element?** Zusätzlich zu der Veranlassung verlangen einzelne Literaturstimmen noch ein schuldhaftes[192] oder sogar vorsätzliches Verhalten[193] der handelnden Personen. Dem ist nicht zu folgen.[194] Entstehungsgeschichte und Regelungszweck des § 317 Abs 3 verlangen vielmehr eine verschuldensunabhängige Veranlasserhaftung (vgl auch Rdn 36). Seine Qualifizierung als organähnliche Haftung (Rdn 5) vermag hieran nicht zu ändern[195], weil die Bekämpfung der spezifischen Konzerngefahr ein Verzicht auf das Verschuldenserfordernis legitimiert. **44**

4. Rechtsfolgen

Gemäß § 317 Abs 3 haften die individuell verantwortlichen gesetzlichen Vertreter neben dem herrschenden Unternehmen als **Gesamtschuldner** (§§ 421 ff BGB). Aktivlegitimiert sind – wie im Rahmen des § 317 Abs 1 – die abhängige Gesellschaft und unmittelbar geschädigte Aktionäre.[196] Ansprüche der abhängigen Gesellschaft werden von ihrem Vorstand geltend gemacht, bei Personenidentität durch ihren Aufsichtsrat.[197] **45**

V. Sinngemäße Geltung des § 309 Abs 3 bis 5 (Abs 4)

Gemäß § 317 Abs 4 gilt § 309 Abs 3 bis 5 sinngemäß. Damit gelten für Ansprüche aus § 318 Sonderregeln für Verzicht und Vergleich, Verfolgungsrechte von Aktionären und Gläubigern sowie für die Verjährung. **46**

---

186 Vgl KK-*Koppensteiner* Rdn 43.

187 Vgl Bürgers/Körber/*Fett* Rdn 14; Emmerich/*Habersack* Rdn 24; Hüffer/*Koch* Rdn 14; Schmidt/Lutter/*Vetter* Rdn 37; Spindler/Stilz/*Müller* Rdn 16.

188 IdS Grigoleit/*Grigoleit* Rdn 13; KK-*Koppensteiner* Rdn 44.

189 Vgl Bürgers/Körber/*Fett* Rdn 14; Emmerich/*Habersack* Rdn 24; Habersack/Strohn/*Bödeker* Rdn 10; Hüffer/*Koch* Rdn 14; MK-*Altmeppen* Rdn 95; Schmidt/Lutter/*Vetter* Rdn 37; Spindler/Stilz/*Müller* Rdn 16.

190 Vgl Bürgers/Körber/*Fett* Rdn 14; Emmerich/*Habersack* Rdn 24; Henssler/Strohn/*Bödeker* Rdn 10; Hölters/*Leuering/Goertz* Rdn 34; Spindler/Stilz/*Müller* Rdn 16.

191 Vgl Bürgers/Körber/*Fett* Rdn 14; Emmerich/*Habersack* Rdn 24; KK-*Koppensteiner* Rdn 45; Spindler/Stilz/*Müller* Rdn 16.

192 So Grigoleit/*Grigoleit* Rdn 13 („individuelles Organverschulden“).

193 So Schmidt/Lutter/*Vetter* Rdn 37 („vorsätzliche Veranlassung“).

194 Wie hier Emmerich/*Habersack* Rdn 24; Hölters/*Leuering/Goertz* Rdn 35.

195 Abw *Fischbach* S 176 f unter Hinweis auf das Verschuldenserfordernis im Rahmen des § 93.

196 Vgl Emmerich/*Habersack* Rdn 25; Hölters/*Leuering/Goertz* Rdn 37; MK-*Altmeppen* Rdn 86.

197 Vgl Hölters/*Leuering/Goertz* Rdn 37.

1. Verzicht und Vergleich

47 Gemäß § 317 Abs 4 iVm § 309 Abs 3 S 1 kann die abhängige Gesellschaft erst drei Jahre nach der Entstehung des Anspruchs und nur dann auf Ersatzansprüche aus § 318 verzichten oder sich über sie vergleichen, wenn die außenstehenden Aktionäre durch Sonderbeschluss zustimmen und nicht eine Minderheit, deren Anteile zusammen den zehnten Teil des bei der Beschlussfassung vertretenen Grundkapitals erreichen, zur Niederschrift Widerspruch erhebt.

2. Rechte der Aktionäre und Gläubiger

48 a) **Aktionär.** Der Ersatzanspruch der abhängigen Gesellschaft kann nach § 317 Abs 4 iVm § 309 Abs 4 S 1 auch von jedem Aktionär geltend gemacht werden. Dieser kann nach § 317 Abs 4 iVm § 309 Abs 4 S 2 jedoch **nur Leistung an die Gesellschaft** verlangen. Dogmatisch handelt es sich um einen Fall der **gesetzlichen Prozessstandschaft.**[198] Sie schließt auch Unterlassungs- und Beseitigungsklagen ein.[199] Die Nebenintervention anderer Aktionäre ist ausgeschlossen.[200]

49 Von der Einzelklagebefugnis eines Aktionärs hat sich der Gesetzgeber von 1965 eine effektive Durchsetzung des Verbots unausgeglichener Nachteilszufügung aus § 311 Abs 1 versprochen.[201] Diese Erwartungen haben sich vor allem wegen des hohen Prozesskostenrisikos nicht erfüllt (näher Rdn 7). Ob sich die Kostenlast des klagenden Aktionärs *de lege lata* (zu rechtspolitischen Vorschlägen Rdn 9) durch eine **Streitwertspaltung entsprechend § 247 Abs 2** abmildern lässt, wird unterschiedlich beurteilt: Verschiedene Literaturstimmen halten einen Analogieschluss für begründbar[202], weil es in beiden Fällen um einen Mehrheits-/Minderheitenkonflikt geht und der Aktionär nicht durch ein prohibitiv hohes Kostenrisiko daran gehindert werden soll, (auch) zur Wahrung des Gesellschaftsinteresses Klage zu erheben.[203] Die Gegenmeinung lehnt dies wegen fehlender Rechtsähnlichkeit ab[204] und verweist stattdessen auf eine sinnvolle Handhabung der Generalklausel des § 3 ZPO.[205]

50 Nach Rechtsprechung und hL **können Aktionäre Ersatzansprüche** aus § 317 Abs 1 und 3 nicht nur vermittels ihrer Einzelklagebefugnis gemäß § 317 Abs 4 iVm § 309 Abs 4 S 1, sondern **auch im Wege der §§ 147, 148 geltend machen.**[206] Die hiergegen von einer

---

198 Vgl KG NZG 2011, 1429, 1432; Bürgers/Körber/*Fett* Rdn 16; Emmerich/*Habersack* Rdn 27; Grigoleit/*Grigoleit* Rdn 10; Hüffer/*Koch* Rdn 16; Schmidt/Lutter/*Vetter* Rdn 25; Spindler/Stilz/*Müller* Rdn 19; *Weber* S 188 ff; abw *Mertens*, FS Fleck, 1988, S 209, 218.

199 Vgl LG Düsseldorf AG 2006, 892, 893 f; Bürgers/Körber/*Fett* Rdn 16; Hölters/*Leuering/Goertz* Rdn 26; KK-*Koppensteiner* Rdn 37; NK-*Schatz/Schödel* Rdn 12; Schmidt/Lutter/*Vetter* Rdn 23; Spindler/Stilz/*Müller* Rdn 19.

200 Vgl OLG Schleswig ZIP 2005, 1656, 1657; Emmerich/*Habersack* Rdn 27; Hüffer/*Koch* Rdn 16.

201 Vgl *Kropff*, FS Bezzenberger, 2000, S 233, 235.

202 Vgl Emmerich/*Habersack* Rdn 3; KK-*Koppensteiner* Rdn 37; *Kropff*, FS Bezzenberger, 2000, S 233, 241 f; MK-*Altmeppen* Rdn 57 ff; NK-*Schatz/Schödel* Rdn 2; Spindler/Stilz/*Müller* Rdn 19.

203 Eingehend *Kropff*, FS Bezzenberger, 2000, S 233, 241 f.; ferner MK-*Altmeppen* Rdn 57.

204 Vgl Bürgers/Körber/*Fett* Rdn 16; Grigoleit/*Grigoleit* Rdn 10; Hüffer/*Koch* Rdn 16; zurückhaltend auch *Mertens* AcP 168 (1968), 225, 227; ähnlich *Planck*, Aktionärsklagen im französischen und deutschen Recht, 1995, S 214 f; für einen Weg über § 148 Schmidt/Lutter/*Vetter* Rdn 26.

205 So Grigoleit/*Grigoleit* Rdn 10; Hüffer/*Koch* § 309 Rdn 22; ferner *Happ/Pfeifer* ZGR 1991, 103, 123 f.

206 Vgl KG NZG 2011, 1429, 1430; OLG München ZIP 2008, 73, 75; OLG München ZIP

Mindermeinung[207] erhobenen Bedenken unter Hinweis auf Entstehungsgeschichte und Wortlaut des § 147 Abs 1 S 1 stehen dem nicht entgegen. Zum einen sind die Gesetzesmaterialien mehrdeutig.[208] Zum anderen erfasst § 147 Abs 1 S 1 ausdrücklich Ansprüche aus § 117, der seinerseits im engen dogmatischen Zusammenhang mit § 317 steht.[209] Wertungsmäßig wäre es daher wenig stimmig, wenn § 147 allein Ansprüche aus § 117 erfasste, nicht jedoch die im Ansatz gleichartige, aber schärfere Haftung des herrschenden Unternehmens aus § 317.[210] Für eine Einbeziehung des § 317 sprechen vielmehr durchschlagende teleologische Erwägungen, namentlich das Regelungsziel des § 147, die tatsächliche Geltendmachung bestimmter Ersatzansprüche der Gesellschaft zu effektuieren.[211] Dieses Ziel verdient gerade bei Ansprüchen gegen das herrschende Unternehmen aus § 317 besondere Aufmerksamkeit, weil die Klagebereitschaft des Vorstands der abhängigen Gesellschaft häufig wenig ausgeprägt sein wird.[212] Außenstehende Aktionäre stattdessen auf ihr Einzelklagerecht aus § 317 Abs 4 iVm § 309 Abs 4 S 1 zu verweisen, überzeugt schon deshalb nicht, weil dieses Klagerecht wegen des hohen Prozesskostenrisikos (Rdn 7) keine gleichwertige Alternative darstellt.[213] Methodisch lässt sich das von Rechtsprechung und hL befürwortete Ergebnis mittels einer teleologischen Extension des § 147 Abs 1 S 1 begründen.[214]

b) **Gläubiger.** Nach § 317 Abs 4 iVm § 309 Abs 4 S 2 kann der Ersatzanspruch ferner von den Gläubigern der abhängigen Gesellschaft geltend gemacht werden, soweit sie von dieser keine Befriedigung erlangen. Anders als ein nach § 317 Abs 4 iVm § 309 Abs 4 S 1 klagender Aktionär kann der Gläubiger **Leistung an sich selbst** verlangen.[215] Verzicht und Vergleich der Gesellschaft wirken ihm gegenüber nicht. **51**

3. Verjährung

Die Ansprüche aus § 317 verjähren nach § 317 Abs 4 iVm § 309 Abs 5 in fünf Jahren. **52**
Hierunter fallen nicht nur Ansprüche der abhängigen Gesellschaft aus § 317 Abs 1 S 1 und 3, sondern auch solche unmittelbar geschädigter Aktionäre aus § 317 Abs 1 und 2 sowie diejenigen verfolgungsberechtigter Gläubiger und Aktionäre.[216] Die Verjährung beginnt mit Anspruchsentstehung, also bei ausgleichsfähigen, aber nicht ordnungsgemäß ausgeglichenen Nachteilen mit Ablauf des Geschäftsjahres bzw mit Beginn des nächstfolgenden, bei nicht ausgleichsfähigen Nachteilen mit Nachteilszufügung.[217] Im Übrigen gelten für Fristbeginn und Fristberechnung §§ 200, 187 Abs 1, 188 Abs 2 BGB.[218]

2008, 1916, 1918 f; *Bernau* AG 2011, 894, 897 ff; Emmerich/*Habersack* Rdn 27; Hüffer/*Koch* Rdn 16; *Kropff*, FS Bezzenberger, 2000, 233, 244 ff; MK-*Altmeppen* Rdn 63 ff; *HF Müller* Der Konzern 2006, 725, 728 ff; NK-*Schatz/Schödel* Rdn 17; Schmidt/Lutter/*Vetter* Rdn 26; Spindler/Stilz/*Müller* Rdn 19.

207 Vgl Grigoleit/*Grigoleit* Rdn 10; KK-*Koppensteiner* Rdn 35; *Kling* ZGR 2009, 190, 202 ff; *Weber* S 141 ff.

208 Vgl OLG München ZIP 2008, 73, 75; *Bernau* AG 2011, 894, 897; *Kropff*, FS Bezzenberger, 2000, S 233, 244.

209 Vgl OLG München ZIP 2008, 73, 75; Emmerich/*Habersack* Rdn 27.

210 Vgl OLG München ZIP 2008, 73, 75.

211 Dazu Begr RegE UMAG BT-Drucks 15/5092, S 19.

212 Vgl *Kropff*, FS Bezzenberger, 2000, S 233, 246.

213 Vgl OLG München ZIP 2008, 73, 75.

214 So auch Spindler/Stilz/*Müller* Rdn 19.

215 Vgl Hüffer/*Koch* Rdn 16; MK-*Altmeppen* Rdn 71; Schmidt/Lutter/*Vetter* Rdn 27.

216 Vgl Emmerich/*Habersack* Rdn 32; Hölters/*Leuering/Goertz* Rdn 40; Schmidt/Lutter/*Vetter* Rdn 41.

217 Vgl Emmerich/*Habersack* Rdn 32; Grigoleit/*Grigoleit* Rdn 9; NK-*Schatz/Schödel* Rdn 19; Schmidt/Lutter/*Vetter* Rdn 41.

218 Vgl Emmerich/*Habersack* Rdn 32; Hölters/*Leuering/Goertz* Rdn 40.

53 Das Restrukturierungsgesetz von 2010[219] hat die Verjährungsfrist für Organhaftungsansprüche in börsennotierten Gesellschaften gemäß § 93 Abs 6 von fünf auf zehn Jahre verlängert. Eine Anpassung des von § 317 Abs 4 in Bezug genommenen § 309 Abs 5 ist dagegen unterblieben.[220]

VI. Verhältnis zu anderen Vorschriften

54 Die Verantwortlichkeit des herrschenden Unternehmens und seiner gesetzlichen Vertreter nach § 317 lässt die Organisations- und Finanzverfassung der abhängigen Gesellschaft unberührt.[221] Insbesondere bedarf es wegen des unterbliebenen Nachteilsausgleichs keiner Rücksichtnahme auf die Privilegierungsfunktion des § 311.[222] Die dort erläuterten Grundsätze sind daher auf § 317 nicht übertragbar.[223] Vielmehr gilt der **Grundsatz freier Anspruchskonkurrenz.**[224]

55 Im Einzelnen **finden** die **§§ 76, 93, 116 uneingeschränkt Anwendung.**[225] Vorstand und Aufsichtsrat der abhängigen Gesellschaft haften infolgedessen neben den nach § 317 Verantwortlichen.[226] Außerdem ist die Haftung wegen verbotener Einlagenrückgewähr nach §§ 57, 60, 62 neben § 317 anwendbar.[227] Ferner haften das herrschende Unternehmen und seine gesetzlichen Vertreter uU nach § 117[228], das herrschende Unternehmen auch wegen Verletzung der mitgliedschaftlichen Treuepflicht.[229] Überdies bleibt eine Anfechtung nach § 243 trotz geringer praktischer Bedeutung möglich.[230] Schließlich werden auch die allgemeinen zivilrechtlichen Haftungsnormen (§§ 823 ff BGB) durch § 317 nicht verdrängt.[231]

---

219 BGBl I S 1900.

220 Dazu *Harbarth/Jaspers* NZG 2011, 368, 373.

221 Vgl Emmerich/*Habersack* Rdn 33; Hölters/*Leuering/Goertz* Rdn 5.

222 Vgl Bürgers/Körber/*Fett* Rdn 20; Emmerich/*Habersack* Rdn 33; KK-*Koppensteiner* Rdn 50; MK-*Altmeppen* Rdn 115; Spindler/Stilz/*Müller* Rdn 23.

223 Vgl Emmerich/*Habersack* Rdn 33; Grigoleit/*Grigoleit* Rdn 16; Hüffer/*Koch* Rdn 17; KK-*Koppensteiner* Rdn 50; Spindler/Stilz/*Müller* Rdn 23.

224 Prägnant idS Grigoleit/*Grigoleit* Rdn 16.

225 Vgl Emmerich/*Habersack* Rdn 34; Grigoleit/*Grigoleit* Rdn 16; Hölters/*Leuering/Goertz* Rdn 5; Hüffer/*Koch* Rdn 17; MK-*Altmeppen* Rdn 115; Schmidt/Lutter/*Vetter* Rdn 42; Spindler/Stilz/*Müller* Rdn 24.

226 Vgl Emmerich/*Habersack* Rdn 34; Grigoleit/*Grigoleit* Rdn 16; Spindler/Stilz/*Müller* Rdn 24.

227 Vgl BGHZ 190, 7 Rdn 48; OLG München AG 2005, 181; OLG Frankfurt AG 1996, 324, 327; Bürgers/Körber/*Fett* Rdn 20; Emmerich/*Habersack* Rdn 34; Grigoleit/*Grigoleit* Rdn 16; Hölters/*Leuering/Goertz* Rdn 5; Hüffer/*Koch* Rdn 17; KK-*Koppensteiner* Rdn 51; MK-*Altmeppen* Rdn 115; Schmidt/Lutter/*Vetter* Rdn 42; abw *Michalski* AG 1980, 261, 264.

228 Vgl Bürgers/Körber/*Fett* Rdn 20; Emmerich/*Habersack* Rdn 34; Fleischer/*Fleischer* Hdb VorstandsR § 18 Rdn 84; Grigoleit/*Grigoleit* Rdn 16; Hölters/*Leuering/Goertz* Rdn 5; Hüffer/*Koch* Rdn 17; KK-*Koppensteiner* Rdn 52; MK-*Altmeppen* Rdn 115; Schmidt/Lutter/*Vetter* Rdn 43; Spindler/Stilz/*Müller* Rdn 24.

229 Vgl Bürgers/Körber/*Fett* Rdn 20; Emmerich/*Habersack* Rdn 34; Hölters/*Leuering/Goertz* Rdn 5; Spindler/Stilz/*Müller* Rdn 24.

230 Vgl Bürgers/Körber/*Fett* Rdn 20; Emmerich/*Habersack* Rdn 34; Grigoleit/*Grigoleit* Rdn 16; Hüffer/*Koch* Rdn 17; KK-*Koppensteiner* Rdn 53; Spindler/Stilz/*Müller* Rdn 24.

231 Vgl Bürgers/Körber/*Fett* Rdn 20; Fleischer/*Fleischer* Hdb VorstandsR § 18 Rdn 84; Grigoleit/*Grigoleit* Rdn 16; Hölters/*Leuering/Goertz* Rdn 5; Hüffer/*Koch* Rdn 17; Schmidt/Lutter/*Vetter* Rdn 46; Spindler/Stilz/*Müller* Rdn 24.

§ 317 Anh
Qualifizierte Nachteilszufügung

Übersicht

Schrifttum

Altmeppen Abschied vom qualifiziert faktischen Konzern, 1991; *Arbeitskreis GmbH-Reform* (Hueck/Lutter/Mertens/Rehbinder/Ulmer/Wiedemann/Zöllner) Thesen und Vorschläge zur GmbH-Reform, Band 2, 1972; *Balthasar* Zum Austrittsrecht nach § 305 AktG bei „faktischer Beherrschung", NZG 2008, 858; *Bicker* Offene Fragen der Existenzvernichtungshaftung im Konzern, DZWiR 2007, 284; *Cahn* Verlustübernahme und Einzelausgleich im qualifiziert-faktischen Konzern, ZIP 2001, 2149; *Decher* Die Zulässigkeit des faktischen Aktienkonzerns – SEN contra Banning, DB 1990, 2005; *Deilmann* Die Entstehung des qualifizierten faktischen Konzerns, 1990; *Drygala* Verhaltenshaftung im faktischen Konzern, GmbHR 1993, 317; *Ebenroth* Die qualifiziert faktische Konzernierung und ihre körperschaftssteuerliche Auswirkung, AG 1990, 188; *Eckert* Konzerneingangsschutz im Aktienkonzernrecht auf der Ebene der Untergesellschaft, 1998; *Ehricke* Das abhängige Konzernunternehmen in der Insolvenz, 1998; *Eschenbruch* Konzernhaftung, 1996; *M Fuchs* Verlustausgleich bei „qualifizierter Nachteilszufügung": Aktienrechtliche Konsequenzen aus „Trihotel", 2011; *Gäbelein* Definition eines qualifizierten faktischen Konzerns, AG 1990, 185; *Gehrlein* Die Existenzvernichtungshaftung im Wandel der Rechtsprechung, WM 2008, 761; *Habersack* Trihotel – Das Ende der Debatte?, ZGR 2008, 533; *ders* Gesellschafts- und Gruppeninteresse im Recht der abhängigen AG, in Kalss/Fleischer/Vogt (Hrsg), Gesellschafts- und Kapitalmarktrecht in Deutschland, Österreich und der Schweiz 2013, 2014, S 1; *Grigoleit* Gesellschafterhaftung für interne Einflussnahme im Recht der GmbH, 2006; *Henze* Reichweite und Grenzen des aktienrechtlichen Grundsatzes der Vermögensbindung – Ergänzung durch Rechtsprechung zum Existenz vernichtenden Eingriff?, AG 2004, 405; *Heyder* Der qualifizierte faktische Aktienkonzern, 1997; *Hoffmann-Becking* Der qualifizierte faktische AG-Konzern, in Ulmer (Hrsg), Probleme des Konzernrechts, 1989, S 68; *Hommelhoff* Empfiehlt es sich, das Recht faktischer Unternehmensverbindungen – auch im Hinblick auf das Recht anderer EG-Staaten – neu zu regeln?, Gutachten G zum 59. Deutschen Juristentag, 1992; *Hommelhoff/Stimpel/Ulmer* (Hrsg) Heidelberger Konzernrechtstage: Der qualifizierte faktische GmbH-Konzern, 1992; *Hüffer* Qualifiziert faktisch konzernierte Aktiengesellschaften nach dem Übergang zur Existenzvernichtungshaftung bei der GmbH?, FS Goette, 2011, S 191; *Kiethe/Groeschke* Darlegungs- und Beweislast für die Haftung im qualifizierten faktischen Konzern, BB 1994, 2149; *Kleindiek* Haftung, freie Beweiswürdigung und Beweiserleichterung im qualifizierten faktischen GmbH-Konzern, GmbHR 1992, 574; *Koppensteiner* Über die Verlustausgleichspflicht im qualifizierten AG-Konzern, in Ulmer (Hrsg), Probleme des Konzernrechts, 1989, S 87; *Krieger* Kann die Praxis mit TBB leben?, ZGR 1994, 375; *Kroh* Der existenzvernichtende Eingriff, 2013;

Kropff Das „TBB"-Urteil und das Aktienkonzernrecht, AG 1993, 485; *ders* Konzerneingangskontrolle bei der qualifiziert konzerngebundenen Aktiengesellschaft, FS Goerdeler, 1987, S 259; *Kurzwelly* Die Existenzvernichtungshaftung – Entwicklung und Abschluss einer höchstrichterlichen Rechtsfortbildung, FS Goette, 2011, S 277; *Lehmann* Der qualifizierte faktische Konzern – ein Phantom?, FS Beusch, 1993, S 479; *Leuschner* Das Konzernrecht der Vereine, 2011; *Lieb* Abfindungsansprüche im (qualifizierten?) faktischen Konzern, FS Lutter, 2000, S 1151; *Lutter* Der qualifizierte faktische Konzern, AG 1990, 179; *Mülbert* Aktiengesellschaft, Unternehmensgruppe und Kapitalmarktrecht, 2. Aufl 1996; *ders* Abschied von der „TBB"-Haftungsregel für den qualifiziert-faktischen GmbH-Konzern, DStR 2001, 1937; *W. Müller* Ist nach dem TBB-Urteil des Bundesgerichtshofs eine Verlustübernahmeverpflichtung im qualifziert faktischen Konzern noch begründbar?, FS Rowedder, 1994, S 277; *Nitsche* Das Recht der außenstehenden Aktionäre bei qualifizierten Nachteilszufügungen, 2013; *Osterloh-Konrad* Abkehr vom Durchgriff – Die Existenzvernichtungshaftung des GmbH-Gesellschafters nach „Trihotel", ZHR 172 (2008), 274; *Paehler* Die Zulässigkeit des faktischen Konzerns, 1972; *Priester* Uneingeschränkter Verlustausgleich – zwingende Folge qualifizierter Konzernherrschaft?, FS Semler, 1993, S 561; *Reiner* Unternehmerisches Gesellschaftsinteresse und Fremdsteuerung, 1995; *Röhricht* Die GmbH im Spannungsfeld zwischen wirtschaftlicher Dispositionsfreiheit ihrer Gesellschafter und Gläubigerschutz, FS 50 Jahre BGH, 2000, S 83; *Schall* „Durchgriffshaftung" im Aktienrecht – haften Aktionäre für existenzvernichtende Eingriffe, qualifiziert faktische Konzernierung oder materielle Unterkapitalisierung?, FS Stilz, 2014, S 537; *Scheffler* Der qualifizierte faktische Konzern – Versuch einer betriebswirtschaftlichen Definition, AG 1990, 173; *Schießl* Die Ersatzpflicht des herrschenden Unternehmens im qualifizierten faktischen Konzern, AG 1985, 184; *Schlieper* Leitungsintensität und Mehrfachfunktionen im faktischen Aktienkonzern, 1996; *Schürnbrand* „Verdeckte" und „atypische" Beherrschungsverträge im Aktien- und GmbH-Recht, ZHR 169 (2005), 35; *Schwörer* Kein Austrittsrecht nach § 305 AktG im qualifizierten faktischen Aktienkonzern, NZG 2001, 550; *Seydel* Konzernbildungskontrolle bei der Aktiengesellschaft, 1995; *Stimpel* Die Rechtsprechung des Bundesgerichtshofs zur Innenhaftung des herrschenden Unternehmens im GmbH-Konzern, AG 1986, 117; *ders* „Durchgriffshaftung" bei der GmbH: Tatbestände, Verlustausgleich, Ausfallhaftung, FS Goerdeler, 1987, S 601; *ders* Haftung im qualifizierten faktischen GmbH-Konzern, ZGR 1991, 144; *Stöber* Die Haftung für existenzvernichtende Eingriffe, ZIP 2013, 2295; *Strohn* Die Verfassung der Aktiengesellschaft im faktischen Konzern, 1977; *Temming* Der vertragsbeherrschende Dritte. Drittbeherrschte Schuldverhältnisse und Sonderverbindungen i.S.d. § 311 Abs. 3, 2 Nr. 3 BGB unter besonderer Berücksichtigung des Konzernhaftungsrechts, 2015; *Timm* Grundfragen des „qualifizierten" faktischen Konzerns im Aktienrecht, NJW 1987, 977; *Timmann* Die Durchsetzung von Konzerninteressen in der Satzung der abhängigen Aktiengesellschaft, 2001; *Tröger* Treupflicht im Konzernrecht, 2000; *J Vetter* 50 Jahre Aktienkonzernrecht, in Fleischer/Koch/Kropff/Lutter (Hrsg), 50 Jahre Aktiengesetz, 2016, S 231; *Weigl* Die Haftung im (qualifizierten) faktischen Konzern, 1996; *Wiedemann* Aufstieg und Krise des GmbH-Konzernrechts, GmbHR 2011, 1009; *ders* Die Unternehmensgruppe im Privatrecht, 1988; *ders* Reflexionen zur Durchgriffshaftung, ZGR 2003, 283; *ders* Spätlese zu Autokran, ZGR 1986, 656; *Wimmer-Leonhardt* Konzernhaftungsrecht, 2004; *Zöllner* Empfiehlt es sich, das Recht faktischer Unternehmensverbindungen neu zu regeln?, Referat zum 59. Deutschen Juristentag, 1992, Bd II, R 35; *ders* Qualifizierte Konzernierung im Aktienrecht, GS Knobbe-Keuk, 1997, S 369.

I. Grundlagen

1. Problemaufriss

1 Das äußere und innere **System der §§ 311 ff** fußt auf dem **Prinzip des Einzelausgleichs.**[1] Jede einzelne Nachteilszufügung durch das herrschende Unternehmen muss spä-

[1] Vgl BVerfG NZG 2011, 1379 Rdn 19: „System des Einzelausgleichs"; OLG Köln AG 2009, 416, 419: „System des Einzelausgleichs"; Emmerich/*Habersack* § 317 Anh

testens am Ende des Geschäftsjahrs ausgeglichen werden (§ 311). Geschieht dies nicht, haften das herrschende Unternehmen und seine gesetzlichen Vertreter auf Schadensersatz (§ 317), ergänzt durch eine Haftung der Verwaltungsmitglieder der abhängigen Gesellschaft (§ 318). Zur leichteren Erkennbarkeit etwaiger Nachteile hat der Vorstand der abhängigen Gesellschaft jährlich einen Abhängigkeitsbericht über sämtliche Verbundbeziehungen zu erstellen (§ 312), der von Abschlussprüfer (§ 313) und Aufsichtsrat (§ 314) geprüft wird und ggf Anlass zu einer Sonderprüfung gibt (§ 315).

Auf die Probe gestellt wird diese gesetzliche Grundkonzeption, **wenn** die der abhängi- **2**
gen Gesellschaft zugefügten **Nachteile einem Einzelausgleich nicht zugänglich** sind, sei es, weil sie nicht beziffert werden können oder weil sich einzelne nachteilige Eingriffe von vornherein nicht isolieren lassen.[2] Für diese Fälle verwendet man heute überwiegend den Begriff der **qualifizierten Nachteilszufügung**[3], der sich zur Problembeschreibung besser eignet als das lange Zeit vorherrschende Schlagwort des qualifiziert faktischen Konzerns[4] (dazu Rdn 5).[5]

Die hieran anknüpfende Grundsatzdebatte dreht sich hauptsächlich um die Frage, **3**
welches Haftungsregime gelten soll, wenn das beschriebene System des Einzelausgleichs nicht (mehr) funktioniert. Sie ist in ihrer Genese – wenig glücklich (Rdn 22 f) – mit der windungsreichen Diskussion um die Haftung im qualifiziert faktischen GmbH-Konzern verwoben (vgl Rdn 6 ff). Anders als im GmbH-Recht[6] klaffen im Aktienrecht allerdings theoretischer Aufwand und praktischer Ertrag der Debatte weit auseinander.[7] Es gibt

---

Rdn 1; MK-*Altmeppen* § 311 Rdn 2; MK-*Kropff* 2. Aufl § 317 Anh Rdn 1; MünchHdbAG/*Krieger* § 70 Rdn 141; Spindler/Stilz/*Müller* vor § 311 Rdn 2.

2 Vgl zur Verfassungskonformität der §§ 311 ff und ihren Grenzen BVerfG NZG 2011, 1379 Rdn 19: „Dies gilt jedenfalls solange, wie die Einflussnahme durch das herrschende Unternehmen nicht ein solches Ausmaß erreicht, dass das System des finanziellen Ausgleichs versagt."

3 Ebenso Emmerich/*Habersack* § 317 Anh Rdn 1; *Fuchs* S 140 ff; Hüffer/*Koch* § 317 Rdn 9a; KK-*Koppensteiner* vor § 311 Rdn 21; NK-*Schatz/Schödel* § 311 Rdn 11; Schmidt/Lutter/*Vetter* § 317 Rdn 49.

4 Zu ihm etwa OLG Köln AG 2009, 416, 419: „Wird die Konzernleitung im faktischen Konzern in einer Weise intensiviert, dass das System des Einzelausgleichs außer Funktion gesetzt wird, spricht man von einem qualifiziert faktischen Konzern."; früher auch schon OLG Hamm NJW 1987, 1030: „qualifizierter Konzern"; aus dem Schrifttum Grigoleit/*Grigoleit* § 317 Rdn 7; Henssler/Strohn/*Bödeker* § 311 Rdn 34; Hölters/*Leuering/Goertz* § 311 Rdn 97; Küting/Weber/*Henssler* vor § 311 Rdn 45; MünchHdbAG/*Krieger* § 70 Rdn 141 ff; Spindler/Stilz/*Müller* vor § 311 Rdn 25 ff.

5 Wie hier MK-*Kropff* 2. Aufl § 317 Anh Rdn 44: „Der Ausdruck ‚qualifizierter Konzern' engt die Problematik mindestens mißverständlich ein. Denn er scheint die Funktionsunfähigkeit der §§ 311 ff auf einen bestimmten Konzerntyp zurückzuführen. Tatsächlich ist aber Entstehung und Art des Schadens kausal für die im Schutzsystem bestehende Lücke."; ähnlich KK-*Koppensteiner* § 318 Anh Rdn 54; MünchHdbAG/*Krieger* § 70 Rdn 143: „[D]er Begriff des qualifizierten Konzerns ist insofern schief, tatsächlich geht es um qualifizierte Nachteilszufügung."; ferner *Reiner* S 330.

6 Vgl zuletzt *Vetter*, 50 Jahre Aktiengesetz, S 231, 256: „Der qualifiziert faktische Konzern ist eines der meist diskutierten konzernrechtlichen Themen der letzten Dekaden. Sein dogmatisch und vor allem praktisch interessanterer Teil einschließlich der dogmatischen Durchreiche aus den Höhen des Konzernrechts in die Niederungen des Deliktsrechts hat sich allerdings ausschließlich im GmbH-Recht abgespielt."

7 Ähnlich Schmidt/Lutter/*Vetter* § 317 Rdn 50 („für die AG keine praktische Bedeutung"); ferner *Fuchs* S 13; *Hüffer*, FS Goette, 2011, S 191, 201; Spindler/Stilz/*Müller* vor § 311 Rdn 28 („seltene Ausnahmekonstellationen"); pointiert schon *Lehmann* Sitzungsbericht zum

bisher nur eine Handvoll Gerichtsentscheidungen, die das Thema streifen.[8] Eine wegweisende Stellungnahme durch den BGH steht noch aus.[9] Gleichwohl bleibt eine rechtswissenschaftliche Problemdurchdringung reizvoll, weil sie vertiefte Einsichten in die Regelungsstruktur der §§ 311 ff und ihre Grundprämissen verspricht.[10] Zugleich bildet sie ein Lehrstück über Rechtsfortbildung[11] und angewandte Methodenlehre im Aktienkonzernrecht.[12]

2. Entwicklungslinien im GmbH-Konzernrecht

4 Wer den gegenwärtigen Stand der aktienkonzernrechtlichen Debatte in all ihren Verästelungen verstehen will, muss zunächst die wesentlichen Entwicklungslinien des GmbH-Konzernrechts rekapitulieren.[13]

5 a) **Qualifiziert faktischer Konzern.** Begriff und Konzept des qualifiziert faktischen Konzerns gehen auf den **Arbeitskreis GmbH-Reform** zurück, dem sieben Hochschullehrer angehörten.[14] Dieser hatte dem Gesetzgeber im Jahre 1972 anlässlich der geplanten „großen" GmbH-Reform von 1971/1973[15] empfohlen, eine Sondervorschrift für den **„qualifizierten Konzern"** zum Schluss der vorgesehenen Neuregelung zum faktischen

---

59. DJT 1992 R 87 („künstliches Gebilde kluger Professoren"); *ders*, FS Beusch, 1993, S 479, 493 („Phantom"); *Mertens* AG 1987, 38, 40 („Papiertiger"); MK-*Altmeppen* § 311 Rdn 9 („graue Theorie"); außerdem MK-*Kropff* 2. Aufl § 317 Anh Rdn 19 mit Fn 50: „In der Tat erstaunt das Ausmaß der (auch) aktienrechtlichen Diskussion über ein anscheinend seit Inkrafttreten des Aktiengesetzes von 1965 nur am Rande gerichtskundig gewordenes Problem."

[8] Vgl OLG Düsseldorf AG 2000, 567, 568 f; OLG Stuttgart ZIP 2007, 1210; OLG Stuttgart NZG 2007, 549; OLG Köln AG 2007, 371, 372 f; OLG Köln AG 2009, 416, 418 ff; OLG Schleswig AG 2009, 374, 378 f.

[9] Offen lassend BGH NZG 2011, 831 Rdn 3 – Züblin/Strabag.

[10] Mit anderer Akzentsetzung MK-*Kropff* 2. Aufl § 317 Anh Rdn 28: „Schließlich kann die Kommentierung nicht unterstellen, dass eines der zZt meistdiskutierten aktienkonzernrechtlichen Probleme ohne praktische Relevanz ist."; ferner *Schall*, FS Stilz, 2014, S 537, 551, wonach das allseits konsentierte Fehlen von Gerichtsentscheidungen keinesfalls zwingend die Funktionsfähigkeit des § 317 belege, sondern auch auf das genaue Gegenteil hindeuten könne.

[11] Zugespitzt Grigoleit/*Grigoleit* § 1 Rdn 113: „Die Konzernhaftungs-Doktrin ist ein Musterbeispiel missglückter Rechtsfortbildung, die um einer pseudogesetzesnahen Begründung willen den Anforderungen rationaler Regelbildung in jeder Hinsicht zuwiderläuft."; eingehend jüngst *Temming* S 207–999 (= 3. Kapitel) mit der einleitenden Bemerkung: „In diesem Kapitel sollen die anerkannten und lediglich behaupteten Regelungslücken des Konzernrechts des AktG 1965 ausführlich dargestellt werden."

[12] Dazu auch *Fleischer* NZG 2015, 769, 773: „Das Zeug zu einem gesellschaftsrechtlichen Großnarrativ hat auch die Geschichte vom Aufstieg und Fall des qualifiziert-faktischen Konzerns"; unter methodischen Gesichtspunkten ferner *Mülbert* AcP 214 (2014), 188, 213 ff; aus der Perspektive eines beteiligten BGH-Richters *Kurzwelly*, FS Goette, 2011, S 277 ff.

[13] Treffend *Heyder* S 19: „Dennoch ist es notwendig sich zu erinnern, daß der Ausgangspunkt aller Überlegungen der qualifizierte faktische GmbH-Konzern ist. Ohne diesen wäre vermutlich auch das Problem des qualifizierten faktischen Aktienkonzerns unbekannt geblieben."; ähnlich MK-*Kropff* 2. Aufl § 317 Anh Rdn 4; für eine umfassende Aufbereitung – auch unter methodischen Gesichtspunkten – zuletzt *Temming* S 445 ff.

[14] Vgl *Arbeitskreis GmbH-Reform* (*Hueck/Lutter/Mertens/Rehbinder/Ulmer/Wiedemann/Zöllner*), Bd 2, S 49 ff.

[15] Näher dazu MK-GmbHG-*Fleischer* Einl Rdn 99 ff.

GmbH-Konzern (§§ 247–255 RegE-GmbHG)[16] einzufügen, weil die Regelung des Vor- und Nachteilsausgleichs im wirtschaftlichen Einheitsunternehmen nicht durchführbar sei.[17] Wörtlich lautete sein an das Haftungssystem im aktienrechtlichen Vertragskonzern angelehnter Vorschlag:

„§ 255a
Verantwortlichkeit im qualifizierten Konzern

(1) Besteht kein Beherrschungsvertrag und wird das Eigeninteresse der abhängigen Gesellschaft mit beschränkter Haftung infolge eines von dem herrschenden Konzernunternehmen ausgeübten Einflusses nachhaltig beeinträchtigt, so kann jeder außenstehende Gesellschafter gegen eine angemessene Barabfindung aus der Gesellschaft ausscheiden. Die Barabfindung muß die Vermögens- und Ertragslage der Gesellschaft im Zeitpunkt des Ausscheidens des Gesellschafters berücksichtigen.

(2) Das herrschende Unternehmen hat jeden während der Dauer seiner Einflußnahme entstehenden Jahresfehlbetrag auszugleichen. § 240 Abs. 1 und 3 gilt entsprechend.

(3) Bilden die abhängige Gesellschaft mit beschränkter Haftung und das herrschende Unternehmen einen Konzern, so wird vermutet, daß das Eigeninteresse der abhängigen Gesellschaft nachhaltig beeinträchtigt wird.

(4) Das Eigeninteresse der abhängigen Gesellschaft ist insbesondere nachhaltig beeinträchtigt, wenn:
1. die Produktionsprogramme des Unternehmens der abhängigen Gesellschaft mit denjenigen des herrschenden Unternehmens oder der mit ihm konzernverbundenen Unternehmen koordiniert sind;
2. die Geschäftsführerposten mit Organmitgliedern oder leitenden Angestellten des herrschenden Unternehmens oder mit ihm konzernverbundener Unternehmen besetzt sind oder gemeinsame Führungsorgane errichtet werden;
3. wesentliche unternehmerische Teilfunktionen aus dem Unternehmen der abhängigen Gesellschaft ersatzlos ausgegliedert und von dem herrschenden Unternehmen oder einem mit ihm konzernverbundenen Unternehmen wahrgenommen werden.“[18]

Die „große“ GmbH-Reform scheiterte[19] und mit ihr die ambitionierten Pläne zur Kodifizierung des faktischen GmbH-Konzerns in enger Anlehnung an die §§ 311 ff AktG.[20] Dessen ungeachtet ließ sich der II. Zivilsenat des BGH unter dem Vorsitz von *Walter Stimpel* von den Vorschlägen des Arbeitskreises GmbH-Reform zu seinem rechtsfortbildenden **Autokran-Urteil** aus dem Jahre **1985**[21] inspirieren.[22] Er bejahte bei Vermögenslosigkeit einer abhängigen GmbH eine Ausfallhaftung des herrschenden Konzernunternehmens in entsprechender Anwendung der §§ 303, 322 Abs 2 und 3 AktG, wenn das herrschende Unternehmen **die Geschäfte der abhängigen GmbH dauernd und umfas-** 6

16 Vgl BT-Drucks VI/3088, S 67–70 (Text) und S 216–219 (Begründung).
17 So *Arbeitskreis GmbH-Reform*, Bd 2, S 67.
18 *Arbeitskreis GmbH-Reform*, Bd 2, S 59.
19 Näher dazu MK-GmbHG-*Fleischer* Einl Rdn 107.
20 Rückblickend *K Schmidt* JZ 2009, 9, 16: „Wer die Zerreißproben der Konzernhaftungsdebatte zwischen 1985 (‚Autokran‘) und 1993 (‚TBB‘) in Erinnerung hat, wird sich heute noch freuen, dass insbesondere die AG-inspirierten Konzernrechtsregeln der Entwürfe von 1969 und 1971/73 nie in Gesetzeskraft erwachsen sind.“
21 BGHZ 95, 330; dazu *Assmann* JZ 1986, 881; *Emmerich* GmbHR 1987, 213; *Lutter* ZIP 1985, 1425; *K Schmidt* BB 1985, 2074; *ders* ZIP 1986, 146; *Stimpel* AG 1986, 117; *ders*, FS Goerdeler, 1987, S 601; *Ulmer* NJW 1986, 1579; *ders* AG 2006, 123; *Wilhelm* DB 1986, 2113.
22 Vgl BGHZ 95, 330, 343 f unter Hinweis auf *Arbeitskreis GmbH-Reform*, Bd 2, S 59 und 67; s zuvor bereits BGH WM 1979, 937, 941 – Gervais.

send selbst geführt hat und nicht dartun konnte, dass der pflichtgemäß handelnde Geschäftsführer einer selbständigen GmbH die Geschäfte ebenso geführt hätte.[23]

7 In Fortführung dieser Rechtsprechungslinie entschied der BGH in seinem **Tiefbau-Urteil** von **1989**[24] unter dem neuen Vorsitz von *Karlheinz Boujong*, dass eine abhängige GmbH gegen das herrschende Unternehmen **in entsprechender Anwendung des § 302 AktG** einen **Anspruch auf Verlustausgleich** hat, wenn das herrschende Unternehmen die Geschäfte der GmbH im finanziellen Bereich dauernd und umfassend geführt hat und nicht dartun und beweisen konnte, dass die entstandenen Verluste nicht auf der Geschäftsführung beruhten.[25] Damit wurde der im Vorgängerurteil noch an § 317 Abs 2 AktG orientierte Haftungsausschluss durch einen neuen Kausalitätsgegenbeweis ersetzt.

8 Weiter verschärft wurde die Haftung im GmbH-Konzern sodann durch das notorische **Video-Urteil** des BGH von **1991**.[26] Danach haftete der Allein- oder Mehrheitsgesellschafter einer GmbH, der gleichzeitig deren alleiniger Geschäftsführer war und sich außerdem als Einzelkaufmann unternehmerisch betätigte, grundsätzlich nach den Haftungsregeln im qualifizierten faktischen Konzern.[27] Die Urteilsgründe erläuterten, dass es bei der vom Senat praktizierten Teilanalogie zu den Haftungsregeln im aktienrechtlichen Vertragskonzern nicht um eine Haftung wegen schuldhaft nicht ordnungsgemäßer Geschäftsführung gehe, sondern um die Pflicht zur Übernahme des Risikos, welches sich aus der Einbindung der abhängigen Gesellschaft in die übergeordneten Konzerninteressen ergebe.[28]

9 Nach scharfer Kritik im Schrifttum an dem zu weit geratenen Leitsatz des Video-Urteils[29] und seinen ebenfalls sehr weitreichenden Vermutungsregeln[30] nahm der BGH in seinem **TBB-Urteil** von **1992**[31] eine Kurskorrektur vor, die er allerdings als bloße „Klarstellung“[32] deklarierte. Den **„Haftungsgrund“** erblickte er nicht mehr in der dauernden und umfassenden Leitung der abhängigen Gesellschaft, sondern in dem **objektiven Missbrauch der beherrschenden Gesellschafterstellung.** Leitsatzartig formuliert: „Der eine GmbH beherrschende Unternehmensgesellschafter haftet entsprechend den §§ 302, 303 AktG, wenn er die Konzernleitungsmacht in einer Weise ausübt, die keine angemessene Rücksicht auf die eigenen Belange der abhängigen Gesellschaft nimmt, ohne daß sich der ihr insgesamt zugefügte Nachteil durch Einzelausgleichsmaßnahmen kompensieren ließe.“[33]

---

[23] So BGHZ 95, 330 LS b).

[24] BGHZ 107, 7; dazu *Decher* DB 1989, 965; *K Schmidt* ZIP 1989, 545; *Stimpel* ZGR 1991, 144; *Ziegler* WM 1989, 1041 und 1077.

[25] So BGHZ 107, 7 LS b).

[26] BGHZ 115, 187; dazu *Altmeppen* DB 1991, 2225; *Drygala* ZIP 1992, 1797; *Flume* ZIP 1992, 817; *Kleindiek* ZIP 1991, 1330; *ders* GmbHR 1992, 574; *K Schmidt* ZIP 1991, 1325; *Stodolkowitz* ZIP 1992, 1517; *Westermann* DZWiR 1992, 197.

[27] So BGHZ 115, 187 LS a)

[28] Vgl BGHZ 115, 187, 194.

[29] Dazu aus Sicht des II. Zivilsenats *Stodolkowitz* ZIP 1992, 1517, 1523: „der möglicherweise zu weit geratene erste Leitsatz des Video-Urteils“.

[30] Rückblickend aus Sicht des II. Zivilsenats *Goette*, Diskussionsbericht JbFSt 2008/2009, S 341, 350: „Nach *Video* haben wir seinerzeit festgestellt, dass wir in ein Desaster geraten waren […] Deutschland besteht nur noch aus qualifiziert faktischen Konzernen, wenn man die Aussagen von *Video* ernst genommen hat.“

[31] BGHZ 122, 123; dazu *Altmeppen* DB 1994, 1912; *Burgard* WM 1993, 925; *Drygala* GmbHR 1993, 317; *Goette* DStR 1993, 568; *Hommelhoff* ZGR 1994, 395; *Krieger* ZGR 1994, 375; *Kleindiek* DZWiR 1993, 177; *Lutter* JZ 1993, 580; *K Schmidt* ZIP 1993, 549; *UH Schneider* WM 1993, 782; *Westermann* ZIP 1993, 554.

[32] Vgl BGHZ 122, 123 LS a) am Ende: „(Klarstellung zu BGHZ 115, 187)“.

[33] BGHZ 122, 123 LS a).

Hinsichtlich der **Verteilung der Darlegungs- und Beweislast** hob der BGH in Abgrenzung zum Video-Urteil hervor, dass die dauernde und umfassende Ausübung der Leitungsmacht durch das herrschende Unternehmen nicht die Vermutung begründe, dass keine angemessene Rücksicht auf die Belange der abhängigen Gesellschaft genommen worden sei.[34] Vielmehr habe der Kläger Umstände darzulegen und zu beweisen, die eine solche Annahme nahelegen. Allerdings könnten ihm entsprechend den von der Rechtsprechung entwickelten Grundsätzen Erleichterungen hinsichtlich seiner Substantiierungslast eingeräumt werden, soweit das herrschende Unternehmen im Gegensatz zum Kläger die maßgeblichen Tatsachen kenne und ihm die Darlegung des Sachverhalts zumutbar sei.[35]

b) **Existenzvernichtungshaftung.** Gestützt auf Vorarbeiten seines damaligen Vorsitzenden *Volker Röhricht*[36] **gab** der BGH sodann in seinem **Bremer-Vulkan-Urteil** von **2001**[37] die **konzernrechtliche Anbindung der Haftung** im faktischen GmbH-Konzern **auf und formte sie zu** einer **allgemeinen Haftung** des Alleingesellschafters **für existenzvernichtende Eingriffe um:** „Veranlaßt der Alleingesellschafter die von ihm abhängige GmbH, ihre liquiden Mittel in einen von ihm beherrschten konzernierten Liquiditätsverbund einzubringen, trifft ihn die Pflicht, bei Dispositionen über ihr Vermögen auf ihr Eigeninteresse an der Aufrechterhaltung ihrer Fähigkeit, ihren Verbindlichkeiten nachzukommen, angemessene Rücksicht zu nehmen, und ihre Existenz nicht zu gefährden. Kommt er dieser Verpflichtung nicht nach, kann er sich eines Treubruchs im Sinne des § 266 Abs. 1 StGB schuldig machen."[38] **10**

Dogmatisch wurde die Existenzvernichtungshaftung im nachfolgenden **KBV-Urteil** des BGH von **2002**[39] als Durchgriffs(außen)haftung analog § 128 HGB gedeutet.[40] Allerdings sah sich der II. Zivilsenat schon bald zu Teilkorrekturen der schneidigen Durchgriffshaftung genötigt, weil sich die GmbH in den einschlägigen Fällen häufig schon in einer Schieflage befand und der Gläubigerausfall daher nur zu einem Teil auf dem existenzvernichtenden Eingriff des Gesellschafters beruhte. Letzterem wurde daher die Möglichkeit eröffnet nachzuweisen, dass der Gesellschaft im Vergleich zur Vermögenslage bei redlichem Verhalten nur ein begrenzter und dann in diesem Umfang auszugleichender Nachteil entstanden sei.[41] Mit dem Konzept einer Durchgriffs(außen)haftung ließ sich eine solche Einschränkung freilich schwer in Einklang bringen. **11**

Wegen dieser und anderer dogmatischer Inkonsistenzen[42] hat sich der BGH in seinem **Trihotel-Urteil** von **2007**[43] nunmehr unter dem Vorsitz von *Wulf Goette* entschlossen, **12**

[34] So BGHZ 122, 123 LS b).
[35] So BGHZ 122, 123 LS b).
[36] Vgl *Röhricht*, FS 50 Jahre BGH, 2000, S 83 ff.
[37] BGHZ 149, 10; dazu *Altmeppen* ZIP 2001, 1837; *ders* ZIP 2002, 1553; *Bruns* WM 2003, 815; *Hoffmann* NZG 2002, 68; *Kessler* GmbHR 2002, 945; *K Schmidt* NJW 2001, 2577; *Westermann* NZG 2002, 1129; *Wiedemann* ZGR 2003, 283.
[38] BGHZ 149, 10 LS b).
[39] BGHZ 151, 181; dazu *Altmeppen* ZIP 2002, 1553; *Kessler* GmbHR 2002, 945; *Ulmer* JZ 2002, 1049; *Westermann* NZG 2002, 1129, 1135 ff.
[40] Vgl BGHZ 151, 181, 187.
[41] So BGH NZG 2005, 177 LS 2 – BMW-Vertragshändler; dazu *Altmeppen* ZIP 2005, 119; *Goette* ZIP 2005, 1481, 1486 ff.
[42] Dazu BGHZ 173, 246 Rdn 20: „Das vom Senat bisher zum existenzvernichtenden Eingriff entwickelte Haftungsmodell ist auf der Rechtsfolgenseite von einer gewissen Inhomogenität und dogmatischen Unschärfe gekennzeichnet […]."
[43] BGHZ 173, 246; dazu *Altmeppen* NJW 2007, 2657; *Habersack* ZGR 2008, 533; *Paefgen* DB 2007, 1907; *Schanze* NZG 2007, 681; *Schwab* ZIP 2008, 341; *Theiselmann* GmbHR 2007, 904; *Vetter* BB 2007, 1965.

zwar an der Figur der Existenzvernichtungshaftung festzuhalten[44], sie aber auf eine neue Grundlage zu stellen. An die Stelle einer Durchgriffs(außen)haftung tritt seither **eine auf § 826 BGB gestützte schadensersatzrechtliche Innenhaftung gegenüber der Gesellschaft:** „Der Senat gibt das bisherige Konzept einer eigenständigen Haftungsfigur, die an den Missbrauch der Rechtsform anknüpft und als Durchgriffs(außen)haftung des Gesellschafters gegenüber den Gesellschaftsgläubigern ausgestaltet, aber mit einer Subsidiaritätsklausel im Verhältnis zu den §§ 30, 31 GmbHG versehen ist, auf. Stattdessen knüpft er die Existenzvernichtungshaftung des Gesellschafters an die missbräuchliche Schädigung des im Gläubigerinteresse zweckgebundenen Gesellschaftsvermögens an und ordnet sie – in Gestalt einer schadensersatzrechtlichen Innenhaftung gegenüber der Gesellschaft – allein in § 826 BGB als eine besondere Fallgruppe der sittenwidrigen vorsätzlichen Schädigung ein."[45] Ausweislich eines weiteren Leitsatzes sind Schadensersatzansprüche aus Existenzvernichtungshaftung gemäß § 826 BGB gegenüber Erstattungsansprüchen aus §§ 30, 31 GmbHG nicht mehr subsidiär. Vielmehr besteht zwischen ihnen – soweit sie sich überschneiden – Anspruchsgrundlagenkonkurrenz.[46]

13 Diese vorerst letzte Volte in der höchstrichterlichen Spruchpraxis zum GmbH-Recht ist im **GAMMA-Urteil** aus dem Jahre **2008**[47] fortgeführt und weiter präzisiert worden. Danach setzt die Existenzvernichtungshaftung einen kompensationslosen „Eingriff" in das zweckgebundene Gesellschaftsvermögen voraus, dem ein Unterlassen hinreichender Kapitalausstattung iSe „Unterkapitalisierung" der GmbH nicht gleichsteht.[48] Offen ließ der Senat, ob und gegebenenfalls unter welchen Voraussetzungen sich bei materieller Unterkapitalisierung eine persönliche Haftung des Gesellschafters gemäß § 826 BGB begründen lässt.[49] Nach dem **Sanitary-Urteil** des BGH von **2009**[50] kommt eine Existenzvernichtungshaftung des GmbH-Gesellschafters aus § 826 BGB auch im Liquidationsstadium der Gesellschaft in Betracht.[51] Der Liquidationsgesellschaft kann daher ein eigener (Innenhaftungs-)Anspruch aus § 826 BGB gegen den Gesellschafter zustehen, wenn dieser unter Verstoß gegen § 73 Abs 1 GmbHG in sittenwidriger Weise das im Interesse der Gesellschaftsgläubiger zweckgebundene Gesellschaftsvermögen schädigt.[52] Mit diesen Urteilen[53] hat die höchstrichterliche Rechtsfortbildung des II. Zivilsenats des BGH zur Existenzvernichtungshaftung ihren vorläufigen Schlusspunkt erreicht.[54] Sie ist inzwischen auch vom IX. Zivilsenat des BGH[55] und vom 3. Senat des BAG[56] übernommen worden.

---

44 Vgl BGHZ 173, 246 LS a): „An dem Erfordernis einer als ‚Existenzvernichtungshaftung' bezeichneten Haftung des Gesellschafters für missbräuchliche, zur Insolvenz der GmbH führende oder diese vertiefende kompensationslose Eingriffe in das der Zweckbindung zur vorrangigen Befriedigung der Gesellschaftsgläubiger dienende Gesellschaftsvermögen wird festgehalten."

45 BGHZ 173, 246 LS b).

46 So BGHZ 173, 246 LS c).

47 BGHZ 176, 204; dazu *Altmeppen* ZIP 2008, 1201; *Kleindiek* NZG 2008, 686; *Veil* NJW 2008, 3264; *Waclawik* DStR 2008, 1486.

48 So BGHZ 176, 204 LS a).

49 Vgl BGHZ 176, 204 LS b).

50 BGHZ 179, 344; dazu *Podewils* GmbHR 2009, 601; *Rubner* DStR 2009, 1538.

51 So BGHZ 179, 344 LS 1.

52 So BGHZ 179, 344, LS 2.

53 Zuletzt noch BGH NZG 2012, 1069 – Verjährungsbeginn bei Ansprüchen aus Existenzvernichtungshaftung.

54 So aus der Binnensicht eines Senatsmitglieds *Kurzwelly*, FS Goette, 2011, S 277, 287: „ein – jedenfalls vom Senat so beabsichtigter – Schlusspunkt der Rechtsfortbildung"; Grundsatzkritik zuletzt bei *Stöber* ZIP 2013, 2295; monographisch *Kroh*, Der existenzvernichtende Eingriff, 2013; ferner *Temming* S 512 ff und passim.

55 Vgl BGH NZG 2013, 827 Rdn 19 ff.

56 Vgl BAG NZA 2014, 87 Rdn 34 ff.

3. Diskussionsstand zum Aktienkonzernrecht

Im Recht des faktischen Aktienkonzerns hat man die GmbH-rechtliche Grundsatzdebatte um den qualifiziert faktischen Konzern schon früh aufmerksam verfolgt.[57] 14

a) **Früherer Erkenntnisstand.** Bis zur Aufgabe des konzernrechtlichen Haftungsansatzes im Jahre 2001 durch das Bremer Vulkan-Urteil von 2001 (Rdn 10) entsprach es **ganz hL**, die für das GmbH-Recht entwickelte **Figur des qualifiziert faktischen Konzerns auf die AG zu übertragen.**[58] Für einen solchen „Reimport in das Aktienrecht"[59] wurden im Wesentlichen **zwei Begründungsstränge** angeführt: Der eine hob hervor, dass Leitungsmacht bei der abhängigen AG in ähnlich qualifizierter Weise missbraucht werden könne **wie bei der abhängigen GmbH,** so dass schon zur Vermeidung eines Schutzgefälles zwischen beiden Rechtsformen ein Lösungsgleichlauf geboten sei.[60] Der zweite Begründungsstrang zog eine unmittelbare Parallele zum aktienrechtlichen Vertragskonzern: Weil die Intensität der Leitungsmacht im qualifizierten faktischen Aktienkonzern **mit derjenigen im vertraglichen Aktienkonzern vergleichbar** sei, müssten auch die Rechtsfolgen vergleichbar sein.[61] Die mit diesen beiden Alternativbegründungen befürwortete Analogie zu §§ 302, 303 AktG machte nach ganz hL verschiedene Hilfskonstruktionen entbehrlich, insbesondere die Annahme eines stillschweigend abgeschlossenen Beherrschungsvertrages[62] oder eines Anspruchs außenstehender Aktionäre auf Abschluss eines Beherrschungsvertrages bei qualifiziert faktischer Konzernierung.[63] Demgegenüber **vermissten einzelne Literaturstimmen** schon früh die für eine Analogie zu §§ 302, 303 AktG erforderliche **Regelungslücke** im System der §§ 311 ff AktG.[64] Stattdessen warben sie für eine Lösung im Rahmen des § 317 AktG[65], vermittels einer Durchgriffshaftung[66] oder der bürgerlichrechtlichen Grundsätze zur Geschäftsführung ohne Auftrag.[67] 15

---

[57] Vgl zu einem globalen Verlustausgleich bei qualifizierter Konzernierung bzw sorgfaltswidriger Konzerngeschäftsführung nach den Vorschlägen des Arbeitskreises GmbH-Reform, aber noch vor dem Autokran-Urteil *Lutter* ZGR 1982, 244, 266 f; *K Schmidt* ZGR 1981, 455, 473 f; *de lege ferenda* auch *Geßler*, FS Flume, 1978, Bd II, S 55, 65; ablehnend *Strohn* S 98 ff, 118 ff.

[58] Vgl OLG Hamm NJW 1987, 1030 – Banning; *Decher* DB 1990, 2005, 2007 f; *Deilmann* S 125 ff; *Ebenroth* AG 1990, 188, 189 ff; *Eschenbruch* Rdn 3405 f; *Fleck* WM 1986, 1205, 1210, 1212 f; *Heyder* S 175 ff; *Hoffmann-Becking*, in Ulmer, Probleme des Konzernrechts, S 68 ff; *Hommelhoff* Gutachten G für den 59. DJT 1992, G 14; *Timm* NJW 1987, 977, 980 ff; *Weigl* S 179 ff; *Wiedemann* ZGR 1986, 656, 669; *ders*, Unternehmensgruppe, S 88 ff; *Zöllner*, GS Knobbe-Keuk, 1997, S 369 ff.

[59] *Wiedemann* ZGR 1986, 656, 669.

[60] Vgl etwa *Decher* DB 1990, 2005, 2007; *Weigl* S 189; *Wiedemann* ZGR 1986, 656, 669.

[61] Vgl etwa *Deilmann* S 125 ff; *Eschenbruch* Rdn 3405; *Flume* JurPerson, S 130; *K Schmidt* GesR, 2. Aufl 1991, § 31 IV 4a.

[62] So ursprünglich *Emmerich* AG 1975, 253 285 ff; ferner *Flume* JurPerson, S 130; *Paehler* S 169 f; zutreffend dagegen BGHZ 95, 330, 342; Emmerich/*Habersack* § 317 Anh Rdn 5a; *Ulmer* ZHR 148 (1984), 391, 423 f.

[63] So *Heyder* S 152, 168; *Martens* DB 1970, 865, 868 f; ferner *Bollmann* S 67; s auch MK-*Kropff* 2. Aufl § 317 Anh Rdn 50; offen lassend BGHZ 95, 330, 342 f.

[64] So namentlich *Koppensteiner*, in Ulmer, Probleme des Konzernrechts, S 87, 90 ff; schon vorher *Strohn* S 12 und 118; außerdem *Adler/Düring/Schmaltz* § 311 Rdn 83 ff; *Altmeppen* Abschied vom qualifizierten faktischen Konzern, S 120 ff und passim; *Ehricke* S 436 f.

[65] So *Koppensteiner*, in Ulmer, Probleme des Konzernrechts, S 87, 99; ferner *Bälz* AG 1992, 277, 292 f und Fn 121; *W Müller*, FS Rowedder, 1994, S 277, 287 f; *Schießl* AG 1985, 184, 188; *Schulze-Osterloh* ZGR 1983, 123, 154.

[66] So *Lehmann* ZGR 1986, 345, 363 ff; *Reiner* S 263 ff; *Strohn* S 172 ff; dagegen schon *Lutter* ZGR 1982, 244, 267; *Mertens* ZGR 1984, 542, 555.

[67] So *Schilling*, FS Hefermehl, 1976, S 383, 389; *Wilhelm* DB 1986, 2113, 2116 f.

16 b) **Heutiges Meinungsbild.** Mit dem Abschied der höchstrichterlichen Rechtsprechung vom qualifiziert faktischen GmbH-Konzern und ihrer Hinwendung zur Existenzvernichtungshaftung ist die Diskussion um ein sachgerechtes Haftungsregime auch im Aktienrecht wieder neu entbrannt. Hierzu werden **im Schrifttum** heute im Wesentlichen **drei Positionen** vertreten:

17 Eine beachtliche Literaturmeinung hält eine **Haftung analog § 302 AktG** wegen qualifizierter faktischer Konzernierung oder qualifizierter Nachteilszufügung **auch im Aktienrecht** für **überholt.**[68] Anders als im GmbH-Recht seien in der aktienrechtlichen Spruchpraxis keine ernsthaften Schutzdefizite zu Tage getreten, was angesichts der strikten Vermögensbindung nach §§ 57, 62 AktG auch nicht weiter verwundere.[69] Für zusätzlichen Schutz sorge die Schadensersatzpflicht nach §§ 117, 317 AktG.[70] Unabhängig davon sei es bisher trotz aller Anstrengungen nicht gelungen, die Fälle qualifizierter Nachteilszufügung in praktisch brauchbarer Weise zu formulieren.[71] **Statt einer Analogielösung** befürworten manche Kritiker auch im Aktienrecht einen Rückgriff auf die Figur der **Existenzvernichtungshaftung.**[72]

18 Andere Stimmen wollen die Fälle qualifizierter Nachteilszufügung mit einer **modifizierten Anwendung der §§ 311 ff AktG** lösen.[73] Ihnen zufolge geht es nicht um ein Lücken-, sondern um ein Beweisproblem, dem man **im Rahmen des** § 317 AktG mit einer sachgerechten **Anwendung des § 287 ZPO** und weiteren Beweiserleichterungen[74] abhelfen könne.[75] Nehme das herrschende Unternehmen unzulässige Eingriffe vor, deren Nachteile nicht im Wege des Schadensersatzes ausgeglichen werden könnten, sei als **Mindestschaden** der **Jahresfehlbetrag** jenes Jahres auszugleichen, in dem die Eingriffe erfolgten.[76] Variierend bevorzugen wieder andere Autoren eine punktuelle Erweiterung der Rechtsfolgen des § 317 AktG im Wege echter Rechtsfortbildung.[77]

19 Die wohl noch immer **hL** hält auch nach der höchstrichterlichen Kehrtwende zur Existenzvernichtungshaftung an der **Analogie zu § 302 AktG bei qualifizierter Nachteils-**

---

[68] Vgl *Bicker* DZWiR 2007, 284 ff; *Decher* ZHR 171 (2007) 126, 137; Grigoleit/*Grigoleit* § 1 Rdn 113 ff, 126; *ders* Gesellschafterhaftung S 261 ff; Henssler/Strohn/*Bödeker* § 311 Rdn 34; *Henze* AG 2004, 405, 415; *Hüffer*, FS Goette, 2011, S 192, 200 ff; Hüffer/*Koch* § 1 Rdn 29; *Liebscher*, in BeckHdbAG, § 14 Rdn 97; MK-*Heider* § 1 Rdn 68; MK-*Altmeppen* § 317 Anh Rdn 14 ff; *Nitsche* S 129 ff; NK-*Schatz/Schödel* § 311 Rdn 67.

[69] Vgl *Hüffer*, FS Goette, 2011, S 191, 201; Hüffer/*Koch* § 1 Rdn 29; MK-*Altmeppen* § 317 Anh Rdn 14.

[70] Vgl *Hüffer*, FS Goette, 2011, S 191, 201; Hüffer/*Koch* § 1 Rdn 29; MK-*Altmeppen* § 317 Anh Rdn 19 ff.

[71] Vgl *Hüffer*, FS Goette, 2011, S 191, 202; Hüffer/*Koch* § 1 Rdn 29; KK-*Koppensteiner* § 318 Anh Rdn 66.

[72] Vgl Bürgers/Körber/*Westermann* § 1 Rdn 31 f; Henssler/Strohn/*Bödeker* § 311 Rdn 34; Schmidt/Lutter/*Lutter* § 1 Rdn 22; *Tröger/Dangelmeyer* ZGR 2011, 558, 585 ff.

[73] Vgl Grigoleit/*Grigoleit* § 317 Rdn 19; Hüffer/*Koch* § 317 Rdn 9a; MK-*Altmeppen* § 317 Anh Rdn 13 ff, 22 ff.

[74] Für weitreichende Beweislastverschiebungen MK-*Altmeppen* § 317 Anh Rdn 27 ff; s auch Grigoleit/*Grigoleit* § 317 Rdn 19.

[75] Vgl *Bälz* AG 1992, 277, 292 f; Grigoleit/*Grigoleit* § 317 Rdn 9; Hüffer/*Koch* § 317 Rdn 9a; KK-*Koppensteiner* § 318 Anh Rdn 22 ff; MK-*Altmeppen* § 317 Anh Rdn 22.

[76] Vgl KK-*Koppensteiner* § 318 Anh Rdn 25; MK-*Altmeppen* § 317 Anh Rdn 25; Hüffer/*Koch* § 317 Rdn 9a.

[77] So Schmidt/Lutter/*Vetter* § 317 Rdn 55 ff; ferner *Fuchs* S 140 ff, 174 ff, der sich dafür ausspricht, „die Integration des Verlustausgleichs in den Schadensersatzanspruch als Rechtsfortbildung zu vollziehen".

zufügung im Aktienrecht fest.[78] Sie verweist darauf, dass eine qualifizierte Nachteilszufügung im zweispurigen Schutzsystem der §§ 291 ff, §§ 311 ff AktG nur beim Abschluss eines Beherrschungsvertrages zulässig sei.[79] Setze sich das herrschende Unternehmen hierüber hinweg, indem es der abhängigen AG nicht bezifferbare Nachteile zufüge, werde das System des Einzelausgleichs nach §§ 311 ff AktG seiner Funktionsfähigkeit beraubt, so dass ein Globalausgleich analog § 302 AktG geboten sei.[80] Dogmatisch bemüht man hierfür teils den Gesichtspunkt des Umgehungsschutzes[81], teils die mitgliedschaftliche Treuepflicht.[82]

Eine endgültige Positionierung durch die **Rechtsprechung** steht noch aus. Einzelne obergerichtliche Entscheidungen halten die zur GmbH entwickelten Regeln zum qualifizierten faktischen Konzern, jedenfalls nachdem sie der BGH dort zu Gunsten des existenzvernichtenden Eingriffs aufgegeben hat, auch im Aktienrecht für nicht mehr anwendbar.[83] Demgegenüber kommt nach einem anderen obergerichtlichen Urteil eine Haftung unter dem Gesichtspunkt des qualifizierten faktischen Konzerns sehr wohl in Betracht, wenn die Nachteilszufügung durch das herrschende Unternehmen einem Einzelausgleich nicht mehr zugänglich ist.[84] Ein weiteres Urteil hielt die Existenzvernichtungshaftung im Aktienrecht für anwendbar.[85] Der **BGH** hat in einem Beschluss aus dem Jahre 2008 **ausdrücklich offen gelassen**, „ob im Aktienrecht angesichts der besonderen gesetzlichen Regelungen und Wertungen zum faktischen Konzern (§§ 311 ff AktG) überhaupt unter dem Blickwinkel einer so genannten faktischen Konzernierung bzw. allgemeiner treuerechtlicher Erwägungen Raum für spezielle Unterlassungs- oder Beseitigungsansprüche des Minderheitsaktionärs gegen das herrschende Unternehmen und zugleich gegen die abhängige Gesellschaft sein kann".[86] Das **BVerfG** hat die hiergegen eingelegte, auf eine Verletzung der Eigentumsgarantie gestützte Verfassungsbeschwerde nicht zur Entscheidung angenommen. In den Gründen heißt es, ein etwa nachteiliger Einfluss auf die vermögensrechtliche Beteiligung an der abhängigen Gesellschaft solle nach der gesetzgeberischen Wertung durch das Ausgleichssystem der §§ 311 ff AktG entschä- 20

---

78 Vgl *Bayer/Trölitzsch*, in Lutter/Bayer (Hrsg), Holding-Handbuch, 5. Aufl 2015, § 8 Rdn 87; Bürgers/Körber/*Fett* § 311 Rdn 30; *Cahn* ZIP 2001, 2150, 2160; Emmerich/*Habersack* § 317 Anh Rdn 5a; Hölters/*Leuering/Goertz* § 311 Rdn 97; Küting/Weber/*Henssler* vor § 311 Rdn 51; Münch-HdbAG/*Krieger* § 70 Rdn 142; MK-HGB-*Mülbert* Konzernrecht der Personengesellschaften, Rdn 179b; *Schall*, FS Stilz, 2014, S 537, 550 ff; *K Schmidt* GesR § 31 IV 4a, S 965; *Schürnbrand* ZHR 169 (2005), 35, 68; Spindler/Stilz/*Müller* vor § 311 Rdn 25 ff; *Wimmer-Leonhardt* S 380 ff; iE auch MK-*Kropff* 2. Aufl § 317 Anh Rdn 50 ff.

79 Vgl Emmerich/*Habersack* § 317 Anh Rdn 1; MK-*Kropff* 2. Aufl § 317 Anh Rdn 50 f; Schmidt/Lutter/*Vetter* § 317 Rdn 55; Spindler/Stilz/*Müller* vor § 311 Rdn 25.

80 Vgl Bürgers/Körber/*Fett* § 311 Rdn 30; Emmerich/*Habersack* § 317 Anh Rdn 5a; Hölters/*Leuering/Goertz* § 311 Rdn 97.

81 So Spindler/Stilz/*Müller* vor § 311 Rdn 25; ähnlich *Schall*, FS Stilz, 2014, S 537, 553; *Temming* S 366 f; tendenziell auch MK-*Kropff* 2. Aufl § 317 Anh Rdn 50.

82 So *Mülbert* S 488; *ders* DStR 2001, 1937, 1946 f; ferner Hölters/*Leuering/Goertz* § 311 Rdn Rdn 182; *Kiehte/Groeschke* BB 1997, 1957, 1958.

83 So OLG Stuttgart ZIP 2007, 1210, 1213; bestätigt durch OLG Stuttgart NZG 2007, 549; dazu tendierend auch, aber letztlich offen lassend OLG Schleswig AG 2009, 374, 379; ferner LG Kiel BeckRS 2009, 10255; früher schon OLG Düsseldorf AG 2000, 567, 568.

84 So OLG Köln AG 2009, 416, 419; ferner LG Köln AG 2008, 327, 334 f; LG München I ZIP 2008, 242, 243; früher schon OLG Hamm NJW 1987, 1030; OLG Stuttgart DB 2000, 709, 710 f (obiter).

85 Vgl OLG Köln AG 2007, 371, 372 f.

86 BGH NZG 2008, 831 Rdn 3.

digt werden. Dieses **System des Einzelausgleichs genüge** grundsätzlich **den verfassungsrechtlichen Anforderungen.**[87] Einschränkend fügte die 3. Kammer des Ersten Senats sodann aber hinzu: „Dies gilt **jedenfalls solange, wie** die **Einflussnahme** durch das herrschende Unternehmen **nicht ein solches Ausmaß erreicht, dass** das **System des finanziellen Ausgleichs versagt.**"[88]

21 c) **Stellungnahme.** Die konkurrierenden Lösungskonzepte liegen in ihren theoretischen Ausgangspunkten weiter auseinander als in ihren praktischen Ergebnissen. Jedenfalls bei einer nachteilsbedingten Insolvenz der abhängigen Gesellschaft dürften sie in aller Regel übereinstimmend zu einer Haftung des herrschenden Unternehmens führen.[89] All dies deutet darauf hin, dass die Auseinandersetzung inzwischen einen beträchtlichen Reifegrad erreicht hat und die wesentlichen Argumente ausgetauscht sind.

22 Den Gegnern einer konzernspezifischen Haftung ist zuzugeben, **dass sich** die **Gründe für die ursprüngliche Rechtsfortbildung im GmbH-Konzernrecht nicht auf** die **abhängige AG übertragen lassen**[90]: Im GmbH-Recht ging es zuvörderst um die Etablierung eines funktionsfähigen Gläubigerschutzes in der Einpersonen-GmbH und der mehrgliedrigen GmbH bei einverständlichem Zusammenwirken aller Gesellschafter.[91] Dieser Schutz war umso notwendiger, als die GmbH-Gesellschafter über weitreichende Weisungsrechte gegenüber den Geschäftsführern verfügen (§ 37 GmbHG) und der Grundsatz der Kapitalerhaltung vergleichsweise schwach ausgeprägt ist (§§ 30, 31 GmbHG).[92] Demgegenüber kennt das Aktienrecht ein höheres Mindestkapital (§ 7 AktG), strengere Grundsätze der Vermögensbindung (§§ 57, 62 AktG), einen weisungsfreien Vorstand (§ 76 Abs 1 AktG) und einen obligatorischen Aufsichtsrat (§ 95 AktG), die in ihrem Zusammenwirken für eine geringere Insolvenzanfälligkeit der abhängigen AG sorgen.[93]

23 Diese Differentialdiagnose schließt indes **eine vom GmbH-Konzernrecht unabhängige Begründung für** eine **Rechtsfortbildung im Aktienrecht** nicht aus.[94] Wie die hL zutreffend herausgearbeitet hat, darf Leitungsmacht hier nur insoweit ausgeübt werden, wie das Ausgleichssystem der §§ 311 ff AktG nicht in seiner Funktionsfähigkeit beeinträchtigt wird.[95] Sie ist deshalb allein unter der Voraussetzung zulässig, dass sich die Einzel-

---

87 So BVerfG NZG 2011, 1379 Rdn 19.

88 BVerfG NZG 2011, 1379 Rdn 19.

89 Ebenso MünchHdbAG/*Krieger* § 70 Rdn 142: „[F]ür die Fälle der Existenzvernichtung werden beide Meinungen letztlich zu gleichen Ergebnissen kommen."

90 So von den Gegnern einer konzernspezifischen Haftung *Hüffer*, FS Goette, 2011, S 191, 201 ff; von ihren Befürwortern *Schall*, FS Stilz, 2014, S 537, 547.

91 Dazu *Habersack* ZGR 2008, 533, 535 f; ferner OLG Stuttgart ZIP 2007, 1210, 1213: „ausschließlich im GmbH-Recht entwickelte Rechtsprechung zum qualifiziert faktischen Konzern", KK-*Koppensteiner* § 318 Anh Rdn 50; *Mülbert* S 477: „schiefe Schlachtordnung in der Diskussion um den qualifiziert faktischen Konzern".

92 Dazu auch OLG Schleswig AG 2009, 374, 379.

93 Ähnlich *Habersack* ZGR 2008, 533, 549; ferner *Schall*, FS Stilz 2014, S 537, 550; eingehend auch *Fuchs* S 97 ff, 104 ff.

94 Ähnlich *Heyder* S 18: „Vielmehr ist der qualifizierte faktische Aktienkonzern eigenständig zu betrachten."; treffend auch *Schall*, FS Stilz, 2014, S 537, 554: „Eine Haftung analog §§ 302 f AktG wegen qualifiziert faktischer Konzernierung ist zu bejahen. Sie unterscheidet sich aber in Begründung und Tatbestand deutlich von der früheren GmbH-rechtlichen Konzernhaftung, sei es nach Autokran oder nach TBB, da sie unmittelbar an die Möglichkeit des Einzelausgleichs anknüpft und dem Umgehungsschutz des Aktienkonzernrechts dient."

95 Vgl Emmerich/*Habersack* § 317 Anh Rdn 5a; *Hommelhoff*, Die Konzernleitungspflicht, 1982, S 173 f; *Mülbert* S 487 ff; MünchHdbAG/*Krieger* § 70 Rdn 141; *Zöllner*, GS Knobbe-Keuk, 1997, S 369, 371.

eingriffe isolieren und bewerten lassen.[96] Darüber hinausgehende qualifizierte Nachteilszufügungen sind nach der gesetzlichen Grundkonzeption nur im Rahmen eines Beherrschungsvertrages oder einer Eingliederung erlaubt.[97] Setzt sich das herrschende Unternehmen hierüber hinweg, so liegt als Rechtsfolge eine **pauschale Verlustausgleichspflicht analog § 302 AktG wie im Vertragskonzern** nahe.[98] Dem steht der fehlende Abschluss eines Beherrschungsvertrages nicht entgegen.[99] Eine Berufung hierauf wäre eine unzulässige *protestatio facto contraria*: Wer sich so verhält, als ob ein Beherrschungsvertrag bestehe, dem ist der Einwand abgeschnitten, dass ein solcher Vertrag nicht geschlossen wurde.[100] Eines zusätzlichen Rückgriffs auf die mitgliedschaftliche Treuepflicht bedarf es nicht[101]; er böte bei Einpersonengesellschaften ohnehin keine tragfähige Ableitungsbasis.[102]

Auch die gelegentlich vermisste **Regelungslücke**[103] ist gegeben. Zwar hatte sich der historische Reformgesetzgeber ursprünglich vorgestellt, dass die §§ 311 ff AktG geeignet seien, sämtliche Nachteilszufügungen durch das herrschende Unternehmen angemessen zu sanktionieren.[104] Diese Grundannahme ging jedoch fehl, weil der Gesetzgeber die weitreichenden Auswirkungen einer qualifizierten Nachteilszufügung auf die abhängige Gesellschaft nicht vollständig überblickt und gegen sie daher keine adäquaten Schutzvorkehrungen getroffen hat.[105] Mithin sind die Voraussetzungen einer legislatorischen 24

[96] Vgl MünchHdbAG/*Krieger* § 70 Rdn 142; Schmidt/Lutter/*Vetter* § 317 Rdn 49; Spindler/Stilz/*Müller* vor § 311 Rdn 25.

[97] Vgl OLG Köln AG 2009, 416, 419; Emmerich/*Habersack* § 317 Anh Rdn 1; *Schall*, FS Stilz, 2014, S 537, 550; Spindler/Stilz/*Müller* vor § 311 Rdn 25; *Zöllner*, GS Knobbe-Keuk, 2007, S 369, 377.

[98] Ähnlich *K. Schmidt* GesR § 31 IV 4a, S 965: „Eine der Beherrschungsvertragssituation analoge faktische Konzernherrschaft erlegt dem herrschenden Unternehmen auch analoge Folgelasten auf."; Spindler/Stilz/*Müller* vor § 311 Rdn 25: „Die Rechtsordnung kann es nicht hinnehmen, dass das herrschende Unternehmen die für den faktischen Konzern vorgesehenen Schutzmechanismen unterläuft, ohne sich den für den Vertragskonzern geltenden Regeln zu unterwerfen."; *Temming* S 367: „Wird außerhalb des Unternehmensvertragsrechts ein Zustand geschaffen, der demjenigen in § 302 AktG gleicht, hat dieselbe Rechtsfolge einzugreifen."

[99] So aber Grigoleit/*Grigoleit* § 1 Rdn 113: „Die vertragslose Einwirkung ist dem Unternehmensvertrag gerade nicht rechtsähnlich. Der Ähnlichkeitsvergleich scheitert am Fehlen einer privatautonomen Entscheidung, die im Gegensatz zur generalklauselartigen Beschreibung unzulässiger Einflussnahmen eine klare und für den Haftenden kalkulierbare Haftungsgrundlage bildet."; gegen ihn zutreffend *Schall*, FS Stilz, 2014, S 537, 553 mit Fn 86.

[100] Gleichsinnig MK-*Kropff* 2. Aufl § 317 Anh Rdn 52; dem folgend Schmidt/Lutter/*Vetter* § 317 Rdn 55; ferner *Heyder* S 168; *Wimmer-Leonhardt* S 381 f.

[101] Hierauf allein abstellend aber *Mülbert* S 488; *ders* DStR 2001, 1937, 1946 f.

[102] Wie hier KK-*Koppensteiner* § 318 Anh Rdn 64; MK-*Kropff* 2. Aufl § 317 Anh Rdn 50 mit Fn 127.

[103] Hierzu vor allem *Koppensteiner*, in Ulmer, Probleme des Konzernrechts, S 87, 90 ff; KK-*Koppensteiner* § 318 Anh Rdn 64.

[104] Darauf insistierend *Koppensteiner*, in Ulmer, Probleme des Konzernrechts, S 87, 92: „Das Gesetz läßt durch seine Systematik vielmehr ganz eindeutig erkennen, daß auch intensive Spielarten der Konzernierung bei gleichzeitigem Fehlen eines Unternehmensvertrags innerhalb der §§ 311 ff bewältigt werden müssen."

[105] Vgl *Fuchs* S 153: „Das Potential der Haftung aus § 317 AktG ist allerdings begrenzt und wurde insoweit vom Gesetzgeber überschätzt. […] Deshalb stellt die ‚qualifizierte Nachteilszufügung' eine planwidrige Regelungslücke dar."; ähnlich *Mülbert* S 488: „Diese Schwäche des Ausgleichssystems war dem Gesetzgeber verborgen geblieben."; ferner MK-*Kropff* 2. Aufl § 317 Anh Rdn 28; *Zöllner*, GS Knobbe-Keuk, 1997, S 369, 377, 379 f; sowie die Wortbeiträge in dem Diskussionsbericht von *Reichert*, in Ulmer, Probleme des Konzernrechts, S 102, 103.

„**Anschauungslücke**“[106] gegeben.[107] Gegen deren rechtsfortbildende Schließung lässt sich auch nicht einwenden, dass es angesichts des treupflichtgeschützten Schädigungsverbots in § 311 ff AktG und der strikten Vermögensbindung nach §§ 57, 62 AktG im Aktienrecht an einem Schutzbedürfnis fehle.[108] Vielmehr gebietet das vom Gesetzgeber geschaffene „Sonderrecht“[109] des faktischen Aktienkonzerns nach seiner Grundkonzeption einen Schutz der abhängigen AG, ihrer Gläubiger und außenstehenden Aktionäre vor nicht einzelausgleichsfähigen Nachteilszufügungen auch unterhalb der Schwelle der Existenzvernichtung.[110] Hierfür spricht zudem, dass das Verbot kompensationsloser Nachteilszufügung auch in der Einpersonen-AG uneingeschränkt gilt und dass der Alleinaktionär dort nur dann über ein Weisungsrecht verfügt, wenn ein Beherrschungsvertrag abgeschlossen wurde.[111]

25 Zu klären bleibt, ob man die bestehende Schutzlücke nicht besser durch eine modifizierte Anwendung der §§ 311 ff AktG schließen sollte. Tatsächlich liegt es im Ausgangspunkt nahe, die Möglichkeiten der Schadensersatzhaftung nach **§ 317 AktG** auszuschöpfen und hierbei auch von den Vorteilen einer Beweismaßsenkung nach **§ 287 ZPO** Gebrauch zu machen (dazu § 317 Rdn 26).[112] Wie manche Befürworter dieser Lösung freimütig einräumen, **lassen sich** die **Probleme qualifizierter Nachteilszufügung** so aber **nicht vollständig bewältigen**[113]: § 287 ZPO berechtigt den Richter gerade nicht dazu, Ansprüche nach freiem Ermessen zuzusprechen, und vermag ebenso wenig eine generelle Verlustausgleichspflicht iSd § 302 AktG zu begründen.[114] Hieran ändert auch die Annahme eines Mindestschadens in Höhe des jährlichen Bilanzverlustes im Wege der Schadenspauschalierung[115] nichts[116]; vielmehr überschreitet sie die Grenzen zulässiger

---

106 *Heck*, Gesetzesauslegung und Interessenjurisprudenz, 1914, S 173; ihm folgend *Canaris*, Die Feststellung von Lücken im Gesetz, 2. Aufl 1983, S 135.

107 Gleichsinnig zuletzt *Temming* S 431: „In der Zusammenschau ist deshalb [...] von einer Regelungslücke im AktG 1965 auszugehen. Auch diese kann als anfänglich und unbewußt gelten.“

108 So aber Hüffer/*Koch* § 1 Rdn 29.

109 *Bayer/Trölitzsch* in Lutter/Bayer (Hrsg), Holding-Handbuch, § 8 Rdn 87; Emmerich/*Habersack* § 317 Anh Rdn 5a.

110 Vgl *Bayer/Trölitzsch* in Lutter/Bayer (Hrsg), Holding-Handbuch, § 8 Rdn 87; Emmerich/*Habersack* § 317 Anh Rdn 5a; Hölters/*Leuering/Goertz* § 311 Rdn 97; MünchHdbAG/*Krieger* § 70 Rdn 142; Schmidt/Lutter/*Vetter* § 317 Rdn 52.

111 Wie hier Emmerich/*Habersack* § 317 Anh Rdn 5; s auch Bürgers/Körber/*Fett* § 311 Rdn 30.

112 Wie hier OLG Stuttgart ZIP 2007, 1210, 1214; Emmerich/*Habersack* § 317 Anh Rdn 16; Küting/Weber/*Henssler* vor § 311 Rdn 58; MK-*Kropff* 2. Aufl § 317 Anh Rdn 41: „Jedenfalls hat der Einzelausgleich durch Schadensersatz Vorrang.“; Rdn 43: „Ein Globalausgleich ist grundsätzlich nur in Betracht zu ziehen, wenn selbst die für eine solche Schätzung nötigen Anhaltspunkte fehlen.“

113 Vgl KK-*Koppensteiner* § 318 Anh Rdn 63: „Indes lässt sich nicht jede qualifizierte Nachteilszufügung auf diese Weise in den Griff bekommen.“

114 Vgl *Fuchs* S 124 f; *Heyder* S 85; *Schall*, FS Stilz, 2014, S 537, 551; dies zugestehend auch Grigoleit/*Grigoleit* § 317 Rdn 7, der aber dennoch davon ausgeht, dass sich in Fällen dichter Einflussnahmen auf der Basis des § 287 ZPO „regelmäßig“ eine volle Verlustausgleichspflicht begründen lässt.

115 Scharf ablehnend *Zöllner*, GS Knobbe-Keuk, 1997, S 369, 376: „Denn selbstverständlich können Bilanzverluste auf vielerlei Ursachen beruhen, es gibt für den Zusammenhang mit einer Nachteilszufügung nicht einmal einen alltäglichen Erfahrungssatz, der einen Beweis des ersten Anscheins begründen könnte.“

116 Dies konzedierend auch KK-*Koppensteiner* § 317 Rdn 23: „Richtig ist, dass die hier vertretene Variante der Schadenspauschalierung den Minderheitsgesellschaftern keinen adäquaten Schutz gibt.“

Schadensschätzung.[117] Mithin fehlt es für eine schadensrechtliche Problembewältigung an einer tragfähigen gesetzlichen Grundlage.

Als **sachgerechte Lösung** erweist sich nach alledem nur ein **Globalausgleich analog § 302 AktG bei qualifizierter Nachteilszufügung.** Wie im Einzelnen dargelegt, lässt er sich methodisch schlüssig begründen. Wertungsmäßig spricht für ihn, dass ein herrschendes Unternehmen aus dem unterbliebenen Abschluss eines Beherrschungsvertrages keinen Vorteil ziehen darf.[118] Entgegen mancher Zweifler lässt sich der Begriff der qualifizierten Nachteilszufügung auch hinreichend präzise umschreiben, wenn man ihn von seinem GmbH-konzernrechtlichen Ballast befreit[119]: Er ist nur, aber auch immer dann gegeben, wenn das System des Einzelausgleichs nach §§ 311, 317 AktG nicht mehr funktioniert (näher Rdn 31 ff).[120] Nicht unerwähnt bleiben sollte schließlich, dass sich mit einer losen Anbindung an die Regelung zum aktienrechtlichen Vertragskonzern auch zwanglos begründen lässt, warum außenstehende Aktionäre bei qualifizierter Nachteilszufügung ein Abfindungsrecht haben (näher dazu Rdn 54). Die Befürworter einer modifizierten Anwendung der §§ 311 ff AktG, die in ihrer Mehrheit ebenfalls ein Abfindungsrecht analog § 305 AktG befürworten, sehen sich insoweit zu einem argumentativen „Spagat" genötigt.[121] 26

II. Tatbestand

Die einzelnen Tatbestandsvoraussetzungen lassen sich aus der oben erläuterten Funktion der Haftung wegen qualifizierter Nachteilszufügung ableiten: Sie dient der Lückenschließung in jenen Fällen, in denen das System des Einzelausgleichs im faktischen Aktienkonzern versagt (vgl Rdn 23). Der Haftungstatbestand wird also – scheinbar inversiv – aus den Schutzgrenzen der §§ 311, 317 AktG gewonnen. 27

1. Abhängigkeit

Ebenso wie die §§ 311 ff AktG setzt die Haftung wegen qualifizierter Nachteilszufügung ein herrschendes Unternehmen und eine von ihm abhängige AG oder KGaA voraus.[122] Ob **Abhängigkeit** gegeben ist, bestimmt sich nach **§ 17 AktG**, wobei auch die 28

[117] Wie hier *Ebenroth* AG 1990, 188, 191; MK-*Kropff* 2. Aufl § 317 Anh Rdn 49; *Mülbert* S 483; *Schall*, FS Stilz, 2014, S 537, 551; *Stodolkowitz* ZIP 1992, 1517, 1521; pointiert *Zöllner*, GS Knobbe-Keuk, 1997, S 369, 376: „Wundermittel der freien richterlichen Schadensschätzung gem. § 287 ZPO"; ferner *Fuchs* S 126: „Die Rechtsfolge des Verlustausgleichs ist ein wünschenswertes Ergebnis. Sie ist jedoch in § 287 ZPO nicht richtig aufgehoben."

[118] Vgl *Heyder* S 195; *Schall*, FS Stilz, 2014, S 557, 553; Spindler/Stilz/*Müller* vor § 311 Rdn 25; s auch Emmerich/*Habersack* § 317 Anh Rdn 1.

[119] Vgl Spindler/Stilz/*Müller* vor § 311 Rdn 27; ferner *Schall*, FS Stilz, 2014, S 537, 552: „Die Kritik, die sich gegen die GmbH-rechtliche Tatbestandsformung richtete, verschlägt hier nicht."

[120] Vgl *Zöllner*, GS Knobbe-Keuk, 2007, S 369, 375.

[121] Charakteristisch etwa Grigoleit/*Grigoleit* § 317 Rdn 19: „Im Kontrast zur Haftungsfrage ist eine rechtsfortbildende Ergänzung in Fällen qualifizierter Konzernierung im Hinblick auf die Gewährung eines Austrittsrechts mit der zutreffenden hL zu befürworten."

[122] Vgl *Deilmann* S 68; Emmerich/*Habersack* § 317 Anh Rdn 7; *Fuchs* S 141 f; *Heyder* S 58; MK-*Kropff* 2. Aufl § 317 Anh Rdn 32; MünchHdb/*Krieger* § 70 Rdn 143; *Zöllner*, GS Knobbe-Keuk, 1997, S 369, 375.

Abhängigkeitsvermutung des § 17 Abs 2 AktG gilt. Mittelbare Abhängigkeit reicht aus.[123] Nicht erforderlich ist, dass die abhängige AG über außenstehende Aktionäre verfügt; vielmehr gilt der Haftungstatbestand uneingeschränkt auch in der Einpersonen-AG.[124]

29 Entgegen einer früher gelegentlich vertretenen Auffassung[125] ist das **Vorliegen eines Konzernverhältnisses** iSd § 18 AktG zwischen den Unternehmen **nicht erforderlich.**[126] Ebenso wenig bedarf es einer dauernden und umfassenden Führung der Geschäfte der abhängigen Gesellschaft durch das herrschende Unternehmen.[127] Dies ergibt sich zum einen aus der Auffang- und Ergänzungsfunktion der hier in Rede stehenden Haftung zu §§ 311 ff AktG, die sich in einem übereinstimmenden Anwendungsbereich niederschlägt.[128] Zum anderen wird die Funktionsfähigkeit der §§ 311 ff AktG nicht erst durch bestimmte Formen der Konzernierung gefährdet, sondern ggf schon durch einzelne Leitungsmaßnahmen des herrschenden Unternehmens.[129] UU kann schon ein einzelner Eingriff, etwa eine Umstrukturierungsmaßnahme im Konzern (vgl Rdn 35), genügen, um das System des Einzelausgleichs auszuhebeln.[130] Begrifflich sollte man daher auch nicht von qualifiziert faktischer Konzernierung, sondern von qualifizierter Nachteilszufügung sprechen (vgl bereits Rdn 2).[131]

2. Nachteilszufügung

30 Hinzu kommen muss eine Nachteilszufügung.[132] Insoweit kann man auf die **Basisdefinition im Rahmen des § 311 Abs 1** AktG zurückgreifen.[133] Unter den Nachteilsbegriff fällt danach jede Minderung oder konkrete Gefährdung der Vermögens- oder Ertragslage der Gesellschaft ohne Rücksicht auf ihre Quantifizierbarkeit, soweit sie als Abhängigkeitsfolge eintritt.[134] Weitere Umschreibungen, etwa ein objektiver Missbrauch der beherrschenden Gesellschafterstellung oder das Fehlen angemessener Rücksicht auf die eigenen Belange der abhängigen Gesellschaft iSd TBB-Urteils (Rdn 9), sind entbehrlich.[135]

---

[123] Vgl Emmerich/*Habersack* § 317 Anh Rdn 7.

[124] Vgl Emmerich/*Habersack* § 317 Anh Rdn 7; *Zöllner*, GS Knobbe-Keuk, 1997, S 369, 377.

[125] Vgl BAG ZIP 1994, 1378, 1379; OLG Bremen NZG 1999, 724; *Krieger* ZGR 1994, 375, 377; *Michalski/Zeidler* NJW 1996, 224, 225.

[126] Vgl Emmerich/*Habersack* § 317 Anh Rdn 7; MK-*Kropff* 2. Aufl § 317 Anh Rdn 32; MünchHdbAG/*Krieger* § 70 Rdn 143; Schmidt/Lutter/*Vetter* § 317 Rdn 49; wohl auch OLG Frankfurt AG 1998, 139, 140; OLG Düsseldorf NZG 1999, 502, 503.

[127] Vgl MK-*Kropff* 2. Aufl § 317 Anh Rdn 32; *Zöllner*, GS Knobbe-Keuk, 1997, S 369, 375.

[128] Vgl *Heyder* S 57; MünchHdbAG/*Krieger* § 70 Rdn 143.

[129] Vgl *Heyder* S 58; MK-*Kropff* 2. Aufl § 317 Anh Rdn 44; *Mülbert* S 488, 492; *Zöllner*, GS Knobbe-Keuk, 1997, S 369, 375.

[130] Ähnlich KK-*Koppensteiner* § 318 Anh Rdn 55.

[131] Vgl MK-*Kropff* 2. Aufl § 317 Anh Rdn 44; MünchHdbAG/*Krieger* § 70 Rdn 143.

[132] Vgl Emmerich/*Habersack* § 317 Anh Rdn 9; MünchHdbAG/*Krieger* § 70 Rdn 144.

[133] Vgl Emmerich/*Habersack* § 317 Anh Rdn 11; MK-*Kropff* 2. Aufl § 317 Anh Rdn 38.

[134] Vgl BGHZ 179, 71 Rdn 8; 190, 7 Rdn 37.

[135] Vgl MK-*Kropff* 2. Aufl § 317 Anh Rdn 35 f; s auch Spindler/Stilz/*Müller* vor § 311 Rdn 28.

3. Unmöglichkeit des Einzelausgleichs

a) **Allgemeines.** Von zentraler Bedeutung für den Haftungstatbestand ist sodann die fehlende Möglichkeit des Einzelausgleichs.[136] Als **negatives Tatbestandsmerkmal**[137] dient sie der Abgrenzung zur Schadensersatzhaftung aus §§ 311, 317 AktG.[138] Wenn und soweit das gesetzliche System des Einzelausgleichs (noch) funktioniert, fehlt es an einer Regelungslücke.[139] Versagt es hingegen, führt an einer rechtsfortbildenden Lückenschließung kein Weg vorbei. Insgesamt bildet die Unmöglichkeit des Nachteilsausgleichs daher nicht nur das entscheidende Tatbestandsmerkmal, sondern zugleich **die *raison d'être* der Haftung wegen qualifizierter Nachteilszufügung.** 31

b) **Einzelfälle.** Unter welchen Voraussetzungen ein Einzelausgleich unmöglich ist, entzieht sich einer verallgemeinerungsfähigen Umschreibung.[140] Man kann mit aller gebotenen Vorsicht aber verschiedene **Fallgruppen** bilden. 32

An seine Leistungsgrenzen stößt das System des Einzelausgleichs zunächst, wenn sich die nachteiligen Eingriffe aufgrund der **Dichte der Einflussnahme** durch das herrschende Unternehmen nicht mehr isolieren lassen.[141] Hierfür verwendet man häufig das Bild, dass die abhängige Gesellschaft wie eine **„bloße Betriebsabteilung"** organisiert und behandelt wird[142] – ein anschauliche Umschreibung, die allerdings nicht zu kurzschlüssigen Begründungen verleiten darf.[143] Zu beachten ist insbesondere, dass die Leitungsdichte als solche eine Nachteilszufügung noch nicht indiziert (dazu auch Rdn 44). 33

Ein Versagen der §§ 311, 317 AktG kommt außerdem bei mangelnder Dokumentation, schweren Mängeln der Buchführung und **völliger Intransparenz der verbundinternen Liefer- und Leistungsbeziehungen** in Betracht.[144] Griffig spricht man von einer sog **„Waschkorblage"**.[145] Hier wird eine konkrete Schadensermittlung mit zumutbarem Aufwand häufig unmöglich sein[146]; eine pauschale Verlustausgleichspflicht ist deshalb gerecht- 34

---

136 Vgl *Deilmann* S 68 f; Emmerich/*Habersack* § 317 Anh Rdn 16; *Heyder* S 38 ff, 50 ff; *Hoffmann-Becking*, in Ulmer, Probleme des Konzernrechts, S 68, 75; MK-*Kropff* 2. Aufl § 317 Anh Rdn 40; *Mülbert* S 485 f; MünchHdbAG/*Krieger* § 70 Rdn 144; *Schall*, FS Stilz, 2014, S 537, 552; Schmidt/Lutter/*Vetter* § 317 Rdn 65; Spindler/Stilz/*Müller* vor § 311 Rdn 27.

137 Treffend *Bruns* WM 2001, 1497, 1503; dem folgend auch Emmerich/*Habersack* § 317 Anh Rdn 10.

138 Vgl MK-*Kropff* 2. Aufl § 317 Anh Rdn 40.

139 Vgl Emmerich/*Habersack* § 317 Anh Rdn 10; MünchHdbAG/*Krieger* § 70 Rdn 144.

140 Wie hier MK-*Kropff* 2. Aufl § 317 Anh Rdn 64; ähnlich Emmerich/*Habersack* § 317 Anh Rdn 17 („differieren je nach Art der nachteiligen Maßnahme").

141 Vgl OLG Köln AG 2009, 416, 421; *Drygala* GmbHR 1993, 317, 320; Emmerich/*Habersack* § 317 Anh Rdn 17; *Goette* DStR 1997, 503, 504; *Kropff* AG 1993, 485, 493; MK-*Kropff* 2. Aufl § 317 Anh Rdn 69; *Krieger* ZGR 1994, 375, 385; MünchHdbAG/*Krieger* § 70 Rdn 144; Schmidt/Lutter/*Vetter* § 317 Rdn 47; Spindler/Stilz/*Müller* vor § 311 Rdn 27.

142 So BGHZ 95, 330, 341; *K. Schmidt* GesR § 31 IV 4a, S 964; Schmidt/Lutter/*Vetter* § 317 Rdn 47.

143 Zurückhaltend auch *Hoffmann-Becking*, in Ulmer, Probleme des Konzernrechts, S 69, 74 f; MK-*Kropff* 2. Aufl § 317 Anh Rdn 70.

144 Vgl *Drygala* GmbHR 1993, 317, 320; Emmerich/*Habersack* § 317 Anh Rdn 18; KK-*Koppensteiner* § 318 Anh Rdn 94; *Kropff* AG 1993, 48; MK-*Kropff* 2. Aufl § 317 Anh Rdn 71; Küting/Weber/*Henssler* vor § 311 Rdn 58; MünchHdbAG/*Krieger* § 70 Rdn 144; Schmidt/Lutter/*Vetter* § 317 Rdn 47; Spindler/Stilz/*Müller* vor § 311 Rdn 27.

145 *Drygala* GmbHR 1993, 317, 320; *Eschenbruch* Rdn 3415; *Heyder* S 67; MünchHdbAG/*Krieger* § 70 Rdn 144; Schmidt/Lutter/*Vetter* § 317 Rdn 47.

146 Vgl MünchHdbAG/*Krieger* § 70 Rdn 144.

fertigt, sofern das herrschende Unternehmen die Intransparenz zu verantworten hat.[147] Einzelne Lücken oder Mängel des Abhängigkeitsberichts genügen für eine Ausfallhaftung analog § 302 AktG aber keineswegs.[148] Fehlt der Abhängigkeitsbericht ganz, so belegt dies nicht *per se* die Funktionsunfähigkeit der §§ 311 ff AktG[149], zB wenn die Beteiligten über das Vorliegen eines Abhängigkeitsverhältnisses und damit über die Verpflichtung zur Erstellung eines Abhängigkeitsberichts streiten.[150] Jedoch sind dann Erleichterungen der Darlegungs- und Beweislast für den Kläger gerechtfertigt. Dies gilt insbesondere, wenn die Nichterstellung des Abhängigkeitsberichts vom herrschenden Unternehmen veranlasst wurde.[151] Umgekehrt ist selbst bei ordnungsgemäßer Buchführung eine haftungsrelevante Intransparenz der Verbundbeziehungen nicht vollends ausgeschlossen, weil sich viele nachteilige Maßnahmen, zB die Verlagerung von Geschäftschancen oder die Aufgabe eines Marktes, als solche nicht in der Buchführung niederschlagen.[152]

35 Eine weitere Fallgruppe bilden **qualifizierte Maßnahmen der Umstrukturierung oder Konzernintegration.**[153] Sie lassen sich zwar als solche isolieren, doch bereitet ihre Folgenbewertung häufig beträchtliches Kopfzerbrechen. Stellen sie sich bei der gebotenen *ex ante*-Beurteilung[154] als nachteilig dar, so kann die fehlende Bezifferbarkeit des Nachteils eine pauschale Verlustausgleichspflicht rechtfertigen.[155]

36 Eng mit dem Vorstehenden verbunden sind **existenzgefährdende oder -vernichtende Eingriffe.**[156] Sie können wegen fehlender Quantifizierbarkeit des Nachteils ebenfalls eine globale Ausfallhaftung des herrschenden Unternehmens begründen, doch sind auch Fälle denkbar, in denen ein Einzelausgleich möglich bleibt.[157]

37 Unabhängig von einer Existenzgefährdung der abhängigen Gesellschaft kann eine Haftung wegen qualifizierter Nachteilszufügung analog § 302 AktG schließlich geboten sein, wenn ihr vom herrschenden Unternehmen **nicht quantifizierbare Risiken aufgebürdet** werden.[158] Denkbar ist dies etwa, wenn die abhängige Gesellschaft für die Risikoübernahme völlig unzureichend kapitalisiert ist.[159]

---

147 Zu diesem Zurechnungskriterium auch Emmerich/*Habersack* § 317 Anh Rdn 18; MK-*Kropff* 2. Aufl § 317 Anh Rdn 72; von einem anderen Ausgangspunkt auch MK-*Altmeppen* § 317 Anh Rdn 39 f.

148 Ebenso *Heyder* S 67; MK-*Kropff* 2. Aufl § 317 Anh Rdn 77.

149 So aber *Timm* NJW 1987, 977, 983; *Weigl* S 191 f; wie hier *Drygala* GmbHR 1993, 317, 320; *Heyder* S 66.

150 Vgl MK-*Kropff* 2. Aufl § 317 Anh Rdn 78; s auch Emmerich/*Habersack* § 317 Anh Rdn 79.

151 Vgl Emmerich/*Habersack* § 317 Anh Rdn 19; MK-*Kropff* 2. Aufl § 317 Anh Rdn 78; von einem anderen Ausgangspunkt auch MK-*Altmeppen* § 317 Anh Rdn 41.

152 Vgl MK-*Kropff* 2. Aufl § 317 Anh Rdn 73; Spindler/Stilz/*Müller* vor § 311 Rdn 27 mit Fn 78.

153 Vgl Emmerich/*Habersack* § 317 Anh Rdn 14; KK-*Koppensteiner* § 318 Anh Rdn 96; MK-*Kropff* 2. Aufl § 317 Anh Rdn 91; MünchHdbAG/*Krieger* § 70 Rdn 144; von einem anderen Ausgangspunkt auch MK-*Altmeppen* § 317 Anh Rdn 45.

154 Dazu Emmerich/*Habersack* § 317 Anh Rdn 15; *Heyder* S 77.

155 Vgl Emmerich/*Habersack* § 317 Anh Rdn 14 und 20; *Krieger* ZGR 1994, 375, 386 f; MünchHdbAG/*Krieger* § 70 Rdn 144.

156 Vgl Emmerich/*Habersack* § 317 Anh Rdn 15; KK-*Koppensteiner* § 318 Anh Rdn 95; MK-*Kropff* 2. Aufl § 317 Anh Rdn 98; MünchHdbAG/*Krieger* § 70 Rdn 144; von einem anderen Ausgangspunkt auch MK-*Altmeppen* § 317 Anh Rdn 46.

157 Vgl MK-*Kropff* 2. Aufl § 318 Anh Rdn 98; MünchHdbAG/*Krieger* § 70 Rdn 144.

158 Vgl Emmerich/*Habersack* § 317 Anh Rdn 15; KK-*Koppensteiner* § 318 Anh Rdn 95; MK-*Kropff* 2. Aufl § 317 Anh Rdn 100; MünchHdbAG/*Krieger* § 70 Rdn 144; von einem anderen Ausgangspunkt auch MK-*Altmeppen* § 317 Anh Rdn 48.

159 Vgl etwa BGH NJW 1994, 446, 447; OLG Dresden AG 1997, 330, 332; Emmerich/*Habersack* § 317 Anh Rdn 15; *Kropff* AG

38 Dagegen begründen **personelle Verflechtungen** zwischen den Leitungsorganen von herrschendem Unternehmen und abhängiger Gesellschaft nach heute ganz hM **keine qualifizierte Nachteilszufügung.**[160]

4. Subjektives Element?

39 Ebenso wie der Schadensersatzanspruch aus § 317 (vgl § 317 Rdn 22 und 44) erfordert auch die Haftung wegen qualifizierter Nachteilszufügung kein Verschulden oder Veranlassungsbewusstsein.[161] Schon gar nicht bedarf es einer besonderen Rücksichtslosigkeit des herrschenden Unternehmens.[162] Ein objektiver Verstoß des herrschenden Unternehmens genügt.[163]

5. Darlegungs- und Beweislast

40 Grundsätzlich muss der Kläger die tatsächlichen Umstände darlegen und beweisen, aus denen sich sein Anspruch wegen qualifizierter Nachteilszufügung ergibt.[164] Dies folgt sowohl aus allgemeinen zivilprozessualen Grundsätzen als auch aus dem TBB-Urteil des BGH zum qualifiziert faktischen GmbH-Konzern (Rdn 9).[165] Mithin hat der Kläger das Abhängigkeitsverhältnis (Rdn 28 f), die Nachteilszufügung (Rdn 30) und die Unmöglichkeit des Einzelausgleichs (Rdn 31 ff) darzulegen und zu beweisen.

41 Im **TBB-Urteil** hatte der **BGH** dem Kläger unter bestimmten Voraussetzungen **Erleichterungen bezüglich** seiner **Substantiierungslast** zugebilligt: „[I]nsbesondere für einen außenstehenden Gläubiger“[166] könne es außerordentlich schwierig sein, seiner Darlegungs- und Beweislast hinsichtlich des eine konzernrechtliche Haftung auslösenden Sachverhalts voll zu genügen, weil er in der Regel keinen Einblick in die inneren Angelegenheiten des herrschenden Unternehmens und erst recht nicht in diejenigen der übrigen Konzernglieder habe.[167] Daher könnten ihm in derartigen Fällen Erleichterungen hinsichtlich seiner Substantiierungslast in der Weise gewährt werden, dass der Beklagte nähere Angaben zu machen habe, wenn er im Gegensatz zum Kläger die maßgebenden Tatsachen kenne und ihm die Darlegung des Sachverhalts zumutbar sei.[168] Komme der Beklagte dieser Darlegungslast nicht nach, so habe dies zur Folge, dass das Vorbringen des Klägers auch insoweit, als dieses mangels Einblicks in den dem Beklagten zugänglichen Geschehensbereich nicht den sonst zu stellenden Anforderungen genüge, gemäß § 138 Abs 3 ZPO als zugestanden gelte.[169]

1993, 485, 493; MK-*Kropff* 2. Aufl § 317 Anh Rdn 100; MünchHdbAG/*Krieger* § 70 Rdn 144.

160 Vgl KK-*Koppensteiner* § 318 Anh Rdn 98; MK-*Kropff* 2. Aufl § 317 Anh Rdn 84; MünchHdbAG/*Krieger* § 70 Rdn 144; Schmidt/Lutter/*Vetter* § 317 Rdn 48; von einem anderen Ausgangspunkt auch MK-*Altmeppen* § 317 Anh Rdn 42; abw *Schlieper* S 138 ff.

161 Vgl *Heyder* S 88 f; KK-*Koppensteiner* § 318 Anh Rdn 92; MK-*Kropff* 2. Aufl § 317 Anh Rdn 39; abw *Eschenbruch* Rdn 3440.

162 Vgl Hölters/*Leuering*/*Goertz* § 311 Rdn 97; Schmidt/Lutter/*Vetter* § 317 Rdn 65.

163 Vgl KK-*Koppensteiner* § 318 Anh Rdn 92; MK-*Kropff* 2. Aufl § 317 Anh Rdn 39.

164 Vgl OLG Köln AG 2009, 416, 419; Emmerich/*Habersack* § 317 Anh Rdn 21; *Fuchs* S 186; Küting/Weber/*Henssler* vor § 311 Rdn 63; MK-*Kropff* 2. Aufl § 317 Anh Rdn 56; MünchHdbAG/*Krieger* § 70 Rdn 145.

165 So OLG Köln AG 2009, 416, 419.

166 BGHZ 122, 123, 132 f.

167 So BGHZ 122, 123, 132 f.

168 So BGHZ 122, 123, 133.

169 BGHZ 122, 123, 133.

42 Ob sich die TBB-Grundsätze auf die Haftung wegen qualifizierter Nachteilszufügung im Aktienrecht übertragen lassen und auch auf die Klage eines außenstehenden Aktionärs Anwendung finden, haben der BGH[170] und das OLG Köln[171] ausdrücklich offen gelassen; das OLG Stuttgart[172] scheint dem zuzuneigen. Mit der **hL** sprechen überwiegende Gründe dafür, Gläubigern und außenstehenden Aktionären die Darlegungs- und Beweislast entsprechend den TBB-Grundsätzen zu erleichtern.[173] Danach genügt es für eine schlüssige Klage, wenn sie **Umstände** vortragen und ggf beweisen, **die** die Annahme einer **qualifizierten Nachteilszufügung** zumindest **nahe legen.**[174] In diesem Fall hat der Beklagte nähere Angaben zu machen, sofern der Kläger von den maßgeblichen Tatsachen keine Kenntnis hat und sich diese mit zumutbarem Aufwand auch nicht verschaffen kann.[175] Hiervon bleibt die grundsätzliche Beweislastverteilung freilich unberührt.[176] Bei hinreichend substantiiertem Bestreiten des herrschenden Unternehmens bleibt der Kläger also dafür beweispflichtig, dass die vom herrschenden Unternehmen vorgetragenen beweiserheblichen Umstände nicht zutreffen.[177] Ein *non liquet* geht zu seinen Lasten.[178] Eine andere Frage ist, ob neben den TBB-Grundsätzen noch ein Anscheinsbeweis in Betracht kommt. Das ist nicht ausgeschlossen, sofern sich im Einzelfall ein entsprechender Erfahrungssatz etablieren lässt.[179]

43 Das **Ausmaß der Darlegungs- und Beweislasterleichterungen** ist stark **einzelfallabhängig.**[180] Eine Ausforschung des Beklagten bleibt unzulässig.[181] Auf offenkundig spekulativen Sachvortrag darf er daher mit schlichtem Bestreiten reagieren.[182] Für die Frage,

---

170 Vgl BGH NZG 2008, 831 Rdn 6: „sofern diese Grundsätze überhaupt auf den Konflikt zwischen Aktionärsminderheit und -mehrheit im so genannten qualifiziert faktischen Aktienrechtskonzern übertragbar sind".

171 Vgl OLG Köln AG 2009, 416, 419.

172 Vgl OLG Stuttgart ZIP 2007, 1210, 1214.

173 Vgl Bürgers/Körber/*Fett* § 311 Rdn 33; Emmerich/*Habersack* § 317 Anh Rdn 21; *Fuchs* S 187; KK-*Koppensteiner* § 318 Anh Rdn 100; Küting/Weber/*Henssler* vor § 311 Rdn 63; MünchHdbAG/*Krieger* § 70 Rdn 145; NK-*Schatz/Schödel* § 317 Rdn 13; Schmidt/Lutter/*Vetter* § 317 Rdn 16.

174 Vgl Bürgers/Körber/*Fett* § 311 Rdn 33; Emmerich/*Habersack* § 317 Anh Rdn 21; *Fuchs* S 187 f; KK-*Koppensteiner* § 318 Anh Rdn 100; Küting/Weber/*Henssler* vor § 311 Rdn 63; MK-*Kropff* 2. Aufl § 317 Anh Rdn 56; MünchHdbAG/*Krieger* § 70 Rdn 145; Schmidt/Lutter/*Vetter* § 317 Rdn 16.

175 Vgl Emmerich/*Habersack* § 317 Anh Rdn 21; KK-*Koppensteiner* § 318 Anh Rdn 100; MK-*Kropff* 2. Aufl § 317 Anh Rdn 56; MünchHdbAG/*Krieger* § 70 Rdn 145.

176 Vgl Bürgers/Körber/*Fett* § 311 Rdn 33; Emmerich/*Habersack* § 317 Anh Rdn 21; MünchHdbAG/*Krieger* § 70 Rdn 145; Schmidt/Lutter/*Vetter* § 317 Rdn 16; wohl auch OLG Stuttgart ZIP 2007, 1210, 1214; abw *Ebenroth/Wilken* ZIP 1993, 558, 560: Anscheinsbeweis.

177 Vgl LG Frankfurt AG 1998, 98, 99; *Drygala* GmbHR 1993, 317, 327; MünchHdbAG/*Krieger* § 70 Rdn 145.

178 Vgl Emmerich/*Habersack* § 317 Anh Rdn 21; wohl auch OLG Stuttgart ZIP 2007, 1210, 1214.

179 IE ebenso MK-*Kropff* 2. Aufl § 317 Anh Rdn 60; *Westermann* ZIP 1993, 554, 557; offen lassend OLG Stuttgart ZIP 2007, 1210, 1214.

180 Vgl KK-*Koppensteiner* § 318 Anh Rdn 100; *Kleindiek* GmbHR 1992, 574, 584; MK-*Kropff* § 317 Anh Rdn 57; MünchHdbAG/*Krieger* § 70 Rdn 146.

181 Vgl OLG Stuttgart ZIP 2007, 1210, 1214; MK-*Kropff* 2. Aufl § 317 Anh Rdn 57; *Schanze* AG 1993, 377, 379; Schmidt/Lutter/*Vetter* § 317 Rdn 16.

182 Vgl OLG Stuttgart ZIP 2007, 1210, 1214; LG Bonn AG 2005, 542, 543; *Drygala* GmbHR 1993, 317, 328; MK-*Kropff* § 317 Anh Rdn 57; Schmidt/Lutter/*Vetter* § 317 Rdn 17; s auch Bürgers/Körber/*Fett* § 311 Rdn 33; KK-*Koppensteiner* § 318 Anh Rdn 100.

ob der Kläger Einblick in den Geschehensbereich des Beklagten hat, kommt es darauf an, ob er eine Sonderprüfung nach § 315 S 1 beantragen kann oder allein über hinreichenden Anteilsbesitz für das Quorum nach § 315 S 2 verfügt.[183] In Übereinstimmung damit hat der BGH einem Aktionär mit einem Anteilsbesitz von 42 % eine Erleichterung der Darlegungs- und Beweislast versagt.[184] Für Gläubiger der abhängigen Gesellschaft spielt dies allerdings keine Rolle, weil ihnen der Weg zur Sonderprüfung versperrt ist (vgl § 315 Rdn 17).[185] Dagegen kann der Insolvenzverwalter der abhängigen Gesellschaft seine Klage regelmäßig mit zumutbaren Mitteln selbst substantiieren.[186] Ob die Informationsübermittlung aus Sicht des herrschenden Unternehmens zumutbar ist, wird verbreitet anhand der Wertungen des § 131 Abs 3 und des § 145 Abs 4 beurteilt.[187]

Konkret kommt es darauf an, ob die vom Kläger vorgetragenen Umstände sowohl die 44
Veranlassung von Nachteilen als auch die mangelnde Einzelausgleichsfähigkeit nahe legen.[188] Die **Insolvenz der abhängigen Gesellschaft** bildet **für sich allein** noch **kein hinreichendes Indiz**[189] und rechtfertigt entgegen mancher Literaturstimmen[190] erst recht keinen Anscheinsbeweis.[191] Gleiches gilt für einzelne Buchhaltungs- oder Bilanzierungsmängel sowie für die verspätete Aufstellung der Bilanz.[192] Ebenso wenig lassen personelle Verflechtungen in den Leitungsorganen[193] oder enge Liefer- und Leistungsbeziehungen zwischen herrschendem Unternehmen und abhängiger Gesellschaft[194] ohne das Vorliegen weiterer Umstände auf eine qualifizierte Nachteilszufügung schließen. Auch die dauernde und umfassende Leitung ist für sich allein noch kein hinreichendes Indiz.[195] In allen Fällen kann die Beurteilung aber beim Hinzutreten weiterer Umstände anders ausfallen. **Entscheidend** ist stets eine **Gesamtschau sämtlicher Umstände des Einzelfalls.**[196] Im Lichte dieser Umstände ist auch zu entscheiden, ob die Anordnung einer Urkundenvorlage nach § 142 Abs 1 ZPO in Betracht kommt.[197]

---

183 Vgl OLG Stuttgart ZIP 2007, 1210, 1214; OLG Düsseldorf AG 2000, 567, 570 f; *Kropff*, FS Bezzenberger, 2000, 233, 239; MK-*Kropff* 2. Aufl § 317 Rdn 58; Schmidt/Lutter/*Vetter* § 317 Rdn 16.

184 Vgl BGH NZG 2008, 831 Rdn 6; allgemeiner für den Fall, dass der Kläger „Insider" ist, KK-*Koppensteiner* § 318 Anh Rdn 100.

185 Vgl MK-*Kropff* 2. Aufl § 317 Anh Rdn 58; s auch OLG Stuttgart ZIP 2007, 1210, 1214.

186 Vgl OLG Düsseldorf NZG 1999, 502, 503; Emmerich/*Habersack* § 317 Anh Rdn 21; MK-*Kropff* 2. Aufl § 317 Anh Rdn 57.

187 Vgl Emmerich/*Habersack* § 317 Anh Rdn 21 mit Fn 88; *Krieger* ZGR 1994, 375, 389 f; Schmidt/Lutter/*Vetter* § 317 Rdn 16; kritisch dazu aber *Eschenbruch* Rdn 3449; MK-*Kropff* 2. Aufl § 317 Anh Rdn 59.

188 Vgl Emmerich/*Habersack* § 317 Anh Rdn 22; MünchHdbAG/*Krieger* § 70 Rdn 146; *Westermann* ZIP 1993, 554, 557.

189 Vgl Emmerich/*Habersack* § 317 Anh Rdn 22; MünchHdbAG/*Krieger* § 70 Rdn 146.

190 Vgl *Burgard* WM 1993, 925, 933; *Kiethe/Groeschke* BB 1994, 2149, 2151; *Kleindiek* GmbHR 1992, 574, 576

191 Wie hier MK-*Kropff* 2. Aufl § 317 Anh Rdn 62; ferner *Hommelhoff*, in Hommelhoff/Stimpel/Ulmer, Der qualifizierte faktische GmbH-Konzern, S 245, 259.

192 Vgl Emmerich/*Habersack* § 317 Anh Rdn 22; MünchHdbAG/*Krieger* § 70 Rdn 146.

193 Vgl Emmerich/*Habersack* § 317 Anh Rdn 22; MünchHdbAG/*Krieger* § 70 Rdn 146.

194 Vgl MünchHdbAG/*Krieger* § 70 Rdn 146; differenzierend *Ebenroth/Wilken* ZIP 1993, 558, 559.

195 Vgl *Drygala* GmbHR 1993, 317, 327 f; Emmerich/*Habersack* § 317 Anh Rdn 22; *Kowalski* GmbHR 1993, 253, 258; MünchHdbAG/*Krieger* § 70 Rdn 146.

196 Dies betonend auch MK-*Kropff* 2. Aufl § 317 Anh Rdn 62.

197 Dazu OLG Stuttgart ZIP 2007, 1210, 1215 f; großzügiger NK-*Schatz/Schödel* § 317 Rdn 13.

III. Rechtsfolgen

1. Ansprüche der abhängigen Gesellschaft

45 a) **Verlustausgleich.** Die abhängige Gesellschaft hat nach zutreffender hL einen Anspruch auf Verlustausgleich gegen das herrschende Unternehmen analog § 302 AktG (zur Begründung und zu Alternativlösungen bereits Rdn 21 ff).[198] **Auszugleichen** ist **der volle bilanziell ausgewiesene Jahresfehlbetrag**, unabhängig davon, worauf er beruht.[199] Einzelne Vorschläge, unvorhersehbare wirtschaftliche Risiken vom globalen Verlustausgleich auszunehmen[200], vermögen nicht zu überzeugen, weil sie das herrschende Unternehmen besser stellen würden als bei Abschluss des rechtlich an sich gebotenen Beherrschungsvertrages.[201] Unabhängig davon wäre die Gestattung eines Kausalitätsgegenbeweises in loser Anlehnung an das Tiefbau-Urteil (Rdn 7) in der Praxis wohl eine *probatio diabolica*.[202]

46 Zeitlich **beginnt** die **Verlustausgleichspflicht** mit der qualifizierten Nachteilszufügung.[203] Sie **endet** erst, wenn der qualifizierte Nachteil mit allen seinen Auswirkungen rückgängig gemacht wird[204], außerdem mit Wegfall der beherrschenden Stellung.[205]

47 Die **Geltendmachung dieses Anspruchs** obliegt dem Vorstand der abhängigen Gesellschaft.[206] Wird dieser pflichtwidrig nicht tätig[207], ist an ein Klagerecht außenstehender Aktionäre auf Leistung an die Gesellschaft zu denken, das im unmittelbaren Anwendungsbereich des § 302 AktG umstritten ist.[208] Zur Begründung stützen sich Vertreter eines Verlustausgleichsanspruchs analog § 302 AktG zum Teil auf eine entsprechende Anwendung des § 317 Abs 4 iVm § 309 Abs 4 AktG[209]; Anhänger einer modifizierten Anwendung der §§ 311 ff AktG greifen unmittelbar auf § 317 Abs 4 iVm § 309 Abs 4 AktG zurück.[210]

---

198 Vgl Bürgers/Körber/*Fett* § 311 Rdn 31; *Decher* DB 1990, 2005, 2007; Emmerich/*Habersack* § 317 Anh Rdn 23; *Habersack* DStR 1998, 533, 536; Küting/Weber/*Henssler* vor § 311 Rdn 64; *Lieb*, FS Lutter, 2000, S 1151, 1154; *K. Schmidt* GesR § 31 IV 4a, S 965; Spindler/Stilz/*Müller* vor § 311 Rdn 29; *Timm* NJW 1987, 977, 981; *Weigl* S 204 ff; *Wimmer-Leonhardt* S 380 ff; *Zöllner*, GS Knobbe-Keuk, 1997, S 369, 378 f; iE auch *Mülbert* S 487 ff.

199 Vgl Bürgers/Körber/*Fett* § 311 Rdn 31; Emmerich/*Habersack* § 317 Anh Rdn 23; Küting/Weber/*Henssler* vor § 311 Rdn 64; MK-*Kropff* 2. Aufl § 317 Anh Rdn 109; Spindler/Stilz/*Müller* vor § 311 Rdn 29; *Weigl* S 211.

200 So *Mülbert* S 488; ähnlich *Fuchs* S 183; MünchHdbAG/*Krieger* § 70 Rdn 148; Schmidt/Lutter/*Vetter* § 317 Rdn 63; früher schon *Priester*, FS Semler, 1993, S 561, 577 ff.

201 Wie hier MK-*Kropff* 2. Aufl § 317 Anh Rdn 109; Spindler/Stilz/*Müller* vor § 311 Rdn 29.

202 Dies konzedierend von seinen Befürwortern auch Schmidt/Lutter/*Vetter* § 317 Rdn 63 („ein solcher Nachweis bei qualifizierter Nachteilszufügung kaum denkbar"); abw MünchHdbAG/*Krieger* § 70 Rdn 148.

203 Vgl Emmerich/*Habersack* § 317 Anh Rdn 23.

204 Vgl Küting/Weber/*Henssler* vor § 311 Rdn 65; MK-*Kropff* § 317 Anh Rdn 112; differenzierend *Zöllner*, GS Knobbe-Keuk, 1997, S 369, 378 f.

205 Vgl Emmerich/*Habersack* §317 Anh Rdn 23.

206 Vgl Emmerich/*Habersack* § 317 Anh Rdn 27 iVm § 302 Rdn 43.

207 Dazu Schmidt/Lutter/*Vetter* § 317 Rdn 57: „Wenn der Vorstand dieser Gesellschaft aber schon den unzulässigen Eingriff des herrschenden Unternehmens hingenommen hat, ist kaum zu erwarten, dass er nun den Verlustausgleich einfordern wird."

208 Befürwortend *Emmerich*/Habersack § 302 Rdn 44; ablehnend Hüffer/*Koch* § 302 Rdn 18; beide mwN.

209 So Emmerich/*Habersack* § 317 Rdn 27 iVm § 302 Rdn 44; ferner Bürgers/Körber/*Fett* § 311 Rdn 31; abw Küting/Weber/*Henssler* vor § 311 Rdn 64.

210 So Schmidt/Lutter/*Vetter* § 317 Rdn 57; ferner MK-*Kropff* 2. Aufl § 317 Anh Rdn 54.

b) **Schadensersatzansprüche gegen Organmitglieder.** In Betracht kommen daneben Ersatzansprüche der abhängigen Gesellschaft gemäß §§ 93 Abs 2, 116 S 1 AktG **gegen** ihre **eigenen Vorstands- und Aufsichtsratsmitglieder**, wenn und soweit diese qualifizierte Nachteilszufügungen unterstützt oder pflichtwidrig nicht verhindert haben.[211] Denkbar sind auch Schadensersatzansprüche **gegen Organmitglieder des herrschenden Unternehmens** entsprechend § 309 Abs 2.[212] 48

c) **Fortgeltung der §§ 311 ff im Übrigen.** Zusätzlich zu der pauschalen Verlustausgleichspflicht analog § 302 AktG bleiben die §§ 311 ff AktG im Übrigen weiter anwendbar.[213] Dies folgt schon aus der Erwägung, dass das herrschende Unternehmen durch qualifizierte Nachteilszufügungen nicht privilegiert werden darf.[214] Infolgedessen bleibt es bei der **Pflicht zur Erstellung und Prüfung eines Abhängigkeitsberichts** nach Maßgabe der §§ 312 ff.[215] Zudem sind einzelne isolierbare Nachteilszufügungen auch weiterhin einzeln auszugleichen.[216] 49

d) **Existenzvernichtungshaftung?** Ob bei Insolvenzreife der abhängigen Gesellschaft ergänzend Ansprüche aus Existenzvernichtungshaftung denkbar sind, wird unterschiedlich beurteilt. Einzelne Literaturstimmen halten dies für möglich[217]; andere sehen hierfür kein Bedürfnis mehr.[218] Praktische Bedeutung dürfte dieser Kontroverse im Lichte der pauschalen Verlustausgleichspflicht des herrschenden Unternehmens analog § 302 AktG (Rdn 45) nicht zukommen.[219] 50

2. Ansprüche der Gläubiger

Gläubiger der abhängigen Gesellschaft können zunächst deren Verlustausgleichs- und Schadensersatzansprüche (Rdn 45 ff) pfänden.[220] Bei Beendigung der qualifizierten Konzernierung haben sie gegen das herrschende Unternehmen **entsprechend § 303 AktG** einen **Anspruch auf Sicherheitsleistung** für ihre zu diesem Zeitpunkt begründeten[221] For- 51

---

211 Vgl Emmerich/*Habersack* § 317 Anh Rdn 23; Küting/Weber/*Henssler* vor § 311 Rdn 72; MünchHdbAG/*Krieger* § 70 Rdn 152; Spindler/Stilz/*Müller* vor § 311 Rdn 30; *Weigl* S 221 ff; iE auch Schmidt/Lutter/*Vetter* § 317 Rdn 59 (entsprechend § 318 AktG).

212 Vgl Emmerich/*Habersack* § 317 Anh Rdn 23; Küting/Weber/*Henssler* vor § 311 Rdn 72; Spindler/Stilz/*Müller* vor § 311 Rdn 84; iE auch MK-*Kropff* 2. Aufl § 317 Anh Rdn 130 (entsprechend § 317 Abs 3); Schmidt/Lutter/*Vetter* § 317 Rdn 59 (entsprechend § 317 AktG); ferner *Heyder* S 221 f, der zwar eine Haftung analog § 309 Abs 2 ablehnt, stattdessen aber eine Haftung gemäß § 117 Abs 3 AktG in Betracht zieht.

213 Vgl MK-*Kropff* 2. Aufl § 317 Anh Rd 111; MünchHdbAG/*Krieger* § 70 Rdn 152; Spindler/Stilz/*Müller* vor § 311 Rdn 31; *Zöllner*, GS Knobbe-Keuk, 1997, S 369, 377; zurückhaltend aber Küting/Weber/*Henssler* vor § 311 Rdn 74.

214 Vgl MünchHdbAG/*Krieger* § 70 Rdn 152.

215 Vgl MK-*Kropff* 2. Aufl § 317 Anh Rdn 111; MünchHdbAG/*Krieger* § 70 Rdn 152; Spindler/Stilz/*Müller* vor § 311 Rdn 31; insoweit auch Küting/Weber/*Henssler* vor § 311 Rdn 75.

216 Vgl MünchHdbAG/*Krieger* § 70 Rdn 152; Spindler/Stilz/*Müller* vor § 311 Rdn 31; *Wimmer-Leonhardt* S 385.

217 So etwa Emmerich/*Habersack* § 317 Anh Rdn 5; wohl auch NK-*Schatz/Schödel* § 317 Rdn 11; s auch KK-*Koppensteiner* § 318 Anh Rdn 101.

218 So etwa MK-*Altmeppen* § 317 Anh Rdn 13; MünchHdbAG/*Krieger* § 70 Rdn 142; *Schall*, FS Stilz, 2014, S 536, 547 f.

219 Ebenso Emmerich/*Habersack* § 317 Anh Rdn 5; NK-*Schatz/Schödel* § 317 Rdn 11.

220 Vgl Bürgers/Körber/*Fett* § 311 Rdn 31; Emmerich/*Habersack* § 317 Anh Rdn 24.

221 Näher dazu Emmerich/*Habersack* § 317 Anh Rdn 25.

derungen.[222] Von Belang ist dies namentlich bei Auflösung der abhängigen Gesellschaft oder Veräußerung der Beteiligung, nicht jedoch beim Abschluss eines Beherrschungsvertrages, weil dann die Verlustausgleichspflicht aus § 302 AktG fortbesteht.[223] Mangels Eintragung des Beendigungstatbestands in das Handelsregister erlischt der Anspruch auf Sicherheitsleistung nicht binnen der Sechsmonatsfrist des § 303 Abs 1 S 2 AktG; stattdessen gelten allgemeine Verwirkungsgrundsätze.[224] Ist die abhängige Gesellschaft vermögenslos, können die Gläubiger anstelle der Sicherheitsleistung vom herrschenden Unternehmen unmittelbar Zahlung verlangen.[225] Eine solche **Ausfallhaftung** hatte der BGH für das GmbH-Konzernrecht bereits in seinem Autokran-Urteil (Rdn 6) angenommen.[226]

3. Ansprüche der außenstehenden Aktionäre

52 a) **Unterlassung und Beseitigung.** Außenstehende Aktionäre haben nach Rechtsprechung und ganz hL zunächst einen Abwehranspruch gegen die eigene Gesellschaft, den sie durch Klage auf Unterlassung und Beseitigung durchsetzen können.[227] Dies folgt unmittelbar daraus, dass qualifizierte Nachteilszufügungen unzulässig und damit rechtswidrig sind.[228] Allerdings muss sich die **Klage gegen konkrete Maßnahmen** richten, die das System des Einzelausgleichs nach §§ 311 ff außer Kraft setzen.[229]

53 Dogmatisch lässt sich ein solcher Unterlassungs- und Beseitigungsanspruch zum einen **aus abgeleitetem Recht** entsprechend §§ 317 Abs 4, 309 Abs 4 S 1 AktG herleiten.[230] Zum anderen steht jedem außenstehenden Aktionär auch ein Anspruch **aus eigenem Recht** zu, weil er in seinem Mitgliedschaftsrecht auf Entscheidungsteilhabe verletzt wurde: Wie dargelegt, sind qualifizierte Nachteilszufügungen nur im Rahmen eines Beherrschungsvertrages erlaubt (Rdn 23), der seinerseits gemäß § 293 Abs 1 der Zustimmung der Hauptversammlung der abhängigen Gesellschaft bedürfte.[231]

---

[222] Vgl BGHZ 95, 330, 341 ff (GmbH); Bürgers/Körber/*Fett* § 311 Rdn 31; Emmerich/*Habersack* § 317 Anh Rdn 24; Küting/Weber/*Henssler* vor § 311 Rdn 66; MünchHdbAG/*Krieger* § 70 Rdn 153; *Schall*, FS Stilz, 2014, S 537, 552 f; Spindler/Stilz/*Müller* vor § 311 Rdn 32; *Weigl* S 219; für eine abweichende Konzeption MK-*Altmeppen* § 317 Anh Rdn 57 f; MK-*Kropff* 2. Aufl § 317 Anh Rdn 119 f; Schmidt/Lutter/*Vetter* § 317 Rdn 64, nach denen die Gläubiger den Verlustausgleich selbst nach § 317 Abs 4 AktG geltend machen können.

[223] Vgl MünchHdbAG/*Krieger* § 70 Rdn 153; Spindler/Stilz/*Müller* vor § 311 Rdn 32.

[224] Vgl BGHZ 95, 330, 347 (GmbH); Emmerich/*Habersack* § 317 Anh Rdn 24; MünchHdbAG/*Krieger* § 70 Rdn 153; Spindler/Stilz/*Müller* vor § 311 Rdn 32.

[225] Vgl Bürgers/Körber/*Fett* § 311 Rdn 31; Emmerich/*Habersack* § 317 Anh Rdn 24; MünchHdbAG/*Krieger* § 70 Rdn 153; Spindler/Stilz/*Müller* vor § 311 Rdn 32; *Weigl* S 219 f.

[226] Vgl BGHZ 95, 330, 347; ferner BGHZ 115, 187, 202 f.

[227] Vgl Bürgers/Körber/*Fett* § 311 Rdn 30; Emmerich/*Habersack* § 317 Anh Rdn 27 f; Hölters/*Leuering*/*Goertz* § 311 Rdn 97; Küting/Weber/*Henssler* vor § 311 Rdn 70; MK-*Kropff* 2. Aufl § 317 Anh Rdn 105 ff; MünchHdbAG/*Krieger* § 70 Rdn 153; *K Schmidt* GesR § 31 IV 4a, S 964 f; Schmidt/Lutter/*Vetter* § 317 Rdn 69; Spindler/Stilz/*Müller* vor § 311 Rdn 33.

[228] Vgl OLG Köln AG 2009, 416, 419; OLG Hamm NJW 1987, 1030; Bürgers/Körber/*Fett* § 311 Rdn 30; Emmerich/*Habersack* § 317 Anh Rdn 27; *Mülbert* S 492 ff; MünchHdbAG/*Krieger* § 70 Rdn 153; Spindler/Stilz/*Müller* vor § 311 Rdn 33.

[229] Vgl OLG Köln AG 2009, 416, 421; Emmerich/*Habersack* § 317 Anh Rdn 27; MünchHdbAG/*Krieger* § 70 Rdn 153.

[230] Vgl Bürgers/Körber/*Fett* § 311 Rdn 30; Emmerich/*Habersack* § 317 Anh Rdn 28.

[231] Vgl Emmerich/*Habersack* § 317 Anh Rdn 28; *Heyder* S 117 ff, 124 ff; *Hommelhoff* Gutachten G zum 59. DJT 1992, G 34 ff; Küting/Weber/*Henssler* vor § 311 Rdn 50; *K Schmidt* GesR § 31 IV 4a, S 964 f; *Stein* ZGR 1988, 163, 188 f; zwei-

54 b) **Abfindung.** Außenstehende Aktionäre haben nach ganz hL einen Anspruch auf Abfindung gegen das herrschende Unternehmen analog § 305 AktG.[232] Dass dieser Anspruch in seinem unmittelbaren Anwendungsbereich vertraglicher Natur ist[233], steht dem nicht entgegen, weil Außenseiter bei qualifizierter Nachteilszufügung möglichst so gestellt werden sollen, als wäre ein Beherrschungsvertrag abgeschlossen worden (vgl Rdn 23).[234] Ebenso wenig entfalten §§ 29 Abs 2, 35 Abs 2 WpÜG eine wie auch immer geartete Sperrwirkung.[235] Allerdings richtet sich der Anspruch außenstehender Aktionäre nur auf **Barabfindung analog § 305 Abs 2 Nr 3 AktG**; ein Anspruch auf Gewährung von Aktien entsprechend § 305 Abs 2 Nr 1 und 2 AktG scheitert an der fehlenden Zustimmung der Hauptversammlung der Obergesellschaft nach § 293 Abs 2 AktG.[236]

55 Für die **Geltendmachung des Anspruchs** analog § 305 AktG bedarf es nach Rechtsprechung und hL zunächst der Feststellung durch ein ordentliches Gericht, dass eine qualifizierte Nachteilszufügung vorliegt.[237] Auf der Grundlage eines zivilprozessualen Feststellungsurteils können außenstehende Aktionäre die Höhe der Abfindung sodann in einem Spruchverfahren klären lassen.[238] Für dieses **zweistufige Vorgehen** wird angeführt, dass der Katalog des § 1 SpruchG zwar nicht abschließend sei, der Gesetzgeber das Spruchverfahren andererseits aber nicht mit schwierigen und umfassenden Vorfragen belasten wollte.[239] Außerdem sei es ungerechtfertigt, die außenstehenden Aktionäre von ihrer im Zivilprozess geltenden Darlegungs- und Beweislast zu befreien.[240]

---

felnd *Hoffmann-Becking*, in Ulmer, Probleme des Konzernrechts, S 68, 85 f.

232 Vgl OLG Zweibrücken AG 2005, 778, 780; Bürgers/Körber/*Fett* § 311 Rdn 32; *Decher* DB 1990, 2005, 2007; *Deilmann* S 131 f; *Ebenroth* AG 1990, 188, 193; Emmerich/*Habersack* § 317 Anh Rdn 29; Grigoleit/*Grigoleit* § 317 Rdn 19; Küting/Weber/*Henssler* vor § 311 Rdn 68; *Lieb*, FS Lutter, 2000, S 1151, 1154 ff; MünchHdbAG/*Krieger* § 70 Rdn 151; Schmidt/Lutter/*Vetter* § 317 Rdn 64; Spindler/Stilz/*Müller* vor § 311 Rdn 34; *Timm* NJW 1987, 977, 984; *Weigl* S 220; *Zöllner*, GS Knobbe-Keuk, 1997, S 369, 379 ff; iE auch KK-*Koppensteiner* § 318 Anh Rdn 105 ff; MK-*Kropff* 2. Aufl § 317 Anh Rdn 122; *Mülbert* S 494 ff unter Berufung auf eine Verletzung der mitgliedschaftlichen Treuepflicht; offen lassend OLG Schleswig NZG 2008, 868, 875; abw *Balthasar* NZG 2008, 858, 859 f; *Heyder* S 216 ff; MK-*Altmeppen* § 317 Anh Rdn 59; *Nitsche* S 129 ff; *Schwörer* NZG 2001, 550, 551 f; ferner *Wiedemann* S 69, der nur für die geschlossene AG ein Austrittsrecht aus wichtigem Grund befürwortet.

233 So *Mülbert* S 495; gegen ihn zutreffend *Zöllner*, GS Knobbe-Keuk, 1997, S 369, 380 f.

234 Vgl Emmerich/*Habersack* §317 Anh Rdn 29; Spindler/Stilz/*Müller* vor § 311 Rdn 34.

235 So aber *Balthasar* NZG 2008, 858, 859; wie hier dagegen Spindler/Stilz/*Müller* vor § 311 Rdn 34.

236 Vgl Emmerich/*Habersack* § 317 Anh Rdn 29; MK-*Kropff* 2. Aufl § 317 Anh Rdn 123; *Mülbert* S 498; MünchHdbAG/*Krieger* § 70 Rdn 151; Schmidt/Lutter/*Vetter* § 317 Rdn 64; Spindler/Stilz/*Müller* vor § 311 Rdn 34.

237 Vgl OLG Zweibrücken AG 2005, 778, 780; OLG Stuttgart AG 2000, 428, 430; hilfsweise auch OLG Schleswig NZG 2008, 868, 870; Emmerich/*Habersack* § 317 Anh Rdn 29; KK-*Koppensteiner* § 318 Anh Rdn 110; Küting/Weber/*Henssler* vor § 311 Rdn 69; MK-*Kropff* 2. Aufl § 317 Anh Rdn 129; *Mülbert* S 499 f; MünchHdbAG/*Krieger* § 70 Rdn 151; Schmidt/Lutter/*Vetter* § 317 Rdn 64; Spindler/Stilz/*Müller* vor § 311 Rdn 36; abw *Lieb*, FS Lutter, 2000, S 1151, 1160 f.

238 Vgl Emmerich/*Habersack* § 317 Anh Rdn 29; *Mülbert* S 500; Spindler/Stilz/*Müller* vor § 311 Rdn 34.

239 Vgl OLG Zweibrücken AG 2005, 778, 780; OLG Stuttgart AG 2000, 428, 430; hilfsweise auch OLG Schleswig NZG 2008, 868, 875.

240 Vgl OLG Zweibrücken AG 2005, 778, 780; OLG Stuttgart AG 2000, 428, 430; hilfsweise auch OLG Schleswig NZG 2008, 868, 875.

56 c) **Ausgleichszahlung?** Unterschiedlich beurteilt wird, ob außenstehende Aktionäre alternativ zu ihrem Austrittsrecht (Rdn 54) einen Anspruch auf angemessenen Ausgleich analog § 304 Abs 1 S 2, Abs 2 AktG haben. Ein **Teil der Lehre** befürwortet ein solches **Wahlrecht**; außenstehende Aktionäre sollten selbst entscheiden können, ob sie gegen Abfindung aus der Gesellschaft ausscheiden oder unter Wahrung ihrer legitimen Gewinnerwartungen in ihr verbleiben wollen.[241] Die nicht minder starke **Gegenauffassung** sieht hierfür **kein Bedürfnis** und verweist die außenstehenden Aktionäre stattdessen auf ihre Abwehrrechte (Rdn 52 f).[242] Für sie sprechen die besseren Gründe: Während der Ausgleichsanspruch gemäß § 304 AktG an die Möglichkeit legaler Konzernherrschaft im Vertragskonzern anknüpft, ist die qualifizierte Nachteilszufügung im faktischen Konzern unzulässig.[243] Hiergegen können sich außenstehende Aktionäre wehren, notfalls mit ihrem Austrittsrecht analog § 302 AktG; ein darüber hinausgehendes Recht zum „Dulde und Liquidiere" verdient keine Anerkennung.[244]

4. Feststellung durch Abschlussprüfer

57 Konkrete, nicht einzelausgleichsfähige Nachteilszufügungen sind sowohl im Abhängigkeitsbericht (§ 312 AktG) wie im Lagebericht (§ 289 HGB) zu vermerken.[245] Hierauf erstreckt sich daher auch die Prüfungspflicht des Abschlussprüfers.[246] Unabhängig davon sind qualifizierte Nachteilszufügungen schon für die Prüfung des Jahresabschlusses relevant, da der Verlustausgleichsanspruch analog § 302 AktG gegen das herrschende Unternehmen (Rdn 45) ggf aktiviert werden muss.[247]

§ 318 AktG
Verantwortlichkeit der Verwaltungsmitglieder der Gesellschaft

(1) Die Mitglieder des Vorstands der Gesellschaft haften neben den nach § 317 Ersatzpflichtigen als Gesamtschuldner, wenn sie es unter Verletzung ihrer Pflichten unterlassen haben, das nachteilige Rechtsgeschäft oder die nachteilige Maßnahme in dem Bericht über die Beziehungen der Gesellschaft zu verbundenen Unternehmen aufzuführen oder anzugeben, dass die Gesellschaft durch das Rechtsgeschäft oder die Maßnahme benachteiligt wurde und der Nachteil nicht ausgeglichen worden war. Ist streitig,

---

241 Vgl *Decher* DB 1990, 2005, 2007; *Ebenroth* AG 1990, 188, 193; *Eckert* S 173 f; Emmerich/*Habersack* § 317 Anh Rdn 30; *Lieb*, FS Lutter, 2000, S 1151, 1161 f; MK-*Kropff* 2. Aufl § 317 Anh Rdn 124 ff; Spindler/Stilz/*Müller* vor § 311 Rdn 35; *Weigl* S 220 f.

242 Vgl Bürgers/Körber/*Fett* § 311 Rdn 32; *Deilmann* S 132 f; *Drygala* GmbHR 2003, 729, 739; Grigoleit/*Grigoleit* Rdn 19; *Heyder* S 216 ff; KK-*Koppensteiner* § 318 Anh Rdn 110; MK-*Altmeppen* § 317 Rdn 59; *Mülbert* S 500 f; MünchHdbAG/*Krieger* § 70 Rdn 151; Schmidt/Lutter/*Vetter* Rdn 65.

243 So auch Bürgers/Körber/*Fett* § 311 Rdn 32; *Mülbert* S 501; Schmidt/Lutter/*Vetter* § 317 Rdn 65.

244 Pointiert *Mülbert* S 501: „Duldung rechtswidrigen Organverhaltens gegen Entgelt ist nicht vorgesehen und sollte auch nicht über die Figur des qualifizierten faktischen Konzerns ins Gesellschaftsrecht Eingang finden."

245 Vgl *Deilmann* S 113 ff; *Kropff*, FS Goerdeler, 1987, S 259, 270 ff; MK-*Kropff* 2. Aufl § 317 Anh Rdn 55; MünchHdbAG/*Krieger* § 70 Rdn 154.

246 Vgl MK-*Kropff* 2. Aufl § 317 Anh Rdn 55; MünchHdbAG/*Krieger* § 70 Rdn 154.

247 Vgl MK-*Kropff* 2. Aufl § 317 Anh Rdn 55; MünchHdbAG/*Krieger* § 70 Rdn 154.

ob sie die Sorgfalt eines ordentlichen und gewissenhaften Geschäftsleiters angewandt haben, so trifft sie die Beweislast.

(2) Die Mitglieder des Aufsichtsrats der Gesellschaft haften neben den nach § 317 Ersatzpflichtigen als Gesamtschuldner, wenn sie hinsichtlich des nachteiligen Rechtsgeschäfts oder der nachteiligen Maßnahme ihre Pflicht, den Bericht über die Beziehungen zu verbundenen Unternehmen zu prüfen und über das Ergebnis der Prüfung an die Hauptversammlung zu berichten (§ 314), verletzt haben; Absatz 1 Satz 2 gilt sinngemäß.

(3) Der Gesellschaft und auch den Aktionären gegenüber tritt die Ersatzpflicht nicht ein, wenn die Handlung auf einem gesetzmäßigen Beschluss der Hauptversammlung beruht.

(4) § 309 Abs. 3 bis 5 gilt sinngemäß.

Übersicht

Schrifttum

Altmeppen Die Haftung des Managers im Konzern, 1998; *Dettling* Die Entstehungsgeschichte des Konzernrechts im Aktiengesetz von 1965, 1997; *Fischbach* Die Haftung des Vorstands im Aktienkonzern, 2009; *Flume* Die abhängige Aktiengesellschaft und die Aktienrechtsreform, DB 1959, 190; *Geßler* Leitungsmacht und Verantwortlichkeit im faktischen Konzern, FS Westermann, 1974, S 145; *Kropff* Der „faktische Konzern" als Rechtsverhältnis (Teil I), DB 1967, 2147; *Luchterhand* Leitungsmacht und Verantwortlichkeit im faktischen Konzern, ZHR 133 (1970), 1; *Neuhaus* Der Schadensersatzanspruch des außenstehenden Aktionärs gegenüber dem Vorstand seiner faktisch beherrschten Aktiengesellschaft nach § 93 AktG 65, DB 1971, 1193 (Teil 1), 1241 (Teil 2); *Neuhaus* Die zivilrechtliche Organhaftung des Vorstands einer beherrschten Aktiengesellschaft im sogenannten „faktischen Konzern" und im Vertragskonzern, 1969; *Pickardt* Die zivilrechtliche Haftung des Vorstands abhängiger Aktiengesellschaften nach dem Aktiengesetz vom 6.9.1965, 1973; *Rhiel* Related-Party Transactions im deutschen und US-amerikanischen Recht der Aktiengesellschaft, 2015; *Schmidt-Hern* Schutz der außenstehenden Aktionäre im faktischen Konzern, 2001; *Schneider/Schneider* Vorstandshaftung im Konzern, AG 2005, 57; *Shin* Die Verantwortlichkeit der Vorstandsmitglieder im Konzernverhältnis, 1989; *Studienkommission des Deutschen Juristentages* Untersuchungen zur Reform des Konzernrechts, 1967; *Ulmer* Das Sonderrecht der §§ 311 ff AktG und sein Verhältnis zur allgemeinen aktienrechtlichen Haftung für Schädigungen der AG, FS Hüffer, 2010, S 999.

I. Grundlagen

1. Regelungsgegenstand

1 § 318 regelt die Verantwortlichkeit der Verwaltungsmitglieder der abhängigen Gesellschaft für berichts- und prüfungsbezogene Pflichtverletzungen. Nach Abs 1 haften die Vorstandsmitglieder, wenn sie ihre Berichtspflicht aus § 312 verletzen. Gemäß Abs 2 haften die Aufsichtsratsmitglieder, wenn sie ihrer Prüfungs- und Berichtspflicht aus § 314 nicht nachkommen. Abs 3 schließt die Haftung bei gesetzmäßigem Hauptversammlungsbeschluss aus. Abs 4 verweist für Verzicht und Vergleich, Verfolgungsrechte von Aktionären und Gläubigern sowie für die Verjährung auf § 309 Abs 3 bis 5. Nicht ausdrücklich geregelt ist das Verhältnis von § 318 zur allgemeinen aktienrechtlichen Haftung aus §§ 93, 116 (dazu Rdn 29 ff). Praktisch hat die Vorschrift bisher nahezu keine Bedeutung erlangt.[1]

2. Regelungszweck

2 Funktionell verfolgt § 318 verschiedene Ziele. Wie alle Haftungstatbestände dient er zunächst dem **Schadensausgleich**: Die abhängige Gesellschaft soll zu ihrem eigenen Schutz und dem ihrer Gläubiger und außenstehenden Aktionäre[2] Wiedergutmachung von ihren pflichtvergessenen Verwaltungsmitgliedern verlangen können.[3] Vor allem aber steht § 318 im Dienste der **Schadensvorbeugung**: Die drohende persönliche Inanspruchnahme soll Vorstands- und Aufsichtsratsmitglieder dazu anhalten, ihre Pflichten aus §§ 312, 314 zu erfüllen.[4] Freilich werden Schadenskompensation und -prävention bereits durch §§ 93, 116 gewährleistet, so dass eine zusätzliche Haftungsvorschrift weithin entbehrlich gewesen wäre (dazu Rdn 4).[5]

3. Normentstehung

3 § 318 geht wie das gesamte System des Außenseiterschutzes der §§ 311 ff auf die Aktienrechtsreform von 1965 zurück. Er ist im Laufe des Gesetzgebungsverfahrens wesentlich verändert worden. Dass neben dem herrschenden Unternehmen und seiner gesetzlichen Vertreter auch die Organmitglieder der abhängigen Gesellschaft in gleicher Strenge haften sollten, war anfangs rechtspolitisch umstritten[6], wurde dann aber allseits

---

[1] Für eine Ausnahme hinsichtlich der Aufsichtsratshaftung OLG Jena NZG 2008, 275 sowie in der Revisionsinstanz BGHZ 179, 71 („MPS“).

[2] Zu dieser Schutztrias Emmerich/*Habersack* Rdn 1; Henssler/Strohn/*Bödeker* Rn 1; Hölters/*Leuering/Goertz* Rdn 1; Hüffer/*Koch* Rdn 1; Spindler/Stilz/*Müller* Rdn 1; Wachter/*Rothley* Rdn 1.

[3] Vgl Fleischer/*Fleischer* Hdb VorstandsR § 18 Rdn 117; Grigoleit/*Grigoleit* Rdn 1; Henssler/Strohn/*Bödeker* Rdn 1; Hüffer/*Koch* Rdn 1.

[4] Vgl Bürgers/Körber/*Fett* Rdn 1; Emmerich/*Habersack* Rdn 1; Fleischer/*Fleischer* Hdb VorstandsR § 18 Rdn 117; Grigoleit/*Grigoleit* Rdn 1; Henssler/Strohn/*Bödeker* Rdn 1; KK-*Koppensteiner* Rdn 1; Spindler/Stilz/*Müller* Rdn 1.

[5] Vgl Emmerich/*Habersack* Rdn 2; *Fischbach* S 309; Hüffer/*Koch* Rdn 1; MK-*Altmeppen* Rdn 1; Spindler/Stilz/*Müller* Rdn 2.

[6] Dazu etwa *Studienkommission DJT* Rdn 421: „Für eine Beschränkung der Haftung wurde geltend gemacht, daß sich die Verwaltungsmitglieder des abhängigen Unternehmens der herrschenden Person gegenüber in einer Zwangslage befänden; diese Zwangslage rechtfertige eine Abschwächung der Haftung. Andere Mitglieder waren demgegenüber der Auffassung, daß gerade diese Zwangslage eine ungeminderte Haftung zweckmäßig erscheinen lasse, um ein allzu nachgiebiges Verhalten des Vorstandes der abhängigen Gesellschaft zu verhindern.“

akzeptiert.[7] Dementsprechend hatte § 307 Abs 1 RegE-AktG (in heutiger Zählung: § 318) in Anlehnung an § 117 Abs 2 ursprünglich vorgesehen, dass die Verwaltungsmitglieder der abhängigen Gesellschaft neben den Ersatzpflichtigen nach § 317 haften, wenn sie unter Verletzung ihrer Pflichten gehandelt haben.[8] Nachdem § 311 während der Ausschussberatungen durch Einführung des zeitlich gestreckten Nachteilsausgleichs abgeschwächt worden war (vgl vor § 311 Rdn 39), sahen sich Rechts- und Wirtschaftsausschuss veranlasst, auch die Haftung der Verwaltungsmitglieder auf den Fall zu beschränken, dass Vorstand und Aufsichtsrat ihre Berichts- und Prüfungspflichten nach §§ 312, 314 verletzen.[9] Die von ihnen neu eingefügte Textfassung ist allerdings unglücklich formuliert, weil sie den irrigen Eindruck einer abschließenden, die allgemeine Organhaftung verdrängenden Regelung erweckt (zur ergänzenden Anwendbarkeit der §§ 93, 116 näher Rdn 29 ff).[10]

4. Rechtspolitische Würdigung

§ 318 gilt allgemein als **misslungen.**[11] Dies beginnt mit der Spezialregelung in Abs 1 und 2, derer es nicht bedurft hätte, weil Verwaltungsmitglieder bei Verletzung ihrer Berichts- und Prüfungspflichten bereits nach Maßgabe der allgemeinen Vorschriften (§§ 93, 116) haften (vgl Rdn 29 ff).[12] Es setzt sich fort in Abs 3 mit dem Haftungsausschluss durch Hauptversammlungsbeschluss, der keinen sinnvollen Anwendungsbereich hat (vgl Rdn 23).[13] Eigenständige Bedeutung erlangt die Vorschrift daher nur durch Abs 4, der mit seinem Verweis auf § 309 Abs 3 bis 5 die Haftung der Verwaltungs- **4**

---

[7] Vgl bereits *Flume* DB 1959, 190, 192: „Daß bei bloßer tatsächlicher Abhängigkeit die Organe der abhängigen Gesellschaft nach den allgemeinen Vorschriften haften und sich nicht auf die Einflussnahme des Herrschenden berufen können, ist selbstverständlich."; sodann auch *Studienkommission DJT* Rdn 421: „Die Kommission schlägt deswegen einmütig die Aufrechterhaltung der allgemeinen Haftungsvorschriften vor."

[8] Abdruck der Vorschrift in BT-Drucks. IV/171 S 71: „(1) Neben dem Ersatzpflichtigen nach § 306 haften die Mitglieder des Vorstands und des Aufsichtsrats der Gesellschaft als Gesamtschuldner, wenn sie unter Verletzung ihrer Pflichten gehandelt haben. Sie haben nachzuweisen, dass sie die Sorgfalt eines ordentlichen und gewissenhaften Geschäftsleiters angewandt haben."

[9] Vgl Ausschussbegründung bei *Kropff* S 420: „Daher muß die Haftung ihrer Verwaltungsmitglieder auf den Fall beschränkt werden, daß der Vorstand seine Pflicht, über das Rechtsgeschäft bzw. die Maßnahme zu berichten (§ 312), der Aufsichtsrat seine Pflicht, den Bericht zu prüfen (§ 314), verletzt."; dazu die korrigierende Lesart von *Geßler*, FS Westermann, 1974, S 145, 159: „Es muß in sie nach ‚daher muß' hineingelesen werden, ‚in den Fällen, in denen statt des sofortigen Ausgleichs der Ausgleich hinausgeschoben wird'."; s auch *Kropff* DB 1967, 2147, 2151 sowie *Dettling* S 322 f.

[10] Vgl Emmerich/*Habersack* Rdn 2; Hüffer/*Koch* Rdn 1; KK-*Koppensteiner* Rdn 2; MK-*Altmeppen* Rdn 3; Schmidt/Lutter/*Müller* Rdn 1.

[11] Vgl Bürgers/Körber/*Fett* Rdn 1; Emmerich/*Habersack* Rdn 2; Fleischer/*Fleischer* Hdb VorstandsR § 18 Rdn 117; Grigoleit/*Grigoleit* Rdn 1; Hölters/*Leuering/Goertz* Rdn 2; Hüffer/*Koch* Rdn 1; KK-*Koppensteiner* Rdn 2; MK-*Altmeppen* Rdn 1; NK-*Schatz/chödel* Rdn 1; Schmidt/Lutter/*Vetter* Rdn 1; Spindler/Stilz/*Müller* Rdn. 2.

[12] Vgl Emmerich/*Habersack* Rdn 2; *Fischbach* S 309; Fleischer/*Fleischer* Hdb VorstandsR § 18 Rdn 117; MK-*Altmeppen* Rdn 1.

[13] Vgl Emmerich/*Habersack* Rdn 2; KK-*Koppensteiner* Rdn 2; Schmidt/Lutter/*Vetter* Rdn 1; eingehend bereits *Studienkommission DJT* Rdn 422: „Die Kommission hält eine solche Regelung für entbehrlich (vgl. § 318 Abs. 3 AktG 1965)."

mitglieder verschärft und ihre Durchsetzung erleichtert.[14] Allerdings ist die Einzelklagebefugnis eines Aktionärs nach Abs 4 iVm § 309 Abs 4 S 1 wegen ihres hohen Prozesskostenrisikos bisher praktisch bedeutungslos geblieben (zu Reformvorschlägen § 317 Rdn 9).

II. Haftung der Vorstandsmitglieder (Abs 1)

5 § 318 Abs 1 ordnet eine Haftung der Vorstandsmitglieder der abhängigen Gesellschaft an, wenn sie ihrer Berichtspflicht aus § 312 nicht nachkommen.

1. Normadressaten

6 a) **Gläubiger.** Wer Gläubiger des Anspruchs aus § 318 Abs 1 ist, wird im Gesetz nicht ausdrücklich angesprochen. Insoweit kann man ergänzend auf die ausführlichere Regelung des § 317 Abs 1 zurückgreifen.

7 aa) **Abhängige Gesellschaft.** Aktivlegitimiert ist damit in erster Linie die abhängige Gesellschaft.[15] Sie wird bei Klagen gegen ihre Vorstandsmitglieder gemäß § 112 durch ihren Aufsichtsrat vertreten.[16] Zudem kann die Geltendmachung von Ansprüchen aus § 318 nach §§ 147, 148 erzwungen werden.[17] Zwar wird § 318 in § 147 Abs 1 S 1 nicht genannt, doch ist insoweit eine teleologische Extension geboten (näher § 317 Rdn 50). Ungeklärt ist, ob das herrschende Unternehmen bei einem Hauptversammlungsbeschluss nach § 147 Abs 1 S 1 einem Stimmverbot unterliegt. § 136 Abs 1 S 1 Fall 3 ist seinem Wortlaut nach nicht einschlägig, weil sich der Anspruch aus § 318 gegen die Verwaltungsmitglieder richtet. Gleichwohl befürworten verschiedene Literaturstimmen mit guten Gründen ein Stimmverbot, wenn dem in Anspruch genommenen Verwaltungsmitglied ein Ausgleichsanspruch gemäß § 426 BGB gegen das herrschende Unternehmen zusteht (dazu Rdn 14 und 22).[18] Der Sache nach betrifft der Hauptversammlungsbeschluss dann nämlich die Geltendmachung eines Ersatzanspruchs gegen das herrschende Unternehmen.[19] Unabhängig davon kann der Anspruch der abhängigen Gesellschaft auch durch jeden Aktionär oder Gläubiger der Gesellschaft geltend gemacht werden (Rdn 26 f).

8 bb) **Unmittelbar geschädigte Aktionäre.** Darüber hinaus können Aktionäre der abhängigen Gesellschaft von den Vorstandsmitgliedern Ersatz **für ihren unmittelbaren (Eigen-)Schaden** verlangen, der sich nicht durch die Vermögensminderung der abhängigen Gesellschaft ausdrückt.[20] Anders als in § 317 Abs 1 S 2 ist dies zwar im Gesetz nicht ausdrücklich vorgesehen, findet aber eine Stütze in den Gesetzesmaterialien[21] und in der Verklammerung der §§ 317, 318 durch Anordnung einer gesamtschuldnerischen Haf-

---

14 Vgl Emmerich/*Habersack* Rdn 2; *Fischbach* S 309 f; Grigoleit/*Grigoleit* Rdn 1; Hölters/*Leuering/Goertz* Rdn 2; MK-*Altmeppen* Rdn 2; Spindler/Stilz/*Müller* Rdn 2.

15 Vgl Bürgers/Körber/*Fett* Rdn 6; Emmerich/*Habersack* Rdn 3; Hüffer/*Koch* Rdn 2; KK-*Koppensteiner* Rdn 3; NK-*Schatz/Schödel* Rdn 2; Schmidt/Lutter/*Vetter* Rdn 9.

16 Vgl Hölters/*Leuering/Goertz* Rdn 16; MK-*Altmeppen* Rdn 16.

17 Vgl Hölters/*Leuering/Goertz* Rdn 16; MK-*Altmeppen* Rdn 16.

18 Vgl Hölters/*Leuering/Goertz* Rdn 17; MK-*Altmeppen* Rdn 17.

19 Wie hier Hölters/*Leuering/Goertz* Rdn 17; MK-*Altmeppen* Rdn 17.

20 Vgl Bürgers/Körber/*Fett* Rdn 7; Emmerich/*Habersack* Rdn 3 und 12; Grigoleit/*Grigoleit* Rdn 4; Hölters/*Leuering/Goertz* Rdn 21; Hüffer/*Koch* Rdn 2; MK-*Altmeppen* Rdn 20; NK-*Schatz/Schödel* Rdn 2; Schmidt/Lutter/*Vetter* Rdn 9.

21 Vgl Begr RegE bei *Kropff* S 420.

tung.[22] Für den Begriff des unmittelbaren Schadens gelten die zu § 317 entwickelten Grundsätze (vgl § 317 Rdn 10 ff).

b) **Schuldner.** Schuldner des Ersatzanspruchs sind in aller Regel sämtliche im Zeitpunkt der Berichtserstellung amtierenden Vorstandsmitglieder[23], weil die Berichtspflicht aus § 312 dem Vorstand als Gesamtorgan obliegt (vgl § 312 Rdn 56) und eine Leitungsaufgabe iSd § 76 Abs 1 darstellt (vgl § 312 Rdn 58). Bei mehrfacher oder mehrstufiger Abhängigkeit gelten die zu § 317 erläuterten Grundsätze (vgl § 317 Rdn 14 f). **9**

2. Tatbestandsvoraussetzungen

a) **Haftung des herrschenden Unternehmens.** Die Vorstandsmitglieder der abhängigen AG haften „neben den nach § 317 Ersatzpflichtigen als Gesamtschuldner". Aus dieser Formulierung folgert man zutreffend, dass zunächst das herrschende Unternehmen nach § 317 haftbar sein muss, weil nur dann eine gesamtschuldnerische Haftung denkbar ist.[24] Fehlt es daran, etwa weil die Veranlassung nicht nachteilig war[25] oder ein Nachteilsausgleich erfolgt ist[26], so entfällt auch die Haftung aus § 318.[27] Allerdings kommt es nicht darauf an, ob die Ansprüche aus § 317 tatsächlich geltend gemacht werden.[28] Zudem gelten auch hier die zu § 317 anerkannten Erleichterungen der Darlegungs- und Beweislast (vgl § 317 Rdn 33 f).[29] **10**

b) **Verletzung von Berichtspflichten.** Weiterhin müssen die Vorstandsmitglieder ihre Berichtspflicht aus § 312 verletzt haben. Das ist nach der etwas gewundenen Formulierung des § 318 der Fall, wenn sie es unter Verletzung ihrer Pflichten unterlassen haben, das nachteilige Rechtsgeschäft oder die nachteilige Maßnahme in dem Bericht über die Beziehungen der Gesellschaft zu verbundenen Unternehmen aufzuführen oder anzugeben, dass die Gesellschaft durch das Rechtsgeschäft oder die Maßnahme benachteiligt wurde und der Nachteil nicht ausgeglichen worden war. Unrichtige Angaben sind unterlassenen gleichzustellen.[30] Nach ganz herrschender Ansicht erfasst § 318 auch den Fall, dass ein Abhängigkeitsbericht pflichtwidrig nicht erstellt wurde.[31] **11**

---

[22] Vgl Bürgers/Körber/*Fett* Rdn 7; Grigoleit/*Grigoleit* Rdn 4; Hüffer/*Koch* Rdn 2; NK-*Schatz/Schödel* Rdn 2.

[23] Ebenso Emmerich/*Habersack* Rdn 3; Hölters/*Leuering/Goertz* Rdn 8; MK-*Altmeppen* Rdn 11; NK-*Schatz/Schödel* Rdn 2; Wachter/*Rothley* Rdn 5.

[24] Vgl Bürgers/Körber/*Fett* Rdn 2; Emmerich/*Habersack* Rdn 4; Fleischer/*Fleischer* Hdb VorstandsR § 18 Rdn 118; Grigoleit/*Grigoleit* Rdn 2; Hölters/*Leuering/Goertz* Rdn 5; Hüffer/*Koch* Rdn 3; KK-*Koppensteiner* Rdn 4; MK-*Altmeppen* Rdn 8; *Neuhaus* S 59; Schmidt/Lutter/*Vetter* Rdn 4; *Shin* S 113 f; Spindler/Stilz/*Müller* Rdn 5.

[25] Vgl Fleischer/*Fleischer* Hdb VorstandsR § 18 Rdn 118; MK-*Altmeppen* Rdn 8.

[26] Vgl Bürgers/Körber/*Fett* Rdn 2; Fleischer/*Fleischer* Hdb VorstandsR § 18 Rdn 118; Hölters/*Leuering/Goertz* Rdn 5; Hüffer/*Koch* Rdn 3.

[27] Vgl Fleischer/*Fleischer* Hdb VorstandsR § 18 Rdn 118.

[28] Vgl Bürgers/Körber/*Fett* Rdn 2; Emmerich/*Habersack* Rdn 4; Fleischer/*Fleischer* Hdb VorstandsR § 18 Rdn 118; Grigoleit/*Grigoleit* Rdn 2; Hölters/*Leuering/Goertz* Rdn 5; Hüffer/*Koch* Rdn 3; MK-*Altmeppen* Rdn 8; Schmidt/Lutter/*Vetter* Rdn 4; Spindler/Stilz/*Müller* Rdn 5.

[29] Vgl Emmerich/*Habersack* Rdn 6; MK-*Altmeppen* Rdn 12; Schmidt/Lutter/*Vetter* Rdn 4.

[30] Vgl Bürgers/Körber/*Fett* Rdn 3; Emmerich/*Habersack* Rdn 5; Fleischer/*Fleischer* Hdb VorstandsR § 18 Rdn 118; Grigoleit/*Grigoleit* Rdn 2; Hölters/*Leuering/Goertz* Rdn 6; Hüffer/*Koch* Rdn 3; KK-*Koppensteiner* Rdn 5; MK-*Altmeppen* Rdn 9; Schmidt/Lutter/*Vetter* Rdn 5; Spindler/Stilz/*Müller* Rdn 6.

[31] Vgl Bürgers/Körber/*Fett* Rdn 3; Emmerich/*Habersack* Rdn 5; Fleischer/*Fleischer* Hdb

12 c) **Verschulden.** Die Haftung aus § 318 Abs 1 setzt Verschulden voraus.[32] Fahrlässigkeit genügt.[33] Ist streitig, ob die Vorstandsmitglieder die Sorgfalt eines ordentlichen und gewissenhaften Geschäftsleiters angewandt haben, so trifft sie gemäß § 318 Abs 1 S 2 die Beweislast. Ihnen ist daher dringend anzuraten, für eine umfassende Dokumentation zu sorgen.[34]

3. Rechtsfolge

13 Für eine Verletzung der Berichtspflichten aus § 312 haften verantwortliche Vorstandsmitglieder gegenüber der abhängigen Gesellschaft (Rdn 7) und unmittelbar geschädigten Aktionären (Rdn 8) auf **Schadensersatz.** Maßgebend ist der Schadensbegriff der §§ 249 ff BGB[35], der auf der sog Differenzhypothese beruht. Ersatzfähig ist im Rahmen des § 318 Abs 1 allerdings nur der Schaden, der durch die Verletzung der Berichtspflicht entstanden ist (**„Berichtsschaden“**[36]), nicht der gesamte Schaden aus der pflichtwidrigen Benachteiligung.[37] Dieser (weitere) Schaden wird ggf nach § 93 Abs 2 ersetzt (vgl Rdn 30).[38] In Betracht kommt darüber hinaus – wie bei § 317 (vgl § 317 Rdn 31) – ein **Unterlassungsanspruch** der abhängigen Gesellschaft, der nach § 318 Abs 4 iVm § 309 Abs 4 S 1 auch von jedem Aktionär geltend gemacht werden kann.[39]

14 Pflichtvergessene Vorstandsmitglieder haften neben den nach § 317 Ersatzpflichtigen, also dem herrschenden Unternehmen und seinen gesetzlichen Vertretern, als Gesamtschuldner nach Maßgabe der §§ 421 ff BGB. Für den **Binnenausgleich unter Gesamtschuldnern** gilt § 426 BGB, bei unterschiedlich hohem Verschulden § 254 BGB.[40] Im Verhältnis zwischen den nach § 317 Ersatzpflichtigen und den Vorstandsmitgliedern der abhängigen Gesellschaft haften erstere grundsätzlich vorrangig.[41]

III. Haftung der Aufsichtsratsmitglieder (Abs 2)

15 § 318 Abs 2 ordnet eine Haftung der Aufsichtsratsmitglieder der abhängigen Gesellschaft an, wenn sie ihrer Prüfungs- oder Berichtspflicht aus § 314 nicht nachkommen.

VorstandsR § 18 Rdn 118; Grigoleit/*Grigoleit* Rdn 2; Hölters/*Leuering/Goertz* Rdn 6; Hüffer/*Koch* Rdn 3; KK-*Koppensteiner* Rdn 5; MK-*Altmeppen* Rdn 9; MünchHdb-AG/*Krieger* § 70 Rdn 138; Schmidt/Lutter/*Vetter* Rdn 5; *Shin* S 113; Spindler/Stilz/*Müller* Rdn 6; abw Voraufl/*Würdinger* Rdn 4.

32 Vgl Bürgers/Körber/*Fett* Rdn 4; Emmerich/*Habersack* Rdn 6; Fleischer/*Fleischer* Hdb VorstandsR § 18 Rdn 118; Hölters/*Leuering/Goertz* Rdn 8; Hüffer/*Koch* Rdn 4; MK-*Altmeppen* Rdn 11; Schmidt/Lutter/*Vetter* Rdn 6; Spindler/Stilz/*Müller* Rdn 8.

33 Vgl Bürgers/Körber/*Fett* Rdn 4; Emmerich/*Habersack* Rdn 6; Fleischer/*Fleischer* Hdb VorstandsR § 18 Rdn 120; Hölters/*Leuering/Goertz* Rdn 8; Hüffer/*Koch* Rdn 4; MK-*Altmeppen* Rdn 11.

34 Vgl Bürgers/Körber/*Fett* Rdn 4; Henssler/Strohn/*Bödeker* Rdn 9.

35 Vgl Emmerich/*Habersack* Rdn 7; Hölters/*Leuering/Goertz* Rdn 9; Spindler/Stilz/*Müller* Rdn 10.

36 Vgl Grigoleit/*Grigoleit* Rdn 3; Schmidt/Lutter/*Vetter* Rdn 8.

37 Vgl Emmerich/*Habersack* Rdn 7; *Fischbach* S 311; Fleischer/*Fleischer* Hdb VorstandsR § 18 Rdn 124; Hölters/*Leuering/Goertz* Rdn 9; vorsichtiger NK-*Schatz/Schödel* Rdn 6.

38 Vgl Emmerich/*Habersack* Rdn 7; Grigoleit/*Grigoleit* Rdn 3; Schmidt/Lutter/*Vetter* Rdn 8.

39 Vgl Emmerich/*Habersack* Rdn 7.

40 Vgl Grigoleit/*Grigoleit* Rdn 5; Hölters/*Leuering/Goertz* Rdn 14; MK-*Altmeppen* Rdn 14; Spindler/Stilz/*Müller* Rdn 11.

41 Vgl Grigoleit/*Grigoleit* Rdn 5; Schmidt/Lutter/*Vetter* Rdn 10.

1. Normadressaten

a) **Gläubiger.** Anspruchsgläubiger sind wie bei der Vorstandshaftung nach Abs 2 die abhängige Gesellschaft und unmittelbar geschädigte Aktionäre. 16

b) **Schuldner.** Anspruchsschuldner sind in der Regel sämtliche im Zeitpunkt der Prüfungs- und Berichtspflicht amtierenden Aufsichtsratsmitglieder, weil die Zuständigkeit für diese Aufgaben beim Aufsichtsratsplenum liegt (vgl § 314 Rdn 14). Allerdings kann sich eine abgestufte Verantwortlichkeit ergeben, wenn ein Aufsichtsratsausschuss die Prüfung des Abhängigkeitsberichts vorbereitet hat und die übrigen Aufsichtsratsmitglieder nach allgemeinen Grundsätzen auf dessen Vorarbeit vertrauen durften.[42] Blindes Vertrauen ist indes niemals am Platze.[43] Vielmehr obliegt den übrigen Aufsichtsratsmitgliedern eine Überwachungspflicht, aufgrund derer sie sich davon überzeugen müssen, dass der Ausschuss sachgerecht arbeitet. Dazu gehört insbesondere die kritische Durchsicht der Ausschussberichte.[44] 17

2. Tatbestandsvoraussetzungen

a) **Haftung des herrschenden Unternehmens.** Ebenso wie die Haftung der Vorstandsmitglieder nach § 318 Abs 1 setzt eine Haftung der Aufsichtsratsmitglieder tatbestandlich zunächst eine Haftung des herrschenden Unternehmens nach § 317 voraus.[45] 18

b) **Verletzung von Prüfungs- und Berichtspflichten.** Weiterhin müssen die Aufsichtsratsmitglieder ihre Prüfungs- und Berichtspflicht aus § 314 verletzt haben. Dies ist nach § 318 Abs 1 Halbs 1 der Fall, wenn sie hinsichtlich des nachteiligen Rechtsgeschäfte oder der nachteiligen Maßnahme ihrer Pflicht nicht nachgekommen sind, den Bericht über die Beziehungen zu verbundenen Unternehmen zu prüfen und über das Ergebnis der Prüfung an die Hauptversammlung zu berichten. Als pflichtwidrig angesehen wurde es etwa, dass die Aufsichtsratsmitglieder Hinweisen auf die fehlende Besicherung von Darlehen an das herrschende Unternehmen in den Abhängigkeitsberichten und den zugrunde liegenden Jahresabschlussberichten nicht nachgegangen sind.[46] Pflichtwidrig ist ferner, wenn der Aufsichtsrat die Hauptversammlung in seinem Bericht nicht davon in Kenntnis setzt, dass der Vorstand zu Unrecht keinen Abhängigkeitsbericht erstellt hat.[47] Schließlich liegt eine Verletzung der Berichtspflicht auch dann vor, wenn der Aufsichtsrat Einwendungen nur im Berichtsteil und nicht in der Schlusserklärung erhebt und so eine Sonderprüfung nach § 315 S 1 Nr 2 vereitelt.[48] 19

---

[42] Zum Vertrauen der übrigen Aufsichtsratsmitglieder auf Berichte von Ausschussmitgliedern *Fleischer* ZIP 2009, 1397, 1401 f.

[43] Vgl RGZ 93, 338, 340 f; *Fleischer* ZIP 2009, 1397, 1402.

[44] Vgl OLG Hamburg ZIP 1995, 1673; *Fleischer* ZIP 2009, 1397, 1402.

[45] Vgl Bürgers/Körber/*Fett* Rdn 9; Emmerich/*Habersack* Rdn 14; Hölters/*Leuering/Goertz* Rdn 11.

[46] Vgl OLG Jena NZG 2008, 275, 278; dazu auch *Habersack* ZGR 2009, 346, 363 f; Hüffer/*Koch* Rdn 6.

[47] Vgl Emmerich/*Habersack* Rdn 14; Hölters/*Leuering/Goertz* Rdn 12; Hüffer/*Koch* Rdn 6; KK-*Koppensteiner* Rdn 5; MK-*Altmeppen* Rdn 10; NK-*Schatz/Schödel* Rdn 7; Schmidt/Lutter/*Vetter* Rdn 7; Spindler/Stilz/*Müller* Rdn 7; Wachter/*Rothley* Rdn 8.

[48] Vgl Emmerich/*Habersack* Rdn 14; Hölters/*Leuering/Goertz* Rdn 12; MK-*Altmeppen* Rdn 10; NK-*Schatz/Schödel* Rdn 7; Schmidt/Lutter/*Vetter* Rdn 7; Spindler/Stilz/*Müller* Rdn 7; Wachter/*Rothley* Rdn 8.

20 c) **Verschulden.** Die Haftung aus § 318 Abs 2 setzt Verschulden voraus.[49] Fahrlässigkeit genügt. Ist streitig, ob die Aufsichtsratsmitglieder die Sorgfalt eines ordentlichen und gewissenhaften Organmitglieds angewandt haben, so trifft sie gemäß § 318 Abs 2 Halbs 2 iVm Abs 1 S 2 die Beweislast.

3. Rechtsfolge

21 Für eine Verletzung von Berichts- und Prüfungspflichten haften verantwortliche Aufsichtsratsmitglieder gegenüber der abhängigen Gesellschaft (Rdn 7) und unmittelbar geschädigten Aktionären (Rdn 8) auf **Schadensersatz.** Ersatzfähig ist – wie im Rahmen des § 318 Abs 1 (Rdn 13) – nur der Schaden, der durch die Verletzung von Berichts- und Prüfungspflichten entstanden ist.[50] Weitere Schäden werden ggf nach § 116 S 1 iVm § 93 Abs 2 ersetzt (vgl Rdn 30).

22 Pflichtvergessene Aufsichtsratsmitglieder haften neben den nach § 317 Ersatzpflichtigen, also dem herrschenden Unternehmen und seinen gesetzlichen Vertretern, als Gesamtschuldner nach Maßgabe der §§ 421 ff BGB.[51] Für den **Binnenausgleich unter Gesamtschuldnern** gilt § 426 BGB, bei unterschiedlich hohem Verschulden § 254 BGB. Im Verhältnis zwischen den nach § 317 Ersatzpflichtigen und den Aufsichtsratsmitgliedern der abhängigen Gesellschaft haften erstere grundsätzlich vorrangig.[52] Haften neben den Aufsichtsrats- auch Vorstandsmitglieder der abhängigen Gesellschaft, so haben letztere den Schaden im Innenverhältnis grundsätzlich allein zu tragen.[53]

IV. Haftungsausschluss durch Hauptversammlungsbeschluss (Abs 3)

23 Gemäß § 318 Abs 3 tritt gegenüber der Gesellschaft und den Aktionären keine Ersatzpflicht ein, wenn die Handlung auf einem gesetzmäßigen Beschluss der Hauptversammlung beruht. Das entspricht § 93 Abs 4 S 1 und § 117 Abs 2 S 3.[54] Der Regierungsbegründung zufolgte sollte dieser Haftungsausschluss die Stellung der Hauptversammlung im faktischen Aktienkonzern stärken.[55] Nach allgemeiner Ansicht handelt es sich bei dieser Vorschrift jedoch um einen gesetzgeberischen Fehlgriff[56]: Die **Regelung ist gegenstandslos**, weil die Hauptversammlung weder über die Voraussetzungen eines Abhängigkeitsberichts noch über die Reichweite der Berichtspflicht zu befinden hat.[57]

---

49 Vgl OLG Jena NZG 2008, 275, 278; Emmerich/*Habersack* Rdn 14; Hölters/*Leuering/Goertz* Rdn 11; Hüffer/*Koch* Rdn 6; MK-*Altmeppen* Rdn 11; NK-*Schatz-Schödel* Rdn 7.

50 Vgl Spindler/Stilz/*Müller* Rdn 10.

51 Vgl Hüffer/*Koch* Rdn 6.

52 Vgl Grigoleit/*Grigoleit* Rdn 5; Schmidt/Lutter/*Vetter* Rdn 10.

53 Vgl BGHZ 179, 71 Rdn 22; zur allgemeinen Organhaftung auch Spindler/Stilz/*Fleischer* § 93 Rdn 263.

54 Vgl Bürgers/Körber/*Fett* Rdn 5; für einen Hinweis auf § 117 Abs 2 S 3 auch Begr RegE bei *Kropff* S 420.

55 Vgl Begr RegE bei *Kropff* S 420: „Besteht hingegen kein Beherrschungsvertrag, so wäre es mit der Stellung der Hauptversammlung als oberstes Gesellschaftsorgan unvereinbar und unbillig, die Verwaltungsmitglieder gegenüber der Gesellschaft und ihren Aktionären für Handlungen haften zu lassen, die auf einem gesetzmäßigen Beschluß der Hauptversammlung beruhen."

56 Vgl Bürgers/Körber/*Fett* Rdn 5; Emmerich/*Habersack* Rdn 8; Fleischer/*Fleischer* Hdb VorstandsR § 18 Rdn 122; Grigoleit/*Grigoleit* Rdn 7; KK-*Koppensteiner* Rdn 8; NK-*Schatz/Schödel* Rdn 8; Schmidt/Lutter/*Vetter* Rdn 18; eingehend bereits *Studienkommission DJT* Rdn 422.

57 Vgl Fleischer/*Fleischer* Hdb VorstandsR § 18 Rdn 122; Hüffer/*Koch* Rdn 7; KK-*Koppensteiner* Rdn 8; Schmidt/Lutter/*Vetter* Rdn 18; Spindler/Stilz/*Müller* Rdn 9.

§ 318 ist zwingendes Recht. Ein gleichwohl gefasster Hauptversammlungsbeschluss wäre daher nach § 241 Nr 3 nichtig.[58]

V. Sinngemäße Geltung des § 309 Abs 3 bis 5 (Abs 4)

Gemäß § 318 Abs 4 gilt § 309 Abs 3 bis 5 sinngemäß. Damit unterliegen Ansprüche aus § 318 den dortigen Sonderregeln für Verzicht und Vergleich, Verfolgungsrechte von Aktionären und Gläubigern sowie für die Verjährung. **24**

1. Verzicht und Vergleich

Gemäß § 318 Abs 4 iVm § 309 Abs 3 S 1 kann die abhängige Gesellschaft erst drei Jahre nach der Entstehung des Anspruchs und nur dann auf Ersatzansprüche aus § 318 verzichten oder sich über sie vergleichen, wenn die außenstehenden Aktionäre durch Sonderbeschluss zustimmen und nicht eine Minderheit, deren Anteile zusammen den zehnten Teil des bei der Beschlussfassung vertretenen Grundkapitals erreichen, zur Niederschrift Widerspruch erhebt. Gemäß § 318 Abs 4 iVm § 309 Abs 3 S 2 gilt die zeitliche Beschränkung jedoch nicht, wenn der Ersatzpflichtige zahlungsunfähig ist und sich zur Abwendung des Insolvenzverfahrens mit seinen Gläubigern vergleicht oder wenn die Ersatzpflicht in einem Insolvenzplan geregelt wird. **25**

2. Rechte der Aktionäre und Gläubiger

Der Ersatzanspruch der abhängigen Gesellschaft kann nach § 318 Abs 4 iVm § 309 Abs 4 S 1 auch von jedem Aktionär geltend gemacht werden, der gemäß § 318 Abs 4 iVm § 309 Abs 4 S 2 jedoch nur Leistung an die Gesellschaft verlangen kann (zu Einzelheiten oben § 317 Rdn 48 f). Dogmatisch handelt es sich um einen Fall der gesetzlichen Prozessstandschaft. Der einzelne Aktionär kann auch Unterlassungs- und Beseitigungsansprüche geltend machen.[59] Wie im Rahmen des § 317 Abs 4 trifft ihn allerdings ein beträchtliches Prozesskostenrisiko (vgl § 317 Rdn 7).[60] Dieses Risiko kann nach richtiger Ansicht entsprechend § 247 Abs 2 durch eine Streitwertspaltung abgemildert werden (vgl § 317 Rdn 9).[61] Sie allein vermag das Anreizproblem für klagende Aktionäre aber nicht zu beseitigen, so dass zusätzliche Verbesserungen erwägenswert sind (näher § 317 Rdn 9). **26**

Nach § 318 Abs 4 iVm § 309 Abs 4 S 2 kann der Ersatzanspruch ferner von den Gläubigern der abhängigen Gesellschaft geltend gemacht werden, soweit sie von dieser keine Befriedigung erlangen können. Ob die Verwaltungsmitglieder grob fahrlässig gehandelt haben, ist hier – anders als bei § 93 Abs 5 S 2 – ohne Belang.[62] Den Gläubigern gegenüber wird die Ersatzpflicht nach § 318 Abs 4 iVm § 309 Abs 4 S 3 durch einen Verzicht oder Vergleich der abhängigen Gesellschaft (Rdn 25) nicht aufgehoben. Ist über das Vermögen der abhängigen Gesellschaft das Insolvenzverfahren eröffnet, so übt während dessen Dauer nach § 318 Abs 4 iVm § 309 Abs 4 S 3 der Insolvenzverwalter oder der Sachwalter das Recht der Aktionäre und Gläubiger aus, den Ersatzanspruch der Gesellschaft geltend zu machen. **27**

---

[58] Vgl Emmerich/*Habersack* Rdn 8; KK-*Koppensteiner* Rdn 8; NK-*Schatz/Schädel* Rdn 8; eingehend bereits *Studienkommission DJT* Rdn 422.

[59] Vgl Emmerich/*Habersack* Rdn 7.

[60] Dazu *Rhiel* S 105 f.

[61] Wie hier KK-*Koppensteiner* Rdn 11; *Rhiel* S 105 f.

[62] Vgl MK-*Altmeppen* Rdn 19.

3. Verjährung

28 Die Ansprüche aus § 318 verjähren nach § 318 Abs 4 iVm § 309 Abs 5 in fünf Jahren. Hierunter fallen nicht nur Ansprüche der abhängigen Gesellschaft aus § 318 Abs 1 und 2, sondern auch solche unmittelbar geschädigter Aktionäre (Rdn 8) sowie diejenigen verfolgungsberechtigter Aktionäre und Gläubiger (Rdn 26 f). Die Verjährung beginnt mit Anspruchsentstehung. Im Übrigen gelten für Fristbeginn und Fristberechnung §§ 200, 187 Abs 1, 188 Abs 2 BGB. Das Restrukturierungsgesetz von 2010[63] hat die Verjährungsfrist für Organhaftungsansprüche in börsennotierten Gesellschaften gemäß § 93 Abs 6 von fünf auf zehn Jahre verlängert. Eine Anpassung des von § 318 Abs 4 in Bezug genommenen § 309 Abs 5 ist dagegen unterblieben.[64] Ob sich dies teleologisch korrigieren lässt, ist bisher nicht geklärt.[65]

VI. Verhältnis zur Organhaftung aus §§ 93, 116

29 Das Verhältnis des § 318 zu den allgemeinen aktienrechtlichen Haftungstatbeständen der §§ 93, 116 hat der Reformgesetzgeber **nicht hinreichend durchdacht.**[66] Verantwortlich für diese Unklarheiten ist die verwickelte Entstehungsgeschichte der Norm: Ursprünglich war sie in § 307 RegE-AktG 1965 als umfassende Haftungsnorm für pflichtwidriges Verhalten bei nachteiliger Veranlassung konzipiert, bevor ihr Tatbestand während der Ausschussberatungen enger gefasst wurde (Rdn 3).[67]

1. Anwendbarkeit neben § 318

30 Nach heute allgemeiner Ansicht in Rechtsprechung und Rechtslehre **werden §§ 93, 116 durch § 318 nicht verdrängt.**[68] Nur in seinem engen tatbestandlichen Anwendungsbereich – Verletzung der Berichtspflichten bei nachteiliger Veranlassung – ist § 318 die speziellere Vorschrift.[69] Für sämtliche anderen Pflichtverletzungen bleibt es bei der Anwendbarkeit der §§ 93, 116.[70] Insbesondere muss der Vorstand der abhängigen Gesellschaft stets prüfen, ob die Voraussetzungen erfüllt sind, unter denen er auf Veranlassung des herrschenden Unternehmens eine nachteilige Maßnahme vornehmen darf.[71]

---

63 BGBl I S 1900.

64 Dazu *Harbarth/Jaspers* NZG 2011, 368, 373.

65 Für eine Geltung der Zehnjahresfrist Emmerich/*Habersack* Rdn 11; MünchHdbAG/*Krieger* § 70 Rdn 140.

66 Dazu auch MK-*Altmeppen* Rdn 23.

67 Dazu *Geßler*, FS Westermann, 1974, S 145, 159; *Kropff* DB 1967, 2147, 2151.

68 Vgl BGHZ 179, 71 Rdn 14; Bürgers/Körber/*Fett* Rdn 10; Emmerich/*Habersack* Rdn 10; Fleischer/*Fleischer* Hdb VorstandsR § 18 Rdn 124; *Geßler*, FS Westermann, 1974, S 145, 158 ff; Grigoleit/*Grigoleit* Rdn 8; Hölters/*Leuering/Goertz* Rdn 3; Hüffer/*Koch* Rdn 9; KK-*Koppensteiner* Rdn 10; *Kropff* DB 1967, 2147, 2151; MK-*Altmeppen* Rdn 23; NK-*Schatz/Schödel* Rdn 10; Schmidt/Lutter/*Vetter* Rdn 15; Spindler/Stilz/*Müller* Rdn 13; abw früher *Luchterhand* ZHR 133 (1970) 1, 42 ff; relativierend später *ders* Deutsches Konzernrecht bei grenzüberschreitenden Unternehmensverbindungen, 1971, S 119; nicht eindeutig *Wackerbarth* Der Konzern 2010, 261, 274.

69 Vgl Emmerich/*Habersack* Rdn 10; *Fischbach* S 310; Hölters/*Leuering/Goertz* Rdn 3; *Rhiel* S 106; Wachter/*Rothley* Rdn 1.

70 Vgl BGHZ 179, 71 Rdn 14; OLG Hamm ZIP 1995, 1263, 1271; Emmerich/*Habersack* Rdn 10; *Fischbach* S 310; Grigoleit/*Grigoleit* Rdn 8; Hüffer/*Koch* Rdn 9; *Kropff* DB 1967, 2147, 2151; *Ulmer*, FS Hüffer, 2010, S 999, 1012; differenzierend *Pickardt* S 91 ff, 108 ff.

71 Vgl Fleischer/*Fleischer* Hdb VorstandsR § 18 Rdn 124; MK-*Altmeppen* Rdn 23; NK-*Schatz/Schödel* Rdn 10; Spindler/Stilz/*Müller* Rdn 13.

Hat er nach Maßgabe des § 312 ordnungsgemäß berichtet und durfte er auf eine Zusage des herrschenden Unternehmens zum Nachteilsausgleich vertrauen, scheidet eine Haftung gemäß § 93 Abs 1 S 1 allerdings aus.[72] Künftigen Veranlassungen zu nachteiligen Maßnahmen darf er dann jedoch nur noch gegen sofortigen Nachteilsausgleich Folge leisten.[73]

2. Modifizierung durch § 318

Sofern Verwaltungsmitglieder der abhängigen Gesellschaft neben dem herrschenden Unternehmen aus §§ 93, 116 haften, gelten für die Haftungsmodalitäten die in § 318 vorgesehenen Sonderregeln entsprechend.[74] Dies entspricht dem ursprünglichen, durch die Änderungen während der Ausschussberatungen nur höchst unvollkommen umgesetzten Regelungsplan des Reformgesetzgebers.[75] Wie im Einzelnen dargelegt, sollten die Änderungen im Rechts- und Wirtschaftsausschuss nur dem gestreckten Nachteilsausgleich Rechnung tragen, nicht aber die abhängigkeitsbedingten Besonderheiten der Organhaftung beseitigen (Rdn 3).[76] Insoweit besteht eine Regelungslücke, die man durch entsprechende Anwendung der Haftungsmodalitäten des § 318 zu schließen pflegt.[77] Raum für einen solchen Analogieschluss ist im Lichte dieser Überlegungen aber nur dann, wenn das herrschende Unternehmen seinerseits nach § 317 Abs 1 haftet[78] und Vorstandsmitglieder der abhängigen Gesellschaft zugleich ihre Pflichten aus dem Abhängigkeitsverhältnis verletzt haben.[79] **31**

Im Einzelnen haften die nach §§ 93, 116 Ersatzpflichtigen damit entsprechend § 318 Abs 1 S 1 gesamtschuldnerisch neben den nach § 317 Verantwortlichen.[80] Außerdem haften sie geschädigten Aktionären entsprechend §§ 318 Abs 1 S 1 iVm § 317 Abs 1 S 2 für deren Eigenschäden unmittelbar.[81] Ferner steht klagewilligen Aktionären analog § 318 Abs 4 iVm § 309 Abs 4 die Aktionärsklage zur Verfügung.[82] Ob diese letzte Möglichkeit für sie attraktiver ist als die Geltendmachung im Verfahren nach § 148 (dazu Rdn 7), erscheint indes zweifelhaft.[83] **32**

72 Vgl Hüffer/*Koch* Rdn 9; MK-*Altmeppen* Rdn 5; Schmidt/Lutter/*Vetter* § 311 Rdn 120; *Ulmer*, FS Hüffer, 2010, S 999, 1013 f.

73 Vgl Fleischer/*Fleischer* Hdb VorstandsR § 18 Rdn 124.

74 Vgl Bürgers/Körber/*Fett* Rdn 11; Emmerich/*Habersack* Rdn 11; Fleischer/*Fleischer* Hdb VorstandsR § 18 Rdn 125; Grigoleit/*Grigoleit* Rdn 9; Hölters/*Leuering/Goertz* Rdn 4; KK-*Koppensteiner* Rdn 11; MK-*Altmeppen* Rdn 24; Schmidt/Lutter/*Vetter* Rdn 15; Spindler/Stilz/*Müller* Rdn 14.

75 Vgl Emmerich/*Habersack* Rdn 11; Grigoleit/*Grigoleit* Rdn 9; Hüffer/*Koch* Rdn 10; Schmidt/Lutter/*Vetter* Rdn 15.

76 Vgl Emmerich/*Habersack* Rdn 11; *Geßler*, FS Westermann, 1974, S 145, 159; *Kropff* DB 1967, 2147, 2151.

77 Vgl Emmerich/*Habersack* Rdn 11; Hüffer/*Koch* Rdn 10.

78 Vgl Emmerich/*Habersack* Rdn 11; MK-*Altmeppen* Rdn 25; Spindler/Stilz/*Müller* Rdn 14.

79 Vgl Emmerich/*Habersack* Rdn 11; Spindler/Stilz/*Müller* Rdn 14.

80 Vgl Bürgers/Körber/*Fett* Rdn 11; Emmerich/*Habersack* Rdn 12; Fleischer/*Fleischer* Hdb VorstandsR § 18 Rdn 125; Hüffer/*Koch* Rdn 10; KK-*Koppensteiner* Rdn 11; MK-*Altmeppen* Rdn 24; NK-*Schatz/Schödel* Rdn 11; Spindler/Stilz/*Müller* Rdn 14.

81 Vgl Bürgers/Körber/*Fett* Rdn 11; Emmerich/*Habersack* Rdn 12; Fleischer/*Fleischer* Hdb VorstandsR § 18 Rdn 125; Grigoleit/*Grigoleit* Rdn 9; Hüffer/*Koch* Rdn 10; KK-*Koppensteiner* Rdn 11; MK-*Altmeppen* Rdn 24; NK-*Schatz/Schödel* Rdn 11; Schmidt/Lutter/*Vetter* Rdn 16; Spindler/Stilz/*Müller* Rdn 14.

82 Vgl Emmerich/*Habersack* Rdn 12; Grigoleit/*Grigoleit* Rdn 9; Hüffer/*Koch* Rdn 10; MK-*Altmeppen* Rdn 25; NK-*Schatz/Schödel* Rdn 11; abw Schmidt/Lutter/*Vetter* Rdn 17.

83 Vgl *Fischbach* S 313.

33 Ein Haftungsausschluss durch Hauptversammlungsbeschluss nach § 93 Abs 4 S 1 bleibt in Abhängigkeitslagen theoretisch denkbar.[84] Allerdings wäre ein Beschluss, der den Vorstand der abhängigen Gesellschaft von seinen Organpflichten im Rahmen des § 311 dispensiert, in aller Regel anfechtbar.[85] Wird er bestandskräftig, so haften die Vorstandsmitglieder deshalb, weil sie von ihrem Anfechtungsrecht nach § 245 Nr 5 pflichtwidrig keinen Gebrauch gemacht haben.[86]

---

[84] Vgl Bürgers/Körber/*Fett* Rdn 11; Emmerich/*Habersack* Rdn 13; KK-*Koppensteiner* Rdn 11; MK-*Altmeppen* Rdn 26.

[85] Vgl Emmerich/*Habersack* Rdn 13; KK-*Koppensteiner* Rdn 11; MK-*Altmeppen* Rdn 26.

[86] Vgl. Bürgers/Körber/*Fett* Rdn 11; Emmerich/*Habersack* Rdn 12; KK-*Koppensteiner* Rdn 11; MK-*Altmeppen* Rdn 26; einschränkend Schmidt/Lutter/*Vetter* Rdn 19.

www.ingramcontent.com/pod-product-compliance
Lightning Source LLC
LaVergne TN
LVHW080659011026
849160LV00014B/1482
* 9 7 8 3 1 1 0 5 2 6 8 7 5 *